本研究得到浙江金道律师事务所“鲲鹏计划”资助和浙江理工大学科研启动基金资助（项目编号：23252185-Y），
同时系浙江理工大学横向课题（项目编号：23250115-J）的研究成果。

Chinese Lawyer System and Lawyer Business:
Principles, Methods, and Applications

中国律师制度与律师业务：

原理·方法·应用

赵青航　著

法律出版社
LAW PRESS·CHINA
北京

图书在版编目（CIP）数据

中国律师制度与律师业务：原理·方法·应用/赵青航著. -- 北京：法律出版社，2025. -- ISBN 978-7-5244-0355-5

Ⅰ. D926.5

中国国家版本馆 CIP 数据核字第 20259GN643 号

中国律师制度与律师业务：
原理·方法·应用
ZHONGGUO LÜSHI ZHIDU YU LÜSHI YEWU：
YUANLI·FANGFA·YINGYONG

赵青航 著

责任编辑 李 群 陈 熙
装帧设计 李 瞻

出版发行 法律出版社
编辑统筹 法规出版分社
责任校对 张红蕊
责任印制 耿润瑜
经　　销 新华书店

开本 710 毫米×1000 毫米 1/16
印张 26.5 **字数** 312 千
版本 2025 年 6 月第 1 版
印次 2025 年 6 月第 1 次印刷
印刷 中煤(北京)印务有限公司

地址:北京市丰台区莲花池西里 7 号(100073)
网址:www.lawpress.com.cn
投稿邮箱:info@lawpress.com.cn
举报盗版邮箱:jbwq@lawpress.com.cn

销售电话:010-83938349
客服电话:010-83938350
咨询电话:010-63939796

书号:ISBN 978-7-5244-0355-5
定价:78.00 元

赵青航

法学博士，浙江理工大学特聘副教授、硕士生导师，浙江理工大学法学与人文学院工会主席，兼任浙江省法学会中小企业法学研究会副会长、诉讼法学研究会理事、宪法与地方立法学研究会理事，北京理工大学律师学院专家教学指导委员会委员。

在核心期刊发表《数字时代下协同主义诉讼模式的建构》《律师持令取证的实践现状与制度构建》等数十篇学术论文，并被《中国社会科学文摘》《法治日报》摘编。在《人民政协报》《人民法院报》《民主与法制》等报纸杂志发表逾百篇文章。出版独著《中国律师制度与律师业务：原理·方法·应用》《民事诉讼代理：方法与应用》《民办非企业单位法律制度研究》等5部，出版合著《内幕交易法律制度研究：国际比较与本土实证》，编写《政府法律实务讲义》、“诉之有道”、“为业载道”系列专著12部。主持中央统战部宗教工作招标课题、民政部部级课题、浙江省哲学社会科学规划课题等多项省部级课题，联合主持浙江省人民检察院专题调研重点课题，主持浙江省交通运输厅、国网浙江省电力有限公司等政府、企业委托的多项横向课题（其中2项课题的经费超过100万元）。撰写的多份研究报告获

作者简介

得浙江省和杭州市领导的肯定性批示，并被相关部门采纳。编写的“范根生诉浙江省嘉善县人民政府环保行政复议案”入选“人民法院保障民生典型案例”（载《最高人民法院公报》2014年第10期），并被评为浙江省法院优秀案例。获评杭州市第十九届哲学社会科学优秀成果奖。

律师执业逾十年，现任浙江金道律师事务所品牌与文化建设委员会主任、民商事争议解决领域团队负责人，从教前担任金道律师事务所高级合伙人、党支部书记。在民商事法律服务领域和政府法律服务领域具有丰富的实务经验，曾经或正在为浙江省委办公厅、浙江省市场监督管理局、浙江省民族宗教事务委员会、浙江省生态环境厅、浙江省医疗保障局等党委政府部门和阿里巴巴（中国）有限公司、中国烟草总公司浙江省公司等大型企业提供法律服务。获评全国律师宣传工作先进个人、浙江省第四届优秀青年律师、浙江省律师协会通报表扬（连续四次）、杭州市律师行业最美共产党员、杭州市律师协会个人嘉奖（三次）等荣誉。

邮箱：qinghangzhao@163.com

序　一

2024年12月21日，“中国式现代化背景下的律师业理论研讨会暨中国律师五十年（1979—2029）重大学术工程启动仪式”在京举行。其间，我和我的研究团队发布了“中国律师五十年（1979—2029）重大学术工程”实施方案。初步想法是通过回顾总结中国律师五十年发展历程，分析提炼中国律师五十年发展经验，研判把握中国律师未来发展趋势。这对于探索中国式律师制度现代化，促进中国律师事业科学发展具有十分重要的意义。

按照初定的计划，这项学术工程共分为五大研究板块，总体研究框架和预期研究成果分为一个主报告、七个分报告、十个指标体系、五个附录和一部中国律师大事记。我们深知，这是一项庞大而复杂的学术研究工程，需要凝聚理论界、律师界方方面面的智慧和力量，以期共同打造一部充分体现中国律师五十年波澜壮阔发展历程的制度演进史、行业变迁史。

我与赵青航博士相识多年。12月21日，我专门邀请他赴京参会，并邀请他一起加入到这项系统性的研究项目之中，请他认领一个分报告的写作任务。很巧，青航的专著《中国律师制度与律师业务：原理·方法·应用》即将付梓，他建议学术工程的预期研究成果里增加一个分报告，即中国律师业务，由他主笔撰写。对于青航的学术建议，我甚感欣慰。梳理五十年来律师业务的变化发展，对于中国律师五十年整体发展变迁史极为关键，也使整个研究成果的理论体系更加周延、更加完整。

《中国律师制度与律师业务：原理·方法·应用》反映出青航对民事诉讼代理业务、刑事辩护业务、政府法律顾问业务、企业法律顾问业务、非诉讼法律业务、律师调解业务和地方立法业务等内容的研究非常深入。这既得益于他比较扎实的学术训练，也受惠于他多年积累的律师实务经验。基于此，对他能出色完成中国律师业务这一分报告，我充满信心，并建议他从五十年的视角观察律师执业的发展和业务领域的变化。

不仅如此，青航在《中国律师制度与律师业务：原理·方法·应用》中还详细阐释了律师制度的演进、律师职业、律师与法律职业共同体、律师事务所、律师管理制度、律师与委托人关系的职业伦理等涉及律师制度的重要内容。我对书中不少章节的内容是比较熟悉的，因为它们曾发表在《中国律师》上，而青航投稿最频繁的那几年，恰是我在中华全国律师协会担任秘书长期间。那些年，每一期《中国律师》出刊前，我都要亲自审定。从2017年开始，我审过青航十余篇佳作，去年我又与他合作编写教材《法律职业伦理》，请他撰写律师职业伦理一章。基于上述缘分，我得以见证了他近些年的学术成长与事业发展。

2022年，青航告诉我他要赴浙江理工大学任教，我很认可。2024年，青航将他根据多年律师实务经验写就的《民事诉讼代理：方法与应用》一书送给我，我很欣赏。2025年，青航邀我为这本凝聚他学术和实践认知的《中国律师制度与律师业务：原理·方法·

应用》作序，我很欣喜。接下去，我很期待他高质量地参与“中国律师五十年（1979—2029）”重大学术工程，并能在2029年出版《中国律师业务》，为中国律师制度恢复五十周年献礼！

是为序。

北京理工大学法学院教授、博士生导师
北京理工大学律师学院院长　韩秀桃
中华全国律师协会原秘书长
2025年春节

序　二

乙巳初春，我收到赵青航博士新著《中国律师制度与律师业务：原理·方法·应用》的书稿，他邀我作序。作为老师，看到学生又添新作，甚感欣慰。

在我指导的众多博士生中，青航的经历是比较特殊的。他在本科阶段便热衷于写作、研究，引起了我的关注。他在硕士毕业后没有直接读博，而是选择从事律师工作，这是比较出乎我的意料的。多年后，他考上博士，重返求是园，其间他没有放下律师事业，在繁重的学业压力下依然做一些高质量的律师业务。源于用心、刻苦和积累，十余年来，他取得了两个比较突出的成绩。一是他在迈入而立之年的伊始就先后荣获杭州市和浙江省青年律师的最高荣誉，这是律师行业对他律师工作的肯定。二是近年来他的研究成果多与律师相关，例如在从事专职律师职业期间，他先后出版了《律师应是怎样的人》《亲历法庭：民商事案件诉讼思维与代理策略》两本专著。读博士期间，我与他合作发表《律师持令取证的实践现状与制度构建——以浙江省为实例的实证研究》《协同主义理论下律师在调解中的作用》等学术论文，最终他以《论律师在民事诉讼中的作用——以协同主义理论为视角》为题完成博士学位论文，并在外审、答辩时取得了优异的成绩。

基于此，当青航在2022年向我提出想去高校任教，开启教书育人的工作，我十分赞成。因为我相信，他的职业经历和执业经验有助于他保持较高的学术敏感性，并可以极大地助益他的实证研究。这是他具备的极为难得的优势，所以我建议他守住优势，保持优势，并努力发挥优势，而这本专著就是力证。

本书的主要内容包括律师制度与律师业务，视野开阔，体系完整，内容丰富，论述严谨，可以反映出我国律师学研究的新进展、新水平。在此之上，本书体现了有关研究的若干重要理念。青航在校教授的课程包括诉讼法和律师制度，这些课程都与律师有着密切关系。事实上，青航也将他备课、授课时的诸多观点、想法融入了本书的写作之中。我一直认为“教而不研则浅，研而不教则空”。教学和科研一定是相辅相成的关系。一位高校教师的视野、眼光和格局，很大程度上来自于持续开展的高水平的科研活动，而高水平的科研成果必会赋能于高品质的教学。因此，我们法学专业教师必须做到教学相长、科教融合，必须时刻重视科研能力的提升，精进学术研究，着眼于国家、地方的重大需求，研究真问题，做有用且高质量的科研，努力为中国法治事业和教育事业作出应有的贡献。青航的授课能够获得学生们的普遍好评，相信与他日常注重往返于科研与教学之间的治学方法论有着密切的关系。

一转眼，青航从教已逾两年，他虽已是律师界的“老兵”，但依然是教育界的“新兵”。在两年多的时间里，他围绕律师学、诉讼法学的相关话题，出版了专著《民事诉讼代理：方法与应用》，发表了《数字时代下协同主义诉讼模式的建构》《独立性规则下律师勤勉尽责义务的限度》等高质量的论文。同时，青航的研究视野也在进一步扩宽，陆续主持了多个省部级课题。近来，他很重视成果转化，撰写的多篇研究报告获得省部级领导的肯定性批示，并被有关部门采纳。这些通过辛勤努力换来的研究成果不仅体现了青航的研究水平和实践能力，而且使他的授课素材变得丰富，也更容易激发学生们的学习和研究兴趣。

为师者最朴实的心愿就是学生在适合他们自己的职业发展路径上努力成才，不负岁月，不负韶华。我对兼具理论素养与实践经验的赵青航博士有着比较高的要求与期待，希望他继续专于科研，乐于教学，在教师岗位上取得更丰硕的成果，为中国的法学教育事业和法学研究事业作出自己的贡献！

是为序。

浙江大学光华法学院院长、教授、博士生导师
中国刑事诉讼法学研究会副会长
胡　铭

乙巳年正月于之江

目录

绪　论

一、学科名称之界定

1988 年徐静村教授出版了中国国内第一本以“律师学”命名的专著《律师学》，“表明这个学科的研究已由零星、分散状态进入了系统的、整体的全面阶段”[1]。在中国，“律师法学”这一概念则是在 1996 年《律师法》[2] 颁布之后被正式提出的。当前，究竟是用“律师学”抑或“律师法学”来命名该学科，学界尚未达成一致意见。

笔者倾向于使用“律师学”，理由主要有二：第一，从研究对象和研究方法的角度分析，“律师法学”的主要研究对象是作为法律渊源的《律师法》和相关法规规章，上述研究对象虽不排斥实证研究方法，但容易将该学科的研究方法窄化为规范释义。“律师学”的主要研究对象是律师制度（律师制度的主要渊源是《律师法》、相关法规规章、中华全国律师协会制定的行业规范等）和律师的执业活动，其研究范围要比律师法学的研究范围更广，可以通过规范研究与实证研究并重的方法研习，以此丰富相关的理论成果。第二，就法学教育而言，完善以实践为导向的法学院校教育培养机制“必须做好法律职业和法学教育之间的有机衔接，在法学教育中强调专业知识的运用、专业技能的训练和法

[1] 孙毅刚、赵秀芳：《律师学若干问题之议论》，载《政治与法律》1990 年第 3 期。

[2] 为了行文方便，本书中所涉及的中国法律规范的名称均省略“中华人民共和国”字样。如《中华人民共和国律师法》表述为《律师法》。

律职业的适应，对接法律职业准入和法律职业需求”[1]。相较于“律师学”，“律师法学”对律师业务技巧的总结归纳阙如，恐难以弥合当下法学教育培养和律师职业需求之间的鸿沟。故“律师学”这一称谓既有益于拓宽学科研究的理论视阈，亦契合法学教育基本规律所决定的实践性导向。

二、律师学的学科定位

律师学发展至今虽不过三十余年，却已“具有不同于其他学科的质的规定性，是我国法学体系中的一个重要分支”[2]。

（一）律师学是一门独立的法学学科

2002年律师学学科建设理论研讨会在北京召开，与会者肯定了律师学作为一门学科独立存在的必要性。[3] 学科研究对象是决定一门学科能否独立以及该学科属性的关键要素，“法学分支学科是因法学研究的具体对象不同而形成的法学体系内部的学科分支”[4]。毋庸置疑，律师学是一门独立的法学学科。虽然当前学界对律师学研究对象的界定尚有一些分歧，但多认为包括律师相关制度以及律师执业活动，且现有的法学学科体系中没有任何一个分支学科有与之

〔1〕 欧阳本祺、马杨桦：《完善以实践为导向的法学院校教育培养机制》，载《民主与法制》2025年第4期。

〔2〕 陈卫东主编：《中国律师学》（第5版），中国人民大学出版社2023年版，第3页。

〔3〕 参见陈宜：《律师学学科建设理论研讨会在京召开》，载《中国公证》2002年第4期。

〔4〕 雷磊：《以习近平法治思想引领中国特色法学学科体系建设》，载《党建》2024年第11期。

相同的研究对象。由此，律师学以其独特的研究对象成为法学中一门独立的学科。

（二）律师学是一门职业法学学科

职业法学是以具体的法律职业作为研究内容的法学学科。“职业法学的蓬勃兴起，标志着我国法学研究由普及向提高、从宏观向微观转移，使法学的研究视野越来越宽，领域越来越广。”[1] 中国律师学的主要创始人徐静村教授认为律师学是“一门以研究律师职业活动为中心的，以研究律师综合运用各种法律知识进行服务为内容的职业法学学科”[2]。律师学与检察学、公证学等职业法学相似，该学科与律师制度的建立、发展以及律师职业实践活动的展开有着密不可分的关系。

（三）律师学是一门应用性法学学科

指导实践是理论研究的必然要求和根本目的。律师学作为一门职业法学，相关理论源于实践，也应当反哺实践。“法律的应用研究或应用法学研究，既是一个法学理论问题，也是一个法律实践问题；既是理论界面临的一项重要任务，也是实务界的一项重要工作。”[3] 应用法学研究必须把握时代脉搏，也必须强调务实。作为应用性法学学科，律师学的研究成果若脱离具体的历史条件恐陷入“空想主义”的陷阱，若拘泥于法规范的研究则会落入“本本主义”的困境。鉴于此，律师学不仅须根植于律师的执业活动，而且应坚持实践价

〔1〕 陈卫东主编：《中国律师学》（第5版），中国人民大学出版社2023年版，第3页。

〔2〕 徐静村：《关于律师学的几个基本问题》，载《政法论坛》1992年第5期。

〔3〕 曹建明：《论应用法学研究的几个问题》，载《人民司法》2007年第15期。

值导向，确保理论成果能够有效地指导律师的执业活动。

（四）律师学是一门综合性法学学科

律师业务的广泛性和知识体系的多元性是律师学综合性的主要体现。“法律是社会关系的调节枢纽，现代社会各个领域均离不开法律的调整，而凡是有法律调整的地方，就必然会涉及律师业务。”〔1〕从预防风险到化解纠纷，从非诉讼路径到诉讼途径，从民商领域到行政、刑事领域，从公民到政府，凡律师业务所涉之处皆是律师学的研究范畴。同时，律师学的知识渊源不仅源自于实体法与程序法等诸多法学学科，还需要依托经济学、政治学、管理学、社会学等社会科学，甚至自然科学的部分理论与方法。同时，哲学原理亦为律师学提供深层次的理论支撑。

三、律师学的研究对象

当前学界关于律师学研究对象的讨论以律师制度和律师业务（实务）为主。〔2〕本书是一部关于律师学的著作，主要内容包括律师制度与律师业务两个方面。

---

〔1〕石峰主编：《律师法学》，上海大学出版社2007年版，第11页。

〔2〕参见陈卫东主编：《中国律师学》（第5版），中国人民大学出版社2023年版，第1页；马宏俊主编：《律师法学》（第2版），北京大学出版社2021年版，第5页；张品泽、田力男主编：《律师学》，中国人民公安大学出版社2021年版，第8页；肖胜喜主编：《律师学》，高等教育出版社1996年版，第1页。

（一）律师制度

律师制度是现代国家法律制度的重要组成部分，“一个国家律师制度的发达与完善程度往往是衡量一个国家民主与法治程度的重要标志”[1]。在新时代的历史方位下，中国律师制度亦有新发展，包括律师制度演进、律师职业、律师与法律职业共同体、律师事务所、律师管理制度和律师职业伦理等，在此介绍其中三个重要内容。

1. 律师与法律职业共同体

“在法律职业共同体之中，律师是重要的支柱之一，可以说是三分天下有其一。”[2] 尽管如此，现实中法律职业共同体成员间的认同感仍不够强，有时律师与司法官之间存在误解。实际上，律师与其他法律职业只是在分工上有所不同，在具体工作中都以实现公平正义为职责所在，致力于将矛盾纠纷纳入法治解纷机制，促使案结事了人和。正确认识律师在法律职业共同体中的定位和分工，有利于保障律师的合法权利，并实现有效代理和辩护。

科学完善的职业转化机制是法律职业共同体成熟的重要标志。但当前中国法律职业间的逆向流动明显，从律师队伍中公开遴选司法官的机制在现实中陷入“叫好不叫座”的困境，故有必要进一步完善选拔机制及配套措施。

2. 律师管理制度

中国律师制度重建至今已逾四十五年，律师管理制度已实现由单一行政管理体制到“两结合”管理体制的转变。但由于中国律师

〔1〕 熊秋红：《新中国律师制度的发展历程及展望》，载《中国法学》1999年第5期。

〔2〕 王利明：《从“律师被逐出法庭”谈律师的职业定位》，载《人民论坛》2015年第19期。

协会的民主基础不同于国外，其并非“内生型律师组织”，而是“建构型律师组织”,[1] 是在司法行政机关“扶一把、带一程”的指导下形成的，故行政色彩相对浓厚。当前司法行政机关在律师管理中仍居于主导地位，律师协会处于辅助管理地位。

在当前的“两结合”管理体制中，律师协会的功能界分不够清晰，有关部门对律师协会诸多功能的定位、关系缺乏足够认识。律师职业具有独立性以及行业自治性的特点，且相较于司法行政机关，行业协会更贴近律师业也更了解律师执业过程中的问题，故强化律师协会的行业自治属性是律师管理制度进一步完善的发展趋势和改革方向。

3. 律师职业伦理

“法律人肩负着道德义务，成为一个尽可能称职的法律职业者，并且在履行法律职责的时候应恪尽职业伦理。”[2] 律师职业伦理的建设影响着律师个人的社会声誉和律师职业整体的前途命运。律师职业伦理主要分为律师与同行、委托人、司法官的职业伦理。

首先，律师与同行之间的职业伦理。“一个职业群体越是能够做到和谐共存和公平竞争，这个职业就越是能够赢得整个市场的尊重，获得更为良好的社会声誉。”[3] 故有必要规范律师之间的行为，形成彼此尊重、和谐共存、公平竞争的职业关系。其次，律师与委托人之间的职业伦理。规范律师与委托人的关系是律师职业伦理的核心内容。律师在面对潜在客户时、与委托人建立委托关系时、委托关系存续期间、委托关系终止后，均须严格遵守职业伦理。最后，

---

〔1〕 关于“内生型律师组织”和“建构型律师组织”的涵义，可参见蒋超：《通往依法自治之路——我国律师协会定位的检视与重塑》，载《法制与社会发展》2018 年第 3 期。

〔2〕 王申：《法律职业伦理观法理证成的价值标准》，载《法律科学》2023 年第 5 期。

〔3〕 中华全国律师协会编：《律师职业伦理》，北京大学出版社 2017 年版，第 195 页。

律师与司法官之间的职业伦理。规范律师与司法官的关系是实现司法公正的重要保障，应推动二者形成“亲”“清”的良性互动关系。

（二）律师业务

律师学作为理论与实践紧密结合的法学学科，其研究对象必然包括律师业务。律师常见的业务包括民事诉讼代理业务、刑事辩护及代理业务、法律顾问业务、非诉讼法律业务、调解业务等，在此介绍其中三种重要业务。

1. 民事诉讼代理业务

在民事诉讼模式转型的理论背景和“案多人少”的现实背景下，律师的民事诉讼代理功能愈发重要。当前，法官以“如我在诉”的意识办案，作为法律职业共同体重要成员的律师不妨比照学习，亦秉持该理念，以同情的态度考量当事人的利益，以超然的视角独立思考，充分发挥主观能动性，准确判断当事人的诉讼意图，理性引导当事人正确维权，积极寻求矛盾纠纷的最佳解决之道，协同法院实现案结事了人和。

律师在诉讼实践中历来重视经验，然而，“如果总是相信经验，则人类对世界的认识就可能被经验所困”[1]。故律师若习惯性地依赖经验或囿于“经验”的窠臼，恐会损害代理的质效。基于此，律师须重视对个案、类案经验的反思归纳，与时俱进，以创造性的思维提炼出一套科学、系统且具备一定前瞻性的代理方法，包括但不限于法律风险告知、诉讼策略制定、证据收集与运用、法律检索、诉讼可视化、庭审商谈等。

---

〔1〕 姚洋、秦子忠：《中国务实主义及其儒家哲学基础》，载《文史哲》2019 年第 5 期。

2. 法律顾问业务

法律顾问业务主要包括政府法律顾问业务和企业法律顾问业务。就政府法律顾问业务而言，欲在激烈的市场竞争中突围，律师须不断优化政府法律顾问服务，重视团队建设、树立律所间合作理念、善用公开渠道、化解工作难题，在不断提炼总结工作经验的基础上积极推出成熟的法律服务产品，以满足政府多样化、个性化的服务需求。

就企业法律顾问业务而言，律师提供的具有法律专业性、行业专属性的综合性法律顾问服务可以覆盖企业全生命周期，自设立之始至清算之终，助力企业合法合规经营，维护企业合法利益，促进商业目的实现。律师有必要提供团队化、标准化和智能化的企业法律顾问服务，切实提升企业法律事务的管理水平。

3. 律师调解业务

2017 年，《最高人民法院、司法部关于开展律师调解试点工作的意见》的出台标志着律师调解工作正式步入制度化轨道。与律师参与调解活动不同，律师调解制度中的律师是以中立第三方的身份主持调解，其角色由代理人转向调解员，作用亦由辅助转向主导。"律师作为法治建设的重要力量，在基层矛盾纠纷预防和解决上具有独特的专业优势。"[1] 在宏观层面，律师调解有助于提高调解活动的专业化水平，促进案件分流，缓解司法资源不足的压力。在微观层面，律师调解可于情理之上融入法理，更能体现调解的协同性和合意性。

然而，现实中律师调解存在律师参与度不高的问题。究其原因

[1] 景汉朝：《新时代"枫桥经验"的基本问题与法治化构建》，载《政法论坛》2024 年第 2 期。

主要有二：一是“律师群体对律师调解制度还未形成普遍认同感，认为调解似乎就是‘田间炕头’‘和稀泥’的低端业务”[1]，而忽略了律师调解业务所蕴含的广阔市场潜力；二是相当一部分律师调解业务的成本投入与收益产出难以平衡，这在很大程度上消解了律师从事调解业务的积极性。为此，有必要适度引入市场机制，在激发律师积极性的同时不断提升律师调解的质效。

四、律师学的研究方法

法学研究须遵循法学界通用的研究标准、研究准则来进行，借助有效的研究方法使法学研究成为系统的、有规则的研究。[2] 律师学的研究除应坚持学术研究共性的辩证唯物主义和历史唯物主义之外，还因学科个性衍生出以下四种常用的研究方法。

（一）理论联系实际的方法

律师的实践活动是律师学研究的源泉，律师学的理论研究成果是对律师实践活动的规律性总结，并需要实践检验相关理论成果的科学性、实效性。具体而言，其一，以实证研究方法研究律师业的现状。以问卷访谈、参与观察等方式获得第一手翔实的资料，对制度的运行情况、有益的实践经验和存在的实际问题作出全面的了解。其二，以结构性思维提炼适切的理论。“通过运用观察、思考等基本

[1] 龙飞：《律师调解制度的探索创新与完善路径》，载《中国律师》2018 年第 5 期。

[2] 参见胡玉鸿：《以人为逻辑起点的法学研究及其知识目标》，载《现代法学》2023 年第 2 期。

方法，从经验事实中形成主观上的认知和理论”[1]，在归纳规律性认知的基础上，提出契合实际且行之有效的理论，以期使律师实践获得正确的理论指导。其三，在实践中贯彻理论。实践的价值不仅在于将理论外化于律师的执业活动之中，还在于对理论作出验证，并进一步指导实践。作为一门应用性学科，若将其成果束之高阁而不付诸实践，着实可惜。

（二）分析的方法

分析的方法在律师学的研究运用中主要有三：一是规范分析。中国是成文法国家，法律解释对于法律的准确理解和正确实施具有重要作用。“‘解释’是一种媒介行为，借助解释，解释者使得在他看来存在疑问的文本的意义变得可以理解。”[2] 对现行有关律师制度的法律规范作出分析阐释是律师学研究的一个重要内容。二是历史分析。“众所周知，任何法律现象的产生、发展都有其历史根源，也都有其自身的规律，因而，要研究法律现象，发现其运行的规律，就必须历史地对之作出考察。”[3] 对律师学相关制度和现象的研究须置于具体的历史背景之下方能发现其运行的规律，并得出正确结论。三是经济分析方法。“法律成本的高低是人们作出法律供给（特别是法律修改和废除）决策的主要依据，是法律主体选择遵守或者规避法律甚至违反法律的行为的‘晴雨表’。”[4] 从成本—收益的角度研究律师法律制度及相关理论，可以通过对权利、义务和责任的

---

〔1〕 陈瑞华：《从经验到理论的法学研究方法》，载《中国法律评论》2019 年第 2 期。
〔2〕 [德] 赫鲁斯卡：《法律文本的理解》，第 6 页。转引自 [德] 卡尔·拉伦茨：《法学方法论》（第 6 版），黄家镇译，商务印书馆 2020 年版，第 264 页。
〔3〕 胡玉鸿：《论法学研究中的历史分析方法》，载《甘肃社会科学》2023 年第 1 期。
〔4〕 冯玉军：《法经济学范式研究及其理论阐释》，载《法制与社会发展》2004 年第 1 期。

合理配置，用最小的法律成本实现最佳的法律效益。

（三）比较的方法

运用比较的方法有助于推动律师学研究的进一步发展。根据比较的范围不同，可以分为内部比较和外部比较。其中，根据学科内同一内容的变化发展和不同做法，内部比较又可以分为横向比较和纵向比较。详言之，通过外部比较的方法分析异同，探寻律师学相关事物的发展规律并把握其本质和特殊性，明晰学科间的共性与个性以促进学科的交流与衔接。同时，坚持客观辩证的思维进行内部比较，通过横向比较、借鉴其他国家和地区的有益经验，通过纵向比较、挖掘本国历史，把握律师制度演进的历史脉络，并继承优秀的传统法律文化。在横、纵比较中内外兼修，实现律师学知识体系自主性和世界性的有机融合，建构面向世界的中国自主律师学知识体系。

（四）综合运用的方法

律师学是一门综合性的法学学科，面对广泛、综合、复杂的律师执业活动，单一的研究方法恐无法满足该学科的研究需要。为此，律师学的研究有赖于多种研究方法的交叉运用，包括但不限于上文所述的一系列方法。“只使用一种方法，可能让研究者无法强调研究问题中的所有层面。许多研究者认为，将两种方法结合在一起，可增加研究本身的效度（validity），因为同时采用许多种研究方法，意味着这些方法可以在正确性上彼此检验。”[1] 此外，律师学知识渊

〔1〕［英］David Marsh、Gerry Stoker 等：《政治学方法论与途径》（2009 年革新修正版），陈义彦等译，韦伯文化国际出版有限公司 2009 年版，第 290 页。

源的复合性要求研究者在研究过程中灵活运用不同学科的知识和原理，做到融会贯通。基于此，研究者须以综合运用的方法进行多维、全面的思考，以期产出清晰、透彻且具有说服力的研究成果。

五、关于本书的若干说明

在域外的法学研究领域中，据笔者所知，并无明确的律师学。“‘律师法学’的提法在过去的苏联东欧和西方的资料中偶有所见，但研究对象一般是律师法规，侧重点是律师法的立法技术和内容。这方面，也没有见过什么专著，只见过零星论述。”[1] 在国内的相关研究中，徐静村教授于1988年出版的中国国内第一本以“律师学”命名的著作是该学科的奠基之作。近年来出版的律师学代表性教材主要包括陈卫东主编的《中国律师学》（第5版，2023年）、谭世贵主编的《律师法学》（第5版，2022年）、马宏俊主编的《律师法学》（第2版，2021年）和张品泽、田力男主编的《律师学》（2021年）。以上教材虽然对该学科名称的界定和研究对象的确定尚未达成一致意见，但在学科体系方面大多围绕律师制度与律师业务（实务）展开。同时，在研究方法上多以规范研究为主，不免存在一些研究缺陷。一是实证研究的方法未在具体内容中体现。尽管律师学的研究应采用理论联系实践的方法已是法学界和法律界的共识，但在律师学的具体研究内容中却未得到展现，主流教材仍主要运用规范分析的方法，对中国律师职业近况、律师业务存在的现实问题

〔1〕 徐静村：《关于律师学的几个基本问题》，载《政法论坛》1992年第5期。

等鲜有提及。二是应用性法学学科的学科定位未在具体内容中得以体现。应用法学的研究强调务实，研究者有必要从实践中来，到实践中去，然而不少教材关于律师业务部分的介绍仍以阐释宏观的理论和具体的规范为主，对律师执业方法与经验的论述相对较少，故能发挥的实务指导作用必然有限。

本书是律师学学科的研究成果，主要内容系基于律师学的研究对象展开，包括律师制度的演进、律师职业、律师事务所、律师管理制度、律师与法律职业共同体、律师与委托人关系的职业伦理等律师制度，以及民事诉讼代理业务、政府与企业法律顾问业务、非诉讼法律业务、地方立法业务、法律研究业务等常见的律师业务。需要说明的是，囿于笔者的研究能力和执业经验，本书尚不能涵盖刑事辩护、涉外业务等重要内容。

本书每一部分的研究思路包括三个方面，每个方面均有相对应的研究方法。首先，理论准备与经验总结。通过文献研究的方法对律师学的相关理论、律师职业的发展历程进行梳理，通过实证研究的方法对律师执业的实践经验进行总结。其次，现状分析与问题解决。通过文献研究和实证分析归纳律师制度运行和律师业务办理的现状，通过分析的方法对所发现的问题寻根溯源，并尝试针对若干问题提出解决方案。最后，整合归纳并产出成果。通过理论联系实际以及综合运用的方法，以期对律师制度的若干理论进行创新，力求对律师业务的实践经验作出提炼。

律师学的研究应当正视时代之变，亦需要回应时代之变。当前中国社会的主要矛盾之一是人民日益增长的美好生活需要和不平衡不充分的发展之间的矛盾，在此背景下，本书基于发展的视角，在个体、行业和社会三个层面回应时代之变。具体而言，在个体层面，诸多青年律师面临的无资源、无经验的执业困境与社会公众对高品质法律服务需求的增加之间存在供求失衡的问题。希望书中一系列原理、方法和应用技巧能够助力律师提高业务办理水平，拓宽展业思路。同时，本书亦重视塑造健康、向上的律师职业理念，希望读者们在本书的指引下为社会公众提供质量与温度并重的法律服务。在行业层面，为实现律师行业的长足发展，本书将行业党建的内容纳入，强调党对律师工作的全面领导，确保中国律师行业的建设始终坚持正确的政治方向，引导中国律师做党和人民满意的好律师。在社会层面，因关注到司法实践中律师与司法官之间的紧张关系，故本书极力提倡构筑法律职业共同体，通过完善律师转任司法官制度实现律师与司法官职业的良性互动，从思想上消除律师与司法官对彼此的认知偏差，激励各方充分发挥主观能动性以维护司法公正，一齐致力于让人民群众在每一个司法案件中感受到公平正义。

上编　中国律师制度

律师队伍是依法治国的一支重要力量，要大力加强律师队伍思想政治建设，把拥护中国共产党领导、拥护社会主义法治作为律师从业的基本要求。

——习近平[1]

〔1〕《加快建设社会主义法治国家》（二〇一四年十月二十三日），载习近平：《论坚持全面依法治国》，中央文献出版社2020年版，第116页。

第一章 律师制度的演进

本章第一部分介绍外国律师制度的演进。律师职业和律师制度滥觞于西方社会，且历史悠久。律师职业的萌芽产生于古希腊，律师制度起源于古罗马。律师制度起源于古罗马并非偶然，其形成不仅与当时的政治制度、经济发展状况相适应，而且与诉讼结构大体吻合。西方近代律师制度的发展、完善则是十七至十八世纪资产阶级民主革命的产物。随着资本主义的发展，资产阶级国家的律师业务范围日臻广泛，分工也越来越细。第二部分介绍中国律师制度的演进。中国古代并没有关于律师的“制度”，“律师”也是清朝晚期才出现的，但是中国传统社会也存在特定的诉讼服务业者，即讼师。不可否认，如今中国律师的职业形象多少还是受到了讼师形象的影响，这也在一定程度上成为制约律师制度发展的藩篱。近代中国律师制度的引进始于清末修律，表现出实用的价值取向和应急的建构态势。伴随着律师制度的正式确立，律师获得了合法的地位。但是基于律师与讼师之间千丝万缕的联系，民国时期的律师制度很难说到底是“创设新制度”还是“讼师合法化”的成果。中华人民共和国成立后，国家废除了旧社会律师制度，并开始探索建立新的律师制度。1954 年《宪法》第七十六条中关于“被告人有权获得辩护”的规定，为社会主义中国建立律师制度提供了重要依据。出于种种原因，中国律师制度在 1959 年被取消，之后的空白期长达二十年。1980 年，第五届全国人大常委会第十五次会议通过了《律师暂行条例》，该条例是中华人民共和国成立后第一部有关律师制度的“基本法”。1996 年，《律师法》颁布，从此中国特色社会主义律师制度基本框架初步形成。第三部分介绍新时代律师事业新成就。党的十八大召开之后，以习近平同志为核心的党中央高度重视律师事业的发展和律师制度的改革。习近平法治思想为中国律师制度的深化改革提供了有力的指导，也为中国律师业的进一步发展指明了方向。实践证明，只有坚持全面依法治国的基本方略，坚定不移走中国特色社会主义法治道路，律师制度和律师事业才会始终走在健康发展的大路之上，才会不忘法治初心，不负时代重托。

一、外国律师制度的演进

律师职业和律师制度滥觞于西方社会，且历史悠久。律师职业的萌芽产生于古希腊，律师制度起源于古罗马。有学者指出：“早在律师作为一种被认可的‘职业’正式出现在法律规范中以前，古希腊和古罗马就已经存在一些‘可以被视为’律师职业前身或者事实上已经承担法律顾问或辩护功能的社会群体：从古希腊时期因精通修辞技巧而协助辩护的‘辩护帮助人’、为当事人准备法庭演说词的‘演说写手’、以控告为谋生手段的‘职业原告’，到古罗马共和国时期逐渐重视市民法知识的‘法律顾问’‘诉讼代理人’，再到逐渐专业化的‘法庭演说家’和最终在罗马帝国中晚期成型的律师团体。”〔1〕罗马共和国后半期，统治者以诏令的形式承认了诉讼代理制度，律师可以为平民咨询法律事项，法律也允许他人委托和聘请律师从事诉讼代理活动，而且国家通过考试遴选具有完全行为能力、丰富法律知识的善辩之人担任诉讼代理人，规定他们可以通过代理诉讼获得报酬。自此，人类历史上第一批职业律师正式诞生，标志着律师制度得以确立。〔2〕

---

〔1〕 黄美玲：《律师职业的起源》，北京大学出版社2021年版，第1页。

〔2〕 参见陈卫东主编：《中国律师学》（第5版），中国人民大学出版社2023年版，第10页。

律师制度起源于古罗马并非偶然，其形成不仅与当时的政治制度、经济发展状况相适应，而且与诉讼结构大体吻合。古罗马时期，商品经济已有相当程度的发展，手工业和商业比较发达，贸易活动日益频繁，公民之间的财产关系日趋复杂，同时社会矛盾也日益加剧。为了缓解社会矛盾，维护统治阶级的利益，古罗马统治者需要借助律师的力量来稳定秩序。所以律师职业的产生满足了古罗马社会分工的需求。同时，古罗马采取辩论式、控辩式的诉讼结构，双方当事人在诉讼中地位平等，都有一定的权利义务，在法庭上可以充分阐述自己的意见和理由，反驳对方的诉讼主张，裁判官和司法官根据辩论的结果作出相应的裁判。[1] 正是这种诉讼结构为律师职业的产生创造了有利的条件。

西方近代律师制度的发展、完善则是十七至十八世纪资产阶级民主革命的产物。在这一漫长的法制推进过程中，英国律师职业的产生尤为值得关注。英国法的发展始于十二世纪后半期，其中的令状制极大地提升了英国法的技术含量。基于令状的技术性以及由其带来的王室法庭诉讼的专业性在一定程度上造成了公众寻求司法救济的困难，使当时的英国社会产生了这样一种需求，即需要有人对这些令状非常了解，对诉讼过程中的答辩样式非常精通，这样才能确保诉讼的顺利进行，不至于因为技术问题使原本十拿九稳的案件遭遇败诉。[2] 最初英国的普通法律师就是为适应这种需求产生的，即“技术上的困难是律师存在的理由之一”[3]。十四世纪初，英国

---

〔1〕 参见徐家力、吴运浩编著：《中国律师制度史》，中国政法大学出版社2000年版，第18页。

〔2〕 参见李红海：《英国普通法导论》，北京大学出版社2017年版，第199页。

〔3〕 ［美］劳伦斯·弗里德曼：《美国法律史》，周大伟译，北京大学出版社2020年版，前言第12页。

成立了林肯律师学院、格雷律师学院、内殿律师学院和中殿律师学院，专门负责培训律师。此后，律师行业开始兴旺起来。[1] 随着普通法的发展，诉讼业务愈发职业化、专业化，英国的律师职业开始出现分类，分为事务律师（Solicitor，俗称“沙律师”）和出庭律师（Barrister，俗称“巴律师”）。后来，随着英国殖民地的迅速扩张，英国法在殖民地得以强制适用。但英国事务律师和出庭律师的划分并未在美国生根发芽，美国没有根据业务功能对执业律师进行分类。[2]

美国1789年《宪法修正案》第6条规定：“被告人在一切刑事诉讼中，享有法庭律师为其辩护的协助。”美国1789年《司法条例》规定了律师在民事诉讼中的代理人地位。此外，各州立法也对律师的资格、职责、组织机构作出相应的规定。需要指出的是，美国法律的特点或是极其繁杂琐碎，或是模棱两可，可作多种解释。前一特点使民众必须要到浩如烟海的法律资料中去寻找最恰当、精准的法条或判例；后一特点使民众得去琢磨法律的实际含义，从多重意义中作出合理选择。这不仅要求民众了解立法背景、法与政策的关系，还要精通法律原理，善于法律推理。事实上，普通人是很难达到这些要求的，不得不支付高昂的费用去聘请律师。为了适应这种局面，美国产生了一个以诉讼为业的社会阶层，即律师界。[3]

随后，法国、德国、奥地利、日本等国相继建立了各国的律师制度。随着资本主义的发展，资产阶级国家的律师业务范围日臻广

〔1〕 参见陈卫东主编：《中国律师学》（第5版），中国人民大学出版社2023年版，第12页。

〔2〕 参见［美］艾伦·法恩思沃斯：《美国法律体系》（第4版），［美］史蒂夫·谢波德修订，李明倩译，上海人民出版社2018年版，第22页。

〔3〕 参见张文显：《〈张文显法学文选〉卷九·学术评论集》，法律出版社2011年版，第31页。

泛，分工也越来越细。而且，律师业务日益渗透到国家的政治、经济管理之中，许多律师后来成为政界、经济界颇具影响力的人物。[1]例如美国历任总统中有过律师执业经历的总统数量超过一半。英国、德国、法国、澳大利亚、加拿大、俄罗斯、阿根廷、韩国、希腊、芬兰、南非等国一些担任过国家元首、政府首脑的人士也有过律师从业经历。

二、中国律师制度的演进

（一）中国古代的讼师现象[2]

关于中国律师制度的起源，学界争议颇多，大致有周朝始有说、西洋传入说、清末始有说和民国始有说等观点。从词源学的角度分析，这些争论实际上源于对“律师”和“制度”这些概念的不同界定。从“律师”和“制度”的现代语义来看，中国古代并没有关于律师的“制度”，“律师”也是清朝晚期才出现的。

虽然中国古代没有律师，但是中国传统社会也存在特定的诉讼服务业者，即讼师。有学者介绍：“他们具有一定的法律辨识力和诉讼知识及技巧，擅长在诉讼文字上下功夫，透过帮助细民百姓撰写诉状、出谋划策、参与诉讼，在某种程度上他们能够满足传统社会民众打官司、‘为民伸冤’的诉求。人们习惯上将他们称为‘讼师’、‘状师’、‘法家’等。学界一般认为，从春秋士荣担任卫侯的

〔1〕 参见马宏俊主编：《律师法学》（第2版），北京大学出版社2021年版，第7-8页。

〔2〕 本部分的撰写主要参考胡铭：《司法制度的中国模式与实践逻辑》，商务印书馆2023年版，第324-337页。

辩护士、郑国大夫邓析聚众讲授法律知识和诉讼方法开始，中国历史上就已经存在着帮人诉讼的活动和人物，史书中称这些人为‘诈伪之民’，到唐代则称之为‘为人作辞牒者’。‘讼师’二字用来表示这群助讼之人的称谓则正式出现在宋代……这一时期，不仅讼师成为一种专门职业，而且在江南某些地方还出现了教人打官司相关经验与知识的‘讼学’。到了明清两代，‘词讼必由讼师’，讼师的人数愈加可观……”[1]

在传统君主专制、小农经济和儒家文化的背景下，中国古代封建社会难以孕育出西方式的律师文化和制度，但是社会对于法律服务仍有客观的需求，中国传统的讼师活动遂在夹缝中求生存，扭曲地发展着。这种畸形的发展主要表现在两个方面，一方面是官方对讼师活动的否定，另一方面是讼师的社会地位较低，具体阐述如下。

第一，从政治上看，讼师不被官方认可，其不仅从未获得过合法的政治地位，而且是被历代政府禁止和打压的一类群体。中国古代社会治理的理想状态是“无讼”，因此也没有专门的司法部门来处理诉讼事务，司法权附属于行政权，政府部门兼办诉讼事务。政府不希望老百姓来打官司，讼师被官方认为是调词架讼、影响社会稳定和谐的邪恶分子。从宋代开始，“讼师恶报”的话语模式便已成型，并在明清时期被不断复制、扩展和推陈出新。“讼师恶报”的话语模式兼具官方和民间的双重色彩，官方以此来劝诫读书人不要操持讼师营生，希望能有助于从源头上减少讼师队伍的后备补充力

[1] 邱志红：《现代律师的生成与境遇：以民国时期北京律师群体为中心的研究》，社会科学文献出版社2012年版，第3-4页。

量。[1] 尤其是宋明清之际，随着社会经济的发展，民间诉讼之风日盛，政府机构不堪重负，对讼师更是不胜其烦，政府往往将自身治理的缺陷归咎于讼师的唆讼。例如在清代司法实践中，官方认为讼师“以簸弄是非为得计，以颠倒黑白而迷人，每当两造纷争，从中搆祸”[2]。汪辉祖曾尖锐地指出：“唆讼者最讼师，害民者最地棍，二者不去，善政无以及人。”[3]《大清律例》严格规定了地方官放纵讼师应负的责任，即“讼师教唆词讼，为害扰民，该地方官不能查拿禁缉者，如止系失于觉察，照例严处。若明知不报，经上司访拿，将该地方官照奸棍不行查拿例，交部议处”[4]。清代官方借助于对“贪利讼师”这一模式化形象的塑造和宣扬，对民间助讼之人进行整体污名化，试图警示民众要远离这类“危险”群体，从而避免催生更多的诉讼案件，以减轻区域性诉讼社会背景下日趋严峻的统治压力。[5] 而且，讼师群体里确实不乏有一些通过鼓励人们诉讼以便从中渔利之徒。有些讼师“钻空子”教人诉讼的行为让官方不堪重荷，他们对法律的“玩弄”极大地挑战了官方的权威。总之，讼师与中

〔1〕参见尤陈俊：《“讼师恶报”话语模式的力量及其复合功能》，载《学术月刊》2019年第3期。

〔2〕（清）徐栋辑：《牧令书》卷十七《刑名上》，裕谦《戒讼说》，清道光二十八年刊本，载《官箴书集成》编纂委员会编：《官箴书集成》第7册，黄山书社1997年版，第393页下栏。转引自张晋藩：《中国古代民事诉讼制度》，中国法制出版社2018年版，第332页。

〔3〕（清）汪辉祖：《学治臆说》卷下《地棍讼师当治其根本》，第29页，见（清）张廷骧辑：《入幕须知五种》，光绪十八年浙江书局刊本，载沈云龙主编：《近代中国史料丛刊》第27辑，文海出版社1966年版，第301页。转引自张晋藩：《中国古代民事诉讼制度》，中国法制出版社2018年版，第332页。

〔4〕张荣铮、刘勇强、金懋初点校：《大清律例》卷十三《刑法·诉讼》“教唆词讼”条附例，天津古籍出版社1995年版，第526页。转引自张晋藩：《中国古代民事诉讼制度》，中国法制出版社2018年版，第332－333页。

〔5〕参见尤陈俊：《清代讼师贪利形象的多重建构》，载《法学研究》2015年第5期。

国古代的政治统治格格不入，历代政府对讼师的态度很鲜明，即禁止和打压，导致讼师的活动不得不基本处于地下状态。

第二，虽然民间对讼师提供的法律服务确有一定的需求，但讼师在民间的社会地位并不高。一方面，从应然层面来看，“无讼”“厌讼”是中国古代社会根深蒂固的观念，安分守己之人是轻易不会去官府打官司的。讼师大多给人一种阴暗、丑恶、贪婪的印象，常被贬称为“讼棍”。[1] 尤其是清代官员们在向民众宣扬讼师之恶时，往往极力强调其贪婪成性的逐利特点。[2] 讼师贪利、助讼的品行是长期被民间社会所否定的。另一方面，从实然层面来看，讼师不是合法、公开的职业，而且也没有相关的法律和执业规范对其行为进行约束。一些讼师的行为完全违背了社会道德，如讼师通常为有钱人服务，雇主的出价越高，讼师就越能使出浑身解数，甚至无中生有、是非不分、颠倒黑白，成为既得利益集团的维护者。

同时也要认识到，尽管中国古代的讼师既没有合法的政治地位，也鲜有正面的社会形象，但讼师文化作为中国古代法制文化的一部分，其存在仍然具有一定的积极意义。[3] 一是，讼师的存在有助于满足古代中国民众出于自我保护所产生的法律服务需求。在“无讼”“息讼”的社会环境里，那些迫不得已要去官府打官司的普通老百姓普遍缺乏基本的法律常识，若他们求助于了解司法程序、掌握诉讼技巧的讼师，起码可以在一定程度上维护自己的权益。而且在中国古代某些历史时期，民众权利意识的上升也会增加民间社会对讼师的需求。二是，虽然总体上讼师是中国封建社会的异端分子，但他

〔1〕 参见王利明：《法为民而治》，北京大学出版社2018年版，第301页。

〔2〕 参见尤陈俊：《清代讼师贪利形象的多重建构》，载《法学研究》2015年第5期。

〔3〕 参见陈光中：《中国古代司法制度》，北京大学出版社2017年版，第294页。

们也代表了古代法制领域内一股革新的力量。客观地评价，讼师的活动在一定程度上起到了维护当事人合法权益、抑制政权专制、制约司法专断的作用。例如宋士杰、谢方樽等也为讼师群体树立了博学坚毅、机敏善辩、不畏强权、匡扶正义的正面形象。即使放到今天来看，上述优良的品格依然是一名优秀律师不可缺少的。讼师文化彰显的部分正能量也可以解释讼师这类群体为何能够在中国封建法律和道德的夹缝中顽强地生存下来。

（二）近代中国律师制度的产生

近代中国律师制度的引进始于清末修律。1906 年，沈家本、伍廷芳等完成《刑事民事诉讼法草案》的拟定，该草案在中国首次引进了律师制度。在奏请试行《刑事民事诉讼法草案》中，沈家本、伍廷芳阐述了“宜用律师”的理由，即“盖人因讼对簿公堂，惶悚之下，言词每多失措。故用律师代理一切质问对诘覆问各事宜”，并举外国为例，说明律师“俱以法律学堂毕业者，给予文凭，充补是职。若遇重大案件，则由国家发予律师。贫民或由救助会派律师代伸权利，不取报酬……中国近来通商各埠，已准外国律师辩案……夫以华人讼案，藉（借）外人辩护，已觉扞格不通。即使遇有交涉事件，请其申诉，亦断无助他人而抑同类之理。且领事治外之权，因之更形滋蔓，后患何堪设想。拟请嗣后凡各省法律学堂俱培养律师人才……卒业后考验合格，给予文凭，然后分拨各省，以备辩案之用……总之，国家多一公正之律师，即异日多一习练之承审官也”[1]。清末引进律师的内在动因是让律师制度作为与改良司法审判相配套的制度，外部动因则是领事裁判权的确立导致外国律师的执业范围从领事法庭扩展到会审公廨，对中国传统的司法审判制度产生了根本性的影响，并直接诱发对律师制度的引进需求。正是在这种内外合力之下，近代律师在中国的出现表现出实用的价值取向和应急的建构态势。[2] 1909 年颁布的《各级审判厅试办章程》和 1910 年颁行的《法院编制法》对律师代理、律师辩护等作出具体规定。虽然由于种种原因，上述法律未能全面实施，但其关于律师制度的规定为民国律师制度的正式建立创造了良好的条件。

1912 年 9 月，北洋政府颁布了中国历史上第一部律师单行法规《律师暂行章程》，标志着中国律师制度的正式确立。自此，中国传统的法律服务职业实现了由讼师向律师的转型。1927 年 7 月，南京国民政府制定了《律师章程》，用以代替《律师暂行章程》。1941 年 1 月，南京国民政府公布实施《律师法》，并于 1945 年修正。随后，《律师登录规则》《律师惩戒规则》《律师核检办法》相继颁布，有关律师制度的法律规则体系日渐完备。

近代中国律师制度是清末修律背景下法律移植和本国传统相结合的产物。中国近代律师制度虽由西方引进，但在中国古老的法律传统里，“律师”文化源远流长，其借助清末西学东渐的契机，与西方律师制度融合在一起，建立起了中国近代意义上的律师制度。伴随着律师制度的正式确立，律师获得了合法的地位。“但是律师与‘讼师’之间千丝万缕的联系，很难说是创设新制度还是讼师合法化

〔1〕（清）朱寿朋编，张静庐等点校：《光绪朝东华录》（五），光绪三十二年四月，中华书局 1958 年版，第 5504－5506 页。转引自张晋藩：《中国古代民事诉讼制度》，中国法制出版社 2018 年版，第 407－408 页。

〔2〕参见韩秀桃：《司法独立与近代中国》，清华大学出版社 2003 年版，第 319－321 页。

的过程。"[1] 这一时期律师的社会评价并不高，如《百弊丛书》写道："自欧西文化灌输以来，美其名曰'律师'，公然包揽，一以金钱为准绳，胜数败数早定于律师胸中。然审判之权在法官，律师虽有左右之力，何能决定胜负？不知法官与律师同为法政学堂毕业，往往出于同学者居多，声气已早相通，不过内外相隔，名为回避，实则联络。犹之同操一业，赢余归各股东均分也。而对于起诉人曰运动费，公然行贿，恬不为耻。法政改良，竟如是耶！"[2] 但总体而言，近代中国的律师业有所发展，有关律师的立法逐渐完善，律师人数大幅增加，不少律师也在极力发挥职业的作用。[3] 值得一提的是，近代民国律师队伍中出现了董必武、沈钧儒、史良、施洋等一批追求民主、维护正义的进步律师，彰显了律师积极的正面形象。

（三）中华人民共和国成立后律师制度的建立与发展

中华人民共和国成立后，国家废除了旧社会律师制度。《中国人民政治协商会议共同纲领》第十七条规定："废除国民党反动政府一切压迫人民的法律、法令和司法制度，制定保护人民的法律、法令，建立人民司法制度。"自此，废除"六法全书"成为宪法性法律的要求之一，施行于全国。[4] 1950 年 12 月，中央人民政府司法部发出《关于取缔黑律师及讼棍事件的通报》（司通字第三六号），指出"旧律师制度已依共同纲领第十七条废止"，并要求"在工作进行中

---

〔1〕 胡铭：《司法制度的中国模式与实践逻辑》，商务印书馆 2023 年版，第 332 页。

〔2〕 王纯根编纂：《百弊丛书（节选）》，邓继好点校，收录于陈刚总主编、邓继好分册主编：《中国民事诉讼法制百年进程》（民国初期·第一卷），中国法制出版社 2009 年版，第 550 页。

〔3〕 参见刘玉华：《民国民事诉讼制度述论》，中国政法大学出版社 2015 年版，第 207 页。

〔4〕 参见何帆：《积厚成势：中国司法的制度逻辑》，中国民主法制出版社 2023 年版，第 42 页。

密切关注，如查有黑律师（包括讼棍）包揽、欺诈等行为，务须及时揭发处理，以减少人民诉讼负担与争端为要”[1]。其意在取缔旧律师制度，并停止了旧律师和社会上的其他讼棍活动。

随后，我国开始探索建立新的律师制度。1954年《宪法》第七十六条中关于“被告人有权获得辩护”的规定，为社会主义中国建立律师制度提供了重要依据。同年颁布的《人民法院组织法》第七条第二款规定：“被告人除自己行使辩护权外，可以委托律师为他辩护……”1956年，国务院批准司法部提出的《关于建立律师工作的请示报告》，对律师工作机构、律师性质、任职条件等作出规定。“早在五十年代中期，我国就曾首先在京、沪等地试行人民律师制度，随后在全国大、中城市及交通沿线的县、市推行。到一九五七年六月，全国已有十九个律师协会，八百多个法律顾问处，专职律师二千五百多人，兼职律师三百多人。各地律师根据我国的宪法、法律、法令和政策，为广大群众解答法律询问、代写文书，以及为诉讼当事人提供法律帮助，做了不少有利于社会主义法制、有益于人民的工作。”[2] 遗憾的是，出于种种原因，中国律师制度在1959年被取消，之后的空白期长达二十年。“由于我国封建主义思想遗毒比较深，许多人对律师辩护工作缺乏正确认识，指责非难甚多，致使当时律师制度推行不到两年便夭折了。这是我国社会主义法制建设上的一个损失。”[3]

---

〔1〕《中央人民政府司法部关于取缔黑律师及讼棍事件的通报》，载《江西政报》第十八期（1951年1月）。

〔2〕李运昌：《关于〈中华人民共和国律师暂行条例（草案）〉的说明》，载《中华人民共和国国务院公报》1980年第10期。

〔3〕李运昌：《关于〈中华人民共和国律师暂行条例（草案）〉的说明》，载《中华人民共和国国务院公报》1980年第10期。

党的十一届三中全会召开后，中国加快了社会主义法制建设的步伐，恢复重建律师制度被提上了法治建设的议事日程。国家认识到，“律师制度是人民司法制度不可缺少的组成部分。它对于保障人民民主权利、维护社会主义法制、促进社会主义建设事业的发展，具有十分重要的作用……鉴于律师制度与发扬社会主义民主、加强社会主义法治建设关系甚密，恢复、建立人民律师制度也被提到议事日程”[1]。1979年召开的第五届全国人民代表大会第二次会议正式通过了《刑事诉讼法》[2]和《人民法院组织法》[3]，其规定被告人享有辩护权，可以委托律师辩护。1980年，第五届全国人大常委会第十五次会议通过了《律师暂行条例》，该条例是新中国第一部规范律师制度的“基本法”，其规定了律师的任务和权利、律师资格、律师的工作机构等内容。值得注意的是，《律师暂行条例》第一条明确“律师是国家的法律工作者”，第十三条规定“律师执行职务的工作机构是法律顾问处。法律顾问处是事业单位，受国家司法行政机关的组织领导和业务监督”。彼时，律师的性质是国家的法律工作者，而不是自由职业者，律师办理法律事务是在履行公职。法律顾问处实行有领导的集体工作制，统一接受当事人委托并统一收费，经费不能自给时实行“全额管理、差额补助”的办法，这种切合当时国情的规定对法律顾问处的发展起到了必要的保护作用，对律师队伍的快速发展和从业素质的稳步提高起到了重要的保障作用。[4]

---

〔1〕 李运昌：《关于〈中华人民共和国律师暂行条例（草案）〉的说明》，载《中华人民共和国国务院公报》1980年第10期。

〔2〕 1979年颁布的《刑事诉讼法》第二十六条规定，律师可以被委托为辩护人。

〔3〕 1979年颁布的《人民法院组织法》第八条规定，被告人除自己进行辩护外，有权委托律师为他辩护。

〔4〕 参见姜海涛主编，司法部司法研究所组编：《深化律师制度改革研究》，法律出版社2017年版，第39页。

上述法律制度的相继出台标志着中国律师制度的全面恢复。1981 年年底，中国已有 1465 个法律顾问处和 5500 多位律师（其中有很多兼职律师）。[1]

之后，为改变国家包办律师事务的状况，提高律师工作机构的经营活力，司法部于 1988 年 6 月下发《合作制律师事务所试点方案》。该方案对合作制律师事务所的组织形式作出规定，其中第十二条第一款第一句规定“律师事务所工作人员不占国家编制”，该条第三款规定“律师事务所人员一律实行合同制”。该方案还对合作制律师事务所的财务制度作出规定，其中第十九条规定“律师事务所实行独立核算，自负盈亏”，第二十条规定“律师事务所的收益分配，必须兼顾国家、集体和个人的利益，坚持按劳分配的原则”。

到 1989 年年底，中国律师办理各类法律事务的数量逐年增加，共累计代理民事案件 122.9 万件，承担刑事辩护 120.9 万件，办理非诉讼法律事务 39.2 万件，办理涉外法律事务近 4 万件，解答法律咨询 1285.8 万件，代写法律文书 281 万件。律师为中国 2/3 的县、区以上人民政府和 12 万多家企业、事业单位、社会团体担任法律顾问。同时，律师队伍也取得了长足的进步，从 1980 年的 3000 多名律师、300 多个法律顾问处，发展到 1990 年年底的 51200 名律师、3689 个律师事务所。实践证明，《律师暂行条例》对中国律师事业的恢复和发展起到了重要的作用。但是，随着中国社会主义民主和法制建设的持续发展，以及政治、经济和社会生活的深刻变化，该

[1] 参见《从 0 人到 36.5 万人，律师业四十年之变》，载搜狐网 2018 年 8 月 25 日，https://www.sohu.com/a/250070799_657048。

条例已不适应实践发展的需要，因此有必要制定一部新的律师法。[1]

为此，司法部从1989年3月开始起草《律师法》，经过2年的努力，草拟了《律师法（送审稿)》。[2] 1994年，司法部在1991年报送的《律师法（送审稿)》基础上，反复征求法学专家学者和有关部门的意见，重新草拟了《律师法（送审稿)》。总体思路是，律师事务所是社会中介组织，着重发展自愿组合、自收自支、自我发展、自我约束的自律性律师事务所；律师是向社会提供服务的法律专业人员，建立司法行政机关宏观管理下的行业协会管理的管理体制。[3] 到了1996年，司法部认为："随着律师队伍的壮大，律师业务范围的拓宽，律师执业中产生的新问题也随之增多。为了加强律师的管理，保障律师的权利，促使律师履行义务，恪守职业道德和执业纪律，维护法律的正确实施和当事人的合法权益，更好地为社会提供法律服务，在总结《律师暂行条例》实施15年来实践经验的

〔1〕 参见《司法部关于报送〈中华人民共和国律师法（送审稿)〉的报告》(1991年3月11日)，收录于徐家力、吴运浩编著：《中国律师制度史》，中国政法大学出版社2000年版，第315页。

〔2〕 1993年，司法部发布《关于深化律师工作改革的方案》，提出：(1) 律师工作改革的指导思想、目标和任务；(2) 采取多种形式，加速建立适应社会主义市场经济需要的律师组织机构；(3) 积极建立多形式、多层次结构的律师工作队伍；(4) 大力拓宽律师来源，逐步形成多渠道、多形式地发展律师队伍的格局；(5) 努力建设有中国特色的律师管理体制，加强对律师队伍的管理；(6) 逐步建立起符合中国实际，能够实现公平竞争的律师资格考试制度，以利于发现和造就律师人才；(7) 逐步建立以专业培训为主的律师培训制度，不断提高律师队伍的专业素质；(8) 增强服务意识，面向市场，积极开展和开拓律师业务活动。

〔3〕 参见《司法部关于报送〈中华人民共和国律师法（送审稿)〉的报告》(1994年12月29日)，收录于徐家力、吴运浩编著：《中国律师制度史》，中国政法大学出版社2000年版，第328页。

基础上，制定律师法，是迫切需要的。”[1] 同年，第八届全国人大常委会第十九次会议通过了《律师法》，该法于1997年1月1日起施行。这是中华人民共和国成立后颁布的第一部《律师法》，[2] 其在中国律师制度的发展史上具有里程碑意义，从此中国特色社会主义律师制度的基本框架初步形成。自此，中国律师不再是国家干部，而是为社会提供法律服务的执业人员。律师事务所不再是行政机关的附属，而是具有中介性质的法律服务机构。国资、合作、合伙三种形式的律师事务所并存的格局得到法律确认，社会主义市场经济体制下律师执业机构多元化的特点开始得到体现。[3]

三、新时代律师事业的新成就

长期以来，中国将律师制度作为国家法治建设的重要一环，特别是党的十八大召开之后，党中央和习近平总书记高度重视律师事业的发展和律师制度的改革。习近平总书记指出：“律师队伍是依法治国的一支重要力量，要大力加强律师队伍思想政治建设，把拥护中国共产党领导、拥护社会主义法治作为律师从业的基本要求。”[4] 这为中国律师制度的完善和中国律师队伍的建设创造了前所未有的历史机遇。习近平法治思想为中国律师制度不断深化改革提供了有

〔1〕 肖扬：《关于〈中华人民共和国律师法（草案）〉的说明》（1996年5月），载徐家力、吴运浩编著：《中国律师制度史》，中国政法大学出版社2000年版，第342页。

〔2〕 此后，《律师法》经历了2001年、2007年、2012年、2017年四次修改。

〔3〕 参见祁彪：《与时俱进：律师制度四次修订历程》，载《民主与法制》2017年第37期。

〔4〕 《加快建设社会主义法治国家》（二〇一四年十月二十三日），载习近平：《论坚持全面依法治国》，中央文献出版社2020年版，第116页。

力的指导，也为中国律师业的进一步发展指明了方向。

2013 年 11 月，党的十八届三中全会通过的《中共中央关于全面深化改革若干重大问题的决定》提出“完善律师执业权利保障机制和违法违规执业惩戒制度，加强职业道德建设，发挥律师在依法维护公民和法人合法权益方面的重要作用”，把改革完善律师制度作为全面深化改革的重要内容作出部署。

2014 年 10 月，党的十八届四中全会通过的《中共中央关于全面推进依法治国若干重大问题的决定》多处提到律师，并提出：“加强律师队伍思想政治建设，把拥护中国共产党领导、拥护社会主义法治作为律师从业的基本要求，增强广大律师走中国特色社会主义法治道路的自觉性和坚定性。构建社会律师、公职律师、公司律师等优势互补、结构合理的律师队伍。提高律师队伍业务素质，完善执业保障机制。加强律师事务所管理，发挥律师协会自律作用，规范律师执业行为，监督律师严格遵守职业道德和职业操守，强化准入、退出管理，严格执行违法违规执业惩戒制度。加强律师行业党的建设，扩大党的工作覆盖面，切实发挥律师事务所党组织的政治核心作用。各级党政机关和人民团体普遍设立公职律师，企业可设立公司律师，参与决策论证，提供法律意见，促进依法办事，防范法律风险。明确公职律师、公司律师法律地位及权利义务，理顺公职律师、公司律师管理体制机制。”这是从依法治国的全局高度对加强新时代律师工作和律师队伍建设所作出的重要部署。

2016 年 4 月，中共中央办公厅、国务院办公厅印发了《关于深化律师制度改革的意见》[1]，该意见从深化律师制度改革的总体要

---

[1] 2015 年 9 月，中央全面深化改革领导小组第十六次会议审议通过了《关于深化律师制度改革的意见》。

求到完善律师执业保障机制、健全律师执业管理制度、加强律师队伍建设、充分发挥律师在全面依法治国中的重要作用、加强组织领导等方面，全面提出了深化律师制度改革的指导思想、基本原则、发展目标和任务措施。[1]

2016年12月，司法部、外交部、商务部、原国务院法制办公室印发了《关于发展涉外法律服务业的意见》[2]，提出要建立一支通晓国际规则、具有世界眼光和国际视野的高素质涉外法律服务队伍，建设一批规模大、实力强、服务水平高的涉外法律服务机构，更好地服务经济社会发展。[3] 截至2018年，中国律师事务所在境外设立了126家分支机构，共办理各类法律事务3.2万多件，国内律师办理涉外法律事务近12.7万件。[4]

2019年10月，党的十九届四中全会通过的《中共中央关于坚持和完善中国特色社会主义制度、推进国家治理体系和治理能力现代化若干重大问题的决定》对完善律师制度提出明确要求。

2020年12月以来，中央先后印发《法治社会建设实施纲要

---

〔1〕 参见《中共中央办公厅 国务院办公厅印发〈关于深化律师制度改革的意见〉》，载中华人民共和国中央人民政府官网2016年6月13日，https://www.gov.cn/xinwen/2016-06/13/content_5081785.htm。

〔2〕 2016年5月，中央全面深化改革领导小组第二十四次会议审议通过了《关于发展涉外法律服务业的意见》。

〔3〕 参见《四部门印发〈关于发展涉外法律服务业的意见〉》，载中华人民共和国中央人民政府官网2017年1月9日，https://www.gov.cn/xinwen/2017-01/09/content_5158078.htm。

〔4〕 参见刘子阳：《40年中国律师砥砺前行走向世界》，载《法制日报》2019年12月3日，第1版。

（2020—2025 年）》[1]《法治中国建设规划（2020—2025 年）》[2]《法治政府建设实施纲要（2021—2025 年）》[3]，对充分发挥律师在全面依法治国中的作用作出具体部署。

中国律师事业经过 40 多年的发展，从改革开放之初全国只有 200 多位律师，到 2022 年年底，全国共有执业律师 65.16 万多人，律师事务所 3.86 万多家，律师队伍不断壮大。从改革开放初期"两代表一委员"中鲜见律师，到 2022 年年底，律师担任"两代表一委员"共 12017 人，其中担任各级人大代表 4219 人，担任各级政协委员 7067 人，担任各级党代会代表 731 人，律师的政治地位在不断提

---

[1] 《法治社会建设实施纲要（2020—2025 年）》提出：（1）完善律师以案释法制度；（2）落实法律顾问、公职律师在重大公共决策中发挥积极作用的制度机制；（3）完善律师制度；（4）加快律师行业改革发展；（5）充分发挥律师在调解中的作用，建立健全律师调解经费保障机制。

[2] 《法治中国建设规划（2020—2025 年）》提出：（1）充分发挥法律顾问、公职律师在重大行政决策中的作用；（2）改革刑事申诉制度，对不服司法机关生效裁判和决定的申诉，逐步实行由律师代理制度；（3）健全落实法律援助值班律师制度，实现刑事案件律师辩护、法律帮助全覆盖；（4）深入开展律师以案释法活动；（5）加快整合律师、公证、调解、仲裁、法律援助、司法鉴定等公共法律服务资源；（6）全面开展律师调解工作；（7）规范司法人员与律师和当事人等接触交往行为的制度；（8）建立法律职业人员统一职前培训制度和在职法官、检察官、警官、律师同堂培训制度；（9）完善从符合条件的律师、法学专家中招录立法工作者、法官、检察官、行政复议人员制度；（10）加快发展律师、公证、司法鉴定、仲裁、调解等法律服务队伍；（11）坚持和加强党对律师工作的领导，推动律师行业党的建设；（12）完善律师执业权利保障制度机制；（13）健全律师惩戒机制，建立律师不良执业信息记录披露和查询制度；（14）发展公职律师、公司律师和党政机关、企事业单位、村（居）法律顾问队伍。

[3] 《法治政府建设实施纲要（2021—2025 年）》提出：（1）行政机关主要负责人作出重大决策前，应当听取合法性审查机构的意见，注重听取法律顾问、公职律师或者有关专家的意见；（2）加强法律顾问和公职律师队伍建设，提升法律顾问和公职律师参与重大决策的能力水平。

高。[1] 从涉外律师寥寥无几，到 2019 年全国有千名涉外律师人才，2022 年中国律师事务所在境外设立分支机构共 180 家，涉外法律服务领域不断拓展。[2] 从改革开放之初多数群众不知何为律师，到今天人民群众已经习惯了遇事找律师，有疑问见律师。2022 年，全国律师办理各类法律事务 1274.4 万多件。其中，办理诉讼案件 824.4 万多件，办理非诉讼法律事务 141.6 万多件，为 87.6 万多家党政机关、人民团体和企事业单位等担任法律顾问。[3] 人民群众对律师职业的认知度、认可度不断提升。中国律师已经成为中国特色社会主义法治事业的建设者和捍卫者。

党的二十大报告指出："我们要坚持走中国特色社会主义法治道路，建设中国特色社会主义法治体系、建设社会主义法治国家，围绕保障和促进社会公平正义，坚持依法治国、依法执政、依法行政共同推进，坚持法治国家、法治政府、法治社会一体建设，全面推进科学立法、严格执法、公正司法、全民守法，全面推进国家各方面工作法治化。"这为中国法治建设指明了发展方向，也针对中国律师事业的高质量发展提出了新要求。实践证明，只有坚持全面依法治国的总目标，坚定不移走中国特色社会主义法治道路，律师制度和律师事业才会始终走在健康发展的大路之上，才会不忘法治初心，不负时代重托。

---

〔1〕 参见《司法部发布〈2022 年度律师、基层法律服务工作统计分析〉全国执业律师超 65 万人》，载司法部官网 2023 年 6 月 14 日，http://www.moj.gov.cn/pub/sfbgwapp/bnywapp/202306/t20230614_480744.html。

〔2〕 参见《司法部公布全国千名涉外律师人才名单》，载司法部官网 2019 年 3 月 21 日，http://www.moj.gov.cn/pub/sfbgwapp/zwgk/tzggApp/202105/t20210517_395688.html。

〔3〕 参见《2022 年度律师、基层法律服务工作统计分析》，载司法部官网 2023 年 6 月 14 日，http://www.moj.gov.cn/pub/sfbgw/zwxxgk/fdzdgknr/fdzdgknrtjxx/202306/t20230614_480740.html。

第二章　中国律师职业

本章第一部分从五个方面介绍中国律师的基本概况。一是律师人数增长较快，尤其是改革开放以来，中国律师规模持续扩大。二是律师资源分布不均衡，律师的跨地域流动已经深刻改变了中国法律职业的社会结构，主要表现在各地律师业的发展极不平衡。三是律师职业分化严重，在一些大城市里甚至出现了“二八现象”。四是青年律师成为律师队伍的主力军，他们的成长与发展关系到中国律师事业的健康可持续发展。五是中国律师业的其他基本情况可以从律师的类别、文化程度、性别比例等方面反映。第二部分介绍中国律师的基本制度。中国律师的性质是为当事人提供法律服务的执业人员，其具有三项基本职责，即维护当事人合法权益，维护法律正确实施，维护社会公平和正义。律师执业的基本原则包括接受党的绝对、全面领导，遵守宪法和法律，恪守职业道德与执业纪律，以事实为依据、以法律为准绳，接受国家、社会和当事人的监督，依法执业受法律保护。《律师法》第二十八条列明了律师可以从事的七项业务，但实际上律师从事的业务种类已日益细分。《律师法》第四章对律师的权利、义务作出规定，但现阶段，律师的权利仍有待进一步保障。中国律师可以分为专职律师和兼职律师，以及社会律师、公职律师、公司律师和军队律师。在历次修改《律师法》的过程中，对是否保留兼职律师制度都存在不同的意见。第三部分介绍中国律师职业理念。一是恪守律师职业伦理。遵守职业伦理，是律师职业的生命线，是律师的立业之本、执业之基。二是执业专业化。在法律服务日益精细化的当下，专业能力是律师的核心竞争力，而执业专业化则是律师获得精湛专业技能的捷径。三是反思法律商业主义。商业性非律师职业的本质属性，律师应正确处理律师服务的法律属性、道德属性与商业属性之间的关系。四是履行社会责任。律师履行社会责任的方式包括但不限于参与公共法律服务体系建设、化解社会矛盾、参政议政等。五是树立执业风险防范意识。律师在执业过程中会面临诸多风险，缺乏执业经验的青年律师尤其要重视防范执业风险。

一、中国律师基本概况[1]

（一）律师人数增长较快

改革开放以来，中国律师的规模持续扩大。根据司法部公布的数据，截至2022年年底，中国共有执业律师65.16万多人。律师人数超过1万人的省（自治区、直辖市）有23个，其中超过3万人的省（直辖市）有8个，分别是广东、北京、江苏、上海、山东、浙江、四川、河南。近几年，中国律师数量的增长迅速。在2012年年底，中国律师数量为232384名。[2] 由此计算，中国律师数量在10年内增长了将近2倍。再以杭州市为例，截至2022年年底，杭州市共有执业律师14367名。[3] 2012年，杭州律师的数量仅为3100名。10年间，杭州律师数量增长了约3.6倍。[4]

---

〔1〕 本部分关于中国律师的基本数据，来自《2022年度律师、基层法律服务工作统计分析》，载司法部官网2023年6月14日，http：//www. moj. gov. cn/pub/sfbgw/zwxxgk/fdzdgknr/fdzdgknrtjxx/202306/t20230614_ 480740. html。

〔2〕 参见《我国目前每1万人口平均拥有1.6名律师》，载人民网2013年8月27日，http：//politics. people. com. cn/n/2013/0827/c70731 –22713194. html。

〔3〕 参见《2022年度全市律师、基层法律服务工作数据》，载杭州司法局官网2023年3月1日，http：//sf. hangzhou. gov. cn/art/2023/3/1/art_ 1229541670_ 4144163. html。

〔4〕 参见《踔厉奋发　赓续前行丨杭州市律师行业这十年》，载微信公众号“杭州律协”2022年11月25日，https：//mp. weixin. qq. com/s/G9 –4RqvH – lxsnRQ1Qsg52w。

在中国，律师多多益善的观点似乎颇有市场，且常以美国为“榜样”，但对美国庞大律师群体造成的一系列尾大不掉的社会问题缺乏警觉。有学者将其归纳为：[1]（1）虽然美国案件数量的增长是多种原因造成的，但律师人数的膨胀和角色错位，无疑是重要原因。(2) 大量律师进入议会，已将律师群体的利益置于民众利益之上，影响甚至左右了美国的立法。（3）一旦律师行业完全商业化，律师们将不可避免地走向逐利，把目光从社会公正转移到商业活动上，导致美国普通民众难以在律师增长中真正受益。（4）美国律师的收入增长呈现变缓趋势，而且美国律师间的收入差距也在逐渐拉大，新律师的收入情况更是不容乐观。

需要指出的是，日本也曾效仿美国大量增加律师数量，所幸在社会弊端初现时及时控制，未重蹈美国的覆辙。目前，中国的律师人口比与日本基本相仿。但如果放任律师人数每年超过10%的增速，中国恐会滑向美国式的困局。[2] 正处于发展关键期的中国究竟应借鉴日本采用律师精英制，还是仿效美国放任甚至刺激律师大规模增长？政府亟须对此作出科学、审慎的安排，尤其对中国律师数量的涨幅要有所规划，如可与案件数量的增长适当挂钩。

（二）律师资源分布不均衡

《律师法》第十条第二款规定：“律师执业不受地域限制。”该规定表明律师可以在本地办理外地当事人的案件，也可以到执业机

[1] 参见何兵：《律师的角色定位与规模控制——与美国和日本比较》，载《安徽师范大学学报（人文社会科学版）》2023年第5期。

[2] 参见何兵：《律师的角色定位与规模控制——与美国和日本比较》，载《安徽师范大学学报（人文社会科学版）》2023年第5期。

构之外的地方办理案件。[1] 出于收入和工作机会的考虑，每年都有大量外地律师从经济欠发达地区迁移到发达地区从事律师业务。在过去的十几年间，中国律师的跨地域流动已经深刻改变了中国法律职业的社会结构，主要表现在各地律师业的发展极不平衡。

自21世纪以来，中国律师业的蓬勃发展主要集中在北京、上海、广州、深圳这四个"一线"特大城市和其他发达城市。2021年，中国律师总人数约为57.6万。当年，北京律师人数突破4万人大关，达到42181人；上海律师人数达到35065人，广州律师人数是20199人，深圳律师人数是19206人。以上四地律师人数约占中国律师总人数的20%。相比之下，东北和中西部等欠发达地区的律师人数偏少，律师资源分布不均匀。[2] 当"一线"城市和东部沿海城市的居民和企业在享受规模大、层次齐的优质法律服务的同时，广大遭遇人才流失的迁出地（主要是中西部城市和农村地区）则面临律师人才流失、短缺的困境。[3] 习近平总书记曾敏锐地提出要"加快解决有些地方没有律师和欠发达地区律师资源不足问题"[4]。总书记还谈道："如果群众有了司法需要，需要打官司，一没有钱去打，

〔1〕参见王胜明、赵大程主编：《中华人民共和国律师法释义》，法律出版社2007年版，第30页。

〔2〕不过，由于近年来中国律师人数增长较快，自然地，中国各地区的律师人数几乎都在增长。2021年中国律师人数同比增长10.3%，多个省市的律师增长率超过全国的平均值，如贵州省甚至达到21.5%。参见《18省市最新律师数据梳理：北上广深共占全国律师总人数20%，西部律师行业发展迅速》，载微信公众号"新则"2022年7月5日，https：//mp. weixin. qq. com/s/bqMeVq93mgDwfR_ JzhcVLQ。

〔3〕参见刘思达、梁丽丽、麦宜生：《中国律师的跨地域流动》，载苏力主编：《法律和社会科学》第13卷第1辑，法律出版社2014年版，第28、33－34、41、50－51页。

〔4〕《全面推进科学立法、严格执法、公正司法、全民守法》（二〇一三年二月二十三日），载习近平：《论坚持全面依法治国》，中央文献出版社2020年版，第23页。

二没有律师可以求助，公正司法从何而来呢?"[1] 为此，中国应努力缩小地区之间律师资源分布差距，全面推动律师行业逐步实现均衡发展。例如,《“十四五”时期浙江律师业发展规划纲要》提出要鼓励有条件的律师事务所到欠发达地区设立分支机构；鼓励通过对口援建、挂职锻炼、交流培训等形式支持欠发达地区的律师事业发展；鼓励省内律师事务所与中西部欠发达地区律师事务所进行帮扶结对；集中实施一批法律服务扶贫项目；持续推进“1+1”法律服务志愿者、浙江法律援助志愿者等活动；支持利用互联网等方式开展远程法律服务。[2]

（三）律师职业分化严重

中国律师的职业分化在一些大城市里十分严重，出现了“二八现象”，即80%的律师收入由20%的律师掌控，剩下的80%的律师只分享20%的律师收入。[3] 能够解释该职业分化现象的第一个主要原因是法律专业技能的发挥在很大程度上依靠地方性知识和地方性社会关系网，这种专业技能的本地化特征使律师很难离开原先从业的地方。迁移律师需要花费多年时间才能在迁入地逐渐积累社会资本和建立社会关系网。这使许多迁移律师集中在迁入地的低端法律服务市场，多为个人客户提供服务，从事一些声望较低或风险较大的业务。

---

〔1〕《全面推进科学立法、严格执法、公正司法、全民守法》（二〇一三年二月二十三日），载习近平:《论坚持全面依法治国》，中央文献出版社2020年版，第23页。

〔2〕参见《“十四五”时期浙江律师业发展规划纲要》，载神州律师网2021年12月31日，http://www.zjbar.com/info/8f5ee0de60ad4718977d5655013fe25c。

〔3〕参见侯猛:《中国律师分布不均衡的表现与影响——从北京刑事辩护市场切入》，载《法学》2018年第3期。

另一个主要原因或许可以用海因茨（John P. Heinz）和劳曼（Edward O. Laumann）于20世纪80年代初提出的著名的“两个半球”理论（two – hemisphere thesis）来解释。[1]“两个半球”意指为大型企业客户服务的律师和为个人客户服务的律师，该理论即“律师业内部不同法律工作领域的地位在很大程度上是由该领域所服务的客户的地位所决定的。为企业客户的工作在律师业内部享有较高的地位和声望，而为个人客户的工作的职业地位则相对较低。同时，一个法律领域所服务的客户的社会地位越低，从事这一领域的律师的地位和声望也越低……律师业内部对于声望分配的价值取向具有内在的‘精英主义趋势’（elitist tendency），服务于企业客户的律师事实上服务于社会的核心经济价值，因此他们在职业内部享有更高的地位，而社会对于服务于个人客户的律师的例行化工作所赋予的价值较低，因此他们的职业地位也相对较低”[2]。目前，中国律师业的企业“半球”已经比个人“半球”更大了。[3]以（大型）企业为主要客户类型的商务律师事务所和商务律师必然属于中国律师中的绝对高收入群体。虽然中国的精英商务律师人数占比低，但他们的收入占比极高。

（四）青年律师成为律师队伍的主力军

从中国律师的年龄结构来看（见图2－1），2022年30岁以下的

---

〔1〕 See John P. Heinz & Edward O. Laumann, *Chicago Lawyers: The Social Structure of the Bar*, Russell Sage Foundation, 1982.

〔2〕 刘思达：《失落的城邦：当代中国法律职业变迁》，北京大学出版社2008年版，第139页。

〔3〕 参见刘思达：《割据的逻辑：中国法律服务市场的生态分析》（增订本），译林出版社2017年版，第29页。

律师有 10.79 万多人，占 16.56%；30 岁（含）至 50 岁的律师有 41.95 万多人，占 64.39%；50 岁（含）至 65 岁的律师有 10.63 万多人，占 16.32%；65 岁（含）以上的律师有 1.77 万多人，占 2.73%。在杭州，2021 年 35 周岁以下的青年律师已占全市律师总数的 51.6%。[1]

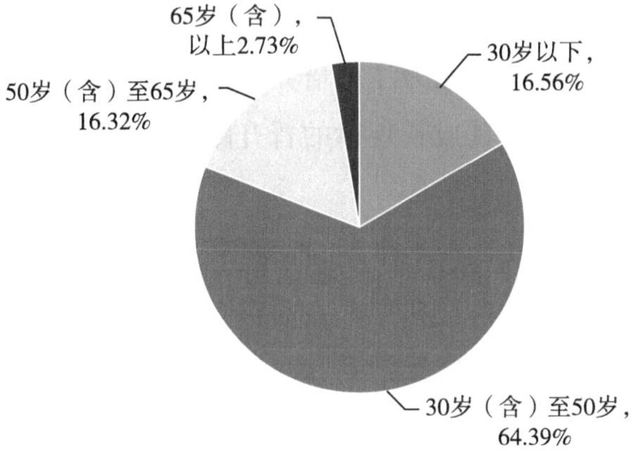

图 2-1　2022 年中国律师年龄结构占比

青年律师是律师队伍的未来，他们的成长与发展关乎中国律师事业的健康可持续发展。为此，中华全国律师协会先后颁布《关于进一步加强青年律师培养工作的指导意见》《关于扶持青年律师发展的指导意见》等行业文件。在此基础上，不少省市的律师协会也纷

〔1〕《会长谈丨在共青团杭州市律师行业第六次代表大会闭幕式上的讲话》，载微信公众号“杭州律协”2021 年 11 月 3 日，https://mp.weixin.qq.com/s/FevxpGp_PvKnguH77ainzA?poc_token=HAix_GejhGsWrImypnSRRf_TTg1WQ-Cku74_lZa0。关于杭州青年律师发展现状和成长需求的分析，可详见杭州市律师协会青年工作委员会：《问题导向 技能先行——杭州青年律师发展调研报告》，载《杭州律师》2023 年第 2 期。

纷出台扶持青年律师发展的实施意见。[1]

律师事务所应为青年律师的成长与发展搭建平台。对于青年律师，优质的律师事务所平台无疑是其成长的孵化器。对于律师事务所，"对律师人才价值的短视是律所发展过程中最致命的危险。唯有找对人才，教对人才，用对人才，律所才能有持久的生命力"[2]。有潜力的青年律师一定是律师事务所事业持续性发展的源头活水。基于此，律师事务所应尤为注重培养青年律师，为他们提供充足的实践锻炼机会和符合其成长规律的晋升路径，以实现高质量的相互促进、互利共赢。

打铁还需自身硬，青年律师的发展水平最终取决于自身的方法与努力。广大青年律师应树立三大意识。第一，政治意识。青年律师在执业活动中必须切实维护党和政府的权威，维护宪法和法律的尊严，运用专业知识助力中国法治建设。第二，学习意识。青年律师的实务经验毕竟有限，要时刻保持饱满的学习状态，不仅要及时学习新的法律知识和实操技能，而且要虚心向优秀的同行前辈学习执着坚毅、求真尚善的品行和先进、成熟的工作方法。第三，匠心意识。青年律师须秉持工匠精神，全身心投入律师工作，始终保持认真负责的工作态度，不断精进三个能力，即塑造品牌、开拓客户的市场能力，优化客户体验的服务能力和具体办理业务的专业能力[3]。

---

[1] 例如《贵州省司法厅、贵州省律师协会关于扶持青年律师成长发展的实施意见》《深圳市律师协会关于促进青年律师发展的意见》《广州市律师协会关于扶持青年律师成长的若干意见（试行）》。

[2] 蒋勇：《律所的管理》，中国政法大学出版社2019年版，第100页。

[3] 参见蒋勇：《律所的管理》，中国政法大学出版社2019年版，第232页。

（五）其他基本情况

中国律师的其他基本情况还可以从律师的类别、文化程度、性别比例等方面反映。从中国律师的类别来看（见图2－2），2022年，专职律师有50.47万多人，占77.46%，占比最大；兼职律师有1.43万多人，占2.19%；公职律师有9.59万多人，占14.73%；公司律师有2.99万多人，占4.60%；军队律师有1500多人，占0.23%。

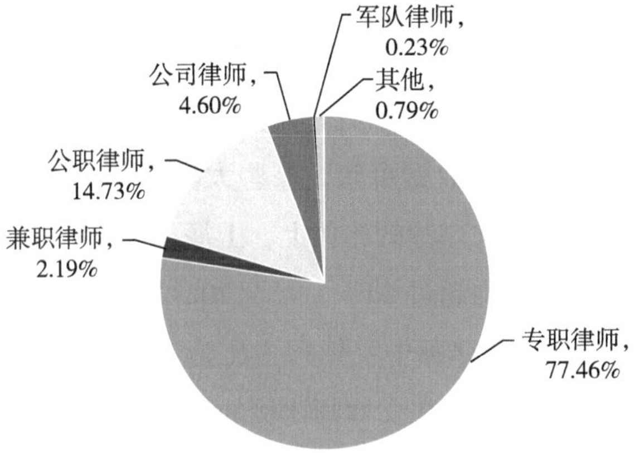

图2－2　2022年中国各类别律师占比

从中国律师的文化程度来看（见图2－3），2022年，本科学历的律师有46.69万多人，占71.66%；硕士研究生学历的律师有13.04万多人，占20.01%；博士研究生学历的律师有7800多人，占1.21%；本科学历以下的律师有4.64万多人，占7.12%。其中，在境外接受过教育并获得学位的律师有8727人，占1.34%。

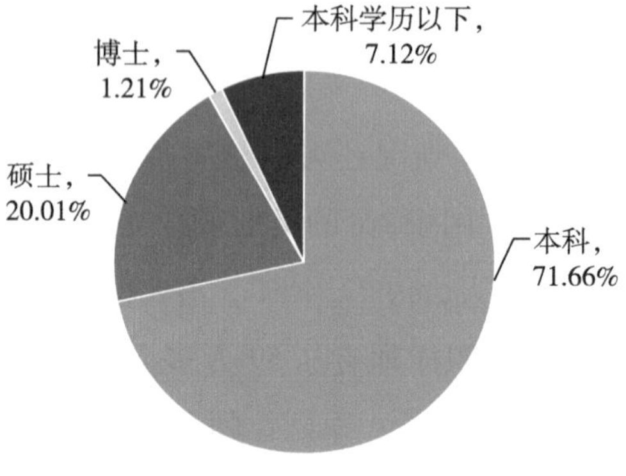

图2－3　2022年中国律师教育程度占比

从中国律师的性别比例来看，司法部的统计数据虽不含律师的性别比例，但通过地方数据可知，一些大城市里女律师的人数正在持续地快速增长。在女律师的比例上，上海、广州、深圳等“一线”城市律师中女性占比均超过40%。截至2021年，上海律师中女律师占比为43.03%，广州律师中女律师占比为43.84%，深圳律师中女律师占比为42.30%。[1] 在女律师比例的增长上，从2016年至2020年，杭州市女律师占比逐年上升。2016年，杭州市女律师人数仅占全市律师人数的36.5%。到2020年，杭州市女律师群体占比达到42.6%。自2018年起，杭州市女律师增长数开始超过男律师增长数。[2] 2019年6月，南京市有女律师2530名，占南京律师总数的37%。到2022年5月底，南京市女律师人数共3855名，占南京律师总数的41%。[3] 短短3年内，南京市女律师的人数增长了52.4%。

〔1〕 参见《数据分析：女律师的职业天花板，正在被打破?》，载微信公众号“智合”2023年4月20日，https：//mp. weixin. qq. com/s/ff_ JpF6hqucDpOFYRwRStQ。

〔2〕 参见《调研报告：杭州女律师的执业困境及现实突破》，载微信公众号“杭州律协”2021年4月6日，https：//mp. weixin. qq. com/s/XXC8frz9NrG2TqnUeaUfKA。

〔3〕 参见《3855名！南京女律师三年增长50%》，载微信公众号“律媒智库”2022年6月20日，https：//mp. weixin. qq. com/s/IpllXpv5jHsf0sS2eAwOFQ。

由于女性的不断涌入，律师行业逐渐从男性主导状态转向男女平衡状态。

二、中国律师基本制度

（一）律师的性质、职责与执业基本原则

1980年通过的《律师暂行条例》第一条将律师的性质界定为“律师是国家的法律工作者”。根据该规定，律师不是自由职业者。律师服务尽管是有偿的，但是与当事人之间不是雇佣与被雇佣的关系。律师办理法律事务是在履行公职，执行维护社会主义法制的使命。[1] 1996年通过的《律师法》第二条将律师的性质界定为“为社会提供法律服务的执业人员”。彼时，国家立法机关已经认识到，在社会主义市场经济条件下，“国家的法律工作者”已经不能准确表达律师的性质，而应将律师定性为社会法律工作者。

2007年修订的《律师法》第二条第一款将律师的性质修改为“为当事人提供法律服务的执业人员”。修法时有意见认为，为社会提供法律服务的人员有很多，除了律师外，还有法官、检察官等，而1996年《律师法》第二条的规定不明确，范围太宽，没有突出律师与其他法律工作者的区别，所以建议修改。为了突出律师服务的特征，2007年《律师法》第二条第一款作出如上修改。该规定强调了《律师法》调整的律师必须是接受委托或者指定，为当事人提供

〔1〕参见姜海涛主编，司法部司法研究所组编：《深化律师制度改革研究》，法律出版社2017年版，第39页。

法律服务的执业人员。这样就可以基本上将《律师法》调整的律师与其他法律工作者区别开来，使《律师法》的调整范围更加清晰、明确。[1] 同时，此处特别强调了律师向当事人提供法律服务的实质意义，而为当事人服务的提法也更加契合律师原本就应具有的维护当事人合法权益的职责。

《律师法》第二条第二款赋予了律师三项基本职责，即维护当事人合法权益，维护法律正确实施，维护社会公平和正义。“维护当事人合法权益”的职责要求律师从有利于当事人的角度开展法律服务活动，律师履行的是忠实义务。“维护法律正确实施”和“维护社会公平和正义”的职责，则类似于司法机关的责任，是律师履行公益义务的体现。“从偏重对公益义务的履行，到对忠诚义务的高度强调，这显然是与律师的职业定位同步发生的律师职业伦理的变化。”[2] 总之，三个“维护”的规定有助于引导律师及公众树立对律师职业的正确认识，即律师在维护当事人合法权益的同时，还要注重维护法律的正确实施以及社会的公平与正义。

律师执业的基本原则包括接受党的绝对、全面领导，遵守宪法和法律，[3] 恪守职业道德与执业纪律，[4] 以事实为根据、以法律为准绳，[5] 接受国家、社会和当事人的监督，[6] 依法执业受法律保护。[7] 必须强调，中国律师执业最根本的原则就是接受党的领导，

〔1〕参见王胜明、赵大程主编：《中华人民共和国律师法释义》，法律出版社2007年版，第7页。

〔2〕陈瑞华：《刑事辩护制度四十年来的回顾与展望》，载《政法论坛》2019年第6期。

〔3〕参见《律师法》第三条第一款。

〔4〕参见《律师法》第三条第一款。

〔5〕参见《律师法》第三条第二款。

〔6〕参见《律师法》第三条第三款。

〔7〕参见《律师法》第三条第四款。

即“把拥护中国共产党领导、拥护社会主义法治作为律师从业的基本要求”[1]。

（二）律师的业务

《律师法》第二十八条列明了律师可以从事的七项业务，包括接受自然人、法人或者其他组织的委托，担任法律顾问；接受民事案件、行政案件当事人的委托，担任代理人，参加诉讼；接受刑事案件犯罪嫌疑人、被告人的委托或者依法接受法律援助机构的指派，担任辩护人，接受自诉案件自诉人、公诉案件被害人或者其近亲属的委托，担任代理人，参加诉讼；接受委托，代理各类诉讼案件的申诉；接受委托，参加调解、仲裁活动；接受委托，提供非诉讼法律服务；解答有关法律的询问、代写诉讼文书和有关法律事务的其他文书。

具体而言，律师担任法律顾问的，应当按照约定为委托人就有关法律问题提供意见，草拟、审查法律文书，代理参加诉讼、调解或者仲裁活动，办理委托的其他法律事务，维护委托人的合法权益。[2] 律师担任诉讼法律事务代理人或者非诉讼法律事务代理人的，应当在受委托的权限内，维护委托人的合法权益。[3] 律师担任辩护人的，应当根据事实和法律，提出犯罪嫌疑人、被告人无罪、罪轻或者减轻、免除其刑事责任的材料和意见，维护犯罪嫌疑人、被告人的诉讼权利和其他合法权益。[4] 本书第七章至第十一章会对律师

---

〔1〕《加快建设社会主义法治国家》（二〇一四年十月二十三日），载习近平：《论坚持全面依法治国》，中央文献出版社2020年版，第116页。

〔2〕参见《律师法》第二十九条。

〔3〕参见《律师法》第三十条。

〔4〕参见《律师法》第三十一条。

的基础性业务进行详细介绍。

（三）律师的权利与义务〔1〕

《律师法》第四章对律师的权利、义务作出规定。律师的权利分为律师的人身权利和执业权利。律师的人身权利体现在《律师法》第三十七条第一款的规定，即“律师在执业活动中的人身权利不受侵犯”。律师的执业权利包括阅卷权，同犯罪嫌疑人、被告人会见和通信权，调查取证权，拒绝辩护或代理权，获得开庭通知权，在法庭审理阶段的权利，在法庭上发表的代理、辩护意见不受法律追究的权利，代行上诉的权利，代理申诉或控告权，获取本案诉讼文书副本的权利，为犯罪嫌疑人、被告人申请变更或解除强制措施的权利，对阻碍其行使诉讼权利的行为进行投诉、申诉和控告的权利等。现阶段，律师的权利仍有待进一步保障。

律师的义务包括只能在同一个律师事务所执业，不得同时在两个以上律师事务所执业；不得私自接受委托，收取费用，接受委托人的财物或者其他利益；依法纳税；不得以诋毁其他律师事务所、律师或者支付介绍费等不正当手段承揽业务；加入所在地的地方律师协会，并履行律师协会章程规定的义务；曾经担任法官、检察官的律师，从人民法院、人民检察院离任后二年内，不得担任诉讼代理人或者辩护人；按照国家规定履行法律援助义务，为受援人提供

〔1〕参见谭世贵主编：《律师法学》（第5版），法律出版社2022年版，第80-94页。其中，辩护人的诉讼权利尤其值得关注与深研，可参见《刑事诉讼法学》编写组编：《刑事诉讼法学》（第4版），高等教育出版社2022年版，第120-123页；冀祥德：《控辩平等论》（第3版），当代中国出版社2022年版；陈瑞华：《刑事辩护制度四十年来的回顾与展望》，载《政法论坛》2019年第6期；陈卫东、亢晶晶：《我国律师辩护保障体系的完善——以审判中心主义为视角》，载《中国人民大学学报》2016年第3期。

符合标准的法律服务；保守在执业活动中知悉的国家秘密、商业秘密，不得泄露当事人的隐私；不得在同一案件中为双方当事人担任代理人，不得代理与本人或者其近亲属有利益冲突的法律事务；接受委托后，无正当理由的，不得拒绝辩护或者代理；不得利用提供法律服务的便利牟取当事人争议的权益，或者接受对方当事人的财物或其他利益，也不得与对方当事人或者第三人恶意串通，侵害委托人的权益；不得违反规定会见法官、检察官、仲裁员以及其他有关工作人员；不得向法官、检察官、仲裁员以及其他有关工作人员行贿，介绍贿赂或者指使、诱导当事人行贿，或者以其他不正当方式影响法官、检察官、仲裁员以及其他有关工作人员依法办理案件；不得故意提供虚假证据或者威胁、利诱他人提供虚假证据，妨碍对方当事人合法取得证据；不得煽动、教唆当事人采取扰乱公共秩序、危害公共安全等非法手段解决争议；不得扰乱法庭、仲裁庭秩序，干扰诉讼、仲裁活动的正常进行等。

（四）律师的分类

中国律师可以分为专职律师和兼职律师，也可分为社会律师、公职律师、公司律师和军队律师。相比于兼职律师，其他类别的律师较易理解，故在此专门介绍兼职律师。兼职律师是指取得律师执业证书，不脱离本职工作兼职从事律师执业的人员。[1] 对此，《律师法》第十二条规定："高等院校、科研机构中从事法学教育、研究工作的人员，符合本法第五条规定条件的，经所在单位同意，依照本法第六条规定的程序，可以申请兼职律师执业。"兼职律师在执业

〔1〕 参见王胜明、赵大程主编：《中华人民共和国律师法释义》，法律出版社2007年版，第33页。

活动中与专职律师享有同等的权利和义务。

在历次修改《律师法》的过程中，对是否保留兼职律师制度都存在不同的意见，并且每次都会引发广泛、热烈的讨论。[1] 主张废除兼职律师制度的理由大抵如下：第一，历史的产物应随时代的发展而消亡。兼职律师是改革开放初期律师资源一度紧张，为适应社会需求才产生的特定历史条件下的产物。第二，可能引发职业之间的冲突。兼职律师执业会造成本职工作和律师业务之间的冲突，甚至有些兼职律师将“教学、科研变成了副业，全身心忙案子，上课瞎对付，论文瞎拼凑，荒废了本职，也败坏了法学教育、研究机构的学术环境和风气”[2]。第三，不便管理。兼职律师来源分散，不利于职业的归口管理，不符合律师业规范化管理的趋势。第四，冲击专职律师行业。不可否认，一些兼职律师会利用自己的身份、地位、社会影响和“关系网”去从事律师业务，对专职律师造成冲击，有碍律师间的公平竞争。主张保留兼职律师制度的理由主要有：第一，提高律师队伍的整体素质。随着法律服务需求数量的增多和质量要求的提高，确需一定数量的专业型法律人才（如高校教师）加

〔1〕 参见顾永忠：《关于兼职律师制度存废之我见》，载《中国司法》2005 年第 4 期；吴丹红：《兼职律师制度研究——主要以新〈律师法〉第十二条为对象》，载张卫平、齐树洁主编：《司法改革论评》（第 11 辑），厦门大学出版社 2010 年版；支振锋：《“法学教授”担任兼职律师是真问题吗?》，载《民主与法制》2017 年第 27 期；刘显刚：《法学教师兼职律师，好事一桩》，载《民主与法制》2017 年第 27 期；印波：《兼职律师的辩护词》，载《民主与法制》2017 年第 27 期；高扬：《法学教授该不该兼职律师?》，载《检察日报》2017 年 8 月 2 日，第 5 版；郝铁川：《高校老师兼职做律师的优劣论》，载微信公众号“法学学术前沿”2018 年 7 月 14 日，https://mp.weixin.qq.com/s/pHEEp8QILItgZyMjDaL_eQ；吴越：《我为什么反对大学教师做兼职律师?》，载微信公众号“日知法律社”2019 年 2 月 26 日，https://mp.weixin.qq.com/s/3vwaq_dN-TUfVrGFr29F41w。

〔2〕 支振锋：《“法学教授”担任兼职律师是真问题吗?》，载《民主与法制》2017 年第 27 期。

入律师行业，以改善现有律师队伍的知识和素质结构。第二，推动理论与实践的结合。从事法学教育、研究工作的专业人员直接参与办案，直面社会发展中的实际问题，不仅有利于促进他们的教学、科研本职工作，而且使他们有条件围绕法律专业知识、理论素养以及律师执业技能、办案经验两个方面培养符合要求的律师后备人才。[1] 第三，符合国际趋势。考察各国立法例，无论是英美法系国家还是大陆法系国家，各国的律师制度虽有较大的区别，但兼职律师制度仍然广泛存在并发挥着积极作用。[2]

2016年，中共中央办公厅、国务院办公厅印发《关于实行以增加知识价值为导向分配政策的若干意见》，其明确允许科研人员和教师依法依规适度兼职兼薪，提出："允许科研人员从事兼职工作获得合法收入。科研人员在履行好岗位职责、完成本职工作的前提下，经所在单位同意，可以到企业和其他科研机构、高校、社会组织等兼职并取得合法报酬。"这是中央以文件形式肯定了兼职律师制度的合理性。2017年，习近平总书记深刻地指出："法学学科是实践性很强的学科。法学教育要处理好法学知识教学和实践教学的关系。学生要养成良好法学素养，首先要打牢法学基础知识，同时要强化法学实践教学。要打破高校和社会之间的体制壁垒，将实际工作部门的优质实践教学资源引进高校，加强校企、校地、校所合作，发挥政府、法院、检察院、律师事务所、企业等在法治人才培养中的积极作用。从事法学教育、法学研究工作的同志和法治实际工作部门的同志，要相互交流、取长补短，把法学理论和司法实践更好结

〔1〕 参见何兵：《法庭上的柳叶刀》，清华大学出版社2024年版，第312页。

〔2〕 参见张品泽、田力男主编：《律师学》，中国人民公安大学出版社2021年版，第114页。

合起来。”[1] 习近平总书记还对法学专业教师提出“在做好理论研究和教学的同时，深入了解法律实际工作，促进理论和实践相结合”[2] 的要求。总书记的上述讲话对广大法学专业教师提出了立足教研本职、汲取实践精华的工作要求。

为此，笔者建议有实践条件的法学专业教师可以将教学、科研的主场之一设在律师事务所里。更进一步讲，拥有丰富、优质执业经验的教师可以把法律教育、法学研究深深地扎根于律师行业，让前者与后者深度、有机融合。

第一，课堂教学。教师将在律师事务所中精心收集到的所知、所得教授给课堂里的学生，所教内容包括但不限于对实体法、程序法的理解与适用以及非诉讼法律项目的办理要义等“行动中的法律”，努力让学生身临其境般充分感受、领悟法律的实践理性，使课堂不再仅充斥着生硬、刻板的“纸面上的法律”，而是成为理论与实践相结合的生动展示平台。

第二，实践教学。律师事务所可被视为教师指导学生进行理论学习和实践训练的文科实验室，该实验室的特色是既重视原理和规则，又讲求动手和实操。在实验室里，教师将个案作为“全景式”的实践教学素材，手把手地指导学生办理高质量的诉讼案件和非诉项目，引导学生逐步提高对法律在现实中运作的理解能力。同时，教师围绕法律实践中层出不穷的新问题、难问题来指导学生，带领、训练学生挖掘并探索富有现实意义的学术话题，以提升他们的学术敏感性和研究能力。

---

〔1〕《全面做好法治人才培养工作》（二〇一七年五月三日），载习近平：《论坚持全面依法治国》，中央文献出版社2020年版，第177页。

〔2〕《全面做好法治人才培养工作》（二〇一七年五月三日），载习近平：《论坚持全面依法治国》，中央文献出版社2020年版，第178页。

第三，职业培养。具有丰富律师实务经验的教师可以招收立志于未来从事律师工作的研究生，对他们进行有针对性的培养。师生经过长期的磨合，不仅可以结下师生缘，而且还能结下“同事”缘。[1] 学生在校学习期间以实习生身份进入律师事务所实习，[2] 毕业后可以直接入职该律师事务所（可视为“后法学院”），使师门学问和实践真知得以有效传承。

三、中国律师职业理念

（一）恪守职业伦理

遵守职业伦理，是律师职业的生命线，是律师的立业之本、执业之基。早在民国时期，著名的法学教育家孙晓楼先生就深刻地剖析了学习法律职业伦理的重要性：“法律伦理学一课，是教我们于研究法律之外，注意到运用法律时在社会上所应有的态度。尤其是于执行律务时，使他知识、技能、品性方面都有相当的准备，明了自身对于法院的责任，如何接受案件。在刑事案件上所负的责任是怎样，在民事案件上所负的责任是怎样。如何应付当事人，如何尽力保障人权，如何接受酬劳。诸如此类，都是指示和训练律师在社会

[1] 例如有兼职律师牵头组建了一支律师团队，并依托其所任职的法学院，获得了充足、高质量的人才资源储备，同时解决了部分毕业生的就业问题。该律师团队坚持教学、科研、社会服务、人才培养的“四位一体”发展路线，秉持“理论服务社会，实践反哺教学”的团队运作理念。

[2] 2023年，中共中央办公厅、国务院办公厅印发《关于加强新时代法学教育和法学理论研究的意见》，该意见提出要“建立法治工作部门、法律服务机构等接收法学专业学生实习实训工作制度”。

服务的时候，于自身对国家、社会及当事人所不可不备的道德……我不是说读了法律伦理学，一定可成为一个有道德的律师；我是说读了法律伦理学至少可以使学生知道些他们将来做律师时对于社会所负的使命，不致盲人瞎马，去害人了，还要害自己。”[1] 律师必须研习、谨守法律职业伦理，再怎么强调都不为过。为此，本书用了较多的篇幅介绍律师职业伦理，具体分成两个部分，第三章第二节着重介绍律师与司法官交往的职业伦理，第六章详细阐释律师与委托人交往的职业伦理。

2013 年 11 月，党的十八届三中全会公布的《中共中央关于全面深化改革若干重大问题的决定》明确提出要加强律师职业道德建设。2014 年 5 月，司法部印发《关于进一步加强律师职业道德建设的意见》（司发〔2014〕8 号），对进一步加强律师职业道德建设作出部署。之后，中华全国律师协会颁布《律师职业道德基本准则》，通过《律师执业行为规范修正案》，修订《律师协会会员违规行为处分规则（试行）》，对加强律师职业道德建设、提高律师队伍整体素质和执业水平提出了具体的要求。

虽然司法行政机关和律师协会都高度重视并强调律师职业道德，但现实中依然存在部分律师枉顾职业道德或违反执业纪律的情形，例如以下三类律师：第一类，“三没”律师。这类律师表现为“接案子的时候，哪怕是天大的事情，他都敢信誓旦旦地对当事人说：‘没问题！’当案子出现一些不好的苗头，当事人表示担忧，他大手一挥：‘没关系！’等到案子最后的结果出来，当事人找到他问他怎么

〔1〕 孙晓楼：《法律教育》，商务印书馆 2015 年版，第 29 – 31 页。

办时，他却摇摇头说：‘没办法……’”。[1] 第二类，“甩锅”律师。这类律师在案件败诉后会一味地指责法官，臆测法官袒护了对方，甚至笃定地告诉当事人是对方把法官“搞定了”。第三类，“死磕派”律师。[2] 少数律师错误地认为可以不择手段地“死磕”，钻法律的空子，不惜用编造散布不实消息、煽动舆论影响社会稳定等违法犯罪的手段试探法律的底线。[3] 更有甚者，自诩“人权律师”，当他们因为违法犯罪活动受到法律制裁时，却声称自己“遭受政治迫害”，并试图引起一些境外国家和地区的“关注”与“同情”。[4]

习近平总书记指出：“首先要把人做好，然后才可能成为合格的法治人才。”[5] 律师专业技术与职业伦理之间的关系，换个角度看，

〔1〕易胜华：《别在异乡哭泣：一个律师的成长手记》，北京大学出版社 2013 年版，第 41 页。

〔2〕针对“死磕派”律师的分析，还可以参考陈瑞华教授的观点，“辩护律师的诉讼权利在受到侵犯后，无法寻求有效的司法救济途径，这往往造成律师权利的名存实亡，并使得律师无法实现有效的辩护。在正常的救济途径行不通的情况下，有些律师被迫走上了在法律程序之外寻求救济的道路，如通过新闻媒体、人大代表、政协委员来反映案情，寻求法律程序外社会力量乃至政治力量的支持。甚至还有极个别律师作出了一些非理性的反应，通过互联网、研讨会、迫使法庭休庭等非正常方式，表达辩护观点，进行激烈抗争。尤其是在实体性辩护难以发挥实质性效果的情况下，一些律师通过在诉讼程序上提出辩护观点，尤其是在回避、管辖、延期审理、证人出庭、非法证据排除等程序争议问题上，反复提出各种诉讼请求，并向司法机关施加压力。这就是所谓‘死磕派律师’出现的制度原因”。参见陈瑞华：《刑事辩护制度四十年来的回顾与展望》，载《政法论坛》2019 年第 6 期。

〔3〕参见《“死磕律师”的黯然结局——聚焦北京锋锐律所主任周世锋案庭审》，载新华网 2016 年 8 月 5 日，http：//www. xinhuanet. com/politics/2016 - 08/05/c_ 129205656. htm。

〔4〕参见郑戈：《保护律师权利，促进人权事业发展》，载《人民日报》2017 年 7 月 7 日，第 9 版。

〔5〕《全面做好法治人才培养工作》（二〇一七年五月三日），载习近平：《论坚持全面依法治国》，中央文献出版社 2020 年版，第 179 页。

就是"才"与"德"的关系，且二者缺一不可。[1] 一名律师即使再有才，但若德行欠佳，也必定无法承担职业使命。

（二）执业专业化

1. 执业专业化的类型

为促进律师行业的专业化发展战略，司法部分别于 2017 年和 2019 年颁布了两份针对律师专业水平评定的文件，即《关于建立律师专业水平评价体系和评定机制的试点方案》和《关于扩大律师专业水平评价体系和评定机制试点的通知》。根据这两份文件，律师的专业领域分为刑事、婚姻家庭法、公司法、金融证券保险、建筑房地产、知识产权、劳动法、涉外法律服务、行政法等九个方面，每名律师可参评的专业不超过两个。未来，律师专业领域的划分还会进一步细化。

根据目前律师行业的广泛实践，律师执业专业化的类型主要分为两种：[2] 第一种是以特定法律领域为切入点，例如民商事争议解决、投融资、劳动法、反垄断、知识产权等。第二种是以特定行业、客户群体为切入点，例如建工、电力、大数据、人工智能等。第一种专业化方式是基于法学学科本身的知识划分，深研法学知识中的不同细分领域，再以此获客。第二种方式则直接以客户为导向切入，关注特定客户群体在不同场景下的法律需求。

---

〔1〕 法律职业素养包括职业信仰、职业道德、职业语言、职业知识、职业思维、职业技术等六个方面。在这六个方面中，前两个方面构成法律职业伦理，即通常所谓的"德"；后四个方面构成法律职业的技能，即通常所说的"才"。参见张文显主编：《法理学》（第 5 版），高等教育出版社 2018 年版，第 275－276 页。

〔2〕 笔者不赞同所谓的"关系专业化""接案专业化"。但法律服务营销确实可以实现专业化。本章仅从业务类型的层面讨论专业化。

例如民事诉讼代理属于民商事争议解决领域中最重要、最常见的一种律师业务，属于第一种专业化的典型类型，律师在民事诉讼执业领域内无疑可以实现专业化，比如有的律师以再审业务作为其专业化发展方向。但更专精的做法是将第一种和第二种专业化类型结合起来，实现在特定行业内和特定客户群体中的民事诉讼代理专业化，如能源行业的再审业务。

2. 执业专业化的优势

专业化的执业进路至少能给律师带来三大优势。首先，专业化有利于为律师树立专业的品牌形象。品牌的建立最依赖专业的积累。对于处于执业初期的律师而言，建立品牌是比一味赚取当下的收入更值得花时间和精力去投入的事业。而且品牌是律师获得溢价的基础，如果维护得当，还会持续不断地增值。

其次，专业化有助于律师获客。专业化执业看似“因小失大”，但律师若是专业选择得当、持续精研深耕，就有能力应对不断细化的社会分工与不断提高的客户要求，所以他们很难被替代，甚至无可替代。从市场的角度看，专业化律师为自己打造出一个进退自如的卖方市场。越有一技之长的专业化律师，就越有议价能力，“万金油”（有“博而不精”之意）律师则相反，因为替代成本不同。

最后，专业化最根本的好处在于促成律师实现“可叠加式的进步”。专业化的律师会将相关的知识“收纳”在一个框架体系之中，当在执业过程中遇到专业领域内的新疑问时，他们能很快地找准方向，并在问题解决后把新知识立即“装”进原有的知识框架。所以专业化的律师在每次提供法律服务时都是在之前积累的基础上又作了进一步的深造，这符合人的知识体系的建立诀窍，即人脑善于处理相互间有联系的信息。一旦框架搭建完成，知识便可以源源不断地有序填入，而且越填越充实，越填越完善。这种专注的积累方式可以概括为“可叠加式的进步”，其意为每往前走一步，都会聚集足够多的势能，让每一次进步都成为下一次进步的基点，而不是每一次都要重新开始。[1] 据笔者观察，专业化的律师多是从容地实现进步的。他们在从容不迫的状态中乐于接受专业挑战，精心雕琢法律服务产品，促进高效率成长，在树立品牌形象和市场获客方面收获“可复制的成功”。

3. 执业专业化的实践

基于种种原因，多数律师（尤其是在提成制律师事务所内执业的年轻律师）难以在执业之初就走上专业化的发展之路，其实不必过于担忧。律师执业专业化的实践一般分为三个阶段。第一阶段是“专业化启蒙阶段”。律师在最初解决温饱的执业过程中，要有专业化的意识，通过广泛涉猎各类法律业务来挖掘兴趣点及擅长领域。第二阶段是“专业化探索阶段”。律师在确定了专业化方向后，得专攻该领域，不懈填充专业知识，持续提高办案水平，并不断积累优质客户。第三阶段是“专业化深耕阶段”。此时律师在专精的业务领域内已小有成就，就要更用心地雕琢每一个诉讼案件和每一个非诉讼法律项目，并争取把它们研磨成为艺术品。

需要说明四点。第一，律师执业专业化的历程可能要耗费十多年甚至更久的时间，律师要有足够的决心和耐心。第二，律师在选择专业化领域时切忌盲目，不仅要结合自身兴趣，而且要关注社会动态和经济环境，既要考虑潜在的客户来源，也应顺应国家和社会的发展需要。第三，须注意甄别“专业”与“专业化”之间的区别，专业化并非必经之路，专业却是制胜之本。因为机缘机遇和个

---

[1] 参见吴军：《格局——世界永远不缺聪明人》，中信出版社 2019 年版，前言第 ⅦⅤ－XV 页。

人选择等缘故，未必每位律师都有机会成为名副其实的专业化律师，但每一位律师都可以努力成为专业的律师。“专业这个问题从本质上来说，这其实还是一个敬业态度的问题。”[1] 有绝技无绝路，只要律师将专业能力和敬业精神持之以恒地付诸于每一项业务，把每项业务都办得精到，其就堪称一名专业的律师。第四，似乎有一个悖论，当一名律师在社会上声名远播了，各种客户都会慕名前来，他接受委托的业务类型往往五花八门，看似很不专业化。其实，资深律师通常有条件获得各业务领域内专业化律师的有力协助，自己和团队核心成员仍可以将主要精力用于潜心办理专属于其专业领域内的业务。所以，资深律师们一般不会因为其丰富的案源而影响他们的专业化深耕。

4. 三点提示

律师在坚持执业专业化的同时，需要注意以下三点。第一，切忌缺乏通识。当前，律师服务的内容与形式已趋于综合型、多元化，有时客户委托的业务可能涉及多个行业、多个法律领域。这时，律师专精于有限的业务领域而缺乏通识的弊端就会显现，即无法向客户出具全方位、多角度的法律评价与建议，这种现象在一些（高度）专业化的青年律师身上表现得尤为明显。鉴于此，律师有必要精通常见的法律，积累丰富、多元的知识储备，尽量在求“全”的基础上再去钻“专”。

第二，依托团队力量。专业化的实现不是一蹴而就的，而是需要因时制宜、因势制宜。通常情况下，长期接触大量同类型的客户、业务容易促使律师在一些特定业务领域有所精通，渐渐得以实现专

[1] 《教授访谈丨田朗亮：打破唯一性，接受不确定》，载微信公众号“STL 中国法”2023年5月5日，https：//mp. weixin. qq. com/s/peYojLbHd0NF0PiXO_ 2IxQ。

业化。观察、比较律师的业务结构就会明白，靠单个律师是很难做到优质专业化的，其往往需要依托团队的力量。当团队规模达到一定程度，团队内既有专业分工，团队成员又能互相协助，律师的专业化发展才会水到渠成。从这个意义上讲，专业化和团队化必然是相伴而生且相辅相成的。

第三，专业化的选择应因地制宜。专业化不是放之四海皆准的真理。北京、上海、广州、深圳等特大城市的律师业务体量充足，市场对律师专业化程度的要求高，律师的专业分工就会比较明确。而在中国中西部地区三、四线城市执业的律师不具备这般地利优势，当地的律师业务存量有限，且业务类型相对传统，专业化有可能“水土不服”，或许“通才”式的综合型律师更容易获得竞争优势。

（三）反思法律商业主义

曾有学者评价过中国律师的商业性，“现时中国律师业，商业化特色甚浓，与西方律师的原创模本已相差甚远，得其形而失其神。‘在商言商’，是这个行道锱铢必较的最佳理由；即使是正义和良知，也往往需要物质性功利加以诱发”[1]。该评价虽然没有完全否认律师的正义感和良知，但也一针见血地指出了一个现象，即在物欲横流、在商言商的律师行业生态里，律师的劳动付出需有相匹配的物质性回报，律师的工作形式遂与逐利的商业属性紧密相连。

作为以高度专业化知识为基础分化并孕育出来的一种现代职业，律师职业的商业性主要体现在其有偿性、契约性、竞争性等方面。在高度商业化的社会中，不少人视律师为“法律商人”。事实上，优

---

〔1〕 顾培东：《为什么我的眼里常含着泪水（上）——一个非典型学者的自述》，载《中国律师》2003 年第 9 期。

秀的律师除了具备专业的法律知识和丰富的实践经验，往往还拥有发达的商业思维和高超的营销能力，所以收费一般不会低。但要强调的是，律师提供的是专业性法律服务，虽然这种服务通常是有偿的，但律师不应将商业性作为律师职业的本质属性。律师职业的本质属性应是通过维护当事人的合法权利来实现法律的正确实施和社会的公平正义。由此，律师应正确看待法律商业主义，[1] 正确处理律师服务的法律属性、道德属性与商业属性之间的关系。

（四）履行社会责任

广大律师在享受法治进步带来的红利时，也应积极履行社会责任。律师履行社会责任的方式包括但不限于参与公共法律服务体系建设、化解社会矛盾、打造营商环境、参与多元化矛盾化解机制、全力维护社会稳定、参与地方立法、参与依法行政、参政议政、开展法律宣传工作、参与社会公益事业等。在此简要介绍以下三种律师履行社会责任的方式。

第一，发挥党委政府智囊团的作用。新时代的律师不仅是为当事人提供法律服务的执业人员，而且是参政议政、为党委政府建言献策的优秀法律人才。[2] 一方面，律师通过担任“两代表一委员”的形式参政议政。新时代的律师代表、委员是政治身份，履行的是国家职责，传递的是党的声音，承担着政治职责，肩负着行业使命。作为律师行业的榜样，律师代表、委员必须担当起推进全面依法治国的重任，做依法治国的先行者，始终走在前、做表率，通过专业

---

〔1〕 参见黄文艺、宋湘琦：《法律商业主义解析》，载《法商研究》2014 年第 1 期。

〔2〕 参见刘子华：《全面深化改革对律师队伍建设提出新的要求》，载《中国律师》2015 年第 9 期。

素养、职业精神及行业优势为中国特色社会主义建设贡献智识。另一方面，律师全面服务党委政府中心工作，为政府重大战略、重大项目[1]、重大工程提供优质的法律服务，为政府重大行政决策[2]、立法立规项目论证、重大事项合法性审查、疑难涉法事务处理等出具专业的法律意见。

第二，不仅参与优化营商环境的法律服务，而且助力中国企业“走出去”。一方面，律师应积极参与优化营商环境的法律服务，协助政府制定规范市场行为的规章制度，精准对接企业发展中的法律问题，让企业家安心搞经营，放心做业务。另一方面，律师应助力中国的优质企业“走出去”。近年来，国家大力实施“一带一路”倡议，民营企业迎来新的发展机遇。在此过程中，律师须积极响应国家的号召和企业的需求，为中国企业“走出去”提供法律咨询，为中国企业跨国投资并购、国际贸易、国际仲裁提供项目谈判、框架设计、尽职调查、法律风险防范、国际贸易纠纷案件代理等各式法律服务。

第三，运用多元化纠纷解决机制，促进矛盾诉前化解。在全面依法治国的新时代背景下，针对中国诉讼案件快速增长的趋势，推进诉源治理成为党的十八大以来司法改革的一项重要目标。习近平总书记指出：“我国有 14 亿人口，大大小小的事都要打官司，那必然不堪重负！要推动更多法治力量向引导和疏导端用力，完善预防性法律制度，坚持和发展新时代‘枫桥经验’，完善社会矛盾纠纷多

[1] 随着全国城市化建设的稳步推进，未来城市重点项目建设将不断增多，律师应努力确保重点项目依法平稳推进，协助政府做好项目推进过程中的风险预防。

[2] 律师可以参与政府重大行政决策的合法性论证，保证政府决策的规范化和法治化，减少决策和执行过程中的失误。

元预防调处化解综合机制……”[1] 必须认识到，基层的稳定对于中国社会的整体稳定具有决定性意义，而社会矛盾能否得到有效化解与基层的稳定状况存在正比例关系。[2] 为此，一方面，律师要充分运用多元纠纷解决机制，分流社会矛盾。诉讼不是解纷的唯一途径，律师应善用包括律师调解、人民调解、仲裁等在内的各种解纷方式，推动矛盾纠纷分流化解，进而节约司法资源，减轻群众诉累，维护社会的和谐稳定。另一方面，律师要积极参与公益性法律活动，促使矛盾在基层化解。律师可以通过进社区（村）、进学校、进企业等活动，提供法律咨询、法治宣传讲座、争议解决指引等多样化的公益法律服务，努力成为解决社会矛盾的预防者、参与者和协调者，推动全民懂法守法，弘扬止诉息讼的社会风尚。

（五）树立执业风险防范意识

律师在执业过程中会面临诸多风险，缺乏执业经验的青年律师尤其要重视防范执业风险。律师主要面临两类执业风险，一是承担法律责任的风险，二是人身安全风险。

律师的法律责任是指律师在执业过程中因违反法定义务所应承担的法律责任。《律师法》第六章对律师的法律责任作出规定。按照责任性质的不同，律师的法律责任分为民事法律责任、行政法律责任以及刑事法律责任。律师的民事法律责任是指律师在执业过程中，违法执业或者存在过错给当事人的合法权益造成损害所应承担的不利后果。例如，接受委托的律师失职，导致客户被骗1亿元资金，

---

〔1〕 习近平：《坚定不移走中国特色社会主义法治道路 为全面建设社会主义现代化国家提供有力法治保障》，载《求是》2021年第5期。

〔2〕 参见刘加良：《论人民调解制度的实效化》，载《法商研究》2013年第4期。

3名律师事务所合伙人被法院一审判令赔偿客户800万元损失，并返还100万元律师费。[1] 律师的行政法律责任是指律师对其违反有关律师管理的法律、法规和规章的行为所应承担的不利后果。又如，司法行政机关对某律师私自收费未出具票据的违法行为给予停止执业5个月的行政处罚。[2] 律师的刑事法律责任是指律师的行为因触犯了刑事法律所应承担的不利后果。再如，某律师多次为当事人出谋划策，共同伪造证据进行虚假诉讼并在民事诉讼中担任代理人的，构成虚假诉讼共同犯罪。[3] 除了上述法律责任外，律师还可能受到纪律惩戒，即律师协会对律师违反执业规范的行为作出纪律处分，如律师提供法律服务不尽责，律师协会对其作出训诫、警告或者通报批评的纪律处分；情节严重的，给予公开谴责、中止会员权利3个月以上1年以下或者取消会员资格的纪律处分。[4]

律师的人身安全风险亦不可忽视。律师在依法执业过程中，有时会遭遇侮辱、诽谤、威胁、报复、人身伤害等风险。此类风险主要来源于委托人、对方当事人以及其他利害关系人。常见的情形是，他们因对裁判结果心存不满，便将所有责任都归咎于律师，并通过威胁、殴打甚至杀害律师的极端方式宣泄心中的愤恨。例如，湖南

[1] 参见《【案例警示】律师尽职调查失职被判赔800万》，载微信公众号“郑州中院”2015年11月24日，https：//mp. weixin. qq. com/s/sDy10wqjf－zakaElDdNn－g。

[2] 参见《执业警示丨刘孝彬律师私自收费未出具票据被宜宾市司法局处罚》，载微信公众号“四川省律师协会”2020年10月27日，https：//mp. weixin. qq. com/s/u0qSNRSKANGpyUdPwGCCpg。

[3] 参见《人民法院整治虚假诉讼典型案例》，载最高人民法院官网2021年11月9日，https：//www. court. gov. cn/zixun/xiangqing/330811. html。

[4] 参见《律师协会会员违规行为处分规则（试行）》第二十二条；杭州市律师协会编：《2018年度—2021年度杭州市律师行业违规违纪典型案例汇编》（2022年10月），第7－10页。

某当事人因未能获得预期的诉讼结果，将其代理律师残忍杀害；[1]浙江某律师被对方当事人尾随携榔头袭击，造成该律师头部多处骨折。[2]

针对律师执业风险的防范，必须加强事前预防。律师事务所和律师在接受委托前要做好风险预判工作，律师在执业过程中必须严格遵守宪法和法律，始终对宪法和法律怀有敬畏之心，牢固树立法律红线不能触碰、法律底线不可逾越的观念。律师协会及律师事务所应进一步加强对律师执业风险预防的培训，使律师切实提高风险防范意识。同时，律师事务所应建立完善的内部风险防范机制，最大限度地防止执业风险的发生。最后还要指出，律师在执业过程中，若其合法权益遭受侵害，律师协会应“挺”在前面，助力律师维权，司法机关对侵害律师人身安全的行为应依法予以严惩。

〔1〕 参见《“衡阳律师被杀案”新进展来了!!》，载微信公众号“湖南政法”2018年8月14日，https：//mp. weixin. qq. com/s/YH29osJ2sPgP9dys9VoL6Q。

〔2〕 参见《女律师被榔头袭击，行凶男子为其案件对方当事人，律协介入!》，载微信公众号“上海法治报”2023年11月3日，https：//mp. weixin. qq. com/s/iSt6H－5UPwfMB9NItbOLkw。

第三章　律师与法律职业共同体

本章第一部分介绍律师在法律职业共同体中的职责分工、角色定位。党的十八届四中全会首次提出“法治工作队伍”的概念。包括律师在内的每一支法治工作队伍都是法律职业共同体的重要成员。律师制度的政治属性决定了其属于上层建筑的范畴。律师和公、检、法在诉讼活动中虽有不同的分工，但都是在追求共同的目标，即维护法律的正确实施，维护社会的公平正义。律师介入案件，虽然能在一定程度上体现程序正义，但欲实现最彻底的程序正义与实质正义，律师必须充分参与，并实现有效的辩护或代理。第二部分阐释律师与司法官[1]的关系。“彼此尊重、平等对待，相互支持、互相监督，正当交往、良性互动”是司法人员和律师应共同积极构建的新型关系。但现实中，律师与司法官之间可能会产生两种异化的关系，第一种是利益勾兑型关系，第二种是对抗博弈型关系。为此，一方面，律师维护当事人合法权益的手段必须合法、合理，绝不可逾越廉洁司法的底线要求。另一方面，司法官须遵守各项廉政规定，不得利用职务和身份便利谋取不正当利益，不得在执法办案中徇私枉法。司法官与律师的理想工作关系应是司法官严格执法、公正司法，切实保障律师执业权利；律师坚守法律、尊重司法，严格依法依规诚信执业。第三部分介绍律师转任司法官制度。律师转任司法官是实现律师与司法官职业良性互动的重要方式，也是律师与司法官真正形成法律职业共同体意识的职业互通机制。2014 年党的十八届四中全会通过的《中共中央关于全面推进依法治国若干重大问题的决定》提出“建立从符合条件的律师、法学专家中招录立法工作者、法官、检察官制度”。自此，国家开始注重从律师中公开选

[1] 本书将法官和检察官统称为“司法官”。

拔专门从事办案工作的司法官。关于公开选拔制度，中央及有关省份表现出积极热情的态度，但现实却陷入了“叫好不叫座”的困境。出现这种困境的原因主要有资格条件设定不够灵活、选拔形式缺乏合理性、司法官的工作条件和薪资待遇欠佳、司法官职业缺乏足够的吸引力、职权行使独立性较差、司法官职业管理更为严格、身份转化过程中面临压力等。为此，应尽快完善选拔机制及配套措施，一是在完善资格条件及选拔方式上要具有针对性，二是在完善司法官的职业保障上要具有确定性，三是在加快建设法律职业共同体内部交流机制上要具有制度性。

一、构筑法律职业共同体

中国共产党从中央苏区和革命根据地时期开始，就很重视法治工作队伍的建设，持续不断地探索建设新型法治工作队伍，在很长时期内使用“法律工作者”“法制工作者”等概念。党的十八届四中全会首次提出“法治工作队伍”的概念，这对于加强法治工作队伍统一管理、建设高素质法治工作队伍，具有重大的理论和实践意义。[1] 包括法官、检察官、律师在内的每一支法治工作队伍都是法律职业共同体的重要成员。[2]

〔1〕 参见《习近平法治思想概论》编写组：《习近平法治思想概论》，高等教育出版社 2021 年版，第 220 页。

〔2〕 当然，也有学者对法律职业共同体提出了质疑的观点，参见张建伟：《虚拟的法律职业共同体》，载搜狐网 2017 年 12 月 16 日，https：//www. sohu. com/a/210916987_ 169411。

（一）律师在法律职业共同体中的职责分工

律师制度是司法制度的重要组成部分，而司法制度又是政治制度的一部分，这就决定了律师制度具有一定的政治属性。律师制度的政治属性决定了其属于上层建筑的范畴。不同于会计师、税务师、评估师等中介业务，律师提供的法律服务必须对很多问题的合法性作出判断，这就带有一定的政治属性。“律师是政治性很强的业务工作，也是业务性很强的政治工作。”[1] 法律职业共同体所有成员应当在政治上互相认同。

律师与公、检、法职业最大的工作区别在于职责分工的不同。例如，在刑事诉讼中，对刑事案件的侦查、拘留、执行逮捕、预审，由公安机关负责。检察、批准逮捕、检察机关直接受理的案件的侦查、提起公诉，由人民检察院负责。审判由人民法院负责。[2] 律师以辩护或代理的方式维护当事人的合法权益，是提供专业法律服务的执业人员。实践证明，控辩双方在法庭上的辩论越激烈，事实就查得越清楚，法律的适用就越正确，法院的审判就越能彰显公平正义。基于此，律师和公、检、法在诉讼活动中虽有不同的分工，但都是在追求共同的法治目标，即维护法律的正确实施，维护社会的公平正义。

中央全面深化改革领导小组第十六次会议指出，要围绕全面推进依法治国，完善律师执业保障机制，加强律师队伍建设，建设一支拥护党的领导、拥护社会主义法治的高素质律师队伍，充分发挥

[1] 韩秀桃：《什么是你的贡献？朝阳律师——在北京市朝阳区律师协会“朝律青声说”青年律师发展论坛暨第六期授袍仪式上的致辞》，载《中国律师》2019 年第 6 期。

[2] 参见《刑事诉讼法》第三条第一款。

律师在全面依法治国中的重要作用。[1] “律师兴则法治兴，法治兴则国家兴。”[2] 律师无疑是推动法治中国建设的主力军，律师在执业活动中必须切实维护党和政府的权威，维护宪法和法律的尊严，为构建社会主义和谐社会作出应有且独到的贡献。

（二）律师在法律职业共同体中的角色定位

在中国当前的司法实践中，相较于律师，法官在个案审理时处于优势乃至主导地位。法官如果过分站在自身的角度去指挥庭审、推进诉讼，就可能忽视甚至侵犯律师的合法权利，现实中不乏法官随意打断律师发言、对律师刁难性发问、对律师不当使用强制措施等问题，给律师造成十分糟糕的诉讼体验。[3] “律师对法官的尊重程度，体现了一个国家的法治发达程度；法官对律师的尊重程度，体现了一个国家的司法公正程度。”[4] 为此，广大司法人员应把律师视作与自己平等的法律同行，尊重律师的人格和权利。2018 年，最高人民法院、司法部发布的《关于依法保障律师诉讼权利和规范律师参与庭审活动的通知》（司发通〔2018〕36 号）第三条规定，法庭审理过程中，法官应当尊重律师，不得侮辱、嘲讽律师；对于律师在法庭上就案件事实认定和法律适用的正常发问、质证和发表的辩护代理意见，法官不随意打断或者制止。同时，律师须自觉维

---

〔1〕 参见《习近平主持召开中央全面深化改革领导小组第十六次会议强调　坚持以扩大开放促进深化改革　坚定不移提高开放型经济水平》，载共产党员网 2015 年 9 月 15 日，https：//news. 12371. cn/2015/09/15/VIDE1442317503750295. shtml？isappinstalled = 0。

〔2〕 江平著，孙国栋编：《律师与法治》，北京出版社 2021 年版，第 170 页。

〔3〕 参见江必新：《加强法官律师良性互动　探索构建协同诉讼模式》，载《中国律师》2018 年第 3 期。

〔4〕《中国政法机关保障律师执业权利综述：尊重、透明》，载人民网 2015 年 8 月 18 日，http：//politics. people. com. cn/n/2015/0818/c70731 - 27481673. html。

护司法人员在依法履职中的尊严，自觉遵守司法秩序，不能不服从司法机关的正常安排，不能不服从司法人员对自己违规、违法行为的劝阻，更不能诋毁、谩骂甚至侮辱、诽谤司法人员。

不仅如此，要想让法律职业共同体的其他成员真正尊重律师、平等相待，就必须正确地看待律师在法治实践中的角色。“西方国家法律制度中，律师的地位和作用在审判中表现得尤为明显。律师和检察方是平等的，控辩双方是站在同样的位置上，而法官则代表法院，高高在上并且绝对中立。”〔1〕“从审判的地位而言，在法官、控方、辩方三方之间，律师是代表一方，起着三足鼎立的不可或缺、不可替代的作用。”〔2〕中国法律职业共同体应致力于打造这一完美的等腰三角形式的诉讼构造。律师介入案件，虽然在一定程度上已能体现程序正义，但欲实现最彻底的程序正义与实质正义，律师必须充分参与，并实现有效的辩护或代理。由此，司法人员和律师的角色定位虽然有所不同，但都应努力让人民群众在每一个司法案件、每一次法律服务中感受到公平正义。

二、律师与司法官的关系

（一）律师与司法官的关系概述

在法律从业活动中，法律职业共同体成员必然产生大量的接触、交往、互动，其相互之间的关系直接影响着法律体系的运作。其中，

〔1〕《江平先生：律师兴则国家兴》，载腾讯网 2023 年 12 月 19 日，https：//new. qq. com/rain/a/20231219A05BK300。

〔2〕江平著，孙国栋编：《律师与法治》，北京出版社 2021 年版，第 170 页。

正确认识、处理律师与司法官的关系，对推动司法活动的有序开展，维护当事人的合法权益，实现社会的公平正义尤为重要。

现实中，律师与司法官之间可能会产生两种异化的关系。第一种是利益勾兑型关系。律师和司法官之间通过请托、受贿等利益输送的方式进行不正当接触交往。部分律师会在利益驱使下充当司法掮客，贿赂司法人员，导致人情案、关系案、金钱案屡见不鲜，侵蚀了司法的公正性和廉洁性，产生非常恶劣的影响。[1] 第二种是对抗博弈型关系。有些司法官对律师缺乏必要的尊重和礼貌，不支持、不配合律师合法的执业行为，甚至限制、剥夺律师的执业权利。有些律师不配合、甚至阻挠司法官的正常履职，为了推卸败诉的责任或者宣泄接触交往中遭受的不满，在当事人面前攻讦、指责司法官，并怂恿当事人对承办案件的司法官作出不实举报，有损法律职业共同体的整体形象。

为此，中央全面深化改革领导小组第十三次会议审议通过了《关于进一步规范司法人员与当事人、律师、特殊关系人、中介组织接触交往行为的若干规定》。[2] 时任中央政法委书记孟建柱用“彼此尊重、平等相待，相互支持、相互监督，正当交往、良性互动”概括了司法人员和律师应共同积极构建的新型关系。[3] 一方面，律师与司法官应彼此尊重、平等对待、相互支持、互相监督。律师应真诚尊重司法官，在司法活动中依法依规履行职责，理性、平和、

〔1〕 参见《张家慧案一审宣判：18名律师向其行贿，两律协副会长已被免职》，载搜狐网2020年12月11日，https：//www. sohu. com/a/437693158_ 410494。

〔2〕 参见《最高人民法院、最高人民检察院、公安部、国家安全部、司法部关于进一步规范司法人员与当事人、律师、特殊关系人、中介组织接触交往行为的若干规定》。

〔3〕 参见《孟建柱：依法保障执业权利 切实规范执业行为》，载中华人民共和国中央人民政府官网2015年8月20日，https：//www. gov. cn/xinwen/2015 - 08/20/content _ 2916479. htm。

妥当地表达主张和意见，引导当事人依法有序参与诉讼、表达诉求，主动维护司法权威。[1] 同时，司法官应尊重、维护律师的诉讼权利及执业权益，切实保障其依法履行代理、辩护职责。另一方面，律师和司法官应正当交往、良性互动。双方须牢守法律底线，信守职业道德，恪守执业纪律，坚守职业伦理，珍视职业形象，维护职业尊荣。[2] 双方在本职工作和业外活动中应正当接触交往，做到“亲”不逾矩、“清”不远疏，合法、合理、合情地处理好彼此的关系，共同塑造良好的法律职业形象。

（二）规范律师与司法官的接触交往行为

司法官身份的二重性决定了利益需求的二重性，即代表公职的公共利益和作为社会成员的私人利益。当公益和私利发生冲突时，司法官的权力就会为律师与司法官的不当接触交往提供土壤，为私利损害公益，进而滋生腐败。[3] 此外，中国文化和中国社会的特性使人情、关系成为最容易影响司法公正的因素之一，正如社会上广泛流传着诸如“打官司不如打关系”之类的话语。如何规范律师与司法官的接触交往行为？既不能放任庸俗的关系学，也不能径行采用简单的物理隔离，而应从制度上引导、规制二者接触交往的尺度和界限。[4] 一方面，律师维护当事人合法权益的手段必须合法、合理，绝不可逾越廉洁司法的底线要求。另一方面，司法官须遵守各

---

〔1〕 参见《中国检察官协会、中华全国律师协会关于加强检律良性互动、共同维护司法公正的倡议书》。

〔2〕 参见《中国检察官协会、中华全国律师协会关于加强检律良性互动、共同维护司法公正的倡议书》。

〔3〕 参见马长山主编：《法律职业伦理》，人民出版社2020年版，第145页。

〔4〕 参见李群星：《法官与律师关系的回归与超越》，载《人民法院报》2015年5月15日，第2版。

项廉政规定，不得利用职务和身份便利谋取不正当利益，不得在执法办案中徇私枉法。

1. 律师与司法官的不当接触交往行为

不可否认，部分律师会“围猎”司法官进行利益输送，部分司法官会为律师介绍案源、利用权力主动寻租设租，两者关系失范导致的不正义使司法公正、权威的形象受到极大的损害。依法规范律师与司法官的接触交往行为，有利于防止前者与后者形成一个个违反各自职业操守的“利益共同体”，筑牢一道道抵制司法不公、腐败的“隔离墙”。

为有效规范律师与司法官的不正当接触交往，双方须严格遵守《法官法》《检察官法》《律师法》及有关规定，划定二者的接触交往边界，细化二者接触交往的负面清单。最高人民法院、最高人民检察院、司法部于2021年联合印发的《关于建立健全禁止法官、检察官与律师不正当接触交往制度机制的意见》第三条规定，严禁法官、检察官与律师有下列接触交往行为：第一，禁止私下接触。严禁司法官在案件办理过程中，非因办案需要且未经批准在非工作场所、非工作时间与辩护、代理律师接触。第二，禁止插手案件。严禁司法官为律师请托说情、打探案情，为案件承办人员私下会见辩护、代理律师牵线搭桥，违规为律师转递涉案材料、泄露案情、出具专家意见等。第三，禁止介绍案源。严禁司法官为律师介绍案件，为当事人推荐、介绍律师，要求或者暗示当事人更换符合代理条件的律师等。第四，禁止利益输送。严禁司法官向律师索贿、接受律师行贿，索取或者收受律师借礼尚往来、婚丧嫁娶等名义赠送的各类财物，向律师租借房屋、交通工具或其他物品，接受律师吃请、娱乐等可能影响公正履职的安排等。第五，禁止私下不当交往。严禁司法官非因工作需要且未经批准，擅自参加律师事务所或者律师举办的讲座、培训、论坛、开业庆典等活动。第六，禁止利益勾连。严禁司法官与律师“合作”经商办企业，默许或纵容其配偶、子女及其配偶在律师事务所担任“隐名合伙人”、违规取酬，向律师或律师事务所放贷收取高额利息等。第七，禁止其他可能影响司法公正和司法权威的不正当接触交往行为。

为预防律师与司法官出现上述不当接触交往行为，须完善相关的管理机制以形成监管的闭环。一是健全不正当接触交往监测发现查处机制，二是加强司法监督制约机制，三是强化律师执业监管机制，四是推动正当接触交往机制。[1]

2. 律师与司法官的良性交往机制

在禁止律师与司法官不正当接触交往的同时，应鼓励双方积极且正当的交往，以期建立相互理解、尊重、配合、支持的良好关系以及平等沟通、交流的工作氛围。具体而言，第一，建立定期会商机制。[2] 法院、检察院、司法行政和律师协会等部门应定期召开联席会议，集中听取司法官和律师的意见，并研究解决双方接触交往过程中存在的问题，不断强化双方的协作互动。第二，完善同堂培训机制。应进一步细化检法系统与律师协会之间的培训机制，针对

〔1〕 参见《“两高一部”相关负责人就两个〈意见〉答记者问》，载微信公众号“最高人民法院”2021年11月2日，https://mp.weixin.qq.com/s/D7EAQww9J-O_9mUEO8QtgQ。

〔2〕 例如最高人民检察院与司法部多次召开检律定期会商座谈会，最高人民检察院领导多次到中华全国律师协会登门问计，共话构建“亲”“清”良性检律互动关系。《最高检：构建“亲”不逾矩、“清”不远疏良性互动检律关系》，载最高人民检察院官网2023年2月21日，https://www.spp.gov.cn/spp/tt/202302/t20230221_603246.shtml。又如最高人民法院领导多次走访中华全国律师协会，与司法部、中华全国律师协会有关负责同志召开座谈会，进行工作交流，听取意见建议。《最高人民法院与司法部、中华全国律师协会召开座谈会学习贯彻习近平法治思想 共同维护社会公平正义》，载中国法院网2021年6月23日，https://www.chinacourt.org/article/detail/2021/06/id/6107760.shtml。

司法实践中的热点、难点问题，共同组织专题讲座、业务培训、学术研讨、法律职业竞技等活动，强化法律适用研究，交流案件办理经验，共同提高专业能力。第三，推进工作合作机制。积极探索律师深度参与执行、民事、行政和公益诉讼，重大涉法涉诉信访化解等工作，充分发挥律师的专业作用，不断提升司法工作的质效。第四，落实互督互评机制。共同组织开展优秀法律文书评选，表彰人员互评征求意见，推荐人员加入各惩戒委员会，支持律师担任法院、检察院特邀监督员，共看庭审录像互评职业素养等活动。[1] 第五，畅通职业互换机制。既要严格遵守最高人民法院、最高人民检察院、司法部于2021年颁布的《关于进一步规范法院、检察院离任人员从事律师职业的意见》，规范司法官离任后从事律师职业的相关行为，也要完善从律师中选拔司法官的相关制度。

3. 律师与司法官相互独立

独立规则要求法律从业人员在职业活动中只能服从法律和职业伦理的要求履行职责，免受法律之外的干预和压力。在构建律师与司法官良性交往机制的同时，二者应保持相互独立，避免因交往过密而滑向司法腐败的歧途。律师与司法官的独立性应以对抗与合作为导向，做到“对抗而不对立，交锋而不交恶”[2]。

这就要求司法官在行使司法权的过程中不受来自外部（包括律师）的不当干涉，律师在执业活动中也须独立于司法官进行思考。关于司法官的独立性，《法官法》第七条和《检察官法》第六条已明确司法官“依法履行职责，受法律保护，不受行政机关、社会团

〔1〕参见《关于进一步规范法官、检察官与律师接触交往行为的实施办法》（沪司法规〔2021〕3号）第八条第三项。

〔2〕《浙江省人民检察院、浙江省司法厅、浙江省律师协会关于深化检律协作构筑新型检律关系的意见》。

体和个人的干涉”[1]。司法官必须保持个体的思想独立、行为独立、决定独立，坚决抵制失实舆论、权势、关系人情等一切不当因素的影响，严守职业伦理底线，依法独立行使审判权和检察权。[2] 关于律师的独立性，以往理论界和实务界更加关注律师与当事人之间的独立性，但事实上律师执业活动独立于司法官的职业理念也是至关重要的。一方面，独立性要求律师在执业过程中不得与司法官建立不正当的关系。另一方面，律师在尊重司法官的同时亦不能丧失其职业独立性，而要以恰当且正确的方式为当事人的合法权益据理力争，不能因惧怕得罪司法官而唯唯诺诺、轻易妥协甚至唯命是从。换言之，律师应以私权对抗公权的合法方式实现对审判权、检察权的制约和监督。

（三）实现律师与司法官的相互尊重

“律师尊重法官就是最好地尊重法律，法官尊重律师就是最好地服务当事人。”[3] 司法官与律师的理想工作关系应是司法官严格执法、公正司法，切实保障律师执业权益，为律师依法履职创造良好

[1] 《法官职业道德基本准则》第八条　坚持和维护人民法院依法独立行使审判权的原则，客观公正审理案件，在审判活动中独立思考、自主判断，敢于坚持原则，不受任何行政机关、社会团体和个人的干涉，不受权势、人情等因素的影响。

[2] 《中共中央关于全面推进依法治国若干重大问题的决定》指出：“完善确保依法独立公正行使审判权和检察权的制度。各级党政机关和领导干部要支持法院、检察院依法独立公正行使职权。建立领导干部干预司法活动、插手具体案件处理的记录、通报和责任追究制度。任何党政机关和领导干部都不得让司法机关做违反法定职责、有碍司法公正的事情，任何司法机关都不得执行党政机关和领导干部违法干预司法活动的要求。对干预司法机关办案的，给予党纪政纪处分；造成冤假错案或者其他严重后果的，依法追究刑事责任。”

[3] 李群星：《法官与律师关系的回归与超越》，载《人民法院报》2015年5月15日，第2版。

的司法环境；律师坚守法律、尊重司法，严格依法依规诚信执业，积极维护司法权威。

1. 司法官应保障律师的执业权利

2023年3月，最高人民检察院、司法部、中华全国律师协会联合印发《关于依法保障律师执业权利的十条意见》，要求从以下十个方面依法保障律师的执业权利，即加强接待律师平台建设、充分保障律师对案件办理重要程序性事项的知情权、充分保障律师查阅案卷的权利、充分保障律师反映意见的权利、及时向律师反馈意见采纳情况、认真听取律师对认罪认罚案件的意见、加强对律师会见权的监督保障、畅通权利救济渠道、严肃责任落实、强化沟通协调。[1]因而，司法机关有必要将落实和保障律师执业权利的情况纳入司法官的考评管理之中，同时建立健全律师执业权利救济及追责机制，完善投诉督办、惩处通报等制度，对妨碍律师依法行使执业权利的司法官应及时责令其改正并依照有关法律法规追究相应的责任。

2. 律师应尊重司法权威

律师须尊重司法官的审判权和检察权，全力维护司法权威，这

〔1〕 再例如2023年6月，浙江省高级人民法院发布《关于在办案中进一步重视律师意见提升司法公信力的若干规定》，提出20条具体举措，旨在进一步保障律师执业权利，充分发挥律师在维护当事人合法权益、促进司法公正等方面的重要作用。措施包括：(1) 牢固树立法治思维和尊重律师意识；(2) 依法保障律师诉讼权；(3) 庭审中重视听取律师意见；(4) 重视律师申请排除非法证据意见；(5) 依法支持律师申请调查令意见；(6) 重视律师反映意见合理需求；(7) 积极运用在线等方式回复律师意见；(8) 全面客观审查律师意见；(9) 重视审查律师提供的案例；(10) 汇报案件时准确归纳律师意见；(11) 重视律师要求纳入“四类案件”监管的意见；(12) 强化裁判文书说理；(13) 重视律师关于法律统一适用的意见；(14) 重视发挥律师在执行程序中的作用；(15) 畅通接受律师评价监督渠道；(16) 依法支持律师查阅诉讼档案；(17) 落实律师投诉快速办理机制；(18) 健全律师意见征询机制；(19) 将重视律师意见情况纳入案件质量评查；(20) 严肃责任落实。

是其应然的角色表现。律师在与司法官的交往过程中，应做到以下几点：第一，注重司法礼仪。律师担任辩护人、代理人参加法庭审理，应当按照规定穿着律师出庭服装，佩戴律师出庭徽章，注重律师职业形象。[1] 在开庭审理过程中，律师应当尊重法庭，在法庭发言时应当举止庄重、大方，用词文明、得体。[2] 第二，遵循诉讼程序的规则要求。律师应当遵守法庭纪律，遵守出庭时间、举证时限、提交法律文书期限及其他程序性规定，不得扰乱法庭秩序，干扰诉讼活动的正常进行。[3] 第三，恪守真实义务。律师应当依法取证，不得伪造证据，不得怂恿委托人伪造证据、提供虚假证词，不得暗示、诱导、威胁他人提供虚假证据。[4] 不得协助当事人进行虚假诉讼。[5] 律师在尊重司法权威的前提下，可以通过依法抗辩、商谈的形式参与到诸如事实认定、法律适用等专业活动之中，合法、合理地实现当事人的正当诉求。

3. 律师与司法官相互监督

律师与司法官相互尊重并不意味着可以相互包庇不当、违法甚至犯罪行为。一方面，律师应监督司法官正确行使审判权和检察权。针对司法官违反法定程序、侵害当事人及律师合法权利、以权谋私等违法犯罪行为，律师应及时向有关部门检举或控告。另一方面，

---

〔1〕 参见《律师执业行为规范（试行）》第七十一条。

〔2〕 参见《律师执业行为规范（试行）》第六十七条、第七十二条。

〔3〕 参见《律师执业行为规范（试行）》第六十六条、《律师法》第四十条第八项和《律师执业管理办法》第三十九条等规定。

〔4〕 参见《律师法》第四十条第六项、第四十九条第一款第四项，《刑法》第三百零六条，《刑事诉讼法》第四十四条，《民事诉讼法》第一百一十四条，《行政诉讼法》第五十九条等规定。

〔5〕 参见《关于进一步加强虚假诉讼犯罪惩治工作的意见》（法发〔2021〕10 号）、《最高人民法院关于深入开展虚假诉讼整治工作的意见》（法〔2021〕281 号）。

司法官应监督律师的执业行为。如果律师存在违反法定诉讼程序、提供虚假证据、藐视法庭、向司法官行贿等行为，司法官应及时制止并做出相应处理。此外，还应不断优化律师和司法官的互评机制，为律师与司法官的相互监督提供有效渠道。在坚持保密、真实、便捷、有效的原则下，积极推进双方互评，畅通律师与司法官的整体评议机制、个案评议机制、互派代表评优评先等互评渠道，及时总结互评中反映出来的问题，并通过召开联席会议的形式共同商讨解决对策。

三、律师转任司法官制度

（一）公开选拔制度概述

从律师中遴选司法官是一些英美法系国家的法治传统，英国早在13世纪亨利三世时期便开始从律师中选拔法官。[1] 长期以来，英美法系国家更强调法官的司法能力应在实践中加以检验。英国的职业律师分为事务律师和出庭律师，英国除治安法官以外，其他法院的法官都是从具有律师资格并有一定从业年限的律师中选任，而高等法院的法官更是几乎全部从杰出的出庭律师中产生。[2] 中国则从民国时期才开始出现律师转任司法官的事例，如上海律师王思默任

〔1〕 转引自谭世贵等：《法律职业良性互动研究——以法官、检察官、律师、法学教师为对象》，中国人民大学出版社2016年版，第107页。

〔2〕 参见商建刚：《完善从律师中选拔法官制度》，载上海市法学会编：《上海法学研究：数字化进程中的新法学》2022总第8卷，上海人民出版社2023年版，第312页。

察哈尔高等法院首席检察官、江苏高等法院院长等职务。[1]

从20世纪末开始，中国各地虽然也有从律师中公开选拔司法官的零星实践，但都未能形成固定机制。据公开资料显示，最高人民法院于1999年在北京地区公开招考高级律师进法院，这是法院系统有记录的第一次公开选拔。[2] 2002年，现任最高人民检察院副检察长的张雪樵通过公开选聘从律师转任为浙江省湖州市人民检察院副检察长。[3] 同年，汪利民在从事18年律师工作后通过公开招考的方式转职为安徽省高级人民法院副院长。[4] 可以发现，此阶段更注重"掐尖式"选拔，择优选拔律师担任司法机关领导职务。

之后，国家开始注重从律师中公开选拔专门从事办案工作的司法官。2008年，中共中央组织部、最高人民法院、最高人民检察院发布了《公开选拔初任法官、检察官任职人选暂行办法》（中组发〔2008〕25号），公开从具有任职条件和资格的人员中选拔人民法院、人民检察院初任非领导成员的法官、检察官任职人选。2014年，党的十八届四中全会通过的《中共中央关于全面推进依法治国若干重大问题的决定》提出"建立从符合条件的律师、法学专家中招录立法工作者、法官、检察官制度"。2014年，有律师通过公开选拔成

---

〔1〕参见曹立朝：《民国时期的司法官委任状——从民国司法官委任状看民国司法状况》，载《档案天地》2016年第12期。

〔2〕参见王文秋：《律师里选法官　试水三年推广难》，载《新京报》2019年3月30日，第A10版。

〔3〕参见周福至、王晓红：《为了心中的信仰：张雪樵，从民革队伍走出来的最高检副检察长》，载人民政协网2017年4月28日，https：//www. rmzxb. com. cn/c/2017－04－28/1507620. shtml。

〔4〕参见《坚守初心，为建设法治中国贡献力量——记全国政协委员、民盟安徽省委副主委、省高院副院长汪利民》，载中国民主同盟官网2018年3月12日，https：//www. mmzy. org. cn/mmzt/2019rdzx/dbwyfc/81764. aspx。

为最高人民法院法官。[1] 2015 年，有律师通过公开选任成为上海市第二中级人民法院的法官。[2] 2016 年，中央全面深化改革领导小组审议通过《关于从律师和法学专家中公开选拔立法工作者、法官、检察官的意见》。同年，中共中央办公厅印发《从律师和法学专家中公开选拔立法工作者、法官、检察官办法》，该办法正式确立了从律师中公开选拔司法官的制度。2019 年，该制度被写进了《法官法》[3] 和《检察官法》[4]。2021 年公布的《关于建立健全禁止法官、检察官与律师不正当接触交往制度机制的意见》再提“完善从律师中选拔法官、检察官制度”。

“当前我国法官的社会地位以及社会尊荣远高于律师，吸引一批执业经验丰富的优秀律师到法官中去，有利于将法官和律师的法律精神凝练在一起，消除彼此之间的偏见，逐步形成法律职业共同体所应有的状态，积极地推动依法治国的进程。”[5] 但目前全国仅有

[1] 参见《最高法首次公开选拔　五名高层次审判人才出炉》，载中国日报网2014 年3 月26 日，http://cnews.chinadaily.com.cn/2014-03/26/content_17381102.htm。

[2] 参见《首位社会遴选法官上海获任命　曾为知名律师》，载搜狐网 2015 年 7 月 25 日，https://www.sohu.com/a/24285118_149123。

[3] 《法官法》第十五条　人民法院可以根据审判工作需要，从律师或者法学教学、研究人员等从事法律职业的人员中公开选拔法官。

除应当具备法官任职条件外，参加公开选拔的律师应当实际执业不少于五年，执业经验丰富，从业声誉良好，参加公开选拔的法学教学、研究人员应当具有中级以上职称，从事教学、研究工作五年以上，有突出研究能力和相应研究成果。

[4] 《检察官法》第十五条　人民检察院可以根据检察工作需要，从律师或者法学教学、研究人员等从事法律职业的人员中公开选拔检察官。

除应当具备检察官任职条件外，参加公开选拔的律师应当实际执业不少于五年，执业经验丰富，从业声誉良好，参加公开选拔的法学教学、研究人员应当具有中级以上职称，从事教学、研究工作五年以上，有突出研究能力和相应研究成果。

[5] 商建刚：《完善从律师中选拔法官制度》，载上海市法学会编：《上海法学研究：数字化进程中的新法学》2022 总第 8 卷，上海人民出版社 2023 年版，第 301-302 页。

上海、广东、江苏、浙江、北京、陕西、吉林、山东、河南等省份（直辖市）开展了选拔工作。律师界对公开选拔没有太多积极回应，报考人数并不理想，一些省份甚至出现因个别岗位报名人数无法满足开考条件而取消招考这些岗位的情况。[1] 从2015年年初至2022年年底，律师通过选拔进入司法官队伍的只有27人，[2] 这与近年来司法官转行成为律师的积极性形成了鲜明的反差。[3]

（二）公开选拔制度落实中存在的瓶颈

关于公开选拔制度，中央及相关省份表现出积极、热情的态度，但现实却陷入了“叫好不叫座”的困境。出现这种困境的原因主要有以下几个方面。第一，资格条件设定不够灵活。率先开展选拔工作的省份对选拔不同等级的司法官设定了统一的执业年限和年龄要求。这可能会造成两个方面的问题，一方面是统一的执业年限要求可能会使基层的司法官岗位因资格条件设置过高而令人望而却步。

---

〔1〕 参见《江苏律师中选拔法官检察官遇冷　多岗未能开考》，载搜狐网2018年10月29日，https：//www. sohu. com/a/271869602_ 123877；《从律师法学专家中选拔法官检察官受冷遇，陕西计划选拔9人，因报名人数不足取消7个》，载搜狐网2019年10月2日，https：//www. sohu. com/a/344673625_ 782349。

〔2〕 该统计数据来自商建刚：《完善从律师中选拔法官制度》，载上海市法学会编：《上海法学研究：数字化进程中的新法学》2022总第8卷，上海人民出版社2023年版，第303－305页。

〔3〕 党的十八大以来，司法官离任后从事律师职业的有7640人。该数据来自《全国政法队伍教育整顿第二次新闻发布会在京举行》，载澎湃网2021年8月30日，https：//m. thepaper. cn/baijiahao_ 14275581。

对于级别较高的司法官岗位,[1] 可能会因资格条件设置过低使选任的司法官难以胜任。另一方面是年龄上限设定不合理会成为优秀资深律师进入司法官队伍的阻碍。例如，按照广东和江苏招录公告中的要求，参与选拔的律师的年龄应在 45 周岁以下，浙江则要求 42 周岁以下。[2] 但从律师职业发展周期的规律来看，40 周岁至 45 周岁正是事业发展的黄金期，司法官岗位对处于该年龄段的律师缺乏吸引力，而年龄更长、资历更深、办案经验更丰富的优秀律师却因年龄问题被拒之门外。

第二，选拔形式缺乏合理性。绝大多数开展选拔工作的省份都设立了笔试环节。该环节虽然能够保证形式上的公平，但实际上会成为一些优秀律师进入司法官队伍的障碍。律师的执业水平与其考试能力未必成正比，很多办案能力强但考试能力欠佳的律师恐难以通过笔试。况且，在当前尤为注重执业专业化的行业趋势下，律师熟知和掌握的法律知识领域各有不同，用统一的考试题来衡量不同岗位的司法官候选人，也许无法选拔出真正专业化的司法人才。

第三，司法官的工作条件和薪资待遇缺乏足够的吸引力。当前检法机关面临“案多人少”的严峻挑战，但司法官的薪资待遇与其工作强度又未必成正比。据某位当过律师的法官透露，他在做律师时每年只接受委托办理二三十起案件，但成为法官后每年要办理一

〔1〕 有实务界人士指出：“法官岗位对律师、法学专家还没有形成足够的吸引力，报考人数并不理想。即使愿意尝试者，也更倾向于报考最高人民法院、高级人民法院等较高层级的法院，以及位于直辖市、沿海和经济发达地区城市的中级人民法院、专门人民法院，有的还希望能担任院庭长等领导职务。”何帆：《积厚成势：中国司法的制度逻辑》，中国民主法制出版社 2023 年版，第 716 页。

〔2〕 参见《广东法院系统 2017 年公开选拔高层次审判人才公告》《江苏省检察系统 2018 年从律师和法学专家中公开选拔检察官公告》《浙江省法院、检察院 2019 年从律师和法学专家中公开选拔法官、检察官公告》。

百多起案件，而且与同事相比还不算多。[1] 就收入水平而言，同一地区司法官的工资收入通常低于资深律师。[2]

第四，职权行使独立性较差。在很多法治发达国家，司法官的成就感不完全来源于收入，而是来自其独立办案取得良好的法律效果和社会效果。但中国司法官的办案独立更加强调的是司法机关整体独立，不包括内部的独立，即司法官的个人独立。司法官办理案件应服从检法机关整体的领导，使检法机关内部形成了行政化的办案模式。[3] 此外，司法官办案还会受到诸多外界因素的影响，如领导干部干预个案、社会舆论等。司法责任制改革的一项重要内容是实行错案责任终身追究制，司法官要在其职责范围内对办案质量终身负责，这不免进一步增加了他们的办案压力，削弱了律师转岗司法官的积极性。正如有律师所言："法律人最终的职业理想就是做法官。可如果这个法官不是我理想中的法官，那我就会觉得，它不是我的理想，想去做法官的前提就不存在了。"[4]

第五，司法官职业管理更为严格。司法官系国家机关工作人员，其不仅要遵守司法官的职业伦理，而且要受到公务员管理制度和组织纪律的严格约束。司法官办理的案件通常不是依据个人的喜好或擅长的业务领域来确定的，其还会面临结案率的压力。律师是比较自由的职业，受到的约束相对要少，其既可以自主决定是否代理某一案件，也没有结案率的压力，所以很多习惯了自由的律师不愿意

〔1〕 根据《2022 年北京市高级人民法院工作报告》，北京市法院法官人均结案 388.7 件。该报告载北京市人民政府官网 2022 年 1 月 20 日，https://www.beijing.gov.cn/gongkai/jihua/bg/202201/t20220120_2596128.html。

〔2〕 参见王文秋：《律师里选法官 试水三年推广难》，载《新京报》2019 年 3 月 30 日，第 A10 版。

〔3〕 参见陈卫东：《司法机关依法独立行使职权研究》，载《中国法学》2014 年第 2 期。

〔4〕 蒋勇：《律师的成长》，中国政法大学出版社 2019 年版，第 253 页。

进入检法系统。

第六，身份转化过程中面临的压力。由于公开选拔制度在中国尚处于摸索阶段，律师选拔成为司法官难免会受到一些压力和质疑。例如有人曾言："在我转型做法官的时候，面临着各种各样的声音，尤其是一些法院的同行会感到不适。这种不适来源于'插队'——我一个外来的律师，一下子就成为三级高级法官，而法官要转型做律师，还得从实习律师做起。这让很多人都感到不适。除此之外，还有很多质疑，比如有人说'去法院是去高校的跳板，去法院是为了镀金''放弃千万年薪做法官，是钱赚够了想做官了'。"〔1〕

（三）完善选拔机制及配套措施

1. 在完善资格条件及选拔方式上要具有针对性

第一，针对资格条件。针对不同等级的司法官，应当设定有差别的律师执业年限要求和年龄上限要求。上海的选拔模式值得借鉴，选拔不同等级的司法官，应考虑其能力、素质等方面的差异要求，对执业年限和年龄上限作出不同的规定。〔2〕这样更有利于吸引精力旺盛且有司法官职业理想的优秀青年律师和经验丰富、经济条件更优渥的资深律师为实现其职业理想而加入到司法官队伍中来。此外，检

〔1〕《商建刚：从律师到法官再到学者，侠义与热爱，是法律人生的底色》，载微信公众号"新则"2023年12月21日，https：//mp. weixin. qq. com/s/oEy22fu4C5H0J3imlI0FkQ。此外，商建刚还指出："'律师法官'来自律师，原来的生活圈子围绕着律师同行、客户进行，转入体制内之后，必须切断与原来律师队伍的交往，甚至正常交往都受到影响……律师需要放弃原来的律师朋友圈，将面临生活方式和生活习惯的巨大变化，孤独感给'律师法官'心理带来巨大挑战。"商建刚：《完善从律师中选拔法官制度》，载上海市法学会编：《上海法学研究：数字化进程中的新法学》2022总第8卷，上海人民出版社2023年版，第309－310页。

〔2〕参见《上海市2017年从律师和法学专家中公开选任法官、检察官公告》。

法机关还应根据业务岗位的需求设计不同的选拔资格条件，如选拔专门审理金融领域犯罪案件、知识产权案件的司法官，就应要求律师具有该领域深厚的知识背景和丰富的执业经验。要注重从律师中选拔专业化的办案人才，让其专门从事自己擅长的业务领域，尽力确保人尽其用，以更好地应对“案多人少”的困境，切实地提高办案质量。

第二，关于选拔方式。检法机关在选拔时切忌过分拘泥于考试能力，而应更注重考察其为人品行和办案能力。最高人民法院采用“报名—资格审查—专业评审和面谈—体检和考察—法官遴选委员会审议—公示和办理相关手续”的选拔模式值得借鉴。[1] 笔者建议，由法官检察官遴选委员会、律师协会分别推荐的资深法官、检察官和律师共同组成选拔委员会，着重审查候选人自己提交的材料，结合律师协会提供的评估报告，按照候选人与岗位匹配程度进行第一轮筛选。通过了初步筛选后，再由选拔委员会成员组成考察小组到候选人执业的律师事务所和相关单位进行考察，通过听证会、访谈等形式对候选人的人格、人品、办案能力和职业目标进行全方位的深入了解，最终择优录取。

2. 在完善司法官的职业保障上要具有确定性

第一，逐步提高薪酬待遇。司法官职业的收入是律师选择担任司法官的考量因素之一。如果司法官能通过高质量地完成相对稳定的办案量获得可观的物质收入，那么司法官职业显然会有更大的吸引力。为了确保司法官能够更好地履职，一些西方国家确立了司法官的高薪制。[2] 中国应进一步落实司法官工资水平高于当地其他公

[1] 参见《最高人民法院面向社会公开选拔知识产权法庭高级法官公告》，载最高人民法院官网 2018 年 12 月 19 日，https://www.court.gov.cn/xuandiao/xiangqing-138101.html。

[2] 参见潘剑锋：《高薪制：审判公正、廉洁和法官高素质的基本保障》，载《政法论坛》2001 年第 6 期。

务员一定比例的相关政策，并逐步优化司法官的住房、医疗保障、津贴补贴以及退休金等福利措施，努力解决律师转任司法官后在物质方面的后顾之忧。[1]

第二，切实保障司法官依法独立履职。司法官保持独立性是实现司法公正的有力保障，也是提升其职业尊荣感的重要方式。在司法责任制改革的背景下，应尽快明确司法官的权力清单，确保司法官能够在权力清单确定的职权范围内独立办案。针对领导干部干预个案的问题，《人民法院组织法》第五十二条和《人民检察院组织法》第四十七条均规定了领导干部干预司法活动、插手具体案件及内部人员过问案件的记录报告制度，之后还应进一步细化相应的惩戒措施。同时要完善与司法责任制相对应的司法豁免制度，使司法官敢于独立行使职权，打消律师成为司法官后缺乏办案独立性的顾虑。

3. 在加快建设法律职业共同体内部交流机制上要具有制度性

第一，统一法官、检察官和律师的职前培训。不同的法律职业人员之所以能够职业互通，其基础或前提条件就是他们“具有相同的理念，接受相同的训练，掌握相同的技巧，因此能够共同护佑法治之舟的平稳航行”[2]。日本、韩国等国家建立了司法官及律师的职前统一培训制度，有利于保证律师和司法官对法律认知具有高度同质性。中国的法官、检察官及律师行业实行各自独立的职前培训机制，司法官群体与律师群体之间缺乏固定的互动交流途径，客观上会造成二者思维上的差异和理念上的隔阂，在一定程度上会使律

[1] 关于法官薪酬的讨论，还可参见艾佳慧：《转型中国法官薪酬与遴选制度的微观激励基础》，载《法制与社会发展》2021 年第 6 期。

[2] 王利明：《多从法律共同体中选拔法官》，载人民网 2014 年 4 月 2 日，http：//opinion.people.com.cn/n/2014/0402/c1003－24800537.html。

师对公开选拔产生消极态度。2015 年，中共中央办公厅、国务院办公厅印发《关于完善国家统一法律职业资格制度的意见》，提出要建立法律职业人员统一职前培训制度。在此基础上，2022 年，中共中央组织部、最高人民法院、最高人民检察院、司法部印发《关于建立法律职业人员统一职前培训制度的指导意见》。此外，中共中央于 2021 年印发《关于加强新时代检察机关法律监督工作的意见》，要求建立检察官与法官、人民警察、律师等同堂培训制度，统一执法司法理念和办案标准尺度。下一步，最高人民法院、最高人民检察院、公安部、司法部应深化统筹协作，尽快实现法律职业人员职前培训、同堂培训的制度化。

第二，为律师提供更多与司法官交流的机会。客观而言，中国的司法官群体和律师群体存在较为明显的职业心理隔阂，一些司法官和律师对彼此持一种敬而远之的态度。由此，司法机关有必要为律师提供更多深入了解司法官职业的机会。例如，自 2018 年起北京市推行实习律师参与诉前调解工作〔1〕，这项工作不仅是简单地以增加办案力量的方法来化解矛盾纠纷，而且能增强法官和律师的协同合作，在当地逐渐形成两种法律职业群体间相互理解、彼此尊重的良好氛围。江苏省实施实习律师去法院担任实习法官助理的制度，〔2〕通过 6 个月的实习，可以极大地加深法官和律师间的理解与认同。笔者认为，律师在初入职场时若有机会深入司法机关的办案一线，能够加深他们对司法官职业思维、工作方式、办案环境和纪律要求的认知，也许可以激励他们将司法官作为一种职业理想。

〔1〕 参见《市司法局　市高级法院　市律师协会召开实习律师参与诉前调解部署会》，载北京市司法局官网 2018 年 8 月 2 日，https：//sfj. beijing. gov. cn/sfj/sfdt/sfxzyw59/424209/。

〔2〕 参见《关于开展申请律师执业人员到法院担任实习法官助理的实施意见》（苏律协发〔2018〕32 号）。

第四章 律师事务所

一、律师事务所的组织形式变迁及类型

（一）律师事务所的组织形式变迁

（二）律师事务所的类型

二、律师事务所的设立、变更和终止

（一）律师事务所的设立

（二）律师事务所的变更

（三）律师事务所的终止

三、律师事务所的权利和义务

（一）律师事务所的权利

（二）律师事务所的义务

四、律师事务所的党建与管理

（一）律师事务所的党建

（二）律师事务所的管理制度

（三）律师事务所的发展趋势

本章第一部分介绍律师事务所的组织形式变迁及类型。律师事务所是律师的执业机构，在督促律师恪守职业道德、精进律师业务水平的同时，还起到保障律师合法权益、加强律师同司法行政机关和行业协会联系等作用。《律师法》规定了律师事务所的三种类型。其中，国家出资设立的律师事务所（以下简称国资所）目前的数量较少，但中国法律服务市场发展不平衡的现状决定了现阶段还不能取消这种组织形式的律师事务所。合伙律师事务所（以下简称合伙所）是由合伙人共同出资设立的律师事务所，有普通合伙和特殊的普通合伙两种形式，是当前中国律师事务所的主要类型。此外，为了满足不同地区、不同层次人群对法律服务的需求，中国还规定了个人律师事务所（以下简称个人所）作为合伙所的有益补充。第二部分介绍律师事务所的设立、变更和终止。律师事务所从设立开始，就应当严格遵守相关规定。《律师法》和《律师事务所管理办法》规定了设立律师事务所应当具备的一般条件以及设立各种类型律师事务所的具体要求。为避免律师事务所乱设分所、对分所执业活动实行有效监管，中国对设立分所一直实行审核制。在律师事务所的变更方面，律师事务所名称、负责人、章程、合伙协议的变更适用批准制，而律师事务所住所、合伙人的变更报原审核部门备案即可。律师事务所终止的，由颁发执业证书的部门注销该律师事务所的执业证书。第三部分介绍律师事务所的权利和义务。法律赋予律师事务所统一收案、统一收费、自主聘任和辞退律师等权利，有助于其承担律师管理职责、提升法律服务质量。同时，为了维持良好的法律服务秩序，律师事务所还负有不得以不正当手段承揽业务、不得从事法律服务以外的经营活动等义务。第四部分介绍律师事务所的党建与管理。律师事务所的党建方面，加强党对律师工作的全面领导，必须充分发挥律师事务所党组织的战斗堡垒作用。律师事务所党组织可以从政治、思想、组织、服务四个方面实现对律师成长的引领作用。律师事务所的管理方面，严格规范所内律师的执业行为、健全内部管理制度不仅是律师事务所稳步发展、防范风险的要求，更是律师法及相关法规、规章和政策的要求。基于管理对象的差异，可以将律师事务所的管理划分为人员管理、业务管理以及财务管理。市场交易方式越发多元、法律关系越发复杂，中国不少律师事务所在内部和外部的双重竞争下积极寻求改变，并呈现出服务范围全球化、服务方式数字化、运营模式公司化三大趋势。

一、律师事务所的组织形式变迁及类型

（一）律师事务所的组织形式变迁

"律师事务所既是律师的执业机构，又是律师履行职责、服务社会的组织者，是律师自我教育、自我约束的管理者。"[1] 律师事务所在督促律师恪守职业道德、保障律师业务水平的同时，还起到保障律师合法权益、加强律师同司法行政机关和行业协会联系等作用。

20 世纪 50 年代初期，新中国在创立律师制度时借鉴苏联的模式，将法律顾问处作为中国律师执业机构的法定名称，并在 1980 年颁布《律师暂行条例》时予以沿用。但法律顾问处这一名称与国际

〔1〕《充分保障律师执业权利　强化律师行业管理——司法部负责人就修订后的律师法答新华社记者问》，载中华人民共和国中央人民政府官网 2007 年 10 月 30 日，https：//www. gov. cn/zwhd/2007 – 10/30/content_ 790740. htm。

上对律师事务所的通称不一致，不利于律师开展对外活动和对外交往，也容易与社会上的其他法律服务机构相混淆。基于此，1983 年，中国批准设立的第一家“律师事务所”。[1] 1988 年，中国第一家合作制律师事务所成立。1993 年，中国第一家合伙制律师事务所成立。经过一段时间的试点，合作制和合伙制律师事务所组织形式被 1996 年《律师法》以法律的形式予以确认。在律师事务所组织形式方面，该法规定的律师事务所三种组织形式中，除国资所外，还包括合作律师事务所（以下简称合作所）（以该律师事务所的全部资产对其债务承担责任[2]）和合伙所（合伙人对该律师事务所的债务承担无限责任和连带责任[3]）。1996 年，司法部发布《合伙律师事务所管理办法》，自此，合伙所逐渐成为中国律师事务所的主要组织形式。2007 年《律师法》修订，除国资所和合伙所继续保留外，合作所被个人所取代。2008 年，司法部下发《关于合作律师事务所调整工作的指导意见》，要求依法平稳有序地完成合作所调整工作。此后，合作所作为中国律师制度改革、发展过程中的一个阶段性组织形式完成了其历史使命，退出了历史舞台。[4] 为支持律师事务所做大做强，立法机关参照《合伙企业法》关于特殊的普通合伙企业的规定，在 2007 年《律师法》中引入了特殊的普通合伙所。[5]

[1] 1983 年 7 月 15 日，深圳市蛇口律师事务所正式挂牌成立。在此之前，全国的律师工作机构统称为“法律顾问处”。蛇口律师事务所的成立，打破了律师工作机构的传统命名模式，成为中华人民共和国首个以“律师事务所”命名的法律服务机构。参见邓君：《蛇口律所：与改革开放同频共振——全国首个“律师事务所”的发展之路》，载《法制日报》2021 年 8 月 28 日，第 4 版。

[2] 参见 1996 年《律师法》第十七条。

[3] 参见 1996 年《律师法》第十八条。

[4] 参见刘耀堂：《在改革探索中推动律师事务所高质量发展——我国律师制度恢复重建以来律师事务所发展扫描》，载《中国律师》2024 年第 12 期。

[5] 参见 2007 年《律师法》第十五条第二款。

从法律顾问处“一统天下”到合伙所、个人所、国资所“三分天下”，从合作所、合伙所、个人所的试点到合作所退出历史舞台，从合伙所成为律师事务所主要组织形式到特殊的普通合伙所出现，中国律师事务所四十多年的发展走过了一条自下而上到自上而下的闭环式发展之路，即由律师事务所的创新探索推动行业的试点改革，再上升到法律和政策等顶层设计予以确认后全面铺开。[1] 近年来，随着律师数量的不断增多，律师事务所的数量也在迅速增长。截至2022年年底，全国共有律师事务所3.86万多家。其中，合伙所2.82万多家，约占73.16%；国资所604家，约占1.56%；个人所9777家，约占25.28%。[2] 相较于2021年，中国律师事务所的数量增长超过5%。[3] 2017年至2022年5年间，中国律师事务所的数量增幅超过37%。[4]

（二）律师事务所的类型

1. 国资所

《律师法》第二十条规定：“国家出资设立的律师事务所，依法自主开展律师业务，以该律师事务所的全部资产对其债务承担责任。”国资所是中国较早出现的一种律师事务所形式，由国家提供经

〔1〕 参见刘耀堂：《在改革探索中推动律师事务所高质量发展——我国律师制度恢复重建以来律师事务所发展扫描》，载《中国律师》2024年第12期。

〔2〕 参见《2022年度律师、基层法律服务工作统计分析》，载司法部官网2023年6月14日，https://www.moj.gov.cn/pub/sfbgwapp/zwgk/tjxxApp/202306/t20230614_480741.html。

〔3〕 截至2021年年底，全国共有律师事务所3.65万多家。数据参见《2021年度律师、基层法律服务工作统计分析》，载司法部官网2022年8月15日，https://www.moj.gov.cn/pub/sfbgwapp/zwgk/tjxxApp/202305/t20230509_478447.html。

〔4〕 截至2017年年底，全国共有律师事务所2.8万多家。数据参见《律师、公证、基层法律服务最新数据出炉》，载司法部官网2018年3月14日，https://www.moj.gov.cn/pub/sfbgwapp/zwgk/tjxxApp/202105/t20210517_396273.html。

费和编制，律师业务收费全部上缴国库。在中国恢复律师制度后的相当一个时期内，国资所曾是律师事务所的主流形式，甚至是唯一的组织形式，对推动中国律师业的发展起到了重要作用。[1]

随着改革开放的深入推进和经济的不断发展，社会对法律服务的需求日益增长，单靠国家拨编、拨款的做法严重影响了律师事务所的设立和律师队伍的发展。[2] 虽然一些国资所在管理上进行了改革，如实行律师收益与经济利益挂钩、多劳多得等办法，根据情况实行全额管理、差额管理、自收自支三种经费管理方式，但这些改革仍不能改变国资所的基本性质。[3] 由于国资所受到经费和编制的限制，其数量呈现衰退之势，上文已述，截至 2022 年年底，全国国资所的数量为 604 家，约占律师事务所总数的 1.56%。[4]

在 2007 年《律师法》修订草案初次审议时，部分常委会组成人员提出，“国家出资设立的律师事务所，是律师制度恢复阶段的一种组织形式，目前这类律师事务所的数量已经很少。律师事务所是社会中介机构，由国家出资兴办是不合适的，建议删去这一条或者在‘附则’中作规定”[5]。但该观点未被采纳，究其原因在于一些边远或落后地区的律师事务所尚难以实现自收自支，当地律师业缺乏自我发展的环境，因此其他类型的律师事务所恐不具备开办条件。[6]

---

〔1〕参见王胜明、赵大程主编：《中华人民共和国律师法释义》，法律出版社 2007 年版，第 58 页。

〔2〕参见熊秋红：《新中国律师制度的发展历程及展望》，载《中国法学》1999 年第 5 期。

〔3〕参见谭世贵主编：《律师法学》（第 5 版），法律出版社 2022 年版，第 68 页。

〔4〕参见《2022 年度律师、基层法律服务工作统计分析》，载司法部官网 2023 年 6 月 14 日，https://www.moj.gov.cn/pub/sfbgwapp/zwgk/tjxxApp/202306/t20230614_480741.html。

〔5〕郭晓宇：《特许律师执业条件从严限制》，载《法制日报》2007 年 8 月 25 日。

〔6〕参见陈卫东主编：《中国律师学》（第 5 版），中国人民大学出版社 2023 年版，第 124 页。

中国法律服务市场发展不平衡、不充分的现状决定了目前还不能取消国资所这种组织形式的律师事务所。

2. 合伙所

1996年颁布的《律师法》将合伙所确定为中国法定的律师执业机构之一。合伙所是指合伙人自愿组合，由合伙人共同出资设立的律师事务所，律师事务所的财产归合伙人共同所有，各个合伙人根据合伙协议的约定享有在律师事务所财产中所占的份额。在合伙关系存续期间，合伙人的共同财产由律师事务所统一管理，未经合伙人会议同意，不得擅自处分。

1996年《律师法》第十八条规定："律师可以设立合伙律师事务所，合伙人对该律师事务所的债务承担无限责任和连带责任。"合伙作为律师事务所的一种传统组织形式，其基本特点是合伙人共同出资、共同经营、共享收益、共担风险。相较于国资所，合伙所的优点在于其经营管理上的灵活性，合伙人可以直接参与经营管理合伙事务，对合伙所拥有直接的控制权。需要指出的是，1996年《律师法》未对合伙所的组织形式予以细化，该法第十八条对应的合伙形式特指普通合伙。在普通合伙形式的律师事务所中，所有合伙人对律师事务所的债务承担无限连带责任。

随着社会对各项法律服务的需求迅速增长、专业服务机构的规模持续扩大，部分律师事务所内合伙人的数量大增，以致合伙人之间并不熟悉甚至互不认识，各自的业务也不重合，与传统普通合伙形式的律师事务所中合伙人人数较少、共同经营的模式有明显的区别。因此让合伙人对其并不相熟的合伙人的债务承担无限连带责任是有失公平的。自20世纪60年代以来，面对专业服务机构诉讼量显著增加的趋势，要求合理规范合伙人责任的呼声也越来越高。由此，许多国家进行专门立法，规定普通合伙形式的专业服务机构的普通合伙人可以对特定的合伙企业债务承担有限责任，以避免专业服务机构的合伙人承担过度风险。[1] 中国国内也有部分学者进一步提出要建立公司化有限责任合伙制律师事务所，即以公司制为原则、以合伙制为特征，合伙人对合伙债务承担有限责任，以其在合伙中的利益为限，但有过错的个人承担无限责任。[2]

2006年修订的《合伙企业法》对特殊的普通合伙企业作出规定。[3] 与此相对应，2007年修订的《律师法》开始允许合伙所采用特殊的普通合伙形式设立。[4] 2008年，司法部颁布《律师事务所管理办法》，对特殊的普通合伙所的合伙人责任作出细化规定，其第三十八条第二款规定："普通合伙律师事务所的合伙人对律师事务所的债务承担无限连带责任。特殊的普通合伙律师事务所一个合伙人或者数个合伙人在执业活动中因故意或者重大过失造成律师事务所债务的，应当承担无限责任或者无限连带责任，其他合伙人以其在律师事务所中的财产份额为限承担责任；合伙人在执业活动中非因故意或者重大过失造成的律师事务所债务，由全体合伙人承担无限连带责任……"可见，特殊的普通合伙所与一些学者期待的有限责任合伙制律师事务所在责任承担方面还存在较大差距。但这种组织形式有利于发展更具规模的律师事务所，提升中国律师事务所的国际

〔1〕 参见谭世贵主编：《律师法学》（第5版），法律出版社2022年版，第65页。

〔2〕 参见方立新、王勇：《与WTO相适应的律师事务所基本模式探讨》，载《中国法学》2001年第5期；李自根、丘云卿：《关于我国构建公司化律师事务所的几点思考》，载《学术研究》2009年第4期。

〔3〕 2006年《合伙企业法》第五十五条第一款规定："以专业知识和专门技能为客户提供有偿服务的专业服务机构，可以设立为特殊的普通合伙企业。"

〔4〕 2007年《律师法》第十五条第二款规定："合伙律师事务所可以采用普通合伙或者特殊的普通合伙形式设立。合伙律师事务所的合伙人按照合伙形式对该律师事务所的债务依法承担责任。"

竞争力。[1]

3. 个人所

设立个人开业的律师事务所是国外比较通行的一种做法。如美国、英国和日本等国均允许具备开业条件的律师个人单独开业。[2] 1996年《律师法》未规定个人所，但需要指出的是，"许可个人设立律师事务所，作为律师个人出资且以个人全部资产对律师事务所的债务承担无限责任的律师执业机构，既符合律师行业的实际状况和业务活动特点，也因其责任明确，运行成本低，而有利于促进律师走入乡镇、深入社区，方便群众，有助于解决群众打官司难的问题"[3]。故2007年《律师法》修订后首次允许个人设立律师事务所，以立法形式赋予个人所正式的法律地位。

不可否认的是，个人所通常人手有限，难以涉足复杂、高端的法律业务，其业务范围、抗风险能力都会受到一定的限制，使个人所无法与规模较大的合伙所抗衡。[4] 同时，不少个人所在设立时没有考虑服务基层的需要，从开设情况来看，其主要集中在经济相对发达的地区，而在经济欠发达地区并不踊跃。[5] 这也许是个人所在一些地区设立时会存在一定阻碍的原因之一。[6] 但个人所仍可以作

〔1〕 参见《充分保障律师执业权利　强化律师行业管理——司法部负责人就修订后的律师法答新华社记者问》，载中华人民共和国中央人民政府官网2007年10月30日，https：//www.gov.cn/zwhd/2007－10/30/content_790740.htm。

〔2〕 参见刘健主编：《中华人民共和国律师法释义》，中国法制出版社2007年版，第55页。

〔3〕 《充分保障律师执业权利　强化律师行业管理——司法部负责人就修订后的律师法答新华社记者问》，载中华人民共和国中央人民政府官网2007年10月30日，https：//www.gov.cn/zwhd/2007－10/30/content_790740.htm。

〔4〕 参见马宏俊主编：《律师法学》（第2版），北京大学出版社2021年版，第51－52页。

〔5〕 参见陈宜：《个人律师事务所现状及展望》，载《中国律师》2015年第1期。

〔6〕 参见《官宣：北京暂停办理"个人律师事务所"设立业务》，载微信公众号"律媒智库"2024年9月24日，https：//mp.weixin.qq.com/s/leDDGFIBXLuTr6UjtxUYfQ。

为合伙所的有益补充，实现律师事务所经营体制的多元化，以满足不同地区、不同层次人群对法律服务的需求。因此，各地主管部门应将重点放在对个人所的监管和指导上，不宜对其设立作出过多限制，个人所的发展乃至去留应当交由市场去决定。

二、律师事务所的设立、变更和终止

（一）律师事务所的设立

律师事务所从设立开始，就应当严格遵守相关规定。《律师法》第十四条和《律师事务所管理办法》第八条规定了设立律师事务所应当具备的一般条件：（1）有自己的名称、住所和章程；（2）有符合《律师法》和《律师事务所管理办法》规定的律师；（3）设立人应当是具有一定的执业经历并能够专职执业的律师，且在申请设立前3年内未受过停止执业处罚；（4）有符合《律师事务所管理办法》规定数额的资产。

此外，《律师事务所管理办法》第九条和第十条进一步细化了普通合伙所和特殊的普通合伙所的设立条件。[1] 普通合伙所和特殊的普通合伙所均应当有书面合伙协议，设立人要求有三年以上执业经历且必须是能够专职执业的律师。不同的是，普通合伙所应当有三名以上合伙人作为设立人，且有人民币三十万元以上的资产，而特殊的普通合伙所应当有二十名以上合伙人作为设立人，且有人民币

〔1〕关于普通合伙所的设立条件，可参见《律师事务所管理办法》第九条；关于特殊的普通合伙所的设立条件，可参见《律师事务所管理办法》第十条。

一千万以上的资产。

相较于合伙所，设立个人所对于资产的要求并不高，有人民币十万元以上的资产即可，但个人所设立人应当是具有五年以上执业经历并能够专职执业的律师，说明律师的执业经验对于个人所的设立来说显然更为重要。[1]

在分所的设立问题上，中国一直实行审核制，设立分所应当经拟设立分所所在地的省、自治区、直辖市人民政府司法行政部门审核。[2] 实践表明，审核制是避免律师事务所乱设分所、对分所执业活动实行有效监管的必要措施。[3] 根据1994年司法部颁布的《律师事务所设立分所管理办法》（已废止）第三条的规定，满足律师事务所成立时间满二年，律师事务所有专职律师十人以上等条件方可设立分所。[4] 但上述律师事务所成立时间要求和律师人数要求在2007年《律师法》修订后作出了调整，即设立分所必须满足成立三

〔1〕关于个人所的设立条件，可参见《律师法》第十六条和《律师事务所管理办法》第十一条。

〔2〕《律师法》第十九条　成立三年以上并具有二十名以上执业律师的合伙律师事务所，可以设立分所。设立分所，须经拟设立分所所在地的省、自治区、直辖市人民政府司法行政部门审核。申请设立分所的，依照本法第十八条规定的程序办理。

合伙律师事务所对其分所的债务承担责任。

〔3〕参见王胜明、赵大程主编：《中华人民共和国律师法释义》，法律出版社2007年版，第56页。

〔4〕《律师事务所设立分所管理办法》第三条　律师事务所设立分所，必须同时具备下列条件：

（一）律师事务所成立时间满二年；

（二）律师事务所有专职律师十人以上；

（三）律师事务所的年业务收入在五十万元以上；

（四）律师事务所在提出设立分所申请之日前一年内未受过纪律处分；

（五）律师事务所派驻分所的专职律师须在二名以上；

（六）派驻分所的负责人必须具有两年以上专职律师执业经历。

年以上并具有二十名以上执业律师的合伙所等条件。[1] 提高律师事务所分所的设立条件是律师业不断发展、律师队伍不断扩大的应然结果。

（二）律师事务所的变更

《律师法》对律师事务所不同的变更事项规定了不同的审核方式。《律师法》第二十一条规定："律师事务所变更名称、负责人、章程、合伙协议的，应当报原审核部门批准。律师事务所变更住所、合伙人的，应当自变更之日起十五日内报原审核部门备案。"律师事务所的名称关乎社会公众对其的认知和辨识，律师事务所的负责人是律所的管理者和对外代表者，律师事务所的章程涉及律所的组织形式、机构设置等重要事项，合伙协议是明确合伙人各项权利和义务的基础性法律文件，都属于律师事务所开办过程中的重要事项，在变更时应当报原审核部门批准。当前绝大多数律师事务所是租房办公，导致一些律师事务所的住所会经常发生变动，而且律师事务所合伙人的晋升、流动情况也比较频繁，因此针对变更住所和合伙人的事项，若需要事事批准，则相关程序和手续不免过于烦琐。但律师事务所住所的变更会涉及其主管司法行政机关的变化，合伙人的变动会影响律师事务所债务承担的变化，故仍需备案。

（三）律师事务所的终止

《律师法》第二十二条列举了律师事务所应当终止的具体情形，包括：（1）不能保持法定设立条件，经限期整改仍不符合条件的；

---

[1] 参见《律师法》第十九条。

（2）律师事务所执业证书被依法吊销的；（3）自行决定解散的；（4）法律、行政法规规定应当终止的其他情形。律师事务所终止的，由颁发执业证书的部门注销该律师事务所的执业证书。

三、律师事务所的权利和义务

法律赋予律师事务所统一收案、统一收费、自主聘任和辞退律师等权利，有助于其承担律师管理职责、提升法律服务质量。同时，为了维持良好的法律服务秩序，律师事务所提供服务的方式和范围也须受到严格限制。

（一）律师事务所的权利

1. 统一收案

根据《律师法》第二十五条第一款的规定，律师事务所享有统一收案的权利。[1] 这意味着律师无论以何种名义从事法律服务，均是一种作为律师事务所委派人员执行职务的行为。律师的执业行为代表律师事务所，受律师事务所规章制度的管理和约束。这是律师事务所监督律师合法承办业务、制止律师私自接受委托、保证律师依法执业的重要措施。实践中，如果当事人认为某位律师比较适合办理自己的法律事务，要求委托的，律师事务所应尽可能满足，但当事人指名的律师在代理期间因客观原因不能继续代理的，律师事

〔1〕《律师法》第二十五条第一款规定："律师承办业务，由律师事务所统一接受委托，与委托人签订书面委托合同，按照国家规定统一收取费用并如实入账。"

务所应当征得当事人同意后及时调整承办律师。[1]

2. 统一收费

《律师法》第二十五条第一款还规定了律师事务所统一向当事人收费的权利。律师个人不得私自向委托人收取任何费用。2006 年，国家发展和改革委员会、司法部为规范律师服务收费行为，颁布了《律师服务收费管理办法》（发改价格〔2006〕611 号）。该办法第二十二条强调，律师服务费、代委托人支付的费用和异地办案差旅费也应由律师事务所统一收取。除这三项费用外，律师事务所和律师不得以任何名义向委托人收取其他费用。2021 年，司法部、国家发展和改革委员会、国家市场监督管理总局联合发布《关于进一步规范律师服务收费的意见》，针对规范律师服务收费行为、健全律师事务所收费管理制度、强化律师服务收费监管等内容作出指导，提出完善律师服务收费政策、严格规范律师风险代理行为、健全律师事务所收费管理制度、强化律师服务收费监督检查等具体要求。

3. 自主聘任、辞退律师

律师事务所具有自主聘任、辞退律师的权利。《律师事务所管理办法》第四十三条规定，律师事务所有权辞退、除名违法违规执业、违反律师事务所章程及管理制度或者年度考核不称职的律师。[2] 律师事务所从本质上来讲是一种人合性组织，律师事务所的基本组织元素是律师，律师事务所的核心资产是律师。律师事务所人合性的

〔1〕 参见《律师办理民事诉讼案件规范》第六条第二款、第十六条第二款、第十九条。

〔2〕《律师事务所管理办法》第四十三条　律师事务所应当建立违规律师辞退和除名制度，对违法违规执业、违反本所章程及管理制度或者年度考核不称职的律师，可以将其辞退或者经合伙人会议通过将其除名，有关处理结果报所在地县级司法行政机关和律师协会备案。

最大特点是律师的业务开展和律师事务所的运营依靠的是律师自身所具备的法律知识、技能和经验。因此，律师事务所为了维护自身形象和提升其实力，会审慎考虑律师的执业水平、执业形象等各方面因素，扬长避短地启用律师。

（二）律师事务所的义务

1. 不得以不正当手段承揽业务

律师间的不正当竞争，不仅违反律师执业的基本原则，损害竞争对手的合法权益，而且会扰乱法律服务的正常秩序，损害当事人的合法权益。《律师法》第二十六条规定：“律师事务所和律师不得以诋毁其他律师事务所、律师或者支付介绍费等不正当手段承揽业务。”律师事务所若违反该规定，将视情节受到警告、停业整顿一个月以上六个月以下的处罚，可能会被处以十万元以下的罚款，有违法所得的，没收违法所得，情节特别严重的，甚至会被吊销律师事务所执业证书。[1]

关于律师以不正当手段承揽业务的情形，《律师和律师事务所违法行为处罚办法》第六条作出了细化规定，包括以误导、利诱、威胁或者作虚假承诺等方式承揽业务，以支付介绍费、给予回扣、许诺提供利益等方式承揽业务，以对本人及所在律师事务所进行不真实、不适当宣传或者诋毁其他律师、律师事务所声誉等方式承揽业

〔1〕 参见《律师法》第五十条第一款。

务，在律师事务所住所以外设立办公室、接待室承揽业务等。[1] 关于律师事务所以不正当手段承揽业务的情形，《律师和律师事务所违法行为处罚办法》第二十六条规定，律师事务所从事或者纵容、放任本所律师从事该办法第六条规定的违法行为的，属于律师事务所以不正当手段承揽业务的违法行为。

2. 不得从事法律服务以外的经营活动

"律师事务所是从事法律服务的特殊主体，其经营范围不同于企业自行确定登记的经营范围。律师事务所从事法律服务以外的经营活动，存在道德风险，有违公序良俗，故对律师事务所的服务范围有必要实行强监管。"[2] 《律师法》第二十七条规定："律师事务所不得从事法律服务以外的经营活动。"根据《律师和律师事务所违法行为处罚办法》第二十五条的细化规定，法律服务以外的经营活动包括以独资、与他人合资或者委托持股方式兴办企业，并委派律师担任企业法定代表人或者总经理职务；从事与法律服务无关的中介服务或者其他经营性活动。禁止律师事务所从事其他经营活动主要有两个方面的考虑，一方面，律师事务所是律师为社会公众提供法

[1] 《律师执业行为规范（试行）》第七十九条　有下列情形之一的，属于律师执业不正当竞争行为：

（一）诋毁、诽谤其他律师或者律师事务所信誉、声誉；

（二）无正当理由，以低于同地区同行业收费标准为条件争揽业务，或者采用承诺给予客户、中介人、推荐人回扣、馈赠金钱、财物或者其他利益等方式争揽业务；

（三）故意在委托人与其代理律师之间制造纠纷；

（四）向委托人明示或者暗示自己或者其属的律师事务所与司法机关、政府机关、社会团体及其工作人员具有特殊关系；

（五）就法律服务结果或者诉讼结果作出虚假承诺；

（六）明示或者暗示可以帮助委托人达到不正当目的，或者以不正当的方式、手段达到委托人的目的。

[2] 上海市高级人民法院（2020）沪民终356号民事裁定书。

律服务的执业机构，从事其他经营活动不利于其专注地发展法律服务主业。另一方面，律师事务所从事其他经营活动意味着其将承受提供法律服务以外的其他经营风险，这些风险会影响律师事务所的债务清偿能力，不利于保证当事人的合法权益。

除此以外，律师事务所还负有对律师进行监督管理、[1] 接受司法行政机关年检、[2] 依法缴纳税款、[3] 依法履行法律援助[4]等义务。

四、律师事务所的党建与管理

（一）律师事务所的党建

习近平总书记指出，要加强对律师队伍的政治引领，教育引导广大律师自觉遵守拥护中国共产党领导、拥护我国社会主义法治等从业基本要求，努力做党和人民满意的好律师。[5] 律师是社会主义法治队伍的重要组成部分，是全面依法治国的重要力量。加强对律

---

〔1〕《律师法》第二十三条　律师事务所应当建立健全执业管理、利益冲突审查、收费与财务管理、投诉查处、年度考核、档案管理等制度，对律师在执业活动中遵守职业道德、执业纪律的情况进行监督。

〔2〕《律师法》第二十四条　律师事务所应当于每年的年度考核后，向设区的市级或者直辖市的区人民政府司法行政部门提交本所的年度执业情况报告和律师执业考核结果。

〔3〕《律师法》第二十五条第二款规定："律师事务所和律师应当依法纳税。"

〔4〕《律师法》第四十二条　律师、律师事务所应当按照国家规定履行法律援助义务，为受援人提供符合标准的法律服务，维护受援人的合法权益。

〔5〕参见《习近平主持中共中央政治局第三十五次集体学习并发表重要讲话》，载中华人民共和国中央人民政府官网 2021 年 12 月 7 日，https：//www. gov. cn/xinwen/2021 - 12/07/content_ 5659109. htm。

师队伍的政治引领，是推动律师事业高质量发展的必然要求。[1]

加强党对律师工作的全面领导，必须充分发挥律师事务所党组织的战斗堡垒作用。2014 年，党的十八届四中全会明确提出，加强律师行业党的建设，扩大党的工作覆盖面，切实发挥律师事务所党组织的政治核心作用。这是党中央首次以全国大会决定形式对律师行业党建工作提出要求。[2] 2018 年，司法部对《律师事务所管理办法》进行了修改，明确坚持和加强党对律师工作的全面领导，明确律师事务所党建工作的基本要求，明确要在律师事务所章程中增加党建工作的内容。[3] 截至 2021 年年底，全国各地律师事务所党总支、党支部和联合党支部总数超过 1.3 万个，党建工作引领行业发展、服务国家建设的能力水平不断提升。[4]

"党建工作核心是做人的工作，要始终把促进律师的全面发展作为第一要务，把党建与律师个人成长发展深度融合，探索建立促进律师全面发展的体制机制。"[5] 律师事务所党组织可以从以下四个方面实现对律师成长的引领作用。

一是政治引领。律师工作是政治性很强的业务工作，也是业务性很强的政治工作。律师事务所党组织要把引领律师坚持正确的政治方向作为第一位的责任，从改革开放以来中国经济社会巨大变化

---

〔1〕 参见孙伯阳：《以政治引领推动律师事业高质量发展》，载《人民日报》2022 年 4 月 26 日，第 5 版。

〔2〕 参见姜海涛主编，司法部司法研究所组编：《深化律师制度改革研究》，法律出版社 2017 年版，第 134 页。

〔3〕 参见《关于〈司法部关于修改《律师事务所管理办法》的决定（征求意见稿）〉的说明》，载司法部官网 2018 年 9 月 13 日，https：//www. moj. gov. cn/pub/sfbgw/zlk/201809/t20180913_ 173864. html。

〔4〕 参见白阳：《我国律师行业党建工作成效显著》，载新华网 2021 年 10 月 15 日，http：//www. news. cn/politics/2021 – 10/15/c_ 1127960642. htm。

〔5〕 韩秀桃：《党建引领律师行业持续健康发展》，载《中国律师》2019 年第 1 期。

来阐述中国特色社会主义道路自信、理论自信、制度自信、文化自信，来阐述中国特色社会主义律师制度的政治性、社会性、专业性、经济性。[1]

二是思想引领。律师行业精英荟萃、思想多元、观点分化，律师在执业过程中容易受到各个方面、各种思潮的影响，部分党员律师由于缺乏必要的红线意识和底线教育，在委托关系、利益冲突、业务推广、服务收费等方面出现了一些不规范的现象，严重影响党员形象，影响律师的形象。[2] 对于这类现象，律师事务所党组织应当有所作为，真正把党的主张、国家政策、社会形势向律师们说清楚、讲明白，答疑解惑，引领行业思想风尚。

三是组织引领。“过去之所以大家觉得自己与个体工商户差不多，最主要的原因是各种组织平台的作用没有发挥好。”[3] 党组织可以采取灵活多样的方式开展活动，以加强党员与党组织的联系，增强组织的凝聚力和向心力。比如充分挖掘当地红色文化资源，就地适时开展沉浸式现场教学活动，丰富基层党组织的组织生活，让律师特别是党员律师充分感受到为党工作、为社会服务的尊荣感和使命感。[4]

四是服务引领。为解决部分律师事务所存在的党务与业务“两张皮”现象，一方面，律师事务所应当尝试确立党组织在律所治理

〔1〕 参见韩秀桃：《什么是你的贡献？朝阳律师——在北京市朝阳区律师协会“朝律青声说”青年律师发展论坛暨第六期授袍仪式上的致辞》，载《中国律师》2019年第6期。

〔2〕 参见金成波、张航、董国林：《律师行业党建的时代方位与优化进路》，载《中国司法》2019年第12期。

〔3〕 韩秀桃：《什么是你的贡献？朝阳律师——在北京市朝阳区律师协会“朝律青声说”青年律师发展论坛暨第六期授袍仪式上的致辞》，载《中国律师》2019年第6期。

〔4〕 参见韩秀桃：《党对律师工作全面领导的实践要求》，载《学习时报》2019年1月2日，第4版。

中的组织定位。另一方面，律师事务所党组织也必须提升服务意识，提高服务本领，使党组织的领导方式、工作方式、活动方式更加符合律师的实际需要，切实做到哪里有律师哪里就有党组织，不断扩大党的组织覆盖和工作覆盖。

（二）律师事务所的管理制度

律师事务所严格规范所内律师的执业行为、健全内部管理制度不仅是律师事务所得以稳步发展、防范风险的前提，更是律师法及相关法规、规章和政策的要求。《律师法》第二十三条规定："律师事务所应当建立健全执业管理、利益冲突审查、收费与财务管理、投诉查处、年度考核、档案管理等制度，对律师在执业活动中遵守职业道德、执业纪律的情况进行监督。"根据《律师法》第五十条第一款第八项的规定，律师事务所对本所律师疏于管理造成严重后果的，将受到司法行政部门的处罚。所谓疏于管理，包括不按规定建立健全内部管理制度，不按规定对律师执业活动实行有效监督，不按规定接受年度检查考核，不按规定建立劳动合同制度等。[1] 基于

[1] 《律师和律师事务所违法行为处罚办法》第三十条 有下列情形之一，造成严重后果和恶劣影响，属于《律师法》第五十条第八项规定的律师事务所"对本所律师疏于管理，造成严重后果的"违法行为：

（一）不按规定建立健全内部管理制度，日常管理松懈、混乱，造成律师事务所无法正常运转的；

（二）不按规定对律师执业活动实行有效监督，或者纵容、袒护、包庇本所律师从事违法违纪活动，造成严重后果的；

（三）纵容或者放任律师在本所被处以停业整顿期间或者律师被处以停止执业期间继续执业的；

（四）不按规定接受年度检查考核，或者经年度检查考核被评定为"不合格"的；

（五）不按规定建立劳动合同制度，不依法为聘用律师和辅助人员办理失业、养老、医疗等社会保险的；

（六）有其他违法违规行为，造成严重后果的。

管理对象的差异，可以将律师事务所的管理具体划分为人员管理、业务管理以及财务管理。[1]

1. 律师事务所的人员管理

律师事务所之间的竞争实际上是人才的竞争，律师事务所中的人员大致可以分为律师和行政辅助管理人员两类。其中，律师掌握着专业能力和客户资源，行政辅助管理人员专职负责律师事务所的行政事务、市场推广、信息技术等方面的工作。为了提升竞争力，律师事务所往往会根据自身情况，制定包括人才选拔、培训、激励和考核等在内的一系列制度。律师是律师事务所最宝贵的资源和财富，青年律师更是一家律师事务所的未来。律师事务所只有做到选拔贤才、培育良才、善用英才、留住人才，才能更稳健、长久、高质地发展。

在选拔人才方面，挑选合适的人才是关键。所谓合适的人才，指的是人才适合当地法律服务市场的需要、适合律师事务所所处的竞争环境和竞争阶段、适合律师事务所的发展方向与价值理念。律师事务所在引进律师时，既不能脱离律师事务所的实际需求一味地强调高学历，也不能为了快速扩张而盲目引进、来者不拒。

行政辅助管理人员虽然不直接为律师事务所带来创收，但他们也是维持律师事务所高效运转的关键人员，其应当在市场营销、财务管理、人力资源等行政事务的处理方面具有专长，故律师事务所在引进这类人才时也须着重关注其专业能力。部分特殊岗位，如负责档案管理、用章管理等事务的行政人员，还应重点考虑其对律所管理、律师执业等行业规范和要求的熟悉程度。

---

〔1〕参考中华全国律师协会于2004年发布的《律师事务所内部管理规则（试行）》关于律师事务所管理结构的划分。

在培养人才方面，如何为律师提供一个能够确定成长、发展清晰、前途光明的职业未来，是所有律师事务所面临的挑战。[1] 健康、优质的职业成长环境应当具备如下几个要素：第一，能够让律师（尤其是青年律师）有机会向所内优秀的资深律师学习，这种学习除了可以靠师徒之间一对一的传承之外，还可以通过所内营造的知识共享环境提供学习机会。第二，能够提供足够的训练机会，包括职业道德、执业规范等方面的通识训练以及专业知识、专业技能等方面的专业训练。第三，能够具有相对个性化的发展环境，律师普遍受教育程度较高，具有独立思考的能力，从律师自身的特点入手培养，并给予其较为自由的发展空间，往往可以更好地激发他们的创新能力和发展动力。[2]

在任用人才方面，律师事务所应尽可能使律师的工作内容与其能力相匹配，做到知人善用。一方面，要求律师事务所建立相对科学的能力评价机制，多层次、多渠道、多角度地对律师的能力素质情况做出公正客观的评价，知晓其擅长领域和工作短板。另一方面要求律师事务所对人才应用尽用，发挥人才的应有效用，放手让律师办理业务，主动"搭台子"，适当"压担子"，让律师在处理复杂问题的过程中经风雨、练本领。

在留住人才方面，律师事务所的制度建设、情感联结、事业发展都是人才决定去留的主要考虑因素。首先，律师事务所想要做好人才建设，就无法回避财务支持这一核心问题，这客观上要求律师

〔1〕 参见杨强：《机制的力量：律师事务所管理模式与实践》，中国法制出版社 2022 年版，第 202 页。

〔2〕 参见徐家力：《中国律所经营管理之道：迈向国际化、规模化、专业化、品牌化》，北京大学出版社 2023 年版，第 210 页。

事务所建立更加科学、有效的分配机制。[1] 其次，情感互动是律师事务所内部向心力、凝聚力的催化剂，让律师在工作过程中感受到被重视、被尊重、被爱惜，律师才能有获得感和归属感。最后，律师不仅是用以谋生的职业，更是可以长期奋斗的事业，律师事务所要让律师看得到前景、看得到希望，若律师事务所的发展与律师的发展同步，前者就能更好地实现留住人才的目标。

2. 律师事务所的业务管理

开展律师业务是律师事务所的核心工作，为确保律师业务工作的顺畅运行和律师事务所提供法律服务的质量，构建一套科学、合理的业务管理制度至关重要。律师事务所的业务管理制度包括收案制度、重大疑难案件集体讨论制度、结案及档案管理制度、年度考核制度、投诉查处制度等。在此介绍前两个业务管理制度。

律师事务所接受当事人的委托，同意办理某项法律事务是律师事务所开展业务的第一步。根据《律师事务所管理办法》第四十六条的规定，律师事务所在收案环节除了需要遵守统一接受委托的要求之外，还应当做好签订委托合同、审查利益冲突等工作。[2] 一方面，律师事务所是委托合同的一方主体，其指派的律师在承办业务过程中造成的损失须由律师事务所承担，因此建立一套完整的收案制度是律师事务所实时把控合同履约风险的必然要求。另一方面，建立收案制度是统一收费、利益审查、投诉查处等制度的前提，律

〔1〕 参见上海市律师协会第十届律所规范与发展委员会主编：《律师事务所管理实务与探索》，法律出版社2019年版，第88页。

〔2〕《律师事务所管理办法》第四十六条 律师承办业务，由律师事务所统一接受委托，与委托人签订书面委托合同。

律师事务所受理业务，应当进行利益冲突审查，不得违反规定受理与本所承办业务及其委托人有利益冲突的业务。

师事务所通过添加案件编号、汇总案件代理信息等方式实现对律师费收取情况、利益冲突情况、案件办理效果的检查与监督。

《律师事务所管理办法》第四十九条规定："律师事务所应当建立健全重大疑难案件的请示报告、集体研究和检查督导制度，规范受理程序，指导监督律师依法办理重大疑难案件。"通常情况下，律师事务所不会干预律师承办业务的具体过程。但对于一些案情复杂、难度较高、有一定社会敏感性的重大案件，律师事务所应做好向当地司法行政部门和律师协会呈报的工作，并召集律师团队进行集体讨论，共同应对案件中的难题。该制度不仅有利于提高律师的业务水平，保证法律服务质量，而且有助于发挥律师在维护社会和谐稳定中的作用。部分地区的司法行政部门、律师协会专门针对重大疑难案件的处理作出规定。例如，2005 年，浙江省司法厅针对律师行业中重大、敏感事件呈报工作制定了《浙江省律师行业重大敏感事件呈报处置规则》（浙司〔2005〕207 号），规定了重大敏感事件的种类、处理流程、处理职责等内容。浙江省律师协会分别于 2006 年、2008 年发布《浙江省律师协会关于加强对重大敏感案件律师辩护、代理工作的指导意见（试行）》和《浙江省律师协会律师办理重大、敏感案件操作规范》，用以规范律师在办理重大、敏感案件过程中的执业行为。

3. 律师事务所的财务管理

律师事务所的财务管理是指围绕律师事务所的收入和支出，组织财务活动、处理财务关系的管理活动。[1] 律师事务所的会计记账、收入分配、发票管理、用章管理、税务管理都属于财务管理的组成

〔1〕 参见胡晓军、柳捷编著：《律师事务所管理概论》，中国政法大学出版社 2006 年版，第 253 页。

部分。其中，分配制度是律师事务所的主要制度，直接关系到律师的经济利益，也关系到律师事务所的发展动力。

一个科学且获得广泛认可的分配制度不仅能极大地调动全所律师的执业积极性，而且能为律师事务所的稳定与发展提供坚实的保障。若律师事务所内部分配不合理，则会挫伤律师积极性，压制青年律师成长，以致矛盾迭起，使律师事务所的发展受挫甚至停滞不前，严重的可能会使律师事务所因合伙人散伙而走向终结。[1] 由于各个律师事务所的发展阶段、律师规模以及合伙人认知水平等因素不尽相同，律师事务所之间的收入分配制度往往存在较大区别。

提成制是目前较为常见的收入分配制度，即以律师的业务收费金额为基数，按照一定比例作为其提供法律服务的报酬。在这种分配模式下，律师为律师事务所创造的价值与自身利益息息相关，律师的贡献越高，其收入也越高。提成制多劳多得的优势非常明显，律师会为了获得更高的收入去充分发挥主观能动性，在为律师事务所带来更高创收的同时也能让表现优异的律师脱颖而出。但提成制在适用过程中存在诸多明显的不足之处。第一，提成制将拉大所内律师之间的收入差距，影响收入较低的律师对律师事务所的认可度，不利于所内律师队伍的稳定，尤其不利于一些颇有潜质但缺乏案源的青年律师的发展。第二，提成制律师事务所常出现一种现象，即律师们往往只考虑将经济效益较低、承办难度较大的案件或项目交给其他律师（尤其是缺案源的律师）办理，不仅难以保证案件或项目的办理质量，而且不利于所内合作市场的建立与维护。第三，在提成制的分配模式下，律师对律师事务所的依赖性较小、归属感较弱，所内缺乏合作精神，在一些需要团队作业的疑难复杂案件或者

〔1〕 参见周光：《刍议合伙制律师事务所分配机制的改革》，载《法治研究》2007年第8期。

非诉项目中难以发挥律师间的合力。

司法部2005年公布的《关于开展合伙律师事务所规范建设年活动的意见》（司发通〔2005〕3号）亦指出了提成制带来的问题，即“分配采取提成的方式，事务所管理松散，各自为政”。在该意见中，司法部提倡逐步改变提成制的分配方式，鼓励律师事务所实行更加科学的分配制度。为此，部分业内人士提出对律师事务所采用公司制的管理方式来应对提成制难以解决的问题，由律师事务所对律师实行统一管理，整合律师事务所总分所资源，达到吸引优秀法律专业人才、提升法律服务质量、实现专业化分工等效果。[1] 上海市政府办公厅于2023年印发的《发挥城市功能优势　做强律师事务所品牌　加快推动上海国际法律服务中心建设的若干措施》也提出要引入公司制模式赋能律所管理，“鼓励律师事务所借鉴现代企业制度和公司治理模式完善内部治理结构，对人事、财务、业务、服务标准等实行一体化管理”。需要指出的是，公司制或者公司化管理并不指代某一种具体的分配制度，而是律师事务所统一合作、一体化管理的方式与状态。在这种状态下，律师事务所可以对案源、收益进行统一分配。至于如何统一分配，则必须回归到利润分配的具体制度安排上。

实际上，部分律师事务所实行的计点制分配模式就与公司制期望实现的效果相契合。计点制是指律师事务所按照每位律师的资历、贡献等因素来折算每个人的点数，再将个人点数占律所总计点数的比例乘以律所创收利润来确定分红。计点制的分配模式能够极大地体现律师事务所的人合属性，其引导律师不仅只关注个人创收的多

〔1〕 参见徐家力：《中国律所经营管理之道：迈向国际化、规模化、专业化、品牌化》，北京大学出版社2023年版，第83－85页。

少，而且高度重视整个律师事务所的发展情况。因为只要律师事务所的利润提高，即“众人拾柴火焰高”，每个点数的含金量就会提高，律师的分红也就水涨船高。[1] 但计点制同样存在较大的弊端，首先，计点的设置与安排较为复杂，有时难以符合所有合伙人的想法和期待。若一家律师事务所将律师的资历作为定点数的重要标准，恐会引起能力出众的“新人”律师的不满。其次，创收能力只是律师事务所考察律师能力的其中一个指标，这就容易出现创收高但点数却不一定高的情况，创收能力较强的律师可能会暂时承受经济利益上较大的牺牲。再次，在计点制分配模式下，律师事务所需要先扣除人力、租金、物业、基金等各类成本，余下的利润再由合伙人按点数分配，这些成本实际上是由持有点数的合伙人负担的，合伙人承担着较大的成本压力。最后，长期适用计点制可能导致部分合伙人心生懈怠，尤其一家律师事务所若没有设置计点点数的扣减机制，则会在合伙人之间营造出一种过于稳定的收入环境，难免会削弱部分合伙人的业务开拓动力和服务提升能力。

除了提成制和计点制，实践中还存在诸如平均分配制、年薪制等其他分配制度。不仅如此，各个律师事务所还会根据实际情况对各种分配制度进行融合、做出改良，有些看似不是很合理的分配制度在一家律师事务所的某些特殊阶段、特殊时期也可能会发挥重大作用。例如，在律师事务所初创期，关系交好的律师可能会在他们之间采取平均分配制，用以建立平等、信任关系。因此，没有绝对完美的分配制度，律师事务所在选择分配制度时，不必局限于提成制和计点制两种模式，而要从律师事务所的业务范围、发展战略、合伙人需求等实际情况出发进行考虑。

---

〔1〕 参见蒋勇：《律所的管理》，中国政法大学出版社 2019 年版，第 138 页。

（三）律师事务所的发展趋势

在中国对外贸易快速发展、产业深度转型升级的大背景下，市场的交易方式愈发多元、法律关系愈发复杂，市场对法律服务的需求也随之发生转变。中国不少律师事务所在内部和外部的双重竞争下积极寻求改变，并呈现以下三个趋势。

1. 服务范围全球化

党的十八届四中全会强调要加强涉外法律工作，运用法律手段维护我国主权、安全、发展利益，维护我国公民、法人在海外及外国公民、法人在我国的正当权益。[1] 2017 年，司法部、外交部、商务部、原国务院法制办公室联合印发《关于发展涉外法律服务业的意见》，对发展涉外法律服务业作出全面部署。

"法律服务业的重点在于律师服务。"[2] 为此，北京、上海、深圳等地纷纷出台政策，鼓励律师事务所向国际化、全球化迈进。例如，《北京市律师行业发展三年行动计划（2023—2025 年）》提出到 2025 年北京市要形成 30 家在国内外具有较高知名度的涉外示范律师事务所，建设 5 家以上国际一流律师事务所。《上海市发展涉外法律服务业实施意见》要求完善上海涉外法律服务体系、打造上海涉外法律服务平台、提升上海涉外法律服务能级。《深圳市律师业高质量发展三年行动计划（2023—2025 年）》表示支持深圳市律师业的国际化发展。

[1] 参见《中国共产党第十八届中央委员会第四次全体会议公报》，载中华人民共和国中央人民政府官网 2014 年 10 月 23 日，https://www.gov.cn/xinwen/2014-10/23/content_2769791.htm。

[2] 刘晓红：《论中国涉外法治体系的构建》，载《上海大学学报（社会科学版）》2024 年第 5 期。

根据国家统计局公布的数据，2023年中国全年货物进出口总额为417568亿元，比上年增长0.2%。对共建“一带一路”国家进出口额194719亿元，比上年增长2.8%。[1] 高额的对外贸易对应着大量的涉外法律服务需求。近年来，中国律师行业积极通过“请进来”和“走出去”相结合的方式，深入推进法律服务对外交流合作，提升中国律师在国际法律服务领域的综合竞争力。截至2023年年底，来自20个国家的158家律师事务所共计设立了208家驻华代表机构。[2] 与此同时，中国律师事务所在35个国家和地区设立了180家分支机构，与2018年相比，中国律师事务所境外分支机构的数量增加了47.5%。[3]

习近平总书记指出，要积极发展涉外法律服务，培育一批国际一流的仲裁机构、律师事务所。[4] 在“一带一路”倡议与涉外法律服务市场需求的双重推动下，律师事务所的全球化发展是大势所趋。但值得注意的是，目前中国律师事务所在提供国际化服务的过程中仍面临着涉外人才储备量不足、国际品牌号召力欠佳等问题，亟须律师事务所通过促进交流合作、加强人才培养、补足实战经验等方式予以应对。

---

〔1〕 参见《中华人民共和国2023年国民经济和社会发展统计公报》，载国家统计局官网2024年2月29日，https：//www. stats. gov. cn/xxgk/sjfb/tjgb2020/202402/t20240229_1947923. html。

〔2〕 参见赵婕：《司法部：加强法治建设 服务高质量发展和高水平对外开放》，载《法治日报》2023年11月24日，第2版。

〔3〕 参见白阳：《近年来我国律师事务所境外分支机构数量增长迅速》，载新华网2023年11月24日，http：//www. news. cn/legal/2023-11/24/c_1129991057. htm。

〔4〕 参见《习近平在中共中央政治局第十次集体学习时强调：加强涉外法制建设 营造有利法治条件和外部环境》，载中华人民共和国中央人民政府官网2023年11月28日，https：//www. gov. cn/yaowen/liebiao/202311/content_6917473. htm。

2. 服务方式数字化

2023年，中共中央、国务院印发的《数字中国建设整体布局规划》提出要统筹推进数字技术与经济、政治、文化、社会、生态文明建设“五位一体”深度融合。近年来，最高人民法院提出智慧法院、在线诉讼等概念，并相继出台了在线诉讼、在线调解、在线运行的三大规则。[1] 最高人民检察院在《关于深化智慧检务建设的意见》中勾勒了未来智慧检务建设的宏伟蓝图。[2] 云计算、大数据、人工智能等数字技术的快速发展已深刻影响法律服务行业的变革。在此背景下，传统的律师服务方式正在逐步被新型的在线法律咨询、数据电子管理和合同智能审查等数字化服务方式所取代。

律师事务所的数字化转型主要包括律师事务所内部管理数字化和服务工具数字化两个方面。传统的律师事务所在公章使用、费用报销、案件归档以及会议预约等内部管理活动中常有赖于律师与行政人员的频繁沟通并需要经历繁复的审批流程。鉴于此，一些律师事务所开始建立数字化办公平台，使律师管理、客户管理、案件管理、文档管理、财务管理等环节都能在线上完成，极大地降低了运营成本。另外，随着以ChatGPT、DeepSeek为代表的大模型与生成式人工智能技术的发展，合同审查、法律研究、法律翻译等较为成熟的智能法律工具开始出现，这意味着律师得以通过智能工具处理法律推理、法律检索、知识管理、文件审阅、文本分类和概括、信息挖掘和提取等原本耗时耗力的工作。

从市场需求来看，技术革新以及由此带来的生产方式和商业模

〔1〕 参见《人民法院在线诉讼规则》（法释〔2021〕12号）、《人民法院在线调解规则》（法释〔2021〕23号）、《人民法院在线运行规则》（法发〔2022〕8号）。

〔2〕 参见《最高检印发意见深化智慧检务建设》，载最高人民检察院官网2018年1月3日，https：//www. spp. gov. cn/xwfbh/wsfbh/201801/t20180103_ 208087. shtml。

式的变化使客户对法律服务产生了新的期待，提出了新的要求，比如降低成本、提高效率、分解任务等。[1] 律师服务模式也正从单一的法律服务向泛法律服务和跨行业服务模式改变，律师依托法律科技为客户提供法律服务将成为新常态。因此，无论是从改善客户体验的角度，还是从增强律师竞争力的角度，律师事务所通过数字转型改进服务方式、提升服务质效都势在必行。

3. 运营模式公司化

当前，会计、知识产权服务机构、互联网公司等进入法律服务领域，律师事务所也从传统法律服务领域向外延伸，引入会计、专利、税务代理等业务和专业人员，形成综合性法律服务机构。[2] 一些律师事务所通过合并、联营、国内外联盟、设立分所等方式迅速扩大规模。根据 2023 年《亚洲法律杂志》（Asian Legal Business）发布的榜单，中国最大的 10 家律师事务所，每家律所的律师总人数均超过千人规模，其中律师总人数最多的事务所已达 14000 余人（见表 4－1）。但律师事务所在综合化发展、规模化扩张的过程中，势必会带来管理体制不适应、质量与风险不可控等问题。[3] 为了满足市场需求，提升律师事务所的集约化程度、发挥规模效应，一体化运营和公司化运营逐渐成为律师事务所的一种发展趋势。

---

〔1〕 参见郑戈：《人工智能与法律职业的未来》，载智合研究院编著：《中国法律市场观察（2019）》，法律出版社 2019 年版，第 264 页。

〔2〕 参见熊选国：《在学习贯彻司法部〈关于进一步加强律师协会建设的意见〉座谈会上的讲话》，载《中国律师》2017 年第 2 期。

〔3〕 参见周琰：《律师事务所规模化研究》，载《中国司法》2014 年第 4 期。

表4－1　2023年《亚洲法律杂志》公布的中国最大的10家律师事务所统计

排名	律师事务所	合伙人数	律师数量	律师总人数
1	盈科律师事务所	1288	10482	14935
2	大成律师事务所	1939	5029	7113
3	德恒律师事务所	906	3287	4312
4	锦天城律师事务所	914	3029	3994
5	泰和泰律师事务所	933	2557	3714
6	炜衡律师事务所	1041	2611	3669
7	国浩律师事务所	1270	2242	3512
8	北京德和衡律师事务所	211	2653	2864
9	中伦文德律师事务所	685	1731	2628
10	华商律师事务所	251	2319	2570

注："律师总人数"是指合伙人、律师、法律顾问、咨询顾问和外籍法律顾问的总人数。法律助理、实习生和实习律师不包括在总人数内。

需要说明的是，律师事务所运营的公司化并不意味着律师事务所组织形式向有限责任公司转变，而是指律师事务所在治理结构、分配制度等方面借鉴现代企业的管理制度。在治理结构方面，部分律师事务所开始尝试将公司两权分离理论融入律师事务所的运营之中，即律师事务所的所有权和经营权由不同的主体享有。目前两权分离在律师事务所运营中主要有两种表现形式：其一，引入职业管理人，有些在规模化道路上走得较快的律师事务所会选择聘请职业经理人对律所的日常事务进行管理，后者拥有一定的决策权，享有律师事务所所有权的合伙人则致力于业务开拓、办理以及团队建设等工作。这种管理方式在一定程度上避免了律所内部发生个人利益和组织利益之间的冲突，同时能够发挥职业经理人的专业特长。其二，一些律师事务所尝试通过募资的方式来解决律师事务所的资金问题，出现部分投资人持有律所股份而不参与经营管理的现象。[1]在利润分配方面，上文已详细介绍了计点制、年薪制等体现公司化特征的律所分配模式，故不再赘述。

律师事务所的公司化运营对合伙人的共识要求较高，短时间内也会不可避免地产生较高的运营成本，所以不是所有的律师事务所都非得走上公司化的发展道路，一些专注于走专业化、精品化发展的中小型律师事务所可以选择更适合自己的运营模式以提升其整体竞争力。但对于具有一定规模和积累的律师事务所，公司化管理或许是未来更优的选择。

〔1〕 参见王骋远：《资本时代，律师事务所的"上市"之路》，载智合研究院编著：《中国法律市场观察（2018）》，法律出版社2018年版，第44页。

第五章　律师管理制度

本章第一部分介绍律师协会。律师协会是社会团体法人，是律师的自律性组织。律师协会的职责大致可归纳为管理和服务两类。律师协会应从以下几个方面做到服务和管理两手抓、两手硬。第一，提高律师的思想政治素质、业务素质和职业道德素质。第二，发挥好各专门委员会、专业委员会的职能作用。第三，改善律师执业环境、畅通联系服务律师的渠道，关心爱护律师会员。第四，规范律师执业行为，守住律师执业底线。第五，发挥律师协会在“四方会商”机制中的作用，进一步引导好、管理好、服务好律师队伍。在律师协会的组织架构方面，全国设立中华全国律师协会，省、自治区、直辖市设立地方律师协会，设区的市根据需要可以设立地方律师协会。但一个时期以来，律师协会自身建设面临一些问题，司法部从律师协会的组织建设出发提出了多方面要求。另外，律师行业的党建工作对于引领建设高素质律师队伍，保证律师事业健康发展具有重要意义。律师协会应以政治建设为统领，在完善体制机制中加强党的领导，打造行业党建骨干，树立党员律师模范。第二部分介绍司法行政机关。司法行政机关有权对律师、律师事务所和律师协会进行监督、指导。相较于律师协会，司法行政机关对律师的管理更为宏观，涵盖了行政处罚、执业准入管理、法规制定、执业监督、执业权利保障等诸多方面。承担律师管理职能的司法行政机关共有四级，除中央设司法部外，地方各级司法行政机关对律师和律师事务所实行分级监管，总体上呈现出司法行政机关履行对律师工作监管职能重心下移的趋势。其中县级司法行政机关与律师、律师事务所的关系比较紧密，对其情况也最为熟悉，故在指导、监督律师和律师事务所时优势明显。省级司法行政机关的工作重心在于工作指导、建章立制、监督下级司法行政机关履行相关职责等。第三部分介绍律师管理体制。律师管理体制是指对律师和律师工作进行管理、监督和指导的体系与制度。综观国外的律师管理体制，各国对律师管理机构的设置及其权力分配存在差异，这种差异很大程度上与各国的国情相关。不同于西方国家，中国律师管理体制经历了从司法行政机关单一管理体制向“两结合”管理体制发展的过程。总体上讲，“两结合”的律师管理体制适合当前中国的国情，适应中国律师行业发展的需要。为进一步调整司法行政机关行政管理与律师协会自律性管理之间的尺度，完善与深化“两结合”律师管理体制，司法行政机关与律师协会应注意以下几点：第一，律师协会应挺在前面，树立行业管理的权威性。第二，司法行政机关须尊重律师行业发展规律，简政放权、依法监管。第三，细化司法行政机关和律师协会的分工协作，形成工作合力。

一、律师协会

（一）律师协会的职责

《律师法》第四十三条第一款规定：“律师协会是社会团体法人，是律师的自律性组织。”律师协会根据法律、法规、规章的授权承担管理律师队伍的职能。[1]《律师法》第四十六条对律师协会的职责予以明确，大致可以将其归纳为管理和服务两类，前者包括制定行业规范和惩戒规则、实施奖励和惩戒、考核律师执业活动、管

〔1〕《中华全国律师协会章程》第二条 中华全国律师协会（以下简称“本会”）是由律师、律师事务所组成的社会团体法人，是全国性的律师自律组织，依法对律师行业实施管理。

理实习人员等，后者包括维护律师合法权益、交流律师工作经验、组织培训及教育等。

在律师协会自我管理、自我约束的过程中，曾一度出现职责不明晰、履职不到位的问题。[1] 为了解决这些问题，改变律师行业管理中“宽松软”的现象，律师协会应对律师群体严管厚爱。严管要求律师协会建立行业处分与行政处罚相衔接的工作机制，在处理律师违法违规行为时，依法依规依章程进行惩戒。厚爱则要求律师协会“必须要有实实在在的改革措施，一件事一件事地去抓，一个领域一个领域地去解决问题，用实实在在的工作去赢得律师的尊重，让广大律师把律协作为真正的家，真正的‘娘家’”[2]。

2016年，司法部出台《关于进一步加强律师协会建设的意见》，提出健全律师执业权利保障和行业惩戒机构。[3] 2017年，中华全国律师协会挂牌成立维护律师执业权利中心和投诉受理查处中心，此举体现了律师协会“举旗”与“亮剑”并重的鲜明态度。[4] 在保障律师执业权利上敢于“举旗”，为律师依法执业创造良好条件和环境。在规范律师执业行为上敢于“亮剑”，加强律师执业的监督管理。

具体而言，律师协会应从以下几个方面做到服务和管理两手抓、两手硬。第一，全面提高律师思想政治素质、业务素质和职业道德

[1] 参见《司法部部长：加强律师协会自身建设　回应广大律师期盼》，载司法部官网2017年8月28日，https：//www. gov. cn/xinwen/2017－08/28/content_ 5220891. htm。

[2] 蒋安杰：《就律师队伍建设、律师权益保障和违纪惩戒问题　张军要求律师协会要“挺”在前面》，载《中国律师》2017年第9期。

[3] 参见《司法部出台意见要求健全律师执业权利保障和行业惩戒机构》，载中国经济网2016年12月5日，http：//www. ce. cn/xwzx/gnsz/gdxw/201612/05/t20161205_ 18377781. shtml。

[4] 参见《全国律协“维权中心”和“投诉中心”挂牌成立》，载司法部官网2017年3月27日，https：//www. moj. gov. cn/pub/sfbgw/gwxw/xwyw/szywbnyw/202101/t20210122_ 147722. html。

素质。加强各类专业人才库建设和领军人才培养，通过组织专业培训和继续教育，提高律师的政治觉悟、业务能力和职业道德水平。第二，充分发挥好各专门委员会、专业委员会的职能作用。通过推进业务建设、开展理论研究、促进对外交流合作、举办各类活动等方式，确保各委员会有效运转，增强协会的生命力和凝聚力，提升会员的归属感和认同感。第三，关心爱护律师会员。律师协会一方面应贯彻落实《律师协会维护律师执业权利规则（试行）》，明确专门人员和专门机构须在个案中应维护律师执业权利，切实改善律师执业环境；另一方面应畅通联系服务律师的渠道，悉心听取广大律师的意见，做到积极为律师行业发声，努力推动解决行业关切。[1] 第四，规范律师执业行为，守住律师执业底线。对一些律师执业行为不规范、不诚信的问题应下决心加以解决，如选取、汇总违规违法的典型案例定期对外曝光，依照《律师执业管理办法》《律师事务所管理办法》《律师执业行为规范（试行）》《律师协会会员违规行为处分规则（试行）》等规章和行业规范对“害群之马”坚决予以惩处，使社会公众对律师服务更信任、对律师队伍更尊重。第五，发挥律师协会在“四方会商”机制中的作用，进一步引导好、管理好、服务好律师队伍。律师协会作为律师的自律组织，应当珍惜会商机会，努力构建律师协会与政法机关之间保障律师执业权利的联动机制。[2] 律师协会应通过与法院、检察院、司法行政机关的共同

〔1〕 参见赵婕、张晨：《心怀“国之大者”建设“律师之家”在推进全面依法治国中展现更大作为——访第十届中华全国律师协会会长高子程》，载《法治日报》2021 年 11 月 23 日，第 1 版。

〔2〕 参见高子程：《落实“四方会商”机制　律师协会重任在肩》，载《中国法治》2024 年第 3 期；《凝共识、强协作、开新篇！浙江省高院、省检察院、省司法厅、省律协举行首次“四方会商”》，载微信公众号“浙江检察”2024 年 10 月 31 日，https://mp.weixin.qq.com/s/GF2976cwWCUj6FRT4hRjKA。

协作，维护律师的执业权利，规范律师的执业行为，提升法律服务的质效。

（二）律师协会的组织结构

《律师法》第四十三条第二款规定：“全国设立中华全国律师协会，省、自治区、直辖市设立地方律师协会，设区的市根据需要可以设立地方律师协会。”中华全国律师协会与各地律师协会存在密切的联系和协作，主要体现在以下两个方面：一方面，各地方律师协会的章程不得与中华全国律师协会的章程相抵触。[1] 出于统一规范的要求，中华全国律师协会的章程在效力上优先于地方律师协会的章程。另一方面，中华全国律师协会对地方律师协会进行指导（见图5－1）。中华全国律师协会制定的对全行业的部署和决策，各地律师协会须认真执行，确保全国性的律师政策和指导得以贯彻落实。

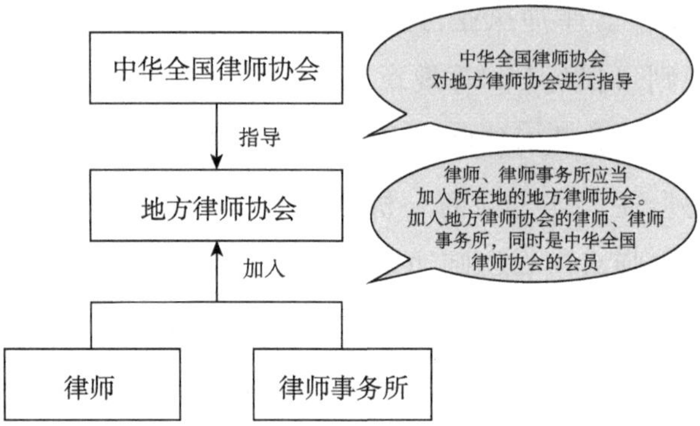

图5－1 律师协会层次结构

根据《中华全国律师协会章程》的规定，中华全国律师协会设有诸多职能机构，负责行使职权、履行职责。全国律师代表大会是

〔1〕 参见《律师法》第四十四条第二款。

中华全国律师协会的最高权力机构，其行使的职权包括：制订、修改协会章程，讨论并决定协会的工作方针和任务，审议协会理事会的工作报告、财务报告和监事会工作报告，选举、罢免理事、监事，制定和修改会费标准，决定终止事宜，审议大会主席团提出的其他重大事宜。理事会是律师代表大会的常设机构，对律师代表大会负责。常务理事会由理事会选举产生的会长、副会长及常务理事组成，负责在理事会闭会期间主持协会工作，按照理事会的决议研究、决定、部署协会的工作。中华全国律师协会还设有会长办公会议，负责督促、落实理事会、常务理事会决议和决定。监事会是全国律师代表大会的监督机构，对全国律师代表大会负责。

中华全国律师协会秘书处负责具体落实律师代表大会、理事会、常务理事会的各项决议、决定，承担律师协会的日常工作。秘书处与司法行政机关内律师管理部门的联系较为紧密，是“两结合”管理体制的重要结合点。专门委员会是律师协会履行职责的专门工作机构。专业委员会按照专业委员会工作规则，组织开展理论研究和业务交流活动，起草律师有关业务规范。目前，中华全国律师协会各设有23个专门委员会和专业委员会。[1]

“一个时期以来，律师协会自身建设面临一些问题，最主要的就是定位不清、职责不明，导致律协不能发挥作用、不善发挥作用。”[2] 司法部在《关于进一步加强律师协会建设的意见》中对律师协会的组织建设也提出了多方面要求，包括“健全地方律师协会，设区的市一般应当设立律师协会”“进一步完善律师代表大会、理事

〔1〕 具体详见中国律师网，https：//www. acla. org. cn/catalog/632e74b14d254cff8fb12dcad7b47b4d。

〔2〕 蒋安杰：《就律师队伍建设、律师权益保障和违纪惩戒问题　张军要求律师协会要“挺”在前面》，载《中国律师》2017年第9期。

会、常务理事会等决策机构，健全完善民主管理决策和执行监督机制”“规范和加强专门委员会、专业委员会建设，发挥专门委员会、专业委员会在促进业务交流、推进行业发展中的重要作用”“加强律师协会秘书处建设，配备与实际需要相适应的专职工作人员”等。

（三）律师行业的党建

2016年，中共中央办公厅、国务院办公厅印发《关于深化律师制度改革的意见》，强调要加强律师行业党的建设，健全完善行业党建工作管理体制。2021年，中共中央印发《法治中国建设规划（2020—2025年）》，统筹推进法治中国建设的各项工作，要求坚持和加强党对律师工作的领导，推动律师行业党的建设。自2017年全国律师行业党委成立以来，律师行业党建工作成效显著。截至2020年，中国专职执业律师中的党员人数已超过13万名，单独建立律师行业党组织1万余个、联合党组织3000个，为无党员律师事务所选派了6000多名党建指导员，基本实现党的组织和党的工作全覆盖。[1]

全面加强新时代律师行业党建工作是深入推进新时代党的建设新的伟大工程的必然要求，对于引领建设高素质律师队伍，保证律师事业健康发展具有重要意义。律师协会应从以下几个方面增强党对律师行业的领导。

第一，以政治建设为统领，确保律师行业向着正确方向发展。增强律师行业党组织的政治功能和组织功能，必须坚决落实意识形态主体责任，把意识形态工作作为党的建设的重要内容，纳入重要

〔1〕 参见《我国律师行业基本实现党的组织和党的工作全覆盖》，载新华网2020年6月30日，https：//www. xinhuanet. com/politics/2020－06/30/c_ 1126177639. htm。

议事日程，纳入党建工作责任制，纳入领导班子目标管理。[1] 同时，律师行业党委可以充分运用新媒体手段，在律师的思想理论学习方面开展常态化、制度化的教育和培训，提升律师队伍的思想政治素养。

第二，在完善体制机制中加强党的领导。律师协会应把党的领导融入协会治理的各个环节，把行业党组织内嵌到协会治理结构之中。[2] 围绕完善“上下贯通、执行有力”的党建组织体系，搭建党建工作的“四梁八柱”，全系统建构、全方位布局律师行业党建工作，确保党建各项任务落实落地、到所到人。

第三，打造行业党建骨干，树立党员律师模范。律师行业党委应加快推行双培方针，把党员培养成业务骨干、把业务骨干培养成党员。高度关心青年律师的成长，发挥资深党员律师的示范作用，引领一批骨干律师积极向党组织靠拢，吸引一批优秀党员成长为律师协会领导班子成员，提升律师协会的服务能力和服务水平。

二、司法行政机关

（一）司法行政机关的职责

《律师法》第四条规定：“司法行政部门依照本法对律师、律师事务所和律师协会进行监督、指导。”该条概括性地赋予了司法行政

〔1〕 参见邓志文、孙晓颖：《对增强律师行业党组织“两个功能”的思考》，载人民论坛网2023年11月7日，http：//www. rmlt. com. cn/2023/1107/687071. shtml。

〔2〕 参见吕红兵：《进一步修订〈律师法〉推进律师协会改革》，载《中国司法》2019年第4期。

机关监督、指导律师、律师事务所和律师协会的权力。司法行政机关对律师行业实行行政管理，是国家实施社会管理职能的体现，是维护、规范律师行业正常秩序的要求。相较于律师协会，司法行政机关对律师的监督和指导更为宏观，涵盖了行政处罚、执业准入管理、法规制定、执业监督、执业权利保障等诸多方面。

1. 对律师的行政处罚权

《律师法》第四十七条、第四十八条、第四十九条以及第五十一条第一款规定了司法行政机关对律师的行政处罚权。具体而言，《律师法》第四十七条针对律师同时在两个以上律师事务所执业、通过不正当手段承揽业务等一般违法行为，规定了相应的法律责任。《律师法》第四十八条重点规制律师私自接受委托、收取费用，接受委托人财物或者其他利益，以及接受委托后无正当理由拒绝辩护或者代理等违反律师与委托人关系规范的行为，并规定了相应的法律责任。《律师法》第四十九条规定了律师违规会见法官、检察官、仲裁员以及其他有关工作人员，向法官、检察官、仲裁员以及其他有关工作人员行贿等严重违法行为的法律责任。律师出现前述违法行为，司法行政机关有权视其情节轻重，对其处以罚款、没收违法所得、给予警告或给予停止执业三个月以上一年以下的处罚，直至吊销律师执业证书，构成犯罪的，依法追究刑事责任。《律师法》第五十一条第一款针对律师屡罚屡犯的情况作出累进加重处罚的规定。

2. 律师执业资格授予权

申请律师执业的人员必须符合《律师法》所设定的条件，并且在获得司法行政机关的许可后才能从事律师工作。根据《律师法》第五条的规定，通过国家统一法律职业资格考试，取得法律职业资格，是申请律师执业的条件之一。司法行政机关负责法律职业资格的申请受理、审查核查、审核认定、证书颁发、服务和管理等工作。

在取得法律职业资格证之后，申请人还须在律师事务所实习满一年后才能向司法行政机关提出执业申请。《律师法》第六条详细规定了申请律师执业的程序、初步审查机关及审核机关。区别于2001年《律师法》对申请执业人员须符合“经省、自治区、直辖市以上人民政府司法行政部门审核”的要求，现行《律师法》将执业申请分为两步：第一步，申请人先“向设区的市级或者直辖市的区人民政府司法行政部门提出申请”，由受理申请的部门审查；第二步，受理申请的部门“报送省、自治区、直辖市人民政府司法行政部门”，由其审核后作出是否予以执业的决定。该规定一来是为了更好地发挥设区的市或者直辖市的区人民政府司法行政部门的律师行政管理职能，[1] 二来也符合《行政许可法》提高行政效率、提供优质服务的便民要求。

3. 律师管理类规范性文件制定权

《律师法》第四条规定了司法行政部门对律师、律师事务所、律师协会概括性的管理权，故各级司法行政机关有权制定本行政区域内有关律师行业管理的规范性文件。以司法部为例，其针对律师行业制定的规章和规范性法律文件涉及律师执业、律师收费、律师事务所运营等多个方面。比如为了规范律师执业许可，保障律师依法执业，加强对律师执业行为的监督和管理，司法部制定了《律师执业管理办法》；为了规范律师事务所的设立，加强对律师事务所的监督和管理，司法部制定了《律师事务所管理办法》；为了规范律师服务收费行为，维护委托人和律师的合法权益，促进律师服务业健康发展，司法部制定了《律师服务收费管理办法》；为了加强对律师、

[1] 参见冯坤：《律师法修订草案提请全国人大常委会审议》，载中国人大网2007年6月25日，http：//www. npc. gov. cn/c2/c189/c221/201905/t20190522_ 33735. html。

律师事务所执业活动的监督，规范律师执业行为，维护正常的法律服务秩序，司法部制定了《律师和律师事务所违法行为处罚办法》。

4. 对律师事务所的管理权、行政处罚权

律师事务所在监督、指导律师的同时，自身也面临着被监督的问题。对于律师事务所的管理，《律师法》第十八条、第十九条和第二十一条分别规定了司法行政机关对设立律师事务所、设立分所、变更事项的管理权。司法行政机关对律师事务所的行政处罚权被规定在《律师法》第五十条和第五十一条第二款。律师事务所如未能履行法定义务须依照《律师法》第五十条的规定承担相应的法律责任。《律师法》第五十一条第二款专门针对律师事务所在受到停业整顿处罚期满后二年内又发生应当给予停业整顿处罚的情形作出加重处罚的规定。

5. 对法律援助事务、收费事务等其他律师事务的管理权

法律援助是“通过法律手段帮助困难群众解决基本生存、生产生活问题，关乎经济困难群众和特殊案件当事人的权益保障，是一项重要的民生工程，是公共法律服务体系的组成部分”。[1]《律师法》第四十二条规定：“律师、律师事务所应当按照国家规定履行法律援助义务，为受援人提供符合标准的法律服务，维护受援人的合法权益。”《法律援助法》第五条第一款规定：“国务院司法行政部门指导、监督全国的法律援助工作。县级以上地方人民政府司法行政部门指导、监督本行政区域的法律援助工作。”

《律师法》第五十九条规定：“律师收费办法，由国务院价格主管部门会同国务院司法行政部门制定。”中国的律师收费制度经历了

〔1〕 冯泽华：《法律援助：既要广覆盖又要高质量》，载《学习时报》2021 年 8 月 11 日，第 2 版。

较长时间的变革。司法部于 1956 年颁布的《律师收费暂行办法》是中华人民共和国成立后第一部关于律师收费的规范性文件。1980 年《律师暂行条例》颁布后，司法部、财政部于 1981 年制定了《律师收费试行办法》。随着中国社会经济情况的变化，司法部、财政部、国家物价局于 1990 年共同制定了《律师业务收费管理办法及收费标准》。可见，中国律师收费制度以规定统一标准为基本特征。[1] 现行有关律师收费的规定是 2006 年公布的《律师服务收费管理办法》（国家发展和改革委员会与司法部制定）和 2021 年公布的《关于进一步规范律师服务收费的意见》（司法部、国家发展和改革委员会和国家市场监督管理总局制定）。

除前述职责外，司法行政机关还应在强化律师队伍政治引领、加强律师执业权利保障和执业监督、发展涉外法律服务等方面采取硬实举措。[2]

（二）对律师行业的分级管理

中国承担律师管理职能的司法行政机关共有四级，即司法部，各省、自治区、直辖市设置的司法厅（局），省辖市和自治区辖市、地区、自治州、盟设置的司法局（处）以及县、市、市辖区、旗设置的司法局。司法部设律师工作局负责指导、监督律师工作，承办特许律师执业考核工作，指导、监督党政机关、企事业单位法律顾问工作，指导公职律师、公司律师和基层法律服务工作，承办委托

〔1〕 参见马宏俊：《论我国的律师收费制度》，载《法学评论》1996 年第 2 期。

〔2〕 参见《司法部党组召开律师工作座谈会　对广大律师提出“五点希望”》，载司法部官网 2023 年 6 月 30 日，https：//new. moj. gov. cn/pub/sfbgw/gwxw/tpxw/202306/t20230630_481795. html。

香港、澳门律师担任委托公证人工作。[1] 地方各级司法行政机关根据《律师法》《律师执业管理办法》《律师事务所管理办法》的规定，对律师和律师事务所实行分级监督管理，总体上呈现出“司法行政机关履行对律师工作监管职能重心下移”[2] 的趋势。

县级司法行政机关与律师、律师事务所的关系比较紧密，对其情况也最为熟悉，故在对律师和律师事务所进行指导和监督的过程中优势明显。中共中央办公厅、国务院办公厅印发的《关于深化律师制度改革的意见》提出了强化市、县两级司法行政机关日常监督职能的要求。[3] 根据《律师法》第五十二条的规定，县级人民政府司法行政部门对律师和律师事务所的执业活动实施日常监督管理。《律师执业管理办法》第五十条以及《律师事务所管理办法》第六十四条对县级司法行政机关的日常监督管理权作出更细化的规定，主要包括以下几个方面：第一，县级司法行政机关有权对律师、律师事务所进行检查、监督。例如检查、监督律师在执业活动中遵守法律、法规、规章和职业道德、执业纪律的情况，监督律师履行行政处罚和实行整改的情况，监督律师事务所在开展业务活动过程中遵守法律、法规、规章的情况，监督律师事务所执业和内部管理制度的建立和实施情况，监督律师事务所保持法定设立条件以及变更报批或者备案的执行情况，监督律师事务所开展律师执业年度考核和上报年度执业总结的情况等。第二，县级司法行政机关有权受理对律师、律师事务所的举报和投诉，并对当事人的投诉及时调查。

〔1〕 参见司法部官网，https：//www. moj. gov. cn/pub/sfbgw/jgsz/jgszjgtj/jgtjlsgzj/。

〔2〕 杜春：《关于律师和律师事务所两管理规章的解读》，载《中国司法》2008 年第 10 期。

〔3〕 参见《司法部负责同志就〈关于深化律师制度改革的意见〉答记者问》，载司法部官网 2016 年 6 月 15 日，https：//www. moj. gov. cn/pub/sfbgwapp/zwgk/jdhyApp/202105/t20210517_ 396029. html。

在开展日常监督管理的过程中，对发现、查实的问题，县级司法行政机关应当对有关律师或律师事务所负责人进行警示谈话，责令改正。第三，县级司法行政机关享有处罚建议权。县级司法行政机关通过对律师、律师事务所的日常监督管理以及当事人的投诉举报，能够了解律师、律师事务所的违法行为。但《律师法》并未赋予县级司法行政机关对律师和律师事务所的行政处罚权，规定县级司法行政机关认为律师、律师事务所的违法行为应当给予行政处罚的，应当向上一级司法行政机关提出处罚建议；认为需要给予行业惩戒的，移送律师协会处理。

《律师执业管理办法》第五十一条和《律师事务所管理办法》第六十五条规定了设区的市级司法行政机关的职责，主要包括：第一，掌握本行政区域律师队伍建设和发展情况以及本行政区域律师事务所的执业活动和组织建设、队伍建设、制度建设的情况，制定加强律师队伍建设和律师工作的措施和办法。第二，指导、监督下一级司法行政机关的日常监督管理工作，组织开展对律师执业以及对律师事务所的专项检查或者专项考核工作，指导对律师、律师事务所重大投诉案件的查处工作。第三，对律师、律师事务所进行表彰。第四，依法定职权对律师、律师事务所的违法行为实施行政处罚。对依法应当给予吊销律师执业证书、吊销执业许可证处罚的，向上一级司法行政机关提出处罚建议。第五，对律师事务所的律师执业年度考核结果实行备案监督，组织开展对律师事务所的年度检查考核工作。第六，受理、审查律师执业、变更执业机构、执业证书注销申请事项，受理、审查律师事务所设立、变更、设立分所、注销申请事项。第七，建立律师、律师事务所执业档案，负责有关律师执业许可、变更、注销等信息以及律师事务所的许可、变更、终止及执业档案信息的公开工作。第八，法律、法规、规章规定的其他职责。

省级司法行政机关的工作重心在于工作指导、建章立制、监督下级司法行政机关履行好日常监管职责等方面。根据《律师执业管理办法》第五十二条、《律师事务所管理办法》第六十六条的规定，省、自治区、直辖市司法行政机关履行下列监督管理职责：第一，掌握、评估本行政区域律师队伍建设情况和总体执业水平，制定本行政区域律师事务所以及律师队伍的发展规划和有关政策，制定加强律师执业管理、律师事务所管理的规范性文件。第二，掌握本行政区域律师事务所组织建设、队伍建设、制度建设和业务开展情况。第三，监督、指导下级司法行政机关对律师执业的监督管理工作，组织、指导对律师执业、对律师事务所的专项检查或者专项考核工作。第四，组织对律师、律师事务所的表彰活动。第五，依法对律师、律师事务所分别实施吊销律师执业证书、吊销执业许可证的处罚，监督、指导下一级司法行政机关的行政处罚工作，办理有关行政复议和申诉案件。第六，办理律师执业核准、变更执业机构核准和执业证书注销事项，办理律师事务所设立核准、变更核准或者备案、设立分所核准及执业许可证注销事项。第七，负责有关本行政区域律师队伍、执业情况、管理事务等重大信息以及本行政区域律师事务所有关重大信息的公开工作。第八，法律、法规规定的其他职责。

三、律师管理体制

（一）律师管理体制的模式

律师管理体制是指对律师和律师工作进行管理、监督和指导的体系与制度。一个国家的律师管理体制所要解决的核心问题是如何协调国家对律师行业的管理权与律师行业自身的管理权之间的关系。[1] 综观国外的律师管理体制，各国对律师管理机构的设置及其权力分配存在差异。

一些国家采用律师行业协会管理的模式。以日本为例，日本实行较为彻底的律师自治。[2] 《日本律师法》确立的律师管理机构是日本律师联合会（也称日本辩护士联合会）以及律师协会，由其行使指导、监督律师的职能。日本律师联合会是全国性的律师管理组织，《日本律师法》第四十五条规定其宗旨，即“对律师、法人和律师协会提供指导、沟通和监督，以维护律师和法人根据其使命和职责的尊严，并改善和推进律师和法人的事务”。根据《日本律师法》第三十三条的规定，律师协会经日本律师联合会的同意制定会则，会则中应包括律师资格审查、律师报酬、律师道德纪律、法律援助、律师惩戒等规定。

与日本不同，德国采用司法行政机关监督、指导下的行业管理模式。根据《德国联邦律师条例》第六十二条的规定，州律师协会是公法法人，拥有自己的财产并具有独立的诉讼资格。《德国联邦律师条例》第七十三条明确州律师协会享有多项职权，包括在职业责任问题上为成员提供咨询和指导，调解成员间的争议，监督成员履行义务并在必要时对其行使谴责权，为州司法行政机关、法院或州内其他行政机关提供专家意见等。此外，德国还设有联邦律师协会，主要处理所有涉及州律师协会和律师的问题，包括为律师协会的福

〔1〕 参见王进喜主编：《律师与公证制度》，中国人民大学出版社2009年版，第77页。

〔2〕 “律师是以拥护人权和实现社会正义为使命，不屈服于任何权力，必须保持执业的自由和独立性。为此，日辩联依法享有完全的自治权。”载日本辩护士（律师）联合会官网，https：//www. nichibenren. or. jp/cn/about/autonomy. html。

利机构制定指导方针，代表律师协会与政府部门进行交涉，编制专家意见和促进律师的职业进修等。[1] 州律师协会和联邦律师协会不属于国家机构，但承担着公共职能，根据《德国联邦律师条例》第七十三条、第一百七十六条的规定分别受各州司法行政机关和联邦司法部的监督，由其检查律师协会是否适当地履行了法律赋予律师协会的任务。

还有一些国家采用律师协会的行业管理与法院或者其他机构共同监督的模式。以美国为例，美国各州的律师协会是律师管理的主要机构，负责律师资格的考核、业务指导、律师惩戒以及各种律师具体执业行为的管理。同时，对法律行业的司法监管已经发展成为美国法院的一项专门事务。“在法院的指导下，各州负责调查、起诉和对不当行为（违反职业行为规则或者守则）的指控作出裁决的主体各不相同。在一些州，法院将这项权力委托给州律师协会行使。在其他州，联邦最高法院专门设置了独立于州律师协会的法院机构。”[2] 此外，美国法院对律师的管理权还体现在颁发律师执照，利用判例法通过或创制有关律师执业的法规、规则，行使司法监督权等方面。[3] 故美国形成了以律师协会为主、法院为辅的律师管理体制。

国家之间律师管理体制的差异在很大程度上与各国的国情相关。如《日本律师法》充分反映了第二次世界大战后律师群体的呼声，

---

〔1〕 Martin F. Jansen, Funktionswandel der Rechtsanwaltskammern von staatlichen Zwangsverbänden zu staatlichen Dienstleistungsträgern, Diss. jur. HU Berlin 2011, S. 61.

〔2〕 Mark I. Harrison, *Judicial Regulation of the Legal Profession in the United States*, Institut canadien d'administration de la justice (Oct. 14, 2004), https://ciaj－icaj.ca/wp－content/uploads/documents/import/2004/677Harrison.pdf? id＝1257&1732927503.

〔3〕 参见袁钢：《国外律师管理体制的类型研究（下）》，载《中国律师》2017年第10期。

在律师们的积极争取下，实现了自我管理的目的。[1] 美国采用的模式则是分权制衡思想在律师管理体制中的体现，旨在实现律师协会与法院在律师管理上的制衡。[2] 不同模式下的律师管理体制没有简单的优劣之分，关键在于是否符合国家当下的国情，正如一位美国学者所言，“政策制定者要关心的问题不是应该由谁监管律师，而是如何协调国家掌握的各种资源，以增加社会各阶层从一个有能力且独立的法律职业中受益的可能性”。[3]

（二）中国律师管理体制的演变

20 世纪 80 年代初，中国律师业刚恢复时实行由司法行政机关单一管理的模式，律师行业被司法行政机关高度监管和控制。主要表现在以下几个方面：

第一，作为当时律师工作机构的法律顾问处体现出较强的行政管理色彩。如《律师暂行条例》第十三条规定：“律师执行职务的工作机构是法律顾问处。法律顾问处是事业单位，受国家司法行政机关的组织领导和业务监督。”又如该条例第十四条第一款规定：“法律顾问处按县、市、市辖区设立。必要时，经司法部批准，可以设立专业性的法律顾问处。”再如该条例第十六条第一款规定：“法律顾问处设主任一人，根据需要，可以设副主任。主任、副主任均由本处律师选举产生，报经省、自治区、直辖市司法厅（局）批准，任期为三年，连选得连任。”

第二，律师协会不享有管理律师行业的实质职能。《律师暂行条

〔1〕 参见裘索：《日本国律师制度》，上海社会科学院出版社 1999 年版，第 11 页。

〔2〕 参见程滔：《从自律走向自治——兼谈律师法对律师协会职责的修改》，载《政法论坛》2010 年第 4 期。

〔3〕 D. B. Wilkins, *Who should regulate lawyers*? Harvard Law Review, Vol. 105：799（1992）.

例》第十九条第一款规定了律师协会的设立目的，即“为维护律师的合法权益，交流工作经验，促进律师工作的开展，增进国内外法律工作者的联系”。1984 年，司法部下发的《关于加强和改革律师工作的意见》更是指出：“律师协会是律师的群众性组织，主要任务是在司法厅（局）的直接领导下，根据党的路线、方针、政策和国家法律，加强律师的思想政治工作和职业道德教育，维护律师的合法权益，总结交流律师业务经验，为律师业务活动提供信息资料和咨询服务。律师协会的外事活动，由司法行政机关统一领导和管理。”

第三，部分律师协会与司法行政机关存在合署办公的情况。由于大多数地方的律师协会没有独立的编制和人员，彼时实践中律师协会与同级司法行政机关律师管理部门“一套人马，两块牌子”的现象并不鲜见。[1] 《关于加强和改革律师工作的意见》更是要求：“尚未建立律师协会的省、自治区（除西藏外）、直辖市，应抓紧于今明两年建立起来，并配备精干的专职工作人员，与司法厅（局）的律师管理处合署办公。”

在那个时期，“司法部领导的司法行政机关在监管中国法律行业实践中的主导地位可以与律师协会相对弱势的地位对比起来理解”。[2] 这种管理体制在律师制度恢复初期，对于迅速恢复和发展律师队伍，提高律师的社会地位和待遇等方面，的确起到了积极作用。但是，“采用司法行政机关无所不包的、具体管理律师工作的行政管理方式，既不符合律师工作的特点，影响律师事业的发展，又

〔1〕 参见章武生、韩萍：《我国律师管理体制改革的方向及其措施》，载《河北法学》1995 年第 6 期。

〔2〕 Albert Chen, *An Introduction to the Legal System of the People's Republic of China*, Lexis-Nexis, 2011, p. 231.

使司法行政机关的精力过多集中于具体事务而不能更好地行使监督指导律师工作的职能"[1]。随着经济体制改革的推进和律师工作的发展，这种管理体制的缺陷与弊端逐渐暴露出来，并在一定程度上制约了律师行业的发展。

1993年，司法部下发《关于深化律师工作改革的方案》，该方案从彼时中国的国情和律师工作的实际出发，提出“建立司法行政机关的行政管理与律师协会行业管理相结合的管理体制。经过一个时期的实践后，逐步向司法行政机关宏观管理下的律师协会行业管理体制过渡”。自此，中国律师管理体制开始由司法行政机关单一的管理体制向“两结合”的管理体制发展。律师协会行使一部分行业管理权，包括总结律师工作经验，指导律师开展业务工作；组织律师的专业培训；维护律师的合法权益；开展律师的职业道德教育，对律师遵守执业纪律的状况进行监督检查；按照国家有关规定，组织与外国、境外律师民间团体的交流活动。[2]

1996年颁布的《律师法》以立法的形式肯定了“两结合”的管理体制，该法第四条确认由国务院司法行政部门对律师、律师事务所和律师协会进行监督、指导，第三十七条和第四十条确立律师协会是律师的自律性组织，有权按照章程对律师给予奖励或者给予处分。2007年修订的《律师法》进一步完善了“两结合”的律师管理体制，扩大了律师协会的职权，包括制定行业规范和惩戒规则，对律师、律师事务所实施奖励和惩戒，受理对律师的投诉或者举报，调解律师执业活动中发生的纠纷，受理律师的申诉等。[3]

---

〔1〕 田文昌主编：《律师制度》，中国政法大学出版社2007年版，第61页。

〔2〕 参见《关于深化律师工作改革的方案》第五条。

〔3〕 参见2007年《律师法》第四十六条。

（三）中国律师管理体制的完善

中国律师协会的发展历程不同于西方国家。在西方国家，通常是先由律师自发成立行业协会，再由政府进行监管。中国的律师协会是伴随着改革开放后律师制度的恢复重建才得以建立，如果没有司法行政机关“扶一把、带一程”，律师协会的各项工作恐怕很难有效开展。由此，国家有必要在宏观方面对律师协会、律师治理予以适当调整或干预，并将这种干预保持在适当和合理的限度之内。[1]总体上讲，“两结合”的律师管理体制契合中国的国情，满足中国律师行业发展的需要。

但需要指出的是，中国现行的“两结合”律师管理体制仍存在“司法行政机关与律师协会职能不清，没有形成有效管理合力的问题”[2]。为进一步调整司法行政机关行政管理与律师协会自律性管理之间的尺度，完善并深化“两结合”律师管理体制，司法行政机关与律师协会应注意以下几点：

第一，律师协会应挺在前面，树立行业管理的权威性。2016年，《关于进一步加强律师协会建设的意见》指出“与新形势新要求相比，当前律师协会建设还存在一些问题，主要是律师协会组织机构还不够健全，行业规范和惩戒规则还不够完善，自律管理能力需要进一步提升，职能作用有待进一步发挥”，并要求“进一步加强律师协会思想政治建设、组织建设、制度建设、作风建设、纪律建设、党的建设，充分发挥律师协会职能作用”。律师协会作为党和政府联

〔1〕参见姜海涛主编，司法部司法研究所组编：《深化律师制度改革研究》，法律出版社2017年版，第87页。

〔2〕熊选国：《在学习贯彻司法部〈关于进一步加强律师协会建设的意见〉座谈会上的讲话》，载《中国律师》2017年第2期。

系广大律师的桥梁和纽带，其一方面要把中央的决策部署贯彻落实到律师行业之中，另一方面要及时向党委和政府反映广大律师的愿望与诉求。

第二，司法行政机关尊重律师行业发展规律，简政放权、依法监管。规制律师行业需要借助国家的行政力量，司法行政管理不能缺位，但司法行政机关应侧重于对整个律师行业的监管，而非过度关注具体事务的管理。党的十八大以来，中央把推进“放管服”改革作为转变政府职能、深化行政体制改革的重要抓手，大力推进简政放权、放管结合、优化服务。[1] 在“放管服”改革的背景下，司法行政机关应更加鼓励和支持律师协会代表行业，“放手让律师协会依法依章程履行好促进行业建设、指导业务发展、培养推荐人才、维护行业权益、加强行业惩戒等职责”[2]。

第三，细化司法行政机关和律师协会的分工协作，形成工作合力。一方面，司法行政机关主要负责宏观层面的政策制定和方向把控，通过深化律师制度改革、保障执业权利、强化执业监管等举措，为律师行业营造良好的发展环境，从而“激发律师的爱国热情和职业尊荣感，切实把律师队伍引导好、管理好、服务好”[3]。同时，各级司法行政机关应以各自的职能为基础，细化指导、监督律师及律师协会的职责。另一方面，对于属于律师协会法定职责范围内的事项，尤其在涉及律师协会自身运作方面，律师协会应与司法行政

[1] 参见王柳：《以深化“放管服”改革推进政府治理现代化》，载《学习时报》2019年12月23日，第5版。

[2] 熊选国：《在学习贯彻司法部〈关于进一步加强律师协会建设的意见〉座谈会上的讲话》，载《中国律师》2017年第2期。

[3] 贺荣：《深入学习践行习近平法治思想　奋力推进新征程司法行政工作高质量发展》，载《学习时报》2023年4月28日，第1版。

机关相互配合，并主动作为。司法行政机关与律师协会在共同关注的律师工作重点领域，比如在制定律师执业规范、开展律师队伍建设、维护律师执业权利以及重大案（事）件处置等方面，深化良性互动，建立起事前和事中的沟通会商机制，形成密切联系、协调一致、优势互补的律师管理工作新格局。

第六章　律师与委托人关系的职业伦理

一、律师与委托人的关系概述

二、委托关系建立前阶段的职业伦理

（一）律师业务推广规则

（二）律师利益冲突规则

三、委托关系建立阶段的职业伦理

（一）委托关系建立规则

（二）律师服务收费规则

四、委托关系存续阶段的职业伦理

（一）法律风险告知规则

（二）勤勉尽责及独立性规则

五、委托关系解除与终止阶段的职业伦理

（一）委托关系解除、终止规则

（二）律师保密义务规则

本章第一部分对律师与委托人的关系作出概述。律师的法律服务肇始于律师与委托人关系的建立，律师与委托人的关系是律师一切执业活动的基础和前提。律师与委托人的关系是一种复合型关系，其既受到合同法相关规定的调整，也受到法律职业伦理相关规范的约束。同时遵守委托协议与法律职业伦理的要求，是律师处理好其与委托人之间关系的重要前提。据此，本章围绕律师与委托人在委托关系建立前阶段、建立阶段、存续阶段、解除与终止阶段所涉及的职业伦理规范进行阐释。第二部分介绍委托关系建立前阶段的职业伦理，包括律师业务推广规则、律师利益冲突规则。律师向潜在委托人进行业务推广的行为受到律师职业伦理的规制。在决定是否提供某项法律服务前，律师事务所和律师尤其要注重审查是否存在利益冲突。第三部分介绍委托关系建立阶段的职业伦理，包括委托关系建立规则、律师服务收费规则。《律师法》要求以律师事务所的名义接受委托，再由律师事务所收案后指派律师提供法律服务，是具有合理性的。第四部分介绍委托关系存续阶段的职业伦理，包括法律风险告知规则、勤勉尽责及独立性规则。律师在委托关系存续阶段，应如实向委托人披露法律风险，积极履行勤勉尽责的义务，但也要注意保证自身执业的独立性。第五部分介绍委托关系解除与终止阶段的职业伦理，包括委托关系解除、终止规则和律师保密义务规则。赋予律师在特定情形下解除委托关系的权利，对于保障律师依法独立执业具有重要意义。并且律师遵守保密义务应贯穿其为委托人提供法律服务的始终。最后，鉴于律师在办理受托的法律服务事项时会与对方当事人和律师同行产生必要的交集，所以本章分别对以上两种关系的职业伦理作出阐述。

一、律师与委托人的关系概述

“从律师这一职业存在开始，其社会角色的核心就是无论作为客户的辩护人或代理人，在法庭上为客户的利益而服务的律师应用尽所有可能的法律手段来保护客户的核心利益。”[1] 律师的法律服务肇始于律师与委托人关系的建立，律师与委托人的关系是律师一切执业活动的基础和前提，律师与律师事务所、司法机关及律师同行等其他主体的职业关系基本上从属或衍生于该关系。规范律师与委托人的关系始终是律师职业伦理的核心内容。

律师与委托人的关系是一种复合型关系，其既受到合同法相关规定的调整，也受到法律职业伦理相关规范的约束。律师与委托人之间的关系首先是一种合同法律关系，即委托关系。具体而言，律师事务所与委托人作为平等的民事主体，通过洽谈签订委托协议，再由律师事务所委派律师具体办理相关的委托事务。在合同关系中需要关注的是律师与委托人之间的合同权利义务以及合同履行瑕疵的结果。[2] 同时，律师的执业行为还关乎法律的正确实施以及社会公平正义的实现，因此有必要将法律职业伦理规范介入到律师与委托人的关系之中，以实现对委托人和其他利益相关者的保护。为此，《律师法》第二十三条要求律师事务所应当建立健全执业管理、利益

〔1〕［波兰］玛格丽特·克尔主编：《法律职业伦理：原理、案例与教学》，许身健译，北京大学出版社2021年版，第73页。

〔2〕参见［德］Astrid Steinkraus：《德国律师职业规则与民事责任》，黄耀宗译，财团法人民间司法改革基金会2011年版，第17页。

冲突审查、收费与财务管理、投诉查处、年度考核、档案管理等制度，对律师在执业活动中遵守职业道德、执业纪律的情况进行监督。可以说，同时遵守委托协议与法律职业伦理的要求是律师处理好其与委托人之间关系的重要前提。虽然委托协议可以一事一议，但职业伦理对律师有着比较稳定、统一的规范要求。

二、委托关系建立前阶段的职业伦理

律师需要通过必要的业务推广以获取案源，律师向潜在委托人进行业务推广的行为受到律师职业伦理的规制。在决定是否提供某项法律服务前，律师事务所及律师应当全面考察是否满足建立委托关系的条件，尤其需要审查是否存在利益冲突。律师执业行为规范要求律师事务所应当建立利益冲突审查制度，在接受委托之前进行利益冲突审查并作出是否接受委托的决定。[1]

（一）律师业务推广规则

律师业务推广是指律师、律师事务所为扩大影响、承揽业务、树立品牌，自行或授权他人向社会公众发布法律服务信息的行为。[2]长久以来，许多律师业发达的国家都禁止律师做业务推广。[3]直到美国联邦最高法院在贝茨诉亚利桑那州律师协会（Bates v. State Bar

〔1〕参见《律师执业行为规范（试行）》第四十九条。

〔2〕参见《中华全国律师协会律师业务推广行为规则（试行）》第二条第一款。

〔3〕参见［美］劳伦斯·弗里德曼：《美国法律史》，周大伟译，北京大学出版社2020年版，第866页。

of Arizona）案中，认为律师的业务推广即律师广告是一种“商业言论”，受美国宪法第一修正案的保护，州律师协会不得禁止律师做广告。[1] 随后，美国律师协会允许律师做广告。各国的律师协会也逐步放开了对律师广告的规制。[2] 律师需要通过业务推广的方式使其提供的法律服务为社会公众所知悉，以有效参与市场竞争，得到为他人提供法律服务的机会。目前，中国允许律师及律师事务所进行业务推广，但必须以遵守法律和执业规范、确保公平和诚实竞争为前提。规范律师业务推广行为至少有以下两个方面的考虑。第一，律师职业有特殊的社会使命，律师履行使命与不惜一切代价招揽最多客户的立场是不一致的。[3] 规范律师业务推广行为能够有效地防止律师为揽客而背离其社会使命。第二，法律服务不同于一般的商品服务，与获取服务的便捷性和价格因素相比，对律师专业水平的认可程度和对律师职业操守的信赖程度在委托关系建立过程中往往发挥着更为重要的作用。规范律师和律师事务所业务推广行为有助于树立律师的职业形象并展示律师的专业属性，从而提高其职业竞争力，以实现业务的有效拓展。[4] 为此，中华全国律师协会颁布了《律师执业行为规范（试行）》《中华全国律师协会律师业务推广行为规则（试行）》等规定，对律师业务推广的主体、方式及内容等做出约束。

〔1〕 参见林利芝编著：《美国最高法院经典案例：法律伦理篇》，新学林出版股份有限公司2020年版，第38－52页。

〔2〕 参见文学国：《法律职业伦理导论》，上海大学出版社2021年版，第161页。

〔3〕 参见［波兰］玛格丽特·克尔主编：《法律职业伦理：原理、案例与教学》，许身健译，北京大学出版社2021年版，第80页。

〔4〕 参见中华全国律师协会编：《律师职业伦理》，北京大学出版社2017年版，第171页。

1. 规范业务推广主体

《律师执业行为规范（试行）》第二十六条规定："律师广告可以以律师个人名义发布，也可以以律师事务所名义发布。以律师个人名义发布的律师广告应当注明律师个人所任职的执业机构名称，应当载明律师执业证号。"据此，律师推广业务既可由律师个人进行，也可由律师事务所统一进行。但为加强对律师的监督和管理，该规定要求律师对外发布广告时须注明其执业所在的律师事务所。需要注意，公司律师、公职律师和公职律师事务所不得发布律师服务广告。兼职律师发布律师服务广告应当载明兼职律师身份。[1] 此外，律师和律师事务所未参加或未通过年度考核的，处于中止会员权利、停止执业或者停业整顿处罚期间的以及前述期间届满后未满一年的，受到通报批评、公开谴责未满一年的，也不得发布律师服务广告。[2]

2. 规范业务推广方式

律师及律师事务所可以通过互联网媒介、资助会议、发表文章、出版书籍、发布推广广告等形式使自身的业务信息为社会公众所知悉。律师业务推广方式应当得体、适度，不得含有误导性信息，不得损害律师职业尊严和行业形象，不得有悖律师使命，且不得采用一般商业广告的艺术夸张手段制作广告。[3] 同时，律师和律师事务所不得以支付案件介绍费、律师费收入分成等方式与第三方合作进行业务推广，不得以电话、信函、短信、电子邮件等方式针对不特定主体进行业务推广，不得在公共场所粘贴、散发业务推广信息，[4]

---

〔1〕 参见《中华全国律师协会律师业务推广行为规则（试行）》第四条第二、三款。

〔2〕 参见《中华全国律师协会律师业务推广行为规则（试行）》第五条。

〔3〕 参见《中华全国律师协会律师业务推广行为规则（试行）》第二、三、十一条。

〔4〕 参见《中华全国律师协会律师业务推广行为规则（试行）》第十一、十三条。

不得在司法机关、监管场所周边以违规设立办公场所、散发广告、举牌等不正当手段承揽业务。[1] 此外，律师不得为争揽业务哄骗、唆使当事人提起诉讼，制造、扩大矛盾，影响社会稳定。[2] 律师从事违背职业伦理的业务推广，将受到司法行政机关及行业协会的处罚。

3. 规范业务推广内容

实践中，一些律师为了获得业务，在做广告和业务推广时虚假宣传、诋毁同行、误导甚至欺骗客户，这显然不符合职业伦理的要求。《律师执业行为规范（试行）》第二十八条、第二十九条，以及《中华全国律师协会律师业务推广行为规则（试行）》第六条、第七条、第八条等对律师及律师事务所发布业务推广信息的内容范围作出规定。《中华全国律师协会律师业务推广行为规则（试行）》第九条、第十条对律师推广内容作出禁止性规定，明令要求律师、律师事务所不得自我宣称或者暗示其为公认的某一专业领域的专家或者专家单位，推广过程中不得向当事人明示或者暗示与司法机关、政府机关、社会团体、中介机构及其工作人员有特殊关系，或者承诺办案结果，宣示胜诉率、赔偿额、标的额等可能使公众对律师、律师事务所产生不合理期望的推广内容等。

试举一例。[3] 从2018年初起，葛某某律师通过“业务员”在医院以散发名片的方式承揽交通道路人身赔偿案件，并向“业务员”支付介绍费。葛某某律师以支付介绍费的形式承揽业务，系以不正当手段承揽业务，杭州市司法局和杭州市律师协会分别对葛某某律

〔1〕 参见《律师执业管理办法》第四十二条。

〔2〕 参见《律师执业管理办法》第四十一条。

〔3〕 参见杭州市律师协会：《2018年度—2021年度杭州市律师行业违规违纪典型案例汇编》(2022年10月)，第18－20页。

师作出行政处罚和行业处分。

（二）律师利益冲突规则

利益冲突是指律师事务所或者律师在办理法律业务时，因自身利益或者受当事人之间利害关系影响，可能损害当事人权益的情形。[1] 利益冲突牵涉的主体非常广泛，而且律师与委托人的关系、委托人彼此之间的关系、律师流动和律师事务所合并、分立等，都可能产生利益冲突问题。利益冲突会破坏律师执业判断的独立性，进而可能损害委托人的合法利益，为此需要构建利益冲突规则予以规制。律师利益冲突规则具有预防性功能，并不以发生实际损害结果为适用条件。《律师法》《律师事务所管理办法》《律师执业行为规范（试行）》等均要求律师事务所应当建立利益冲突审查制度。律师事务所在接受委托之前须将利益冲突审查作为接受委托的必经前置程序。如果发现存在利益冲突，除了法定的不可克服的利益冲突情形之外，可由律师与委托人协商解决可能的利益冲突问题，委托人有权决定是否豁免律师的利益冲突。

1. 利益冲突规则的原理

首先是基于律师保密义务的要求。利益冲突规则有利于预防律师为自己谋求更大的利益或者为他人的利益而滥用委托人信息的行为，最大限度地减少律师泄密的动机和机会，促使律师保守委托人的秘密，鼓励委托人与律师开诚布公地进行交流。其次是基于律师忠诚义务的要求。利益冲突规则有助于保证律师忠诚于委托人，使其在提供法律服务的过程中只须认真对待委托人的权益，不会因考虑第三人的利益而陷入伦理困境。最后是基于律师有效代理的要求。

[1] 参见《杭州市律师协会关于利益冲突认定和处理规则（试行）》第三条。

利益冲突规则能够使律师在提供法律服务时免受多个委托人之间彼此冲突的保密职责、忠诚职责的影响，避免削弱律师提供信息的充分程度和提出观点的有力程度，从而提高服务质量。

2. 利益冲突的分类规则

（1）直接利益冲突和间接利益冲突

直接利益冲突是指律师与委托人或与对方当事人及其律师之间存在直接的利害关系，使律师在提供法律服务的过程中必然损害一方当事人的权益。[1]《律师执业行为规范（试行）》第五十一条[2]对直接利益冲突的情形作出列举。直接利益冲突的风险及损害较大，职业伦理对此予以严格禁止。间接利益冲突是指律师与委托人、对

---

〔1〕参见中华全国律师协会编：《律师职业伦理》，北京大学出版社2017年版，第122页。

〔2〕《律师执业行为规范（试行）》第五十一条　有下列情形之一的，律师及律师事务所不得与当事人建立或维持委托关系：

（一）律师在同一案件中为双方当事人担任代理人，或代理与本人或者其近亲属有利益冲突的法律事务的；

（二）律师办理诉讼或者非诉讼业务，其近亲属是对方当事人的法定代表人或者代理人的；

（三）曾经亲自处理或者审理过某一事项或者案件的行政机关工作人员、审判人员、检察人员、仲裁员，成为律师后又办理该事项或者案件的；

（四）同一律师事务所的不同律师同时担任同一刑事案件的被害人的代理人和犯罪嫌疑人、被告人的辩护人，但在该县区域内只有一家律师事务所且事先征得当事人同意的除外；

（五）在民事诉讼、行政诉讼、仲裁案件中，同一律师事务所的不同律师同时担任争议双方当事人的代理人，或者本所或其工作人员为一方当事人，本所其他律师担任对方当事人的代理人的；

（六）在非诉讼业务中，除各方当事人共同委托外，同一律师事务所的律师同时担任彼此有利害关系的各方当事人的代理人的；

（七）在委托关系终止后，同一律师事务所或同一律师在同一案件后续审理或者处理中又接受对方当事人委托的；

（八）其他与本条第（一）至第（七）项情形相似，且依据律师执业经验和行业常识能够判断为应当主动回避且不得办理的利益冲突情形。

方当事人及其律师之间存在一定的利害关系，使律师在提供法律服务的过程中有可能损害一方当事人的权益。[1]《律师执业行为规范（试行）》第五十二条[2]对间接利益冲突的情形加以规定。由于间接利益冲突的危害相对较小，职业伦理在规制间接利益冲突时往往有例外规定，但前提必须是当事人以书面的方式同意该律师代理。

（2）同时性利益冲突与连续性利益冲突

同时性利益冲突是指律师与委托人的利益冲突发生在同一法律服务事项中。例如《律师法》第三十九条规定："律师不得在同一案件中为双方当事人担任代理人，不得代理与本人或者其近亲属有利益冲突的法律事务。"《最高人民法院关于适用〈中华人民共和国刑事诉讼法〉的解释》第四十三条第二款规定："一名辩护人不得为

[1] 参见中华全国律师协会编：《律师职业伦理》，北京大学出版社2017年版，第123页。

[2]《律师执业行为规范（试行）》第五十二条　有下列情形之一的，律师应当告知委托人并主动提出回避，但委托人同意其代理或者继续承办的除外：

（一）接受民事诉讼、仲裁案件一方当事人的委托，而同所的其他律师是该案件中对方当事人的近亲属的；

（二）担任刑事案件犯罪嫌疑人、被告人的辩护人，而同所的其他律师是该案件被害人的近亲属的；

（三）同一律师事务所接受正在代理的诉讼案件或者非诉讼业务当事人的对方当事人所委托的其他法律业务的；

（四）律师事务所与委托人存在法律服务关系，在某一诉讼或仲裁案件中该委托人未要求该律师事务所律师担任其代理人，而该律师事务所律师担任该委托人对方当事人的代理人的；

（五）在委托关系终止后一年内，律师又就同一法律事务接受与原委托人有利害关系的对方当事人的委托的；

（六）其他与本条第（一）至第（五）项情况相似，且依据律师执业经验和行业常识能够判断的其他情形。

律师和律师事务所发现存在上述情形的，应当告知委托人利益冲突的事实和可能产生的后果，由委托人决定是否建立或维持委托关系。委托人决定建立或维持委托关系的，应当签署知情同意书，表明当事人已经知悉存在利益冲突的基本事实和可能产生的法律后果，以及当事人明确同意与律师事务所及律师建立或维持委托关系。

两名以上的同案被告人，或者未同案处理但犯罪事实存在关联的被告人辩护。”禁止同时性利益冲突的目的在于确保律师的忠诚义务得以实现，因为律师无法同时对两个利益对立的委托人全面履行忠诚义务。连续性利益冲突是指律师先后接受存在利益冲突的委托人委托的情形。《律师执业行为规范（试行）》第五十一条第七项规定，在委托关系终止后，同一律师事务所或同一律师在同一案件后续审理或者处理中又接受对方当事人委托的，律师及律师事务所不得与当事人建立或维持委托关系。该规范第五十二条第一款第五项规定，在委托关系终止后一年内，律师又就同一法律事务接受与原委托人有利害关系的对方当事人的委托的，律师应当告知委托人并主动提出回避，但委托人同意其代理或者继续承办的除外。禁止连续性利益冲突重在保证律师的保密义务，防止出现律师在代理新的委托人时使用从前委托人处获取的秘密信息的可能性。

3. 利益冲突的豁免规则

利益冲突豁免是指存在可以克服的利益冲突的情况下，受冲突影响的委托人及其他利益相关主体在明知利益冲突的事实和可能产生的后果的前提下，仍以知情同意书等明示形式允许律师继续从事辩护或代理等活动的行为。利益冲突规则是为了保护委托人的权益而设计的，在不违反法律规定的前提下应当尊重委托人对自己利益的选择和判断，赋予其在一定条件下豁免律师利益冲突的权利。《律师执业行为规范（试行）》第五十二条第二款、第五十三条[1]对利益冲突豁免的情形及要求作出规定。据此，利益冲突豁免规则具有

〔1〕《律师执业行为规范（试行）》第五十三条 委托人知情并签署知情同意书以示豁免的，承办律师在办理案件的过程中应对各自委托人的案件信息予以保密，不得将与案件有关的信息披露给相对人的承办律师。

以下五个要件，一是律师和律师事务所必须充分告知委托人利益冲突的事实及其可能产生的后果，二是委托人基于自主、自愿作出同意，三是委托人在充分知情后签署知情同意书，四是委托人的同意没有违反相关的禁止性规定，五是律师仍负有保密义务。

目前，部分律师事务所已经建立了案件管理系统，律师在收案时会由系统自动审查显性的利益冲突问题，有效减少了利益冲突的违规情形。鉴于当前利益冲突涉及的主体多样、利益多元、因素众多，利益冲突在每个案件中的表现形式可能各有不同，法律规范必然无法穷尽。因此，利益冲突规则的适用需要权衡个案的具体情况，即在充分考虑委托关系的性质、委托人的性质、前委托人等利害关系人的态度等因素的基础上，对隐性的利益冲突风险进行逐一的考察与评估。

试举一例。[1] 王某某律师于2012年6月接受犯罪嫌疑人陈某的委托，担任陈某涉嫌强奸罪一案二审阶段的辩护人。2012年8月，该案二审宣判。后王某某律师接受另案处理的同案犯李某的委托，担任李某涉嫌强奸罪一案侦查阶段和一审、二审阶段的辩护人。二审法院经审理后作出裁定，认为被告人李某的一审辩护人曾为同案犯提供辩护，该辩护人的行为违反一名辩护人不得为两名以上同案被告人辩护的禁止性规定，严重影响被告人辩护权的实现，可能影响案件的公正处理，遂裁定撤销一审判决，发回重审。杭州市司法局和杭州市律师协会分别对王某某律师作出行政处罚和行业处分。

---

〔1〕 参见杭州市律师协会：《2018年度—2021年度杭州市律师行业违规违纪典型案例汇编》(2022年10月)，第3－6页。

三、委托关系建立阶段的职业伦理

《律师法》第二十五条第一款规定："律师承办业务，由律师事务所统一接受委托，与委托人签订书面委托合同，按照国家规定统一收取费用并如实入账。"由此可知，当事人签订委托协议的另一方主体是律师事务所而非律师，相关的服务费用也应由律师事务所统一收取。由律师事务所对委托事务进行统一管理，有利于处理好利益冲突、收费、保密等各种职业伦理问题，从而规范律师和委托人之间的委托关系。

（一）委托关系建立规则

律师与委托人针对委托事项的范围、内容、权限、费用、期限等协商达成一致，再由律师事务所与委托人签署委托协议后，律师事务所根据委托协议的约定指派律师承办委托事务，律师获得当事人的授权委托后就正式取得代理、辩护资格。律师不能以个人名义与委托人签订委托协议。律师不得在律师事务所住所以外设立办公室、接待室等场所承揽业务，[1] 否则属于《律师法》第四十七条第二项规定的律师"以不正当手段承揽业务的"违法行为。

1. 规范委托身份

律师事务所与委托人签订委托协议之后，必须指派给本所有执业资质的律师承办。律师事务所在指派律师承办委托事务时还须关

〔1〕 参见《律师和律师事务所违法行为处罚办法》第六条第四项。

注律师执业能力是否受到限制的问题。主要包括以下三种情况，第一种是律师担任各级人民代表大会常务委员会组成人员的，任职期间不得从事诉讼代理或者辩护业务。[1] 第二种是律师有应当回避的情形。如曾经担任法官、检察官的律师，从人民法院、人民检察院离任后二年内，不得担任诉讼代理人或者辩护人。[2] 第三种是律师被暂停执业或者从事特定业务的资格受到限制。如《律师执业行为规范（试行）》第十二条第三款规定律师不得在受到停止执业处罚期间继续执业。《律师事务所从事证券法律业务管理办法》第八条规定律师被吊销执业证书的，不得再从事证券法律业务。律师被中国证监会采取证券市场禁入措施或者被司法行政机关给予停止执业处罚的，在规定禁入或者停止执业的期间不得从事证券法律业务。

律师接受委托后，须以执业律师的名义承办业务，在担任代理人或者辩护人时，不得向受理案件的司法机关或者仲裁机构隐瞒律师身份，也不得在虽未隐瞒律师身份的情况下仍然以公民或法律顾问等非律师的名义从事代理或者辩护。[3] 但也有例外情形，律师在承办近亲属的法律事务时，可以通过公民的身份代理或者辩护，无须律师事务所统一收案并指派，但承办律师应当将该情况向律师事务所备案。[4]

2. 确定委托权限

《律师法》第三十条和《律师执业行为规范（试行）》第四十一条等规则要求律师在受委托的权限内开展执业活动，不得超越委托权限。律师应在授权范围内从事代理或辩护活动，并运用自身的专

〔1〕 参见《律师法》第十一条第二款。

〔2〕 参见《律师法》第四十一条。

〔3〕 参见《北京市律师协会纪律委员会规范执业指引》（第3号）第（二）条。

〔4〕 参见《北京市律师协会纪律委员会规范执业指引》（第3号）第（四）条。

业技能，通过具体的服务最大限度地维护委托人的合法权益。例如《民事诉讼法》第六十二条规定委托他人代为诉讼，必须向人民法院提交由委托人签名或者盖章的授权委托书，授权委托书必须记明委托事项和权限。若律师需替委托人代为承认、放弃、变更诉讼请求，进行和解，提起反诉或者上诉，必须有委托人的特别授权。因此，律师在代理民事诉讼案件时，应当通过委托协议和授权委托书让委托人明确委托的权限范围。

3. 限制转委托行为

现实中，有部分律师（尤其是知名律师）通过自身的影响力获取的案源非常充裕，常年处于案件极度饱和的状态。这类律师通常无暇亲自承办每一项受托业务，他们在对外出具的正式文书上署名（“挂名”），虽然形式上似乎并不违规，但却将受托事务实质性地转委托给其他律师。实践中还常出现律师在接受委托后将具体事务转交给不具备律师资格的律师助理或实习律师承办的情况，而后者实际上只能辅助律师办理，并不具备成熟的服务能力。以上两种情形显然违背了律师职业伦理，必须严格禁止。

律师事务所和律师一旦接受委托，就应当按照律师职业伦理的要求完成受托事务。未经委托人同意，律师事务所和律师不得将受托事务转委托给他人。但在紧急情况下，为维护委托人的利益可以转委托，但应当及时告知委托人。[1] 例如受委托的律师遇有突患疾病、工作调动等紧急情况不能履行委托协议时，应当及时报告律师事务所，由律师事务所另行指定其他律师继续承办，并及时告知委托人。[2] 转委托应取得委托人的事先同意或者事后追认，并且非经

〔1〕 参见《律师执业行为规范（试行）》第五十六条。

〔2〕 参见《律师执业行为规范（试行）》第五十七条。

委托人同意不能因转委托而增加其费用支出。[1]

试举一例。[2] 赵某某律师接受四平市某粮机制造有限公司的委托，代理四平市某小额贷款有限公司诉四平市某粮机制造有限公司借款合同纠纷案，代理权限为一般授权。四平市律师协会调查认定，赵某某律师在代理权限为一般诉讼代理的情况下，于法院作出一审判决后，代表委托人在法院宣判笔录上作出不上诉的意思表示，超越了委托权限。后四平市律师协会依法对赵某某律师超越委托权限从事代理活动的违规行为作出行业处分。

（二）律师服务收费规则

律师提供的法律服务具有商业属性，其在服务过程中收取委托人的合理费用系合法所得，但律师不适当的收费方式或过高的收费数额就有可能违反职业伦理规则。不少国家和地区针对律师服务收费设定了收费标准以及收取公平、合理费用的职业伦理义务。例如《欧盟律师职业行为准则》规定："律师收取费用应当向客户完全公开，并且要公平合理。"[3] 中国律师职业伦理要求律师事务所在接受委托时须向委托人充分披露律师服务收费的相关信息，在与委托人签订的委托协议中载明收费条款，具体包括收费项目、收费标准、收费方式、收费数额、付款和结算方式、争议解决方式等内容。[4] 律师服务费用应当由律师事务所统一收取、统一入账、统一结算，律师不得直接向当事人收取费用。

〔1〕 参见《律师执业行为规范（试行）》第五十八条。

〔2〕 参见安徽省律师协会：《律师执业警示录（第二辑）》（2020 年 12 月），第 23－25 页。

〔3〕 ［美］詹姆士·E. 莫里特诺、［美］乔治·C. 哈瑞斯：《国际法律伦理问题》，刘晓兵译，北京大学出版社 2013 年版，第 73 页。

〔4〕 参见《律师服务收费管理办法》（发改价格〔2006〕611 号）第十六条。

1. 律师服务收费标准

律师服务收费项目、收费方式、收费标准等原则上由律师事务所制定。[1] 在制定律师服务收费标准时，律师事务所应统筹考虑法律服务事项的难易程度和重要程度、涉及标的的财产金额大小、耗费的工作时间、律师的社会信誉和工作水平、律师可能承担的风险和责任、委托人的承受能力等因素。[2] 同时，律师服务收费标准还需要与当地经济社会发展情况相适应，律师事务所既不能制定脱离实际、明显偏高的收费标准，也不得制定明显低于成本价的收费标准以试图从事不正当的低价竞争。此外，律师事务所办理涉及农民工、残疾人等弱势群体或与公益相关的法律服务事项，可以酌情减免律师服务费。[3]

2. 律师服务收费方式

根据《律师服务收费管理办法》的相关规定，并结合各地方主管部门制定的细则要求，律师服务收费的方式主要包括以下几类。一是按标的额比例收费。按照所涉标的金额的一定比例收费，一般适用于涉及财产关系的法律服务事项。二是计件收费。按照法律服务事项的数量收费。三是计时收费。依据律师提供法律服务所耗费的工作时间收费。四是风险代理收费。根据法律服务事项实现的目标、效果收取费用，但禁止在刑事诉讼案件、行政诉讼案件、国家赔偿案件、群体性诉讼案件、婚姻继承案件，以及请求给予社会保险待遇、最低生活保障待遇、赡养费、抚养费、扶养费、抚恤金、救济金、工伤赔偿、劳动报酬的案件中实行或者变相实行风险代

〔1〕 参见《关于进一步规范律师服务收费的意见》第（一）条。

〔2〕 参见《浙江省律师事务所律师服务费标准制定指引（试行）》第十六条。

〔3〕 参见《关于进一步规范律师服务收费的意见》第（三）条。

理。[1] 此外，风险代理收费比例或额度应在合理范围之内，须符合《关于进一步规范律师服务收费的意见》第（六）条设定的比例要求，以提升律师服务收费的合理化水平。

3. 律师服务收费的禁止性规定

律师事务所与委托人协商收费，应当遵循公开公平、平等自愿、诚实信用的原则，不得作出违背社会公序良俗或者显失公平的约定，不得采取欺骗、诱导等方式促使委托人接受律师服务价格，不得相互串通、操纵价格。律师事务所不得在协商收费时向当事人明示或者暗示与司法机关、仲裁机构及其工作人员有特殊关系，同时不得以签订"阴阳合同"等方式规避律师服务收费的限制性规定。[2] 具体而言，律师收费应遵守下列禁止性规范：一是禁止律师私自向委托人收取任何费用以及接受委托人的财物或者其他利益。律师服务费用、代委托人支付的费用和异地办案差旅费由律师事务所统一收取。[3] 二是禁止违规超额收费及禁止部分案件风险代理收费。律师事务所不得在实行政府指导价的业务领域违反规定标准收取费用，或者违反风险代理管理规定收取费用。[4] 三是禁止利用提供法律服务的便利牟取当事人争议的权益。律师事务所可以依法与当事人或委托人签订以回收款项或标的物为前提按照一定比例收取货币或实物作为律师费用的协议，[5] 但禁止在律师服务费用以外非法牟取委托人的权益。

〔1〕 参见《关于进一步规范律师服务收费的意见》第（四）条。

〔2〕 参见《关于进一步规范律师服务收费的意见》第（八）条。

〔3〕 参见《律师服务收费管理办法》第二十二条第一款。

〔4〕 参见《律师事务所管理办法》第四十七条第一款。

〔5〕 参见《律师执业行为规范（试行）》第四十八条。

试举一例。[1] 杭州市扫黑办移送梅某某律师涉嫌私自接受委托、收取费用一案，杭州市司法局查明，梅某某律师与委托人口头约定，除《委托协议》中注明的律师费5万元外，需另行向其支付人民币5万元。后因委托人其他亲属涉嫌在同一个案件犯罪，委托梅某某律师同时提供服务，并通过委托人母亲的账户合计向梅某某律师个人账户转入24.5万元。在《委托协议》签订后，梅某某律师并未提交律师事务所审核收案，也未将收到的总计24.5万元费用上交律师事务所。后杭州市司法局和杭州市律师协会对梅某某律师违规收案、收费的违法行为作出行政处罚和行业处分。

四、委托关系存续阶段的职业伦理

律师在接受当事人的委托后，应当尽职尽责地为委托人提供优质的法律服务。在委托关系存续阶段，律师应重视两个主要的伦理义务：一是禁止律师虚假承诺，如实向委托人披露法律风险；二是律师须积极履行勤勉尽责的义务，努力实现委托人利益的最大化。但委托人的法律权利有其边界，律师也要注意保证自身执业的独立性。

（一）法律风险告知规则

1. 风险告知的内容

帮助委托人了解法律服务事项的潜在风险是律师事务所的一项

〔1〕 参见杭州市律师协会：《2018年度—2021年度杭州市律师行业违规违纪典型案例汇编》(2022年10月)，第12－13页。

重要职责。实践中，不少律师事务所在接受委托时会向委托人出具统一模板的法律风险告知书，向委托人披露法律服务事项（尤其是诉讼案件）中普遍存在的风险点。主要包括四种：一是证据风险，委托人不如实陈述事实和提供证据，或者提供证据不充分，须由其承担不利或败诉的后果；二是费用风险，律师只要尽责代理或辩护，无论案件结果如何，律师费都不予退还；三是裁判结果风险，即律师不能保证案件必然胜诉，或保证案件一定能达到委托人的预期结果；四是执行风险，即便案件最终胜诉，也有可能出现执行不能的情况。需要注意的是，这类模板的内容一般较为笼统，缺少针对个案的具体分析。因此，针对复杂且敏感的个案，律师应以书面形式详细告知委托人相关的法律风险。

2. 风险告知的特性

法律风险告知的以下四个特性有利于保证委托人的知情同意。第一，客观性。律师应客观地告知委托人其委托事项可能出现的各种法律风险，不得故意对可能出现的风险作出不恰当的表述甚至虚假承诺，不应有意隐瞒或者省略重要的信息。[1] 第二，全面性。律师应全面收集委托事项所涉及的信息，并综合考量道德、经济、社会和政治等诸多法律外因素，向委托人全面告知法律风险。第三，明确性。律师应明确地告知委托人相关的法律风险，尽可能地消除委托人的信息壁垒，且务必取得委托人对承受相应法律风险的书面同意意见。第四，持续性。在委托事项的推进过程中，委托人要承受的法律风险并非一成不变，律师应实时更新风险信息，当出现新

〔1〕《律师执业管理办法》第三十三条第一款规定："律师承办业务，应当告知委托人该委托事项办理可能出现的法律风险，不得用明示或者暗示方式对办理结果向委托人作出不当承诺。"

的风险或者既有的风险发生变化时，须及时向当事人作出补充告知。[1]

试举一例。甲与丙对股权转让款金额产生争议。案涉《股权转让协议书》约定："一、股权转让的价格及转让款的支付期限和方式：1. 甲占有A公司60%的股权，现甲将其占A公司的全部股权以人民币360万元转让给丙。2. 乙占有A公司40%的股权，现乙将其占A公司的全部股权以人民币240万元转让给丙。3. 因甲和乙欠B公司借款本金630万元及相应利息（B公司向某银行贷款630万元给甲、乙使用）。甲和乙欠B公司的借款由丙归还600万元本金，还有30万元本金及全部利息由甲承担。"

甲的代理律师认为，丙应支付的股权转让款金额为《股权转让协议》第一条第一项、第二项约定的600万元，加上该条第三项约定的由丙代偿的600万元借款本金，合计1200万元。但生效裁判认定，"丙应支付的股权转让款金额为600万元。具体而言，《股权转让协议》第一条的标题为'股权转让的价格及转让款的支付期限和方式'，该条共有三项内容，前两项分别约定了甲、乙将各自股权全部转让给丙的价款，第三项载明B公司曾为甲、乙向某银行贷款630万元，二人因此对B公司负债，并确定丙仅代为归还其中的600万元本金，其余部分由甲承担，丙代偿金额与前两项约定的股权转让价600万元吻合，再结合该条标题，将第三项理解为前两项的履行方式，更符合文意"，故法院未支持甲的诉讼请求。

对于股权转让款金额，案涉条款的文字表述极不严谨，从而造成两种截然不同的理解。甲认为其代理律师在签订委托代理合同时

[1] 《律师执业行为规范（试行）》第四十三条　律师在承办受托业务时，对已经出现的和可能出现的不可克服的困难、风险，应当及时通知委托人，并向律师事务所报告。

未告知案涉条款存在第二种理解（法院的理解），这直接影响了其对是否签订委托代理合同、支付律师费等行为的判断，遂与律师事务所产生纠纷。最终，该律师事务所未承担法律责任，但该案反映了部分律师事务所和律师在办案过程中未重视对当事人的法律风险告知，结果招致纠纷。

（二）勤勉尽责及独立性规则

维护当事人合法权益是律师的基本职责之一。一方面，律师须遵循当事人原则，即律师不得对客户采取家长式的态度，在委托关系中不能滥用其强势地位而损害委托人的自主权。例如在民事诉讼中，委托人有权决定律师代理的目标并在决策中发挥决定性作用，律师则要勤勉尽责地向委托人提供实现上述目标的一切合乎法律、道德的方法及建议。另一方面，律师不能迫于委托人的压力而沦为"枪手"或"传声筒"，要防止委托人破坏律师的独立性。[1]"在代表客户时，律师必须遵守法律所创建的权利和职责安排，而不能因为他们或者其客户认为法律是不公正的、低效的、愚蠢的或惹麻烦的，而企图绕开法律。"[2]为此，律师应坚守独立执业的原则，在不违背法律和社会公平正义的前提下，依法履行勤勉尽责的义务。

1. 勤勉尽责规则的内容

律师是委托人的代理人或辩护人，其就案件提出的利益诉求视同委托人自己的利益主张，律师工作的出发点和目的当然要以委托

---

〔1〕参见王进喜：《美国律师职业行为规则：理论与实践》，中国人民公安大学出版社 2005 年版，第 27－28 页。

〔2〕［美］W. 布拉德利·温德尔：《法律人与法律忠诚》，尹超译，中国人民大学出版社 2014 年版，第 41 页。

人利益为优先，以实现委托人合法利益的最大化。[1] 律师对当事人忠诚的最主要体现就是勤勉地为委托人提供尽责和有效的法律服务，美国律师协会制定的《职业行为示范规则》规定“律师的行为应当合理地勤勉、迅捷”[2]。《律师执业行为规范（试行）》第七条亦将“勤勉尽责”列为律师执业的基本行为规范。衡量律师是否勤勉尽责不能以案件胜败和交易是否达成为标准，而是应以律师是否竭力维护委托人合法权益为标准。具体如下，第一，保证专业性。律师应当充分运用专业知识，依照法律和委托协议完成委托事项，维护委托人或者当事人的合法权益。[3] 律师出具法律意见，应当严格依法履行职责，保证其出具意见的真实性和专业性。律师出具的法律意见不真实、不准确、不完整，可能会面临民事赔偿、行政责任甚至刑事处罚。第二，保持适当沟通。律师应当及时向委托人通报委托事项办理的进展情况。[4] 对委托人了解委托事项办理情况的要求，律师应当及时给予答复。[5] 对已经出现的和可能出现的不可克服的困难、风险，律师应当及时通知委托人。第三，严格守时。律师应当严格按照法律规定的期间、时效，在与委托人约定的时间内办理委托事项。[6]

试举一例。[7] 俞某某律师在一起民间借贷纠纷案中担任被告赵某的诉讼代理人。俞某某律师在 2017 年 8 月 18 日和 9 月 7 日参加了

〔1〕 参见徐汉明、刘国媛等：《司法伦理规范研究》，经济科学出版社 2020 年版，第 142 页。
〔2〕 马长山主编：《法律职业伦理》，人民出版社 2020 年版，第 237 页。
〔3〕 参见《律师执业行为规范（试行）》第三十六条。
〔4〕 参见《律师执业管理办法》第三十三条第二款。
〔5〕 参见《律师执业行为规范（试行）》第三十八条。
〔6〕 参见《律师执业行为规范（试行）》第三十八条。
〔7〕 参见杭州市律师协会编：《2018 年度—2021 年度杭州市律师行业违规违纪典型案例汇编》（2022 年 10 月），第 7－8 页。

两次开庭审理。2017 年 10 月 13 日，法院作出一审判决，并通知俞某某律师领取判决书。但是，俞某某律师迟至 2018 年 5 月 8 日才将判决书及庭审记录交给赵某，导致赵某错过上诉期。鉴于俞某某律师在律师协会调查期间主动承认错误并作出诚恳的书面反省，积极配合律师协会的查处工作，且系初次违规，根据《律师协会会员违规行为处分规则（试行）》第十八条的规定，可以从轻、减轻处分。对俞某某律师代理不尽责的违规行为，律师协会作出训诫的行业处分。

2. 独立性规则的内容

律师执业受限于当事人的委托目标及范围，致使律师职业的独立性相较于司法官显得并不突出，但这并不意味着律师职业缺乏独立性。律师对委托人的忠诚、勤勉尽责的义务是有边界的，律师在委托关系中的法律义务受到委托人法律权利的限制，合法合规是律师提供法律服务所必须遵循的原则。律师是以正义之名而战，其策略、方法必须受到正义的约束，切忌不择手段地使委托人胜诉，而是要使用法律或事证，基于规则让应胜诉者胜诉。[1] “无论律师为其客户做什么，必须基于客户的法律权利、许可和义务是正当的”，律师的职业使命决定了“律师承诺的目的不是获得客户想要的东西，而是法律允许客户拥有的东西”[2]。《联合国关于律师作用的基本原则》规定，律师在保护其委托人的权利和促进维护正义的事业中，应努力维护受到本国法律和国际法承认的人权和基本自由，并在任何时候都根据法律和公认的准则以及律师的职业伦理，自由和勤奋

〔1〕 参见［日］森际康友：《法曹伦理》，刘志鹏等译，财团法人民间司法改革基金会 2011 年版，第 16 页。

〔2〕 ［美］W. 布拉德利·温德尔：《法律人与法律忠诚》，尹超译，中国人民大学出版社 2014 年版，第 42、44 页。

地采取行动。独立执业规则要求律师在法律规范和职业伦理的框架内履行职责，有助于律师维护其社会地位、实现职业使命。

3. 独立性规则的要求

为保障律师执业的独立性，《律师执业行为规范（试行）》第三十七条规定："律师与所任职律师事务所有权根据法律规定、公平正义及律师执业道德标准，选择实现委托人或者当事人目的的方案。"对委托人拟委托的事项或者要求属于法律或律师执业规范所禁止的，律师应告知委托人，并提出修改建议或予以拒绝。[1] 在刑事辩护中，辩护律师是独立于犯罪嫌疑人、被告人的一种诉讼参与人。虽然辩护律师能够参加到诉讼中来主要是基于犯罪嫌疑人、被告人的委托，但这并不等于辩护律师与犯罪嫌疑人、被告人成了不分彼此的"一家人"，或者辩护律师在诉讼中应当听命于犯罪嫌疑人、被告人。必须强调，辩护律师享有独立辩护的权利，其在诉讼中是以自己的名义，根据对案件事实的了解、掌握和对有关法律规定的理解，独立提出辩护意见，独立进行辩护。辩护律师的这种独立是在有利于犯罪嫌疑人、被告人的合法权益的大目标下的独立，是在犯罪嫌疑人、被告人同意、认可或者至少不反对前提下的独立。[2] 为保障律师独立执业，职业伦理规范赋予律师在特定情形下拒绝辩护或者代理的权利。

〔1〕 参见《律师职业道德和执业纪律规范》第二十七条第二款。

〔2〕 参见《刑事诉讼法学》编写组：《刑事诉讼法学》（第4版），高等教育出版社2022年版，第119－120页。

五、委托关系解除与终止阶段的职业伦理

委托关系的解除和终止对委托人和律师之间的权利义务有着直接影响，中国的律师职业伦理规范对委托关系的解除和终止作出了较为详细的规定。其中，赋予律师在特定情形下解除委托关系的权利，对于保障律师依法独立执业具有重要意义。同时，律师遵守保密义务应贯穿其为委托人提供法律服务的始终，即便委托关系解除、终止后，律师仍应继续履行该项义务。

（一）委托关系解除、终止规则

委托关系建立后，律师应始终勤勉尽责地维护委托人的合法权益，不得随意拒绝辩护或者代理。但是基于一些主、客观原因，有时律师和委托人之间的委托关系确实会出现难以为继的情形，如果继续辩护、代理将可能损害委托人或（和）律师的利益，此时律师应提前向委托人做好沟通解释工作。

1. 委托关系解除的法定情形

委托关系的解除是指依据法律职业伦理的相关规定，律师和律师事务所在特定情况下单方面解除与委托人之间的委托关系。律师可以与委托人解除委托关系的情形主要涉及以下几种情况：（1）委托事项违法；（2）委托人利用律师提供的法律服务从事违法犯罪活动的；（3）委托人故意隐瞒与案件有关的重要事实；（4）委托人要求律师完成无法实现或者不合理的目标的；（5）委托人没有履行委托合同义务的；（6）在事先无法预见的前提下，律师向委托人提供

法律服务将会给律师带来不合理的费用负担，或给律师造成难以承受的、不合理的困难的。[1] 当然，律师和律师事务所在考虑是否解除委托关系之前还应综合考量其掌握的委托人违法信息的准确性、委托人行为的性质与严重性、可能对律师自身利益造成的不利影响以及委托关系解除将给委托人利益造成损害的程度等各种因素。

试举一例。[2] 邱某某在担任章某非法买卖外汇一案辩护人期间，在章某家属的请求游说下，会见章某时，帮助家属劝说其作虚假供述，并向其家属提供虚假供述的相关信息，由其家属劝说该案证人提供虚假证言。2016 年 9 月，永康市人民法院刑事判决认定邱某某构成辩护人伪造证据罪，但鉴于造成的危害结果不大，对其免予刑事处罚。后浙江省律师协会对邱某某伪造证据、干扰诉讼的行为，给予取消会员资格的纪律处分。该案存在委托人利用律师提供的法律服务从事违法犯罪活动的情形，律师本应在辩护活动中保持独立性，不能违法满足刑事案件当事人及其家属的不当要求而做出超越执业底线的行为。邱某某不仅未能果断拒绝委托人的不法要求，反而沦为委托人逃避法律责任的工具，结果既损害了司法公正，也使自己受到法律的制裁。

2. 委托关系终止的法定情形

委托关系的终止是指基于双方协商或者法律职业伦理的相关规定，律师和委托人结束彼此间的委托关系。委托关系终止存在三种情形：第一，自然终止。委托事项办理完毕或者委托期限届满，委托关系终止。第二，协商终止。律师与委托人协商一致，可以终止

[1] 参见《律师法》第三十二条，《律师执业行为规范（试行）》第四十二条、第六十条。

[2] 参见浙江省律师协会编：《2017—2019 年度浙江省律师行业违规违纪案件汇编》（2020 年 12 月），第 43 - 44 页。

委托关系。第三，法定终止。出现法律规定或职业伦理规范要求终止的情形，委托关系应当终止。具体包括：（1）委托人提出终止委托协议的；（2）律师受到吊销执业证书或者停止执业处罚的，经过协商，委托人不同意更换律师的；（3）存在《律师执业行为规范（试行）》第五十条规定的利益冲突情形的；（4）受委托律师因健康状况不适合继续履行委托协议的，经过协商，委托人不同意更换律师的；（5）继续履行委托协议违反法律、法规、规章或者《律师执业行为规范（试行）》的；（6）法律援助的受援条件已不存在的。[1]

3. 委托关系解除或终止后律师的相关义务

委托关系解除或终止后，律师仍须采取适当措施保护委托人的合法权益。无论是基于后合同义务，还是基于律师职业伦理，委托关系终止后律师都负有以下义务。具体包括：（1）采取明确措施表明委托关系的终结，并办理好相关的交接事宜；（2）退还委托人提供的资料原件、物证原物、视听资料底版等材料，可以保留复印件存档；[2]（3）律师事务所有权收取已提供服务部分的费用，剩余费用应当退还给委托人；（4）遵守利益冲突规则，在规则范围和规定期限内不得接受与委托人有利害关系的对方当事人的委托；（5）履行保密义务，不得泄露在承办过程中获知的与诉讼案件或非诉项目相关的信息，下文将作详细阐释。

（二）律师保密义务规则

律师的保密义务，是指除法律、法规或行业规范有明确规定或委托人同意的情形外，律师对其在处理委托事务过程中所知悉的相

[1] 参见《律师执业行为规范（试行）》第五十九条，《法律援助法》第四十八条。

[2] 参见《律师执业行为规范（试行）》第六十二条。

关秘密以及个人隐私予以保密的义务。“律师保密义务与律师职业本质中之‘高度信赖关系’间呈现密切之理论关联……此一信赖关系乃其与当事人间订立律师契约之基础，且系其能成就其给付之根本。”[1] 律师在执业活动中会接触到国家秘密、商业秘密、个人隐私，甚至是委托人违法犯罪情况等信息，如果允许律师泄露这些秘密，“人们就不会冒险去咨询任何精于此道的人，或者只敢将案件的一部分告诉他的律师”，结果将会损害“委托人对律师进行咨询的绝对自由”[2]。简言之，对律师课以保密义务，可确保当事人得以与律师充分沟通，无须顾及陈述内容恐成为不利证据的风险，有助于充分发挥律师的作用。与此同时，中国法律赋予律师会见权、调查取证权、阅卷权等一系列诉讼权利，而律师在享有上述权利的同时也要承担相应的义务，其中最为基础的义务就是律师对通过上述方式获知的秘密与信息予以严格保密。

1. 保密义务的主体

受托律师全程参与案件、项目的办理，与委托人接触最为密切，对于案件和项目信息最为了解，自然要负保密义务。近年来，委托人对律师的专业化要求逐步提高，使律师业务领域的划分日益精细，这也促使律师的作业模式逐渐从“单打独斗式”向“团队协作式”转变。律师事务所及律师团队组织律师集体讨论案件，或同所律师相互借阅案卷用以参考已成为常态化的作业方式。由此，律师事务所内的其他律师及辅助人员对于了解到的委托事项的保密信息亦负有保密义务。[3] 此外，律师事务所要在案卷管理、信函管理、信息

〔1〕 姜世明：《法律伦理学》，元照出版有限公司2014年版，第263页。

〔2〕 [美] 门罗·弗里德曼：《对抗制下的法律职业伦理》，吴洪淇译，中国人民大学出版社2017年版，第7页。

〔3〕 参见《北京市律师执业规范（试行）》第六十三条。

传输、委托人信息管理等方面采取严格的保密措施，确保秘密信息不被违法泄露。

2. 保密义务的范围

律师保密义务的范围具有广泛性，《律师法》和《律师执业行为规范（试行）》规定律师在执业活动中知悉的国家秘密、商业秘密和个人隐私均属于律师保密的范围。[1] 换言之，律师因职务活动而知悉的信息，只要有保密需要，律师原则上就必须严格保密。但要注意，律师的保密义务并非绝对性的义务，若需要维护其他更重要的价值，保密义务有时也可以解除，允许律师在合理、必要的范围内披露部分信息。例如：（1）防止未来的严重犯罪。委托人或者其他人准备或者正在实施危害国家安全、公共安全以及严重危害他人人身安全的犯罪事实和信息被排除在保密范围之外。[2] 当律师的保密义务与公共安全利益发生冲突时，须以后者为优先。（2）经委托人授权。委托人对于是否公开自己的秘密具有处分权，其可以授权律师公开。但对于涉及国家秘密的信息，即便有委托人的授权，律师也不能公开。例如律师在办案过程中不得为博取舆论关注而违规披露、散布不公开审理案件的信息、材料。（3）遵守法律法规的专门规定。若法律法规要求律师应当向有关机关披露、报告从委托人处知悉的秘密，则律师须按照有关要求进行报告。例如《律师事务所从事证券法律业务管理办法》第十八条第二款规定："律师发现委托人提供的材料有虚假记载、误导性陈述、重大遗漏，或者委托人有重大违法行为的，应当要求委托人纠正、补充；委托人拒不纠正、补充的，律师可以拒绝继续接受委托，同时应当按照规定向有

[1] 参见《律师法》第三十八条、《律师执业行为规范（试行）》第九条。

[2] 参见《律师法》第三十八条第二款。

关方面履行报告义务。”

3. 保密义务的期间

律师保密义务的期间是指律师对秘密信息承担保密义务的时间范围，具体涉及律师保密义务开始和结束的时间。《律师法》第三十八条规定律师保密义务产生的时间范围是“在执业活动中”，而非“在处理委托事项中”，因而律师的保密义务并不只局限于委托关系存续期间，而是具有时间上的前置性和后续性。[1] 关于保密义务开始的时间，律师的保密义务并非与委托关系同步产生。在委托关系建立前阶段，律师与当事人刚接触时就开始负有保密义务。在委托合同缔约阶段，律师会获知潜在委托人及案件的基本信息，即便之后未能确立委托关系，律师也不得披露、使用在磋商阶段获悉的相关信息。关于保密义务结束的时间，上文已述，律师的保密义务并不会因为委托关系的解除、终止而结束。委托代理关系终结后，律师对与委托事项有关的保密信息仍负有保密义务。[2]

试举一例。[3] 2018 年，A 女士委托 XX 律师事务所的 X 律师担任其与 B 保险公司关于机动车交通事故责任纠纷案一审阶段的诉讼代理人。在代理过程中，A 女士与 X 律师发生争议，经市律师协会协调后，双方协议解除委托代理合同，X 律师向 A 女士退还案件材料原件。该案一审审结后，B 保险公司因不服一审判决提起上诉，X 律师在二审庭审时作为 B 保险公司的证人出庭作证，发表了对 A 女士不利的证人证言，并向二审法院提交了其在一审阶段代理时所获

---

〔1〕 参见马长山主编：《法律职业伦理》，人民出版社 2020 年版，第 240 页。

〔2〕 参见《律师和律师事务所违法行为处罚办法》第十三条、《律师职业道德和执业纪律规范》第三十九条。

〔3〕 参见东律君：《遵纪 · 律己丨律师执业警示案例（第三期）》，载微信公众号“东莞市律师协会”2022 年 4 月 1 日，https：//mp. weixin. qq. com/s/qCvw6DmyaF6RblRvN5Ri0w。

悉的、对A女士不利的证据材料。后律师协会对X律师作出行业处分。

鉴于律师在办理受托的法律服务事项时会与对方当事人和律师同行产生必要的交集，因此本章最后分别对以上两种关系的职业伦理进行简要介绍。第一，律师与对方当事人关系的职业伦理。"律师的工作是解决委托人和'对方当事人'之间的纠纷……很多案件都预先确定了当事人，律师的工作离不开和对方当事人的关系。"[1]律师在与对方当事人接触的过程中，须遵循两个方面的职业伦理规范。一是律师须履行忠诚义务，坚定地站在委托人的立场办理受托事项，不得与对方当事人发生不正当的利益关系从而损害委托人的利益。《律师法》第四十条第三项规定，律师在执业活动中不得接受对方当事人的财物或者其他利益，不得与对方当事人或者第三人恶意串通，侵害委托人的权益。《律师和律师事务所违法行为处罚办法》第十八条对上述违法行为列举如下：（1）向对方当事人或者第三人提供不利于委托人的信息或者证据材料的；（2）与对方当事人或者第三人恶意串通、暗中配合，妨碍委托人合法行使权利的；(3) 接受对方当事人财物或者其他利益，故意延误、懈怠或者不依法履行代理、辩护职责，给委托人及委托事项的办理造成不利影响和损失的。二是律师不可以逾越保护委托人合法权益的必要范围而给对方当事人造成不合比例的损害。例如在民事诉讼中，委托人和对方当事人常处于对立面，律师基于专业身份和职业伦理的要求，不应将自己的思维和情绪过度"当事人化"，其在维护委托人合法权益时不得做出故意诋毁、中伤或者其他有损对方当事人的不当行为。

第二，律师与同行关系的职业伦理。律师同行虽然在具体的法

〔1〕［日］森际康友编：《司法伦理》，于晓琪、沈军译，商务印书馆2010年版，第105页。

律服务事务中存在一定的竞争关系，但也有共同的职业利益。所以律师在处理与同行的关系时既要努力维护己方的利益，也应竭力维护律师行业的整体利益。《律师法》《律师执业管理办法》《律师执业行为规范（试行)》等法律规范为律师处理与同行的关系提供了行为准则。具体而言：(1) 律师同行应相互帮助、相互尊重。各方律师在庭审或者谈判过程中不得使用挖苦、讽刺或者侮辱性的语言。律师或律师事务所不得在公众场合及媒体上发表恶意贬低、诋毁、损害同行声誉的言论。[1] (2) 禁止不正当竞争。律师和律师事务所不得采用不正当手段进行业务竞争，损害其他律师及律师事务所的声誉或者其他合法权益。[2] (3) 对于律师同行的违法违规行为，律师之间不应相互包庇隐瞒，可以向律师协会或司法行政机关报告。(4) 如果律师同行发生了争执，建议优先通过友好协商的方式解决，也可以请律师协会和司法行政机关居中协调，切忌扩大事态从而影响律师行业的社会形象。只有广大律师共同致力于营造良好的行业氛围，倡导诚信、公平、有效的竞争文化，律师行业才能收获社会各界更多的积极评价。

〔1〕 参见《律师执业行为规范（试行)》第七十三条至第七十五条。

〔2〕《律师执业行为规范（试行)》第七十九条至第八十五条规定了律师不正当竞争行为的具体表现形式。

下编　中国律师业务

天下难事，必作于易；天下大事，必作于细。

——《道德经·第六十三章》

第七章　民事诉讼代理业务

本章第一部分介绍民事诉讼律师执业的社会背景。改革开放以来，中国社会出现了前所未有的“诉讼爆炸”趋势。近几年，民商事案件的数量更是呈井喷之状。律师接受当事人的委托，担任诉讼代理人参加民事诉讼，是律师业务中最常见的一类，且民事诉讼业务是律师收费的主要来源。第二部分回应民事诉讼中律师职业的争议性。不可否认，民事诉讼律师在社会上具有一定的争议性，褒贬不一。澄清误会、消除分歧、化解非议的有效方法是广大律师在民事诉讼代理过程中树立“如我在诉”的代理理念。第三部分阐释律师在民事诉讼中的地位和作用。律师在民事诉讼中不是诉讼主体，而是从属于当事人一方的诉讼参加人，不具有独立的诉讼地位，其进行的诉讼行为受到当事人意志的约束，但律师在民事诉讼中具有相对独立性。律师代理民事诉讼具有三个基本作用：一是有利于当事人进行诉讼，更好地维护他们的合法权益；二是有利于法院正确审理案件，提高审判质量；三是律师代理民事诉讼有助于当事人双方达成和解或调解。第四部分通过一个实例详细介绍律师在民事诉讼中的代理方法。一是法律风险告知。律师应客观、全面、明确、持续地向当事人告知法律风险。法律风险告知的类型主要包括法律要件欠缺型风险、法律适用争议型风险、程序适用存疑型风险、解纷方式多元型风险。二是诉讼策略。律师制定诉讼策略需要在综合把握案件事实和法律关系的基础上，结合法律知识、执业技能和代理经验，为当事人拟定实现其诉讼目的的多条路径和方法。三是证据收集与运用。律师通过积极取证，向法院展示己方主张的事实。同时，律师还须掌握证据组织和证据运用的基本方法。四是法律检索。律师通过法律检索能够获取有效信息，使法律知识的实践价值得以充分实现。法律检索的类型主要包括类案检索、法律规定检索、权威观点检索以及事实检索。五是诉讼可视化。

为提高信息处理、传递的有效性，诉讼可视化应成为律师必须掌握的执业方法。诉讼可视化的类型主要包括法律规定可视化、案件事实可视化、参考案例可视化、证据材料可视化和代理观点可视化。六是商谈型庭审。以协同主义理论下的民事司法商谈理论为基础，本章第四部分提出了构建商谈型庭审模式的设想。

一、民事诉讼律师执业的社会背景

根据《律师法》第二十八条的规定，律师可以从事七大类法律业务。其中，律师接受当事人的委托，担任诉讼代理人参加民事诉讼，是律师业务中最常见的一类业务。先看两组全国的数据，2020年全国律师办理各类法律事务总计1114.5万多件，办理诉讼案件660.9万多件，其中民事诉讼代理为532.7万多件，占全部法律业务的47.80%，占诉讼案件总量的80.60%。[1] 2021年，全国律师办理各类法律事务1308.5万多件，办理诉讼案件811.6万多件，其中民事诉讼代理660.1万多件，占诉讼案件的81.35%。[2] 再聚焦于浙江省内，2020年浙江律师办理各类诉讼和非诉讼案件68.36万件，其中民商事诉讼案件达45.92万件，占全部法律业务的67.17%。[3]

---

〔1〕参见《2020年度律师、基层法律服务工作统计分析》，载司法部官网2021年6月11日，https://www.moj.gov.cn/pub/sfbgwapp/zwgk/tjxxApp/202106/t20210611_427393.html。

〔2〕参见《2021年度律师、基层法律服务工作统计分析》，载司法部官网2022年8月15日，http://www.moj.gov.cn/pub/sfbgw/zwxxgk/fdzdgknr/fdzdgknrtjxx/202208/t20220815_461680.html。

〔3〕参见《律师27302名，收费139.38亿 | 2020年浙江律师发展数据公布》，载微信公众号"律媒智库"2021年4月28日，https://mp.weixin.qq.com/s/xM6g1W5UXCHe5Nb981_0rg。

相较于2015年，截至2020年年底，浙江律师办理民商事诉讼案件增加184751件，同比增加67.31%。[1]

张文显教授曾于1984年对美国"诉讼社会"的表征作出了非常形象的描述：人人都在告状，到处都有官司，诉讼就像"流行病"一样到处蔓延。[2] 三十年后，张文显教授又作一文，因为此时的中国社会超乎人们预想地提前进入了"诉讼社会"。[3] 有学者通过细致和翔实的实证分析，较为全面地揭示了改革开放以来中国社会出现前所未有的"诉讼爆炸"趋势之原因：[4] 一是人口的增长，二是经济的发展，三是国家治理政策的变革，四是公民权利意识的增强。近几年，诉讼案件的数量仍呈逐年增长的趋势，民商事案件的数量更是呈井喷之状。在此用最高人民法院分别于2002年、2007年、2012年、2017年、2022年统计的民商事案件收案数量予以说明（见表7－1和图7－1）。

表7－1 2002年、2007年、2012年、2017年、2022年全国法院民商事案件收案数量统计

年份	一审收案（件）	二审收案（件）	再审收案（件）	共计（件）
2002[5]	4420123	361697	48180	4830000

[1] 相关数据参见《"十四五"时期浙江律师业发展规划纲要》，载神州律师网2021年12月31日，http://www.zjbar.com/info/8f5ee0de60ad4718977d5655013fe25c。

[2] 参见张文显：《〈张文显法学文选〉卷九·学术评论集》，法律出版社2011年版，第30－31页。

[3] 参见张文显：《现代性与后现代性之间的中国司法——诉讼社会的中国法院》，载《现代法学》2014年第1期。

[4] 参见左卫民：《实证研究：中国法学的范式转型》，法律出版社2019年版，第470－477页。

[5] 参见《2002年全国法院司法统计公报》，载最高人民法院公报网，http://gongbao.court.gov.cn/Details/2a5153c1cd3d120fe8b64b8f86cf49.html。

续表

年份	一审收案（件）	二审收案（件）	再审收案（件）	共计（件）
2007〔1〕	4724440	425654	37766	5187860
2012〔2〕	7316463	588759	34324	7939546
2017〔3〕	最高人民法院未作区分统计			13063235
2022〔4〕	最高人民法院未作区分统计			18129692

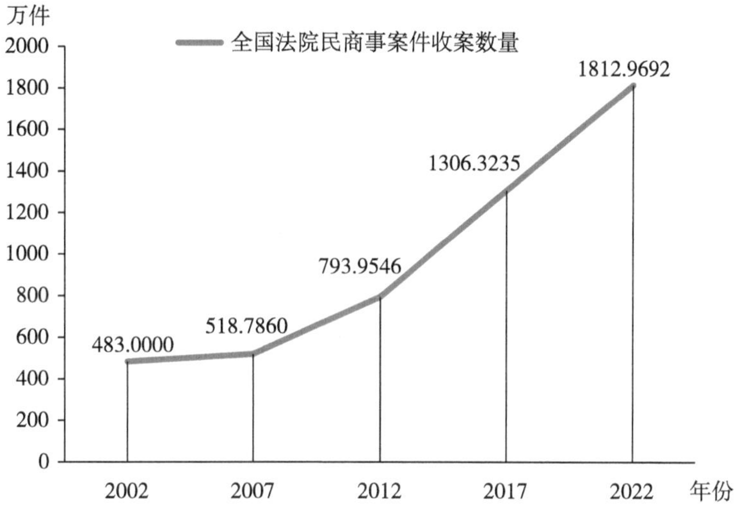

图 7－1　2002 年、2007 年、2012 年、2017 年、2022 年
全国法院民商事案件收案数量增长趋势

〔1〕参见《2007 年全国法院司法统计公报》，载最高人民法院公报网，http：//gongbao.court.gov.cn/Details/1fdb8e0f028681071deb95e408248b.html。

〔2〕参见《2012 年全国法院司法统计公报》，载最高人民法院公报网，http：//gongbao.court.gov.cn/Details/845e61faec8aaf0fa47ac8247ab80a.html。

〔3〕参见《2017 年全国法院司法统计公报》，载最高人民法院公报网，http：//gongbao.court.gov.cn/Details/c15ac3fd6bd534567eec8e047941eb.html。

〔4〕参见《2022 年全国法院司法统计公报》，载最高人民法院公报网，http：//gongbao.court.gov.cn/Details/20587eaef248beb61ed6596018865c.html。

已有实证研究的结果揭示，在所有律师业务中，民事诉讼业务是律师收费的第一大来源。[1] 以杭州市为例，2019 年杭州律师总收费为 59.07 亿元，其中民商事诉讼代理业务占 46.84%。[2]

应当认识到，第一，诉讼案件的增多是中国法治建设不断进步的一个标志。最高人民法院原院长肖扬曾言："诉讼的增多从一个侧面说明中国社会正在变得更加民主，更加开放，更加自由，也更加法治了。"[3] 第二，虽然诉讼的社会成本要明显高于和解或调解，但当诉讼带来的社会效用大于其成本时，诉讼反而要成为首要的解纷方式，应当通过相关的制度设计鼓励当事人积极诉讼。这时，"放弃诉讼就是放弃了更大的社会收益，反倒是违背了增进社会整体福利的效益追求"[4]。第三，海量、剧增的诉讼案件成为遍布于中国社会的创伤，亟须有效的治疗，避免其滋长为破坏社会健康与和谐的痼疾。正如奥地利民事诉讼法学先驱弗朗茨·克莱恩所认为的，"民事纠纷就是社会躯体受到了创伤，如果不及时愈合，就会成为危及社会躯体的'社会之恶'"[5]。

[1] 参见程金华：《中国律师择业理性分析——以业务收费为核心的实证研究》，载《法学》2012 年第 11 期。

[2] 参见《每一万个杭州人拥有 9.5 个律师——2019 年杭州律师行业大数据权威发布》，载微信公众号"杭州法治"2020 年 3 月 23 日，https://mp.weixin.qq.com/s/lv_9S8pGJJIcSNSOK2EpCQ。

[3] 肖扬：《中国司法：挑战与改革——在美国耶鲁大学的演讲》，载最高人民法院办公厅编：《最高人民法院历任院长文选》，人民法院出版社 2010 年版，第 311 页。

[4] 熊丙万、周院生：《诉讼效益的经济分析框架——以当事人诉讼动力的调节机制为中心》，载《制度经济学研究》2015 年第 1 期。

[5] 王福华：《民事诉讼的社会化》，载《中国法学》2018 年第 1 期。

二、民事诉讼中律师职业的争议性

（一）正视争议

当前，民事诉讼律师在社会上具有一定的争议性，褒贬不一。先从律师与当事人的关系角度分析。一位律师在一起案件中只能接受一方当事人的委托，以维护己方当事人合法权益作为代理工作的根本出发点就会不可避免地“开罪”于对方当事人。而一旦己方败诉，律师有时还会招致己方当事人的非议，甚至还会遭受无端的指责。所以，律师不被理解或被迁怒，并非一定是因其职业素养或职业伦理低劣，而是由于律师职业具有极强的对抗性，以及案件结果会受客观因素的影响。[1] 律师往往同时代理多起案件，但大多数当事人在同一时段只需要面对一起诉讼。因此，当事人不免会对律师抱有极高的期待，这就容易滋生以下三对矛盾。

第一，时间与精力投入上的矛盾。一般情况下，“客户希望感受到他们付了大钱的律所确实把他们的利益放在心上，即使某一时刻双方并未处理具体的法律问题”[2]。当律师面对同时代理的多起案件时，一定会根据案件进展情况及其轻重缓急程度来安排工作。当不同的案件发生时间冲突时（尤其是开庭时间的冲突），律师就不得不根据实际情况作出取舍。这时，有的当事人会不理解，认为律师不尽职，没有为案件付出、投入与他一样多甚至更多的时间和精力。

---

[1] 《民事诉讼法》第七条 人民法院审理民事案件，必须以事实为根据，以法律为准绳。

[2] ［英］理查德·萨斯坎德：《法律人的明天会怎样？——法律职业的未来》（第2版），何广越译，北京大学出版社2019年版，第90-91页。

第二，行事方式上的矛盾。律师普遍深谙法律规范和执业准则，一般不会做出有悖职业伦理之事，更不敢知法犯法。相较于律师的理性、严谨，当事人多是感性冲动的，常会竭尽全力地谋求胜诉结果，有时甚至会不惜代价、不择手段。

第三，双方经济利益考量上的矛盾。律师求生存、谋发展的主要途径是提供有偿的法律服务，若律师费定价稍高，恐会招致当事人的不满甚至拒绝。若律师费用收取过低，或者当事人不及时支付费用，不仅难以客观反映律师的服务价值，而且无法填补律师为代理案件所付出的客观成本，进而折损代理积极性。此间平衡，殊为不易。

再从律师与法官的关系角度分析。法官和律师分工有别，作为审判人员的法官所追求的核心价值是公正，[1] 法官须在讼争双方之间保持中立的姿态，并作出公正的裁判，实现定分止争的目标。但作为代理人的律师则不同，其在诉讼过程中必须忠实于己方当事人，竭力实现后者合法利益的最大化。

法官应公正对待双方当事人，律师仅须维护一方当事人的合法权益，这种目标上的差异有时会导致法官与律师的观点产生分歧，即法官认为是公正的裁判，在律师看来可能有失公正，因为法官的裁判可能会让律师的预期落空。立场的区别是观点出现分歧的根本原因，而且这样的分歧永无消除的可能性。基于此，“对容易受到别人评价的专业人士来说，对工作成果制定内部的自我评估标准是很重要的”[2]，坚持专业至上且内心坚定的律师应对自己的代理工作

---

〔1〕《法官法》第四条 法官应当公正对待当事人和其他诉讼参与人，对一切个人和组织在适用法律上一律平等。

〔2〕[美] 艾伦·德肖维茨：《致年轻律师的信：应用导读版》，单波译，法律出版社2018年版，第71页。

作出客观的评判。

（二）树立“如我在诉”的代理理念

澄清误会、消除分歧、化解非议的有效方法是广大律师在民事诉讼代理过程中树立“如我在诉”的代理理念。最高人民法院院长张军提出“要以‘如我在诉’的意识，把让人民群众在每一个司法案件中感受到公平正义真正落到实处”[1]。具体到民商事审判工作中，“把人民利益摆在至高无上的地位，更加自觉地倾听人民群众呼声，更加准确地把握人民群众的司法需求和期待，更加清醒地看到民商事审判与人民群众期待存在的较大差距，以‘如我在诉’的司法良知，带着对人民群众的深厚感情和对人民群众的高度责任感，去解决人民群众急难愁盼问题、去办理每一件民商事审判案件，努力让人民群众在每一个司法案件中感受到公平正义，不断厚植党的执政根基”[2]。

鉴于此，律师完全可以对照法院系统“如我在诉”的要求和标准，将其类推适用到民事诉讼的代理工作之中，即树立“如我在诉”的代理理念，将维护当事人的合法权益作为首要的代理职责，主动、耐心、细致地与当事人核实、交流案件事实，准确判断当事人的诉讼目标，合理调整当事人的诉讼预期，深切理解当事人的诉讼焦虑，并适时加以宽慰，怀有对当事人的深刻同理心和高度责任感，以敬业的工作态度和极致的专业能力为当事人积极、不懈地寻求矛盾纠纷的最佳解决之道，同时正确地引导当事人客观认识法院的工作性

〔1〕 张军：《深入学习贯彻习近平法治思想　加快推进审判工作现代化》，载《法律适用》2024年第1期。

〔2〕 刘贵祥：《关于当前民商事审判工作的几点思考》，载《中国应用法学》2023年第6期。

质和法官的审判职责，助力法院定分止争，促成案结事了人和，努力让人民群众在每一个法律服务中真切地感受到律师代理的温度与效果。

三、律师在民事诉讼中的地位与作用

代理律师在民事诉讼中不是诉讼主体，而是从属于当事人一方的诉讼参加人，不具有独立的诉讼地位，其进行的诉讼行为受到当事人意志的约束。[1] 但是，代理律师在民事诉讼中具有相对独立性，其在当事人授权的范围内，就实施专业诉讼行为的方式和步骤享有自主决定的权利，可以作出独立的意思表示，而不需要处处听命于当事人。只有这样，代理律师才能采取有效措施收集证据，查明事实，也才能根据自己对法律的理解作出判断。

律师在民事诉讼中的作用，概括来说，就是代理作用。律师代理民事诉讼具有三个基本作用：[2] 第一，有利于当事人进行诉讼，更好地维护他们的合法权益。现实中，有的当事人在合法权益受到

---

〔1〕 根据委托诉讼代理人的诉讼代理行为对委托人利益影响的程度不同，委托人对诉讼代理人的授权分为一般授权和特别授权两种。在一般授权的情形下，诉讼代理人只能代为一般的诉讼行为，如起诉、应诉、提出证据、询问证人、进行辩论、申请回避、申请财产保全和证据保全、对管辖权提出异议等，而无权处分委托人的实体权利。因特别授权事关重大，《民事诉讼法》第六十二条第二款作出规定，“诉讼代理人代为承认、放弃、变更诉讼请求，进行和解，提起反诉或者上诉，必须有委托人的特别授权”。此外，《最高人民法院关于适用〈中华人民共和国民事诉讼法〉的解释》第一百四十七条第一款规定：“人民法院调解案件时，当事人不能出庭的，经其特别授权，可由其委托代理人参加调解，达成的调解协议，可由委托代理人签名。”

〔2〕 参见谭世贵主编：《律师法学》（第5版），法律出版社2022年版，第149-150页。

不法侵害时不知道或不敢运用法律手段予以维护，有的当事人因缺乏法律知识或不善于行使自己的权利，导致难以有效维护自己的合法权益。这就需要律师为他们提供专业的法律帮助。优秀的律师不仅精通法律、能言善辩，而且具有丰富的诉讼经验，可以更高质效地维护当事人的合法权益，更精准地实现当事人的诉讼目的。

第二，有利于法院正确审理案件，提高审判质量。律师在诉讼中享有广泛的权利（如有权调查取证、查阅案卷材料[1]），这为其向法院提供证据，协助审判人员查明案件事实提供了有力的保障。律师可以从不同的角度提出问题和意见，便于审判人员全面了解案情，分清是非，从而正确适用法律，作出公正裁判。对于错误的裁判，律师可以代理当事人提出上诉、申请再审，通过二审程序、审判监督程序予以纠正。因此，律师代理民事诉讼有助于增强审判人员的责任感，提高审判质量，同时矫正审判的失误和偏差，防止错案发生。

第三，律师代理民事诉讼有助于当事人双方达成和解或调解。当事人将案件诉诸法院时往往矛盾已经很大，双方很难心平气和地化解。但如果双方或一方委托了律师担任诉讼代理人，律师可以摆事实，析法理，努力说服双方互让互谅，争取促成双方自行达成和解协议或者在法院的主持下达成调解协议。

[1] 《民事诉讼法》第六十四条规定："代理诉讼的律师和其他诉讼代理人有权调查收集证据，可以查阅本案有关材料……"

四、民事诉讼代理方法

本节通过一个实例介绍律师在民事诉讼各环节、各阶段的代理方法。[1]

（一）案例引入

2001年，F公司作出股东会决议（以下简称2001年决议），载明“被企业解除劳动关系后的职工，作自动退股处理”（以下简称“人走股留”条款），王某作为当时的股东之一，签字认可了该决议。2002年，F公司又通过股东会决议（以下简称2002年决议），对股东之间转让股权的主体和价格作出约定（实质是股东“人走股留”后的股权处置方式），王某也签字认可了该决议。

2003年，王某因严重违反F公司的管理制度被辞退。根据2001年决议，王某自动退股的条件已经成就，其丧失了公司股权。后F公司根据2002年决议，于2003年作出股东会决议（以下简称2003年决议），由多数股东确定了王某的股权转让价格，并由股东沈某受让王某的股权。由于王某拒绝配合F公司办理股权变更登记手续，为保障F公司的正常运营及沈某的合法权益，F公司无奈于2004年请人代王某签署了《股权转让协议》和股东会决议（以下简称2004年决议），并完成了股权变更登记。

2023年，王某以《股权转让协议》及2004年决议上的名字非

---

〔1〕 更具体的介绍可参见赵青航：《民事诉讼代理：方法与应用》，法律出版社2024年版。

他所签为由，将F公司和沈某诉至法院，请求确认《股权转让协议》和2004年决议不成立，并要求F公司和沈某返还案涉股权。F公司和沈某委托笔者代理此案。为反驳王某的诉请，我方将2001年决议、2002年决议和2003年决议作为证据向法院提交，用以证明王某在2003年离职后便已丧失案涉股权。但王某拒不承认2001年决议和2002年决议上的名字是他所签，并申请司法鉴定。经鉴定，两份决议上的名字是王某所签。

（二）法律风险告知

《律师执业管理办法》第三十三条第一款规定："律师承办业务，应当告知委托人该委托事项办理可能出现的法律风险，不得用明示或者暗示方式对办理结果向委托人作出不当承诺。"律师客观、全面、明确、持续地向当事人告知法律风险，是律师勤勉尽责的重要体现，有利于修正当事人对诉讼结果的不当预期，保障律师执业安全；有利于为当事人甄选最恰当的解纷方式，共筑律师与当事人之间的信任关系；有利于为当事人识别法律风险，保障当事人的交易安全。法律风险告知的类型主要包括法律要件欠缺型风险、法律适用争议型风险、程序适用存疑型风险、解纷方式多元型风险。律师向当事人告知法律风险已成为律师代理民事诉讼案件过程中不可或缺的重要环节，甚至是第一个重要环节。

笔者在接受委托前就发现该案存在法律要件欠缺的诉讼风险。所谓法律要件欠缺，是指部分法律要件所对应的案件事实有所欠缺，即小前提（案件事实）存在瑕疵，无法归入大前提（法律规范），导致难以作出涵摄推理。在这种情况下，案件存在客观的败诉风险，律师应如实告知当事人该风险。

该案中，我方将2001年决议和2002年决议作为证据提交，是为了说明王某和其他股东之间具有附条件转让案涉股权的意思表示。根据“人走股留”条款的约定，王某在2003年离职后就已经丧失案涉股权。但因王某否认两份决议上的签名系由其本人所书写，导致案件不得不进入司法鉴定程序。又因两份决议上的签名是二十多年前所签，现王某的书写习惯和风格已发生较大变化，加上可供比对的样本数量极为有限，致使鉴定机构恐无法得出两份决议上的名字系王某所签的结论。由此，该案存在因无法证明王某具有转让案涉股权的意思表示以致败诉的风险。

笔者在接受委托时就告知F公司和沈某上述风险，并提出应对方案，即请当时参加两次股东会的其他原股东出具情况说明并出庭作证，证明王某确实参加了两次股东会，并在相关决议上签名。但须知，证人证言是一种言词证据，较易失真，其证明力常被质疑。[1]故笔者仍建议F公司和沈某必须努力寻找合适的比对样本，供鉴定机构作为鉴定的比对样本。

（三）诉讼策略

“在多数案件中律师对案件的分析判断会实质性影响当事人的诉讼行为。特别是在我国当前的司法实践中，当事人的诉讼能力普遍相对较低，当律师介入和代理案件后，律师的作用即不仅限于外化当事人的相关意愿和增强当事人的诉讼能力，而往往会出现律师主

---

〔1〕根据证据的表现形式不同，在理论上可以把证据分为言词证据与实物证据。言词证据较易失真且不易固定。因为言词证据的内容是受人的主观意志和思想支配的，除了利害关系和个人品质的因素之外，每个人对案件事实在生理上的感知能力、记忆能力和表达能力等方面的差异，也会造成言词证据失真、贬损其证明力的结果。同时，言词证据所反映的情况往往不易固定，同一个人对同一案件事实的陈述在不同的时间和不同的场合可能会出现不尽相同之处。参见《民事诉讼法学》编写组编：《民事诉讼法学》（第3版），高等教育出版社2022年版，第136－137页。

导当事人一方诉讼行为的现象。"[1] 在民事诉讼代理过程中，律师的首要作用就是针对个案制定切实可行的诉讼策略。

诉讼策略是指律师代理诉讼的思路、方法和步骤。诉讼策略的妥当与否和诉讼案件的代理效果息息相关。律师制定诉讼策略需要在综合把握案件事实和法律关系的基础上，结合律师自身的法律知识、执业技能和代理经验，为当事人拟定实现其诉讼目的的多条路径和方法。专业、尽职的律师帮助当事人尽早制定完善的诉讼策略，既可以为案件的后续代理奠定良好的基础，也可以适时促进当事人之间的和解和调解，争取共赢的结果。

笔者在代理该案伊始就结合现有的证据和相关法律风险，为F公司和沈某制定了三套完整、详尽的诉讼策略。第一套是最优的诉讼策略：假设司法鉴定结论对我方有利，依据2001年“人走股留”条款主张王某在2003年离职后便自动丧失案涉股权，同时根据2002年决议主张应支付给王某的股权价款是合理的，以此得出案涉股权转让给沈某系合法有效的结论。但司法鉴定结论具有不可控性，这决定了笔者在制定诉讼策略时不能完全寄希望于上述第一套方案，也要做好备用的诉讼方案。

为此，笔者制定的第二套诉讼策略是：假设司法鉴定结论对我方不利，导致法院认定《股权转让协议》和2004年决议不成立，为了达到沈某无须向王某返还案涉股权的法律效果，须结合双方当事人在庭前会议中的陈述（F公司和沈某在委托笔者代理前，法院已经召开过一次庭前会议），从诉讼时效的角度去对抗王某要求沈某返还股权的诉讼请求。王某在庭前会议中多次自认沈某在二十年前就

[1] 江必新：《加强法官律师良性互动　探索构建协同诉讼模式》，载《中国律师》2018年第3期。

告知其已丧失股权，而且王某还陈述他在三四年前就从工商部门了解到案涉股权早已被登记至沈某的名下，但在此次起诉前他从未向沈某主张返还案涉股权。故我方可以提出王某请求返还股权的请求已过诉讼时效的抗辩。

需要指出，针对返还股权请求权是否适用诉讼时效制度这一问题，目前存在较大的争议。《最高人民法院对江苏省高级人民法院关于中国电子进出口公司江苏公司与江苏省信息产业厅等股权纠纷一案请示的答复》（〔2001〕民二他字第19号）载明："股权关系不仅涉及纠纷当事人，而且还对公司以及其他股东甚至公司债权人等诸多主体产生影响，因股权归属产生的纠纷应及早解决。因此，在法律没有特别规定的情况下，当股权受到他人侵害时，请求法律保护的诉讼时效应适用《民法通则》第一百三十五条的规定。"虽有最高人民法院的上述答复，但该问题在司法实践中仍有分歧。有部分案例支持返还股权请求权适用诉讼时效的规定。例如收录于《最高人民法院公报》2006年第9期的最高人民法院（2005）民一终字第104号民事判决书载明："当事人请求确认合同无效，不应受诉讼时效期间的限制，而合同经确认无效后，当事人关于返还财产及赔偿损失的请求，应当适用法律关于诉讼时效的规定。"北京市第一中级人民法院（2011）一中民终字第3423号民事判决也持相同观点。但有一些案例持相反观点，例如上海市第一中级人民法院（2019）沪01民终9238号民事判决书载明："本案主要争议在于股权返还，股权属于物权，而返还原物请求权关系到物权人的根本利益，在标的物被他人侵占的情况下，若物权人不享有返还原物请求权，则不能保障物权的合法行使，故本案中返还原物请求权及其他相关权利的行使，属于物权请求权，不适用诉讼时效。"

笔者认为，返还股权请求权应当适用诉讼时效的规定。理由如下：第一，《民法通则》未对不适用诉讼时效的情形作出规定，2017年颁布的《民法总则》第一百九十六条才首次列举了不适用诉讼时效的情形。该案中王某的股权被转让给沈某的相关事实发生在2004年，王某的股权返还请求权应适用《民法通则》第一百三十五条关于诉讼时效的一般性规定。第二，从法律确立的不适用诉讼时效的情形考虑，《民法典》第一百九十六条仅规定不动产物权和登记的动产物权的权利人请求返还财产不适用诉讼时效，此系不适用诉讼时效的特别规定。《民法典》第一百一十四条第一款、第一百二十五条分别规定民事主体依法享有物权和股权，说明股权不属于物权（股权既不属于不动产物权，也不属于登记的动产物权），而是一种独立的民事权利类型，因此股权返还请求权应受到诉讼时效制度的调整。第三，诉讼时效制度以维护市场秩序、保障交易安全为目的。有限责任公司作为兼具人合性和财合性的民事主体，其股权具有财产属性（例如收益权）和人身属性（例如参与重大决策和选择管理者等权利），因此有限责任公司的股权交易需要一种稳定的制度保障，股权返还请求权适用诉讼时效制度符合维护有限责任公司人合性、稳定性的要求，也符合保障社会主义市场经济秩序、效益的要求。

即便法院认可返还股权请求权适用诉讼时效制度，诉讼时效的起算点在司法实践中也具有一定的争议。第一种观点，即收录于《最高人民法院公报》2006年第9期的最高人民法院（2005）民一终字第104号民事判决认为，合同被确认无效后，当事人一方才享有请求另一方返还财产的权利，返还财产请求权的诉讼时效期间从合同被确认无效后开始计算。第二种观点，即最高人民法院（2003）民二终字第38号民事判决认为，即使在合同应当或事后已经被确认无效的情况下，已经履行合同的一方当事人因对方不履行合同而要求返还财产或赔偿损失的，其行使该项请求权的诉讼时效期间应当从合同约定的对方履行合同义务的期限届满后的次日起计算。第三种观点，即北京市第一中级人民法院（2011）一中民终字第3423号民事判决认为，因合同无效而产生的返还或损害赔偿请求权，应适用诉讼时效期间的规定，从当事人知道或应当知道无效事由时起算。此外，最高人民法院于2010年发布《最高人民法院关于无效合同所涉诉讼时效问题的规定（征求意见稿）》，其针对合同无效后返还财产、赔偿损失请求权的诉讼时效期间起算也设计了三种方案，但该规定后未颁布。因此该诉讼策略仍存在风险。

为此，笔者又从股权的特殊性角度出发去寻找突破口，制定了第三套诉讼策略：结合F公司的实际情况和有限责任公司的人合性要求，尝试说服法院不应判决沈某返还股权。返还股权并非简单的工商变更登记，股权背后涉及的股东利益纷繁复杂，既包含财产性利益，也包含非财产性利益，会对公司、股东、案外第三人的权利义务产生重大影响，所以法院在考量是否判决返还股权时必须细致考察公司的实际状况，充分兼顾有限责任公司的人合性要求，审慎研究客观上是否还具有恢复股权的可能性。[1] 该案中，F公司在2004年后多次对公司股权和股东出资做出调整，现F公司只有两位

〔1〕 湖北省高级人民法院（2016）鄂民再154号民事判决书载明："作为股权转让合同的标的，股权的性质决定其以财产权为基本内容，但还包含有公司内部事务管理权等非财产权等内容，是否能恢复原状取决于合同履行情况，根据合同的履行部分对整个合同义务的影响，如果当事人的利益不是必须通过恢复原状才能得到保护，不一定采用恢复原状。不应当仅从表面的形式，而应当综合合同性质、合同的履行情况、当事人的主观意图等案件的整体情况，在通过其他的方式进行补救更适宜的情况下，就不应当轻易地判决恢复原状……自案涉股权办理变更登记之日起至韩忠实际控制公司的期间，社会成本和社会影响已倾注其中，本案纠纷涉及到公司的稳定性和相关交易的稳定性，为避免公司内部新的不平衡、产生新的利益冲突和纠纷，维护社会经济秩序，保护合法的交易安全，维护公司稳定，在涉案60%股权变更登记及交接手续已经履行的情况下，宜维持韩忠的股东地位，不宜判决返还股权。"

股东，除沈某（占F公司80%的股权）外，F公司的另一位股东（系沈某的妻子，占F公司20%的股权）也坚决不同意让王某再成为股东。[1] 因此从实际情况考虑，法院不适合判决沈某将案涉股权返还给王某。

需要认识到，适用后两套诉讼策略均是以《股权转让协议》和2004年决议不成立为适用前提的，该适用其实会给F公司和沈某留下巨大的法律隐患。若法院最终以返还股权请求权已过诉讼时效或案涉股权不适宜返还为由驳回王某的诉讼请求，王某后续还可以另案起诉，要求沈某按照案涉股权现有的市场价值（而非2004年时的价值）支付股权对价款或相应补偿款。近年来，F公司的经营效益颇好，股权价值大幅提升，若按照现有股权价值去计算案涉股权对价款，会使沈某遭受巨大损失，与其应诉目的有所违背。据此，后两套诉讼策略只能作为兜底方案，须慎重适用。

还要提示的是，律师在制定、落实诉讼策略的过程中切忌一成不变。诉讼过程随时会有风云突变的可能，律师要用发展的眼光看待诉讼策略，在向着既定的大方向坚定前进的同时，也要根据案件走向、证据增减、庭审推进等情况不断灵活地调整诉讼策略中的具体内容。

（四）证据收集与运用

民商事纠纷发端于当事人之间的争议，虽然全面地看，这种争

[1] 北京市第一中级人民法院（2014）一中民终字第04528号民事判决书载明："恢复原状是合同解除的一种法定后果，是合同履行的一种逆向回归，但需要法律上或客观上能够恢复原状为前提。股权转让合同解除，涉及到股权受让人将股权恢复变更至股权出让人名下，虽然此种股权变动并非基于法律行为的股权变动，但同样涉及有限责任公司的人合性问题。在有限责任公司其他股东不同意股权出让人恢复股东身份时，股权出让人无权请求恢复原状，而只能选择其他救济方式。"

议既包括关于事实问题的争议，也包括法律适用的争议，但在民事诉讼实践中，多数甚至大多数民事案件（尤其是一审民事案件）源于事实问题的争议。[1]《民事诉讼法》第二条规定，保证人民法院查明事实是民事诉讼的一项重要任务。《民事诉讼法》第七条确立法院的审判原则是以事实为根据，以法律为准绳。所谓“以事实为根据”集中体现在法院以证据为根据对案件事实作出认定，只有查证属实的证据才能作为法院认定事实的根据。

伴随中国民事诉讼模式逐步转型以及诉讼活动日趋专业化，越来越多的当事人会选择委托律师作为诉讼代理人参加包括收集证据在内的诉讼活动。律师通过积极取证（包括自行取证、申请取证、持令取证），向法院展示己方主张的事实，无疑属于提供法律服务的范畴。律师的取证效果将直接影响到当事人的诉讼效果。律师同时还须掌握证据组织和证据运用（例如书证提出命令制度的运用、证人出庭作证规则的运用、司法鉴定规则的运用）的基本方法。

该案被告沈某的举证难点在于证明2001年决议和2002年决议上的名字系王某本人书写，因此司法鉴定及其结论的重要性不言而喻。[2] 在鉴定过程中，鉴定机构反馈现有比对样本的数量不足，需要补充新的样本。显然，王某不会再提供比对样本，若沈某不能提供新的样本，鉴定机构便无法对两份决议上的签名进行鉴定，届时沈某得承担因无法鉴定所产生的不利后果，即2001年决议和2002年决议的内容恐无法约束王某，沈某会面临较大的败诉风险。

经过不断的思考，笔者实施了以下取证工作：第一，明确取证

〔1〕 参见李浩：《回归民事诉讼法——法院依职权调查取证的再改革》，载《法学家》2011年第3期。

〔2〕 关于司法鉴定过程的详细介绍，可参见赵青航：《民事诉讼代理：方法与应用》，法律出版社2024年版，第89－93页。

方向。沈某回忆起2001年至2002年期间，F公司曾与A公司（系当地的一家大型国企）进行过合作。合作期间，F公司委派沈某、王某等员工到A公司工作，工资由A公司代F公司向沈某、王某等发放，且员工在领取工资时须在工资单上签名。据沈某了解，A公司的档案管理一直非常规范，当年的工资单至今仍完整保存。

第二，向法院申请调查令。沈某多次与A公司沟通，希望调取含有王某签名的工资单，但A公司的档案管理制度严格，出于信息保密的考虑无法直接向沈某提供相应的工资单。笔者遂向法院申请调查令，法院经审查后开具调查令，A公司以邮寄方式向法院提供相应的工资单。

第三，对工资单的质证。法院收到A公司邮寄的工资单后，组织双方进行质证。笔者发现工资单上有与2001年决议和2002年决议上相类似的王某的签名样式，故对工资单的"三性"予以认可。王某虽不认可工资单上签名的真实性，但因工资单是从第三方处合法调取，王某无法举证证明该签名的真实性存在问题。经法院综合认定，A公司保存的工资单上王某的签名可以作为此次鉴定的比对样本。

最终，司法鉴定意见认为2001年决议和2002年决议中"股东签名"处留有的"王某"签名字迹与比对样本上留有的"王某"签名字迹是同一人所写。由此可以认定，2001年决议和2002年决议中王某的名字是其本人所写。

（五）法律检索

对于律师而言，庭前的准备工作将直接影响庭审乃至案件的代理效果，而法律检索是律师庭前准备工作中的关键一环。律师若没有娴熟的法律检索技术，不仅无法获取齐备、准确的资料，而且无法准确地预测案件走向，更难以应对纷繁复杂的诉讼实践。同时，律师只靠自己去解释法律、讲明道理是远远不够的，必须寻求权威依据的支持，而法律检索正是寻找此类依据的重要渠道。

法律检索能力是在理论与实践的互动中获得的，律师通过法律检索能获取有效信息，有效信息又能提升法律检索的广度和深度，不断往复，使法律知识的实践价值得以充分实现。在大数据时代，网络资源不计其数，却良莠不齐，如何在浩如烟海的信息中甄别和筛选出最有价值的信息并运用到个案代理之中，是法律检索的核心命题。为避免低效盲目的检索，法律检索应当实现体系化，并形成行之有效的科学方法论，助力律师游刃有余地应对各类案件。法律检索的类型主要包括类案检索、法律规定检索、权威观点检索以及事实检索。代理该案最重要的法律检索类型是类案检索。律师通过检索类案，可以发现并借鉴法院的裁判逻辑和裁判理由，以期获得代理的灵感，甚至直接形成代理思路。在一定程度上，援引类案已经成为律师从事代理活动、有效说服法院的基本方法。[1]

结合鉴定结论，笔者最终选择采取的诉讼策略是根据“人走股留”条款来论证王某在2003年离职时就已经丧失案涉股权。但《公司法》及其司法解释均未对股东“人走股留”条款的效力作出过明确规定。在此情况下，根据《最高人民法院关于统一法律适用加强类案检索的指导意见（试行)》（以下简称《类案检索指导意见》)，律师可以通过类案检索为法官统一法律适用提供类案支持。《类案检索指导意见》第四条规定，类案检索的范围及顺位为：第一，最高人民法院发布的指导性案例；第二，最高人民法院发布的典型案例及裁判生效的案件；第三，本省（自治区、直辖市）高级人民法院

〔1〕 参见陈瑞华：《刑事辩护的艺术》，北京大学出版社2018年版，第201页。

发布的参考性案例及裁判生效的案件；第四，上一级人民法院及本院裁判生效的案件。只要在前一顺位中检索到类案的，可以不再进行检索。笔者按照上述顺位进行检索，检索到最高人民法院发布的第96号指导性案例，该案例专门对“人走股留”条款的效力作出认定，即“人走股留”的规定符合有限责任公司封闭性和人合性的特点，亦系公司自治原则的体现，不违反公司法的禁止性规定。[1]

根据《类案检索指导意见》第九条的规定，检索到的类案为指导性案例的，法院应当参照作出裁判。[2] 该指导性案例为论证案涉“人走股留”条款的效力提供了强有力的法律论证支持。此外，笔者还提供了其他高层级法院的类案裁判，用以论证王某丧失股权的时间就是其离职之时，而非办理工商变更登记之时。[3]

〔1〕 参见《最高人民法院关于发布第18批指导性案例的通知》（法〔2018〕164号）中的“指导案例96号 宋文军诉西安市大华餐饮有限公司股东资格确认纠纷案”。此外还可以参见江苏省南京市中级人民法院（2020）苏01民终1830号民事判决书、新疆维吾尔自治区高级人民法院（2018）新民申731号民事裁定书。

〔2〕 实践中存在有法院在审案时未参照指导性案例而被上级法院裁定指令再审的情况。例如辽宁省高级人民法院（2021）辽民申5273号民事裁定书载明：“根据《最高人民法院关于统一法律适用加强类案检索的指导意见（试行）》第九条‘检索到的类案为指导性案例的，人民法院应当参照作出裁判，但与新的法律、行政法规、司法解释相冲突或者为新的指导性案例所取代的除外。检索到其他类案的，人民法院可以作为作出裁判的参考。’第十条‘公诉机关、案件当事人及其辩护人、诉讼代理人等提交指导性案例作为控（诉）辩理由的，人民法院应当在裁判文书说理中回应是否参照并说明理由；提交其他类案作为控（诉）辩理由的，人民法院可以通过释明等方式予以回应。’之规定，对于再审申请人提出本案与最高人民法院颁布的第24号指导案例案件基本事实、争议焦点及法律适用具有高度相似性，应同案同判的理由，原一、二审法院未予论述说理，应参照该指导意见重新予以审理。”

〔3〕 新疆维吾尔自治区高级人民法院（2018）新民申731号民事裁定书载明：“许斌丧失相应的股东身份后，虽未在公司登记机关办理变更登记，但这并不影响其已丧失股东身份的事实，只是产生能否对抗善意第三人的问题。”

（六）诉讼可视化

当面对浩如烟海的法律规定和车载斗量的证据材料时，律师如何将案件信息高效地传递给受众？律师对这一问题的思考应贯穿于诉讼代理的始终。诉讼的本质是信息的处理与传递，其体现在律师既要向法官反映案情观点，又要向当事人反馈办案成果。尤其对于法官而言，代理律师实际上可以发挥其办案助手的作用，若律师传递的包括法律规定、案件事实、参考案例、证据材料、代理观点等在内的案件信息使法官感到复杂难解、晦涩难懂，便不利于法官在短时间内获取关键信息并厘清各方观点，此时律师的代理效果恐会大打折扣。基于此，为提高信息处理、传递的有效性，诉讼可视化应成为律师必须掌握的执业方法。诉讼可视化的类型主要包括法律规定可视化、案件事实可视化、参考案例可视化、证据材料可视化和代理观点可视化。

围绕该案的事实及法律适用，笔者在法庭辩论阶段发表辩论意见时采用了代理观点可视化的方式，将提前准备好的两张可视化图（见图7－2、图7－3）当庭呈给法官，法官得以一边听取笔者的辩论意见，一边通过看图迅速掌握核心的代理观点。

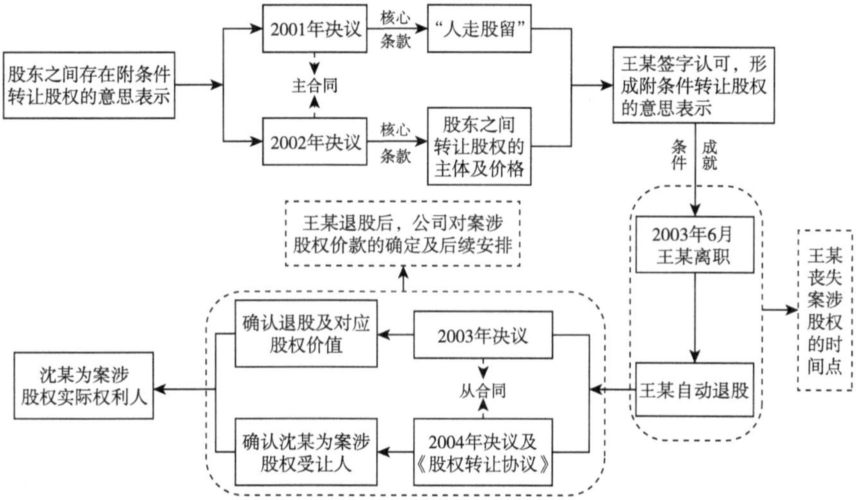

图 7－2　证明沈某为案涉股权实际权利人的代理思路

图 7－2 通过可视化的方式将沈某提供的主要关键证据串联起来，引导法官结合案件整体事实去判断案涉股权的实际归属，而非仅简单地依据《股权转让协议》及 2004 年决议上的名字是否系王某本人所写来判定股权的归属。仔细分析可以看出，该案存在一个“合同组”，其中 2001 年决议和 2002 年决议是主合同，内含王某在内的原股东对附条件转让股权所作的约定，之后的 2003 年决议、《股权转让协议》和 2004 年决议属于从合同或附属协议，系对王某退股后的相关事宜所作的具体安排。据此，即便《股权转让协议》及 2004 年决议上的名字非王某所签，也不影响其已经退股的事实。后因王某不配合办理工商变更登记手续，F 公司为了正常经营并保护实际权利人沈某的合法利益，方才请人代王某签名，且未损害王某的实际权利。故法院不应否认案涉股权转让行为的真实性与合法性。

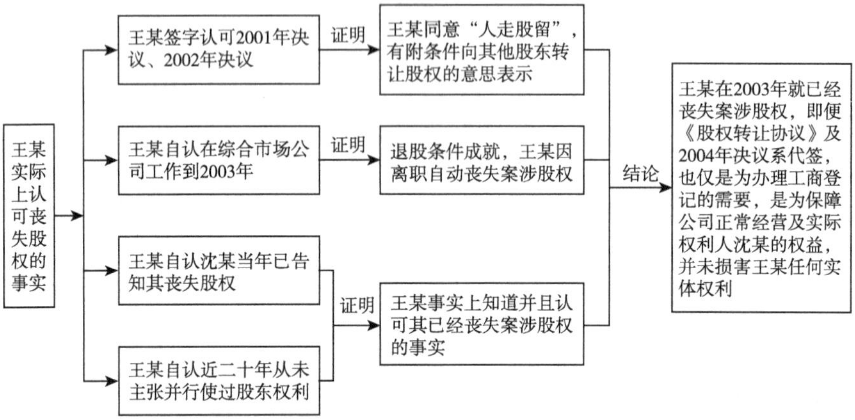

图 7－3　证明王某已于 2003 年明知并认可其丧失案涉股权的代理思路

图 7－3 是对王某相关行为及其在之前庭前会议中的关键陈述所做的可视化归纳，制作该图的目的是使法官能够更直观地认识到王某在 2003 年离职后对其已丧失案涉股权的事实是明知的。具体而言：第一，司法鉴定结论表明 2001 年决议和 2002 年决议上的名字系王某所写，能够证明王某同意股东之间关于“人走股留”的约定，也能证明王某存在附条件向其他股东转让股权的意思表示。第二，王某自认从 2003 年开始就不在 F 公司工作，表明其认可自 2003 年就已经从 F 公司离职，进而证明王某退股的条件已经成就，其于 2003 年便已自动丧失案涉股权。第三，王某在庭前会议中既自认了沈某当年已告知他丧失案涉股权的事实，又自认近二十年来他从未主张并行使过股东权利，证明王某知悉并认可其已经丧失案涉股权的事实。由此可以得出结论，王某在 2003 年就已经丧失案涉股权，沈某请人代签名亦属无奈之举，而且未实际损害王某的权利，法院应当认定《股权转让协议》和 2004 年决议成立并生效。

笔者将代理观点可视化，意在让法官的自由心证能够更倾向于认定我方的举证证明使待证事实（王某已于 2003 年丧失案涉股权，沈某已经合法取得案涉股权）已达到民事诉讼高度可能性[1]的证明标准。

（七）商谈型庭审

2014年，《中共中央关于全面推进依法治国若干重大问题的决定》作出了“推进以审判为中心的诉讼制度改革”的重要部署。有学者论证得出“审判中心论”除了适用于刑事诉讼领域，也应适用到民事诉讼领域的观点，并被广泛接受。[2] 以审判为中心的诉讼制度改革要求突出庭审在纠纷解决中的核心作用。其实，在民事诉讼中推行“庭审中心”的审判方式改革已有多年。中国民事诉讼庭审方式改革已从“庭审规范化”阶段迈入“庭审实质化”阶段，若要步入“庭审优质化”这一更高阶段，就需要进一步解决“庭审走过场”的痼疾，努力保证法官通过庭审活动实现对案件事实掌握程度和法律适用认知水平的飞跃。毋庸置疑，这便对充分发挥律师在庭审中的有效作用提出了更高的要求。

哈贝马斯的法律商谈理论表明，只有在一个充分自由且开放的商谈情境之下所作的商谈沟通，最终达成的共识才会是理性的、公正的。[3] 以协同主义理论下的民事司法商谈理论为基础，笔者提出了构建商谈型庭审模式的设想。商谈型庭审模式需要构建层层相扣、逻辑严谨的环节，用以明确商谈主题，促使法官与律师不懈地围绕

---

〔1〕《最高人民法院关于适用〈中华人民共和国民事诉讼法〉的解释》第一百零八条第一款规定：“对负有举证证明责任的当事人提供的证据，人民法院经审查并结合相关事实，确信待证事实的存在具有高度可能性的，应当认定该事实存在。”

〔2〕参见曹士兵、杨小利：《以“审判中心论”鼎革与续造中国民事审判》，载《中国应用法学》2019年第1期。

〔3〕参见马靖云：《司法商谈机制的构建及其功效》，载《华东政法大学学报》2018年第4期。

商谈主题开展对话，以期对案件中的事实问题和法律问题作出商谈式澄清。笔者以民事诉讼第一审普通程序的制度规则为基础，设计了商谈型庭审的八个商谈环节，流程如下：（1）原告方明确诉讼请求；（2）原告方明确诉讼请求所依据的法律规范；（3）被告方明确答辩意见，并阐明抗辩所依据的法律规范；（4）三方分析法律规范的构成要件，核验当事人的诉辩主张；（5）双方证明事实；（6）在法官的主持下明确争议焦点；（7）双方围绕事实和法律适用进行辩论；（8）双方作最后陈述。

该案审理最显著的特点就在于采用了以庭审为中心的审判方式，充分发挥庭前会议的实质作用，实现了集中审理主义。在庭前会议中，法官组织双方交换证据、固定无争议事实，并对王某的不当诉求作出释明，王某得以在正式开庭前及时变更诉讼请求，避免程序拖延。正式开庭后，双方未再针对无争议事实作出无谓的辩论，使庭审能够围绕争议焦点有效展开，极大地提高了庭审效率。

在开庭时，笔者尤为重视庭审商谈的作用（特别是在法庭调查阶段向王某发问的作用〔1〕）。因为该案存在司法鉴定程序，所以开庭审理与庭前会议间隔将近一年时间才召开。笔者一直对王某在庭前会议中陈述的诚信度持高度怀疑态度。所以笔者于庭前详细梳理了王某在庭前会议中的陈述，并以此为基础罗列了需要当庭向王某

〔1〕《律师办理民事诉讼案件规范》第八十四条　经审判长许可，律师可以向证人、鉴定人及其他当事人发问。律师应就与本案有关的问题发问，发问受到审判长制止时，律师应尊重法庭的决定，改变问题或者发问方式，或表明发问的主要性和关联性。

发问的问题。[1] 果然，王某当庭回答笔者的问题时出现了大量反言的情况。这也直接促使法官顺着笔者的发问思路对王某作出更为细致的询问，结果王某一问三不知，使法官不得不对王某的诉讼诚信产生严重质疑。可见，充分把握庭审商谈的作用，与法官和对方当事人进行有序、有效的沟通，对于案件的代理和审理都能起到至关重要的正向作用。

（八）一审、二审和再审

以上从律师代理的视角通过案例依次介绍了法律风险的告知、诉讼策略的制定、证据的收集与运用、法律检索、诉讼可视化、庭审商谈等几个重要的话题。上述每个话题所涉内容都是民事诉讼代理的重要方法论。律师应将这些方法论娴熟地运用于一审、二审、再审等民事诉讼的全部程序之中。其中，民事诉讼一审具有程序完整性的特质，在程序适用上具有广泛性，因此一审程序在民事诉讼中占据基础性地位。在民事诉讼一审程序中，律师须重点关注起诉状、答辩状、第三人陈述、证据、事实认定、法律适用。该案就比较全面地反映了一审代理的要义。

民事诉讼一审程序和二审程序之间存在紧密的联系，一审程序是二审程序的前提和基础，二审程序是一审程序的继续和监督。代

[1] 笔者向王某的发问主要包括：(1) 你是从什么时候开始不在F公司工作的？为什么不工作了？(2) 你为什么在庭前会议上要否认2001年决议和2002年决议上的签名是你本人签的？(3) 沈某当年是否告知你在F公司的股权已经没有了？你为什么没有及时询问沈某和其他股东你的股权为什么没有了？(4) 当年你为什么不来领取案涉股权对应的价款？(5) 你是什么时候发现案涉股权已经在沈某名下的？你如果不认可，为什么不马上联系沈某和F公司去主张自己的权利，而要拖到二十年后才起诉？(6) 案涉股权转让之事已经过去二十多年，在这期间，你是否行使过股东权利？既然你一直认为自己是股东，为什么二十多年来从未主张过股东权利，特别是分红权？

理民事诉讼一审案件和二审案件均是律师的基础性业务，且代理原理基本相似。但以下四个代理方法是二审律师须着重掌握的，分别是打破一审代理的思维惯性、重构有效的二审诉讼策略、清晰列明上诉请求和理由、适应二审庭审/询问方式。

民事诉讼再审程序是纠正法院错误生效裁判的一种补救程序，其不是法院审理民事诉讼案件的必经程序，而是当事人合法权益的特殊救济程序。民事诉讼再审程序以一审程序和二审程序为基础，具有监督的功能，而且律师在该程序中代理方法的专业性更加鲜明。有资深实务界人士认为，鉴于再审程序是对一、二审程序的审查，专业复杂性远超一、二审，建议尽快在再审程序中实行强制代理制度，引导当事人合理行使诉权、合理利用司法资源，充分发挥律师在再审程序中的积极作用，共同促进公平正义的实现。〔1〕当前，民事诉讼再审业务已呈普遍化趋势，同时律师执业专业化亦是行业发展趋势，不少律师事务所和律师已将重大、疑难的民事诉讼再审案件作为一个诉讼专业化方向。

〔1〕参见李占国：《当前司法实践中影响公平正义实现的若干问题》，载《中国应用法学》2022年第5期。

第八章　政府法律顾问业务

本章第一部分介绍政府法律顾问业务的概况。近年来，随着中国法治化进程的逐步推进，中央和地方相继颁布了相关政策文件，强调政府法律顾问的重要性，各级政府对法律顾问的需求不断增加，律师为政府提供法律顾问服务有着广阔的发展空间和充裕的市场存量。法治政府的建设目标要求政府法律顾问有情怀、有能力、有担当、懂政治、懂政府、懂法律。同时，律师担任政府法律顾问须内外兼修，除了要具备扎实的法律基本功之外，还要根据政府的具体需求不断调整工作方法，包括勤于请教学习、善于沟通协调、重视调查研究、反馈高效高质，以此将知识外化为服务，体现政府法律顾问的价值。虽然政府对法律顾问服务的需求不断扩大，但律师行业内部的竞争亦愈发激烈，为优化服务方式，提供更有含金量的顾问服务，有以下五点经验：一是重视顾问团队建设，有效应对服务需求；二是树立律所间合作理念，争取交流学习机会；三是善于运用公开渠道，把握政府工作动态；四是研究行业发展动态，推进服务型政府建设；五是化解政府工作难题，开拓新型业务领域。另外，法律服务产品对于政府法律顾问的工作具有重要意义，其既是对工作经验的提炼、总结，又是对工作业绩的梳理、展示。常见的法律服务产品包括规范性文件审查法律服务产品、政府信息公开法律服务产品、政府立法法律服务产品、地方政府债务管理法律服务产品、招商引资协议审查法律服务产品和执法案卷评查法律服务产品。第二部分介绍驻点式政府法律顾问业务。律师驻点式服务具有多种类型，但服务模式大体相似，主要分为单肩作战式与团队分工式，需要根据实际情况不断地调整、优化。驻点式服务中各方的诉求存在差异，常反映出以下矛盾，一是政府期望与驻点律师选派的矛盾，二是工作难度与律师能力之间的矛盾，三是驻点律师个人发展需求与律师团队业务维护需要之间的矛盾。基于上述三点矛盾，驻点律师和律师服务团队常会遇到如何持续保证服务质量、获得政府满意评价的难点，驻点律师还面临着个人发展的难题。为此可以尝试从政府服务、驻点律师、服务团队三个维度破难提质。第三部分介绍行政规范性文件合法性审查。行政规范性文件合法性审查的前提在于准确掌握行政规范性文件的含义，判断其制定主体是否适格，判断其是否涉及公民、法人和其他组织权利义务，且具有普遍约束力，并在一定时期内反复适用。而行政规范性文件合法性审查的要点是审查其是否超越职权或违反上位法，是否违反法定制定程序，是否符合最新的政策导向。同时，对行政规范性文件的合法性审查不应仅局限于"不违法"的标准，还应注重对行政规范性文件制定必要性、实用性以及实施效果的科学性审查。

一、政府法律顾问业务概述

推进政府法律顾问工作，是贯彻依法治国方略、深化依法行政的一项重要举措。随着经济的发展、改革的深化，民众对政府依法行政的能力提出了更高的要求。面对新时代、新局面，政府迎来了新挑战，律师迎来了新机遇。一般认为，政府法律顾问在防控政府法律风险、规制政府权力、促进政府决策合法性等方面能发挥正向的作用。[1] 如何转变思维，积极主动地做好政府的法律参谋；如何创新思维，在政府履职过程中保驾护航；如何开拓思路，为政府提

〔1〕 参见宋智敏：《政府法律顾问制度研究》，法律出版社2018年版，第25-34页。

供更高质量的法律顾问服务和法律服务产品等，都是摆在政府顾问律师面前的重要课题。

（一）律师担任政府法律顾问的政策背景

中国的政府法律顾问制度起步较晚，从上世纪八十年代至今，经历了从无到有、从试点到逐渐成熟的过程。近年来，随着中国法治化进程的逐步推进，中央和地方相继颁布了相关政策文件，强调政府法律顾问的重要性，各级政府对法律顾问的需求不断增加。

党的十八届四中全会通过的《中共中央关于全面推进依法治国若干重大问题的决定》指出："积极推行政府法律顾问制度，建立政府法制机构人员为主体、吸收专家和律师参加的法律顾问队伍，保证法律顾问在制定重大行政决策、推进依法行政中发挥积极作用。"2016 年，中共中央办公厅、国务院办公厅印发《关于推行法律顾问制度和公职律师公司律师制度的意见》，提出要积极推行党政机关法律顾问制度，吸收法学专家和律师参加的法律顾问队伍。党的二十大报告提出，到 2035 年，中国发展的总体目标之一是基本建成法治政府。在上述政策背景下，律师为政府提供法律顾问服务有着广阔的发展空间和充裕的市场存量，律师应当紧紧围绕新时代发展目标，把握职业发展契机，积极发挥在法治政府建设中的作用。相反，"如果没有大批的政府法律顾问作为'谔谔之士'发挥法治高参和法治保健作用，那么花费巨大成本建立起来的政府法律顾问制度也会虚有形式、仅作摆设，无助于推动法治政府建设，无法实现以人为本、良法善治、刚柔并济的行政法治目标"[1]。

---

〔1〕 莫于川：《政府法律顾问的时代使命与角色期盼》，载《广东社会科学》2017 年第 1 期。

（二）政府法律顾问的基本素养

法治政府的建设目标对政府法律顾问提出了具体的要求，政府法律顾问不仅要“有”，而且要“有效”。[1] 笔者将政府法律顾问的基本素养总结为以下六点。

第一，有情怀。担任政府的法律顾问不同于从事其他业务领域的法律服务工作，律师需要有推进法治政府建设的职业理想。政府法律顾问的事务繁杂、专业性强、涉及面广、突发情况多，同时还存在人力成本大、耗费精力多、服务费用不高等困难，律师若没有一定的情怀与抱负，恐难以面对服务过程中客观存在的压力与挑战。笔者在担任某局法律顾问期间，团队律师为处理一起突发性事件，连续几个月每天 24 小时待命，甚至多次于黎明时分赶赴事发现场，协助政府工作人员现场处理法律问题并做好群众安抚工作。

第二，有能力。处理政府法律事务不仅要求律师具有扎实的法律功底，而且十分考验律师的综合能力，需要律师有较强的应变能力、突发事件处理能力、沟通谈判能力等。笔者曾参与协助政府处理某片区土地征收项目，律师除了要熟知与土地征收相关的法律法规，还需要与各个职能部门协调，全程参与征收协议签订，与被征收人进行谈判沟通。上述环节对律师的能力、经验要求之高可想而知，这就需要律师具有较强的实战能力。

第三，有担当。政府不同于一般的客户，因为政府的决策经常事关广大人民群众的切身利益。作为政府法律顾问的律师要有担当，

〔1〕 例如《浙江省人民政府办公厅关于进一步深化政府法律顾问工作的意见》（浙政办发〔2018〕98 号）提出：“进一步规范政府法律顾问工作，加快推进政府法律顾问制度从‘有形覆盖’向‘有效覆盖’转变。到 2020 年，全面形成与我省经济社会发展和法治政府建设进程相适应的政府法律顾问工作体系。”

一方面秉持服务精神，想政府之所想，急政府之所急；另一方面保持法律顾问的独立性，理性发表意见，为政府把好法律关。在服务过程中，律师难免会遇到有部分政府工作人员坚持己见、沟通不畅的情况，尤其是年轻律师面对实务经验丰富的一线工作人员时容易妥协让步，这时律师更要有担当意识，切忌无原则妥协，要勇于据理力争，敢于说“不”。

第四，懂政治。担任政府法律顾问的律师要有政治意识，善于从政治上看待问题，从法律上解决问题。律师虽非国家公职人员，但在提供法律服务时要牢牢把握政治方向，坚持用党中央的精神分析客观形势、推动具体工作，提出的意见和出具的结论必须经得起政治考验。例如，笔者在为某民族宗教行政管理部门提供法律顾问服务时，不仅需要深研党的民族政策、宗教政策和相关法律法规，而且要熟悉当地的民族、宗教情况，所提的法律意见既要具有合法性，也要有利于当地的民族团结、宗教和顺与社会和谐。

第五，懂政府。政府法律顾问工作要真正落地，律师就必须清楚了解政府内部的组织架构和运行机制，包括政府如何议事，重大决策如何作出，不同职能部门之间如何协调等，律师得深谙其道。笔者在为某交通运输行政管理部门提供法律顾问服务时，律师团队就专门配备了具有多年政府工作经验的资深律师，以保证顾问工作的有效推进。笔者在担任某市场监督管理局、某生态环境行政管理部门和某新区管委会法律顾问期间，律师团队安排多名律师实地驻点，全方位熟悉、掌握上述政府的职能运行情况，全身心投入到政府的日常法制工作之中。

第六，懂法律。顾问律师必然要懂法律，此处的“法律”并不仅指狭义上的法律，而是包括但不限于法律、法规、规章以及其他规范性文件。例如当前基层政府在鼓励制定村规民约、社区公约等社会规范时，应注意吸收风俗习惯以推动其显性化，同时对这类“乡土”规范的合法性也要加强把关力度，防止出现和纠正“民约”违法或“民约”高于法律的现象。[1] 这对基层政府法律顾问审核相关规范的工作提出了更为明确的合法性要求。同时，律师不仅要熟知行政法和行政诉讼法，还需要扎实掌握与服务对象有关的规范性文件，尤其在服务政府职能部门时，律师更需要加强学习所涉专业、行业的规范性文件。笔者曾为某物价局提供法律顾问服务，在协助该局履行价格监督检查职能的过程中，仅判断商家是否存在价格欺诈这一项，就需要熟练运用《价格法》《反不正当竞争法》《浙江省价格条例》《禁止价格欺诈行为的规定》《国家发展和改革委员会关于〈禁止价格欺诈行为的规定〉有关条款解释的通知》（发改价监〔2015〕1382 号）中的相关规定，以便作出综合分析。

（三）政府法律顾问的工作方法

律师担任政府法律顾问须内外兼修，不仅需要具备扎实的法律基本功，而且要根据政府的具体需求不断调整工作方法，将知识真正外化为服务，体现政府法律顾问的价值。

第一，勤于请教学习。政府事务涉及面广，律师除了需要掌握专业的法律知识，熟悉行业特点，还要时刻关注相关领域的最新发展动态。在担任某交通运输行政管理部门法律顾问期间，笔者不仅需要掌握最基本的与交通运输有关的法律规则，而且要熟悉与港航、公路、交通工程相关的专业知识，如“交通强国”如何开展，“美丽交通建设”的要求是什么，“智慧公路”如何实现，非现场执法需要

〔1〕 参见景汉朝：《新时代“枫桥经验”的基本问题与法治化构建》，载《政法论坛》2024 年第 2 期。

怎样的技术支持等。律师向政府内各业务部门工作人员的请教学习尤为关键，应不懈学习新知，否则法律规则只会沦为脑海中空洞的条文，恐难有效运用。

第二，善于沟通协调。担任政府法律顾问的律师与政府领导和各处室工作人员沟通交流时要有礼有节。律师在服务过程中若发现政府工作人员存在一些问题，一方面要勇于指出其不当之处；另一方面要注意方式与方法，保证沟通效果。例如代理行政诉讼案件时，律师需要与执法人员、法规部门工作人员、单位负责人分别沟通。律师首先要与一线执法人员充分交流，对案件事实了然于心，确保在庭审时能流利、准确地应答；其次要与法规部门工作人员充分论证代理思路，以期获得最佳的代理效果；最后在开庭前要与单位负责人交流代理思路，告知庭审可能出现的各种情形（尤其是不利情形），必要时组织模拟庭审。

第三，重视调查研究。律师担任政府法律顾问，不只是做一些案头工作，而要注重调查研究，包括与政府工作人员当面沟通、参加会议、参与论证、陪同调研等。“调查研究是谋事之基、成事之道。”〔1〕律师若一味地闭门造车，就会和一线的工作实际发生脱节，提出的解决方案也难接地气。例如笔者曾代理某县人民政府与某公司行政协议纠纷一案，因该案涉及某垃圾处理项目建设，虽然手头已有相关照片及视频资料，但为了解项目工程的进展，笔者冒雨前往项目工地，实地勘察项目实施情况，了解垃圾处理流程。若缺少了深入一线这一重要工作步骤，律师就无法直观地了解到案件的真

〔1〕中共中央党史和文献研究院、中央学习贯彻习近平新时代中国特色社会主义思想主题教育领导小组办公室编：《习近平关于调查研究论述摘编》，党建读物出版社、中央文献出版社2023年版，第4页。

实情况，更遑论出色地完成代理工作。

第四，反馈高效高质。律师在日常服务政府的过程中常需要高效地处理突发事务，高质地完成行政复议案件、行政诉讼案件的代理工作。以行政诉讼为例，政府应当在收到起诉状副本之日起十五日内向法院提交答辩状，[1] 为此，律师必须迅速反应，与政府内经办人员沟通，收集、整理据以做出行政行为的相关证据材料和法律依据，并撰写答辩意见，再将所有材料交至法规部门，由领导签批，盖章后提交法院。律师要在极短的时间内完成委托事项，这无疑是对其执行力的严峻考验。

第五，提出解决方案。当律师发现政府工作中的问题时，不能只抛出问题，还要附带解决方案，甚至是几套不同的解决办法。简言之，律师不宜让政府做问答题，要创造条件让后者做选择题、判断题，这是律师应尽的服务之道。只能提出问题的律师未必是政府心目中的优秀律师，善于发现问题、评估风险、为政府设计多种解决路径的律师才是政府真正需要的专业法律顾问。笔者在为某街道办事处提供法律顾问服务时就深有感触。街道办事处和人民群众联系紧密，往往是政府落实工作的“最后一公里”，处理基层法律事务需要结合当地的实际情况，提出既能化解矛盾又切实可行的解决方案。

第六，定期汇报总结。律师在担任政府法律顾问的过程中，欲让政府“看得见”律师的具体服务，就要把工作内容、工作成果以文本的形式固定下来。笔者平时在为政府提供法律服务时，会对每一次完成的工作都进行登记，定期汇总，以便政府能清楚地了解律

[1] 《行政诉讼法》第六十七条第一款第二句规定：“被告应当在收到起诉状副本之日起十五日内向人民法院提交作出行政行为的证据和所依据的规范性文件，并提出答辩状。”

师的工作内容和工作质量。到了年底，律师有必要向政府提交书面版的法律顾问服务年度报告，对一整年的顾问工作做出系统的梳理和总结，并提出相应建议。同时，律师团队内部要定期（建议起码半个月一次）总结工作中发现的问题，及时与政府工作人员探讨，在双方的良性互动中提高顾问服务质量。

（四）律师担任政府法律顾问的若干经验

虽然政府对法律顾问服务的需求不断扩大，但律师行业内部的竞争也愈发激烈，如何优化服务方式，提供更有含金量的顾问服务，在此介绍五点个人经验。

第一，重视顾问团队建设，有效应对服务需求。新形势下的政府法律顾问服务早已不再是“单打独斗”式的由一名律师来应对所有工作，而是“抱团取暖”式的由多名律师组成法律顾问团队，以便有效应对政府的各种法律服务需求。律师服务团队要形成金字塔式的人员结构：团队由资深律师领衔，亲自指挥处理疑难复杂问题，配备刻苦肯干、执业经验丰富的骨干律师负责处理日常事务，并指导年轻律师的日常工作。如此组团，方能使团队内部分工明确，团队成员通力合作。团队负责人务必要花精力招聘优秀的骨干力量、年轻的后备力量，实现团队成员的梯队化建设。不仅如此，团队内部还要建立定期的学习交流机制（建议每周一次），保持知识共享，确保信息互通，促进共同进步。

第二，树立律所间合作理念，争取交流学习机会。不少政府在选择法律顾问时，往往不止委托一家律师事务所，而是同时委托多家律师事务所共同提供服务。在这种情况下，律所间的竞争关系尤为明显。但这种竞争并不是拳击式的互相搏斗，而是跳高式的合作共赢。律师要树立合作的理念，博采众长，从优秀的同行身上学习经验，取长补短。同时，律师要有更为宽阔的眼界，争取机会走出去，向其他省、市的优秀律师学习，积极参加专业的论坛或研讨会，逐渐将优质的理念和知识内化于心、外化于行。

第三，善于运用公开渠道，把握政府工作动态。律师一要关注各级政府发布的《政府工作报告》，从宏观层面了解政府过去一年的施政情况以及未来一年的工作计划。二要关注服务的政府及其上级政府的官网和微信公众号，这有利于律师充分了解政府的最新动态，尤其包括政府开展的专项行动以及规范性文件的增、改、废等情况，保持接收信息的敏锐度。三要关注中央党政机关的媒体平台，从上至下地把握相关信息。四要深入研读《人民政府公报》，把握政府工作的脉络，了解政府的工作重点，从而寻找到政府法律顾问工作的发力重心。上述都是政府顾问律师应有的动作，需要长期坚持。

第四，研究行业发展动态，推进服务型政府建设。随着时代的发展、科技的进步，各领域的新业态层出不穷，政府必须跟上新型业态的发展速度。比如近年来交通运输领域内技术不断革新，但交通主管部门的监管手段却未相应提升，仍然沿用原有的监管模式，如对网约车的监管，政府普遍要求管理对象在本地设立分公司或办事机构，使平台企业的运营成本相应上升。又如在市场监督管理领域，随着网络交易平台的兴起，政府原有的价格监督检查模式、广告违法行为管理模式也迎来新的挑战。在新形势下，律师要与时俱进，着力研究行业发展新动态，为政府提供专业性意见，推动政府管理方式和方法的更新迭代，满足服务型政府建设的需求。

第五，化解政府工作难题，开拓新型业务领域。政府法律顾问不能仅满足于完成行政规范性文件合法性审查、重大行政执法决定合法性审查、行政协议合法性审查等日常法律服务工作，要时刻有意识地提高自身的不可替代性。这就要求律师必须抓住政府工作的痛点、难点，创新性地提出富有成效的解决方案。试举一例。近年来一些地方政府面临巨大的财政压力，为化解地方政府的偿债压力、平滑财政支出，前几年PPP项目（政府和社会资本合作）发展得如火如荼，许多律师投身其中。但随着监管收紧以及政府和社会资本合作新机制的政策落地，新增项目数量骤减，相关的法律服务业务也受到了冲击，律师如何在变局中求新局？唯有积极转变服务思路，为政府管好“钱袋子”，守好法律关。例如可以将服务工作的重点从前期的咨询、督导转移到存量项目的争议解决。再如协助政府客户有效识别隐性债务和交易风险，并提出有针对性的审计和监管应对方案。又如在保障国有企业合规融资方面开拓创新，研发存量资产盘活法律服务产品，助力国有企业形成投资良性循环。

（五）政府法律服务产品

法律服务产品对于政府法律顾问的工作具有重要意义。法律服务产品既是对工作经验的提炼、总结，又是对工作业绩的梳理、展示。对律师而言，开发法律服务产品往往能有效改变政府对顾问律师只擅于提供日常咨询、讲授新法、合同审查、行政复议、行政诉讼等传统法律服务的固有印象，提升顾问律师在处理政府重大疑难事项中的价值，从而为其争取到与政府更多的合作机会。对政府而言，律师以法律服务产品为载体，变按需服务为主动服务，以事前防范代替事后化解，在为政府解决问题方面会更有作为。由此，律师的法律服务产品清单其实也是律师的“能力清单”，能够供政府精准锁定不同情形或需求下可供选择的法律服务项目。在此列举以下几种常见的法律服务产品。

1. 规范性文件审查（侧重公平竞争审查）法律服务产品

公平竞争是市场机制高效运行的重要基础，但目前地方保护、区域封锁等不符合建设全国统一大市场的现象仍然存在。尤其是部分地方政府曾经制定的规范性文件可能存在违背公平竞争审查要求的情形，需要及时、有序清理。经验相对丰富的律师可以协助政府在较短时间内对存量文件进行梳理、审查。鉴于规范性文件审查业务具有较强的基础性，本章第三部分将作专门介绍。

2. 政府信息公开法律服务产品

随着《政府信息公开条例》的进一步修改，以公开为原则、以不公开为例外的理念已逐渐深化，但政府信息公开仍是许多政府的大难题。该法律服务产品对政府信息公开的全流程进行梳理，从明确是否属于政府信息，到如何检索，再到如何回复等，做出详细说明，分步骤指导政府工作人员合法应对政府信息公开申请。

3. 政府立法法律服务产品

律师参与政府立法业务的技术难度大、服务周期长，对律师的独立研究能力、实证调查能力、问题分析能力和统筹协调能力提出了很高的要求。律师可以将政府立法法律服务产品设计成六个服务阶段，即课题准备阶段、前期研究阶段、实地调研阶段、疑难问题研究阶段、成果撰写阶段、结题验收阶段。律师团队须在各阶段确定任务要求、时间节点及律师分工等，确保服务项目有序进行。

4. 地方政府债务管理法律服务产品

为解决政府违规举债带来的偿债风险，在风险防控方面，律师可着力从社会资本方和政府方这两个角度对政府投资项目进行合规检查、跟踪服务，确保项目融资模式不构成政府隐性债务。在化解存量债务方面，律师可积极谋划，盘活存量资产，整合现有资源，实现政府债务化解和国企转型升级的“双覆盖”。

5. 招商引资协议审查法律服务产品

招商引资是政府主导和企业广泛参与的一项重要工作，是指地方政府向投资者推介当地优势，争取投资者到当地开展包括直接或间接投资的各类投资活动。签订招商引资协议是政府开展这项工作的重要内容之一。律师可以研发招商引资协议审查的法律服务产品，主要内容包括：协议主体审查，土地出让条款和协议供地条款审查，估值调整协议审查，补助资金条款审查，税收优惠条款审查，项目用地收回及相关条款审查，项目公司条款审查，政策调整条款审查等。

6. 执法案卷评查法律服务产品

执法能力的提升对于法治政府的建设具有重要意义，执法案卷作为案件办理的书面记录，直接体现了政府的执法水平。律师可以研发执法案卷评查的法律服务产品（如评查行政处罚案卷），主要内容包括：审核行政执法主体是否适格、是否具有执法权限，审核行政执法人员是否具备执法资格，审核执法对象是否认定准确，审核案件事实是否清楚，审核证据是否合法、充分、确凿，审核行政执法程序是否合法，审核适用法律、法规、规章是否准确，审核裁量基准运用是否适当，审核行政执法文书是否完备、规范，审核违法行为是否涉嫌犯罪、是否需要移送司法机关等。律师可以先评查个案办理情况，再对政府执法活动提出切实有效的建议。

二、驻点式政府法律顾问业务

近年来，律师参与政府法律顾问服务的趋势呈现出持续增长的态势。目前，笔者所在的律师团队担任十余个省级机关、市级机关和基层政府的法律顾问，形成了多种顾问服务形式。其中，驻点是政府法律顾问工作中一种重要且常见的服务形式。驻点可以理解为律师事务所或律师团队指派律师在固定时间赴政府客户单位坐班，提供面对面的法律服务。对于政府而言，驻点律师可以及时响应各项需求、随时接受当面咨询，有助于提高政府的工作效率和决策质量。当前不少政府对律师的驻点式服务模式颇为青睐，常将其作为政府采购法律顾问服务的一项实质性要求。鉴于该话题的重要性，本部分将讨论律师驻点式服务的类型与常见模式，分析驻点律师和律师团队面临的矛盾与难点，并尝试探索破解之道。

（一）律师驻点式服务的类型与常见模式

从不同维度分析，律师驻点式服务具有多种类型：根据驻点时间要求，可以分为全日制驻点和间歇性驻点。根据驻点地区要求，可以分为同区域驻点和异地驻点。根据政务划分，可以分为综合型政府驻点和部门型政府驻点，其中前者中律师事务所受聘于政府法制部门（一般是司法行政部门），为同级各个政府部门提供法律顾问服务；后者中律师事务所受聘于某个政府部门，为其各处（科）室提供法律服务。根据律师服务事项，可以分为常年法律顾问服务驻点和专项法律顾问服务驻点，其中常年法律顾问服务驻点以年度为限，服务事项比较广泛；专项法律顾问服务驻点主要针对特定事务，常见的诸如旧城改造中的房屋征收、政府采购合规审查、行政争议解决等。

律师驻点式服务的类型虽然多样，但服务模式却大体相似，主要有两种：第一种是“单兵作战”式，即一名律师既是负责人，又是驻点人员，独立负责和处理政府交办的法律事务。第二种是“团队分工”式，多位律师形成服务团队，团队负责人远程把控服务质量、决策重大事项，驻点律师负责信息传导和任务执行。在这种模式下，根据律师服务团队内部的成员配置，还可以细分成团队负责人直接对接驻点律师的单一型团队，以及团队负责人总体把关、业务负责律师对接驻点律师的复合型团队。

在团队负责人直接对接驻点律师的单一型团队模式中（见图 8－1），驻点律师可以独立负责在其能力范围内的事宜，如简单合同的审查，常见法律问题的答疑等，该能力范围由驻点律师和团队负责人协同把握。涉及重大、疑难事项时，驻点律师负责接收政府工作人员提出的问题和要求，再将重要信息、材料和政府相关意见等内容传达给团队负责人，由团队负责人决策后再行处理，共同为政府排疑解难。

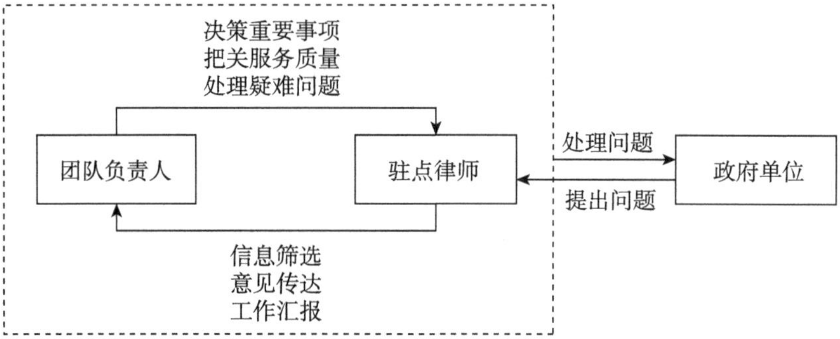

图 8－1　单一型团队模式

复合型团队模式（见图 8－2）的优势是团队负责人下还设置了业务负责律师，会根据政府不同的业务提供更专业、更细化的服务，例如审查政府采购合同、规范性文件、招商引资政策等。驻点律师除独立处理相对简单的事务外，还会根据团队已确立的分工方案向业务负责律师分派其收到的任务，由业务负责律师处理或其指导驻点律师完成相关任务。如遇紧急疑难问题或特别重大的决策事项时，驻点律师则直接与团队负责人沟通处理。

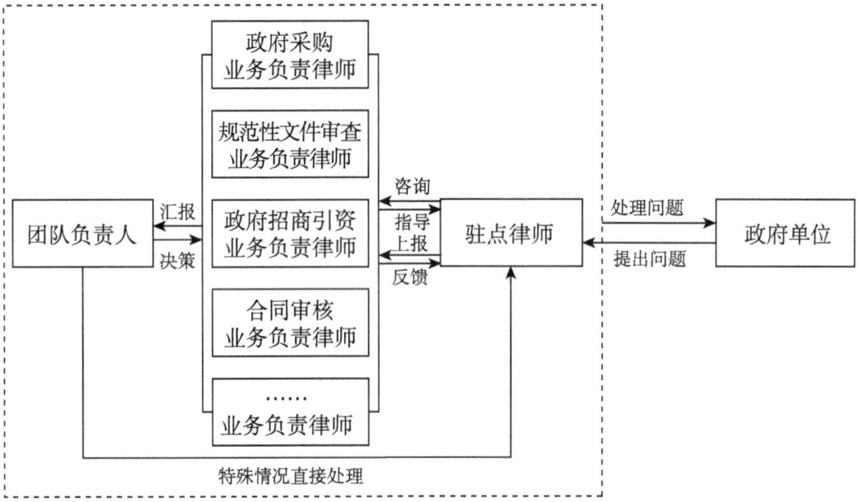

图 8－2　复合型团队模式

律师的上述服务模式均源于现实需要，并被实践长期检验。笔者无法简单比较各服务模式间的优劣，因为判断服务模式合适与否的标准主要在于该模式能否有效运转并获得政府的认可，而且服务模式不是固化的，需要根据实际情况不断地调整、优化。

（二）驻点律师和律师服务团队面临的矛盾与难点

在律师的驻点式服务中，各方的诉求存在差异，常反映出以下矛盾：第一，政府期望与驻点律师选派之间的矛盾。政府希望律师事务所派驻服务经验丰富、专业能力过硬的资深律师，[1] 从而获得高质量的法律服务。然而现实中，实际驻点的律师往往是执业时间不长的年轻律师（甚至是律师助理）。究其原因，一方面，驻点服务

〔1〕《关于推行法律顾问制度和公职律师公司律师制度的意见》规定外聘法律顾问的条件之一是“在所从事的法学教学、法学研究、法律实践等领域具有一定影响和经验的法学专家，或者具有 5 年以上执业经验、专业能力较强的律师”。

在时间和空间上具有很强的限制性，资深律师肩负开拓市场、维系客户、办理其他业务等职责，客观上无法花费大量时间在同一地点、同一客户上。实践中，资深律师往往只作为服务团队的负责人或业务负责律师，远程把控服务质量。即使在“单兵作战”式的服务模式中，资深律师也比较罕见。另一方面，年轻律师或律师助理的用人成本较低，但训练成本较高，派其驻点既是为了成本控制，也是为了给予年轻律师更多的实务锻炼机会。虽然“团队分工”式的服务模式可以在一定程度上削减政府对驻点律师未必靠谱的顾虑，但由于客观上信息沟通的质效会降低，这种期望与现实的矛盾常会降低政府对律师服务团队的整体满意度。

第二，工作难度与律师能力之间的矛盾。政府类法律服务业务的类型广、专业要求高、应急需求大，对律师的综合素质要求比较高，例如政府招商引资类业务常需要律师同时处理税务、土地、建设工程、地方政策等多重问题，征迁类业务需要律师兼备专业能力、沟通能力和应急处理能力。虽然在理想的团队合作模式中，驻点律师可以将专业难题提交给团队负责人或业务负责律师处理，但现实往往不尽如人意。一旦上游律师因分身乏术或业务不专等原因缺位，工作的高难度与驻点律师实际能力之间的鸿沟势必扩大，导致服务质量降低，无形中加大了律师团队后续服务的难度。

第三，驻点律师个人发展需求与律师团队业务维护需要之间的矛盾。据笔者观察，年轻律师对驻点工作的热情往往不高，有时会感到身心疲累。曾有年轻律师向笔者抱怨：“与其天天在政府里当驻点律师，只是个编外人员，何不直接考进政府里当正儿八经的公务员呢。”他们不希望长期游离于律师团队的核心业务之外，担心会被束缚甚至耽误自身的发展，同时不愿接受政府严格的日常工作管理，平时也深感与政府有关部门和人员的沟通难度过大，若非为了给团队作出贡献，否则实在不愿意驻点。但从律师团队的角度看，稳定的驻点律师有利于降低团队成员间的磨合成本，保证服务质效，巩固政府客户，从而保障团队的综合效益。若无法调和驻点律师个人发展需求与律师团队业务维护需要之间的矛盾，很有可能会使驻点律师申请调岗或离职，导致团队出现无人可用或频繁换人的情况，这必然严重威胁团队成员与团队业务的稳定性，极不利于政府客户的维护。

基于上述三点矛盾，驻点律师和律师服务团队常会遇到如何持续保证服务质量、获得政府满意评价的难点。对此，驻点律师需要面临知识储备更新与沟通效果优化的双重考验。一方面，如果驻点律师对业务知识知之甚少，便无法保障信息的高质量传递，无疑会增加上游律师的工作压力，同时恐会消磨政府的信任。另一方面，如果驻点律师不能有效沟通，或表达不当，会极大地影响政府的服务体验，引发驻点律师（甚至律师服务团队）与政府工作人员的误会和矛盾。驻点律师是团队的“眼、耳、鼻、喉、手”，当然需要稳定且合适的人选。团队负责人必须处理好律师选派和团队协作的问题。协作能力是团队的核心竞争力，如果团队成员不能有效地分工协作，便无法发挥其各自的主观能动性，不仅会造成团队内耗，更会降低服务质量。

除上述矛盾之外，驻点律师还面临着个人发展的难题。如何从驻点工作中获益、如何维持与团队核心业务的联系、如何在时空均受限的情况下开拓业务等，这些都是驻点律师职业发展困惑的具象表现。工作量大、政府内部审批和请示程序烦琐、非法律性事务繁杂等客观情况也实实在在地影响着驻点律师的工作体验，增加其工作难度。律师服务团队亦面临着项目收益回报未必理想、团队管理成本高、项目续签不易等现实难题。

（三）关于破难提质的几点思考

驻点式政府法律顾问服务中的主要矛盾是如何做好政府法律顾问服务工作，最大限度地提升服务质量。次要矛盾是如何维护服务模式的稳定性，实现个人发展与团队效益的平衡。这是因为政府是律师服务最终的评价者，团队及其律师只有做好日常政府法律顾问工作，才能提高团队业务量和创造律师派驻的机会。所以团队负责人应首先把握主要矛盾，重点解决如何更好地满足政府服务需求、提升服务质量的问题，再着重分析驻点律师和团队如何发展与优化的问题，实现平衡与共赢。遵循上述逻辑，以下从政府服务、驻点律师、服务团队三个维度展开讨论。

1. 政府服务的事项与提质要点

首先要理清政府需要的基本服务事项。根据《关于推行法律顾问制度和公职律师公司律师制度的意见》第七条，党政机关法律顾问履行下列职责：为重大决策、重大行政行为提供法律意见；参与法律法规规章草案、党内法规草案和规范性文件送审稿的起草、论证；参与合作项目的洽谈，协助起草、修改重要的法律文书或者以党政机关为一方当事人的重大合同；为处置涉法涉诉案件、信访案件和重大突发事件等提供法律服务；参与处理行政复议、诉讼、仲裁等法律事务等。以服务基层政府为例，上述内容可以具体归纳为政府上会文件审查、规范性文件论证、合同审查、涉诉涉访处理、法律事务咨询、信息公开审查等工作。

在此基础上再介绍律师易获政府客户满意的五点基本经验。第一，深入调研。法律服务提供者应当充分调研，通过访谈、资料整理等方式对政府客户进行服务前的“法律体检”，从而了解其预期效果、重点任务、工作规则等内容。驻点律师可以近距离地接触政府各部门及其工作人员，比较适合承担该项调研工作，做好为律师服务团队持续提供反馈信息、收集补充资料等工作。例如笔者在服务某省市场监督管理局伊始，便与该局法规处的负责人主动沟通，了解到在全省上下推行数字化改革的宏观背景下，省局高度重视“大综合一体化”行政执法体系建设，需要驻点律师尽快协助厘清全省市场监管领域内逾千项执法事项。驻点律师优先处理上述工作，无疑会给政府留下较好的初始印象。同时，律师应收集、研习并遵守政府重要的制度文件，如“三定”方案、常务会议规程、政府工作规程等。这样的调研使律师服务团队和驻点律师既知晓服务需求，又掌握处事规范。

第二，心敏手捷。一是要深入研究与政府业务相关的各项法律法规规章以及地方规范性文件。通常而言，招标采购、工程建设、招商引资、土地管理是律师服务综合型政府的重点领域，律师可以采用汇编法律、体系学习、案例研习等方式对其加深理解并逐步提高运用能力。二是要充分掌握政府工作的合法性、合规性要求。以涉及公平竞争的规范性文件合法性审查为例，律师应当以《中共中央、国务院关于加快建设全国统一大市场的意见》、《国务院办公厅关于全面推行行政规范性文件合法性审核机制的指导意见》（国办发〔2018〕115号）、《国务院关于在市场体系建设中建立公平竞争审查制度的意见》（国发〔2016〕34号）、《公平竞争审查制度实施细则》等文件为准则，同时遵守地方政府规章（如《浙江省行政合法性审查工作规定》《浙江省行政规范性文件管理办法》）和规范性文件。三是要广泛地了解当地的社会环境、经济情况、文化背景等综合因素，便于律师在政府重大决策及合同审查等相关服务中提出既合法又契合当地实情的建设性意见。

第三，对症下药。常有地方政府工作人员反映，律师为何总是

“知其不可为，却不知其如何为”，即抱怨律师虽能准确提示法律风险，却无法实际解决问题，相当于只能看病，但无法治病。从客观情况看，限于专业背景和服务职责，律师只从合法、合规的角度做出风险提示无可非议，但这显然是缺乏竞争优势的。以审查政府融资方案为例，律师依职责审查其是否构成政府隐性债务，当律师仅否决相关方案却又不能协助政府找到解决方法时，其服务效果就很有限。相比之下，具备处理融资和化债事务能力的律师若能够提出其他合法融资路径，帮助政府规避隐性债务风险，显然更具有竞争力。

第四，担当奉献。驻点律师担任政府法律顾问，不仅是在服务政府，更是在以实际的专业力量协助政府造福一方人民。律师应具有担当精神和责任意识，既要勉力做好决策辅助、文件审查等本职工作，又要积极参与为人民谋福祉的其他工作。例如笔者所在团队在服务某省市场监督管理局期间，参加了“携手长三角　法治助共富”的主题普法活动，在《民法典》颁布两周年的主题宣传活动上，团队律师作了题为《〈民法典〉实施对政府行政行为的影响》的宣讲，体现了律师行业的责任担当与奉献精神。

第五，有礼有节。律师的工作方式、职业形象能直观地反映其严谨的工作态度和专业的服务气质。驻点律师应做到以下三点：一是遵守政府的管理规定，守时守礼，认真负责。二是展现律师的职业气质，着装正式，仪态大方。三是优化自身的服务效果，表达清晰，不卑不亢。

2. 驻点律师的选用和后期培养

驻点律师的能力、素质与律师团队的服务效果密切相关。团队负责人如果轻视驻点律师的选任工作，指派不合适的律师赴政府驻点，必将直接降低政府对律师服务团队的整体满意度。团队负责人若忽视驻点律师的职业发展需求，且后者的职业发展期望无法得到合理的满足，团队的流动性就会增大，不利于稳定该项业务及维系政府客户。

为解决上述问题，团队负责人在选择驻点律师时一方面应重点考察其表达能力、适应能力、学习能力。其一，驻点律师是律师服务团队与政府沟通的桥梁，表达能力是工作基础。以政府上会文件审查为例，驻点律师不仅要向团队提供各项材料，及时反馈工作的紧急程度与政府相关人员的意见，而且要按时将审查结论传达给政府。其二，驻点律师需要具有较强的适应能力和身份认同感，能够主动配合政府工作人员完成一些法律服务之外的事务性工作。其三，驻点律师应具有积极的学习态度，主动寻求自我提升的方法。

另一方面，团队负责人须考察驻点律师的责任心、进取心、事业心。责任心是政府法律顾问的基本素质，进取心是其坚持学习提升的重要活力，事业心是其在工作中寻求职业价值的根本动力。尽管驻点工作会存在各式障碍和各种困难，但律师完全可以通过驻点的方式既完成团队任务，又实现自我需求，包括从调研政府需求到总结服务方法，从锻炼语言表达到储备业务知识，从积累人脉资源到挖掘优质项目。

同时，律师服务团队应持续做好对驻点律师的关怀和培养工作。比如，对于没有驻点经验的新人，可以采取“老人带新人”的方式，由资深律师对驻点律师进行培训、传授经验，指导后者尽快进入角色。又如，律师服务团队可以与驻点律师定期沟通，了解其在服务过程中的难点与困惑，提出具有可行性的解决方案。再如，可以明确驻点律师在律师团队及律师事务所内的晋升通道，提高其工作与学习的积极性。此外，还可以鼓励、引导驻点律师将服务经验转化为书面成果、授课资料，作为后续可用的知识储备资源，以此增强他们的工作获得感。

3. 服务团队的分工和通力合作

随着法治政府建设的逐步深化和律师行业竞争的日益激烈，配置精细、专业性强的复合型团队模式应逐渐成为政府法律顾问服务模式的主流。分工协作的优势在于促使团队内的律师各司其职、各展其长、提高质效、共同进步。切忌沟通不畅、分配不均、职责不明等原因造成团队成员间互生龃龉、相互推诿、敷衍了事，结果反而损害律师服务团队的核心竞争力。

团队负责人可以从以下三个方面提升团队的整体服务水平，增强合作效果：一是以制度管人，充分听取团队成员的意见，制定切实可行的工作分配机制。二是以回报动人，确立收益与付出相匹配的分配规则，在做好工作台账的基础上，根据工作量分配收益，多劳多得。三是以友谊近人，培育和谐、向上的团队工作氛围，定期组织团建，建立较为深厚的工作友谊。由此，以分工合理、分配得宜、互信互助为目标，构建上下一心、通力合作的优质政府法律顾问服务团队。

三、行政规范性文件合法性审查

新时代以来，党中央、国务院高度重视行政规范性文件制定的监督管理。2013 年公布的《中共中央关于全面深化改革若干重大问题的决定》要求“完善规范性文件、重大决策合法性审查机制”。2018 年公布的《国务院办公厅关于全面推行行政规范性文件合法性审核机制的指导意见》（国办发〔2018〕115 号，以下简称《审核机制意见》）及2021年公布的《法治政府建设实施纲要（2021—2025年）》对行政规范性文件合法性审查工作作出了进一步的规定。与此同时，不少省、自治区、直辖市相继出台规范性文件的管理办法。由此，行政规范性文件的合法性审查在全国范围内全面铺开，已成为担任政府法律顾问的律师须承担的一项重要法律业务。

（一）行政规范性文件合法性审查的前提

1. 准确掌握行政规范性文件的含义

2018年公布的《国务院办公厅关于加强行政规范性文件制定和监督管理工作的通知》（国办发〔2018〕37号，以下简称《行政规范性文件的通知》）对行政规范性文件作出界定："行政规范性文件是除国务院的行政法规、决定、命令以及部门规章和地方政府规章外，由行政机关或者经法律、法规授权的具有管理公共事务职能的组织（以下统称行政机关）依照法定权限、程序制定并公开发布，涉及公民、法人和其他组织权利义务，具有普遍约束力，在一定期限内反复适用的公文。"同年，《浙江省行政规范性文件管理办法》（以下简称《行政规范性文件办法》）颁布，其延续了《行政规范性文件的通知》对行政规范性文件的概念界定。本节所讨论的行政规范性文件，系《行政规范性文件的通知》和《行政规范性文件办法》所确定的行政规范性文件之含义。行政规范性文件的特征包括：[1]（1）行政性。以行政机关名义作出，内容属于行政管理或者公共服务的范围，作为行政机关履行职责的依据。（2）外部性。调整对象为与行政机关不具有行政隶属关系的外部管理对象。（3）规范性。内容涉及公民、法人或者其他组织的权利义务，在一定时期

〔1〕 参见《浙江省行政规范性文件合法性审查指引（试行）》。

内反复适用，具有普遍约束力。

2. 判断制定主体是否适格

行政规范性文件的表现形式有命令、决定、公告、通知、办法等，种类繁多、形式多样，仅从名称难以对其作出准确认定。从形式上认定一份文件是否属于行政规范性文件，关键要看其制定主体是否适格。《行政规范性文件的通知》规定行政规范性文件的制定主体是行政机关，但并非所有行政机关都可以作为行政规范性文件的制定主体。《行政规范性文件办法》第七条规定的可以制定行政规范性文件的行政机关包括各级人民政府，县级以上人民政府所属工作部门，县级以上人民政府依法设立的派出机关，法律、法规授权的具有管理公共事务职能的组织。同时，《行政规范性文件办法》第七条第二款第二句也作出反向列举，即“县级以上人民政府所属工作部门的内设机构或者派出机构，以及不具有行政管理职能的机构，不得制定行政规范性文件”。

县级以上人民政府所属工作部门的内设机构或者派出机构相对容易辨别，如公安派出所、各行政机关的内部处室等都不具备制定行政规范性文件的权力，其在日常工作中制定的文件不能被认定为行政规范性文件。此处较难把握的是认定具有管理公共事务职能的组织制定的文件之性质。律师要认定这类组织是否有权制定行政规范性文件，首先要分析其管理的事项是否是公共事务，这就需要通过“三定”方案等文件加以认定。其次，律师要判断该文件是否在法定授权范围内，须审查其接受授权的相关法律文件。实践中，诸如高校、房屋征收办公室等往往都属于具有管理公共事务职能的组织，但若超越授权范围制定的文件便依然不能被认定为行政规范性文件。

随着国家治理体系和治理能力的不断提升，行政机构改革也在深入推进，一些行政机关在改革后成为参公管理的事业单位。如某管理局经改革后成为某管理中心，其是否还有权制定行政规范性文件？律师应依据“三定”方案等文件判断该中心是否属于具有管理公共事务职能的组织，以及该中心是否被授权参与某类具体事务的管理。若不具备上述条件，其制定的文件就不能被认定为行政规范性文件。

3. 判断是否涉及公民、法人和其他组织权利义务，且具有普遍约束力，并在一定时期内反复适用

行政机关在日常工作中不仅会制定行政规范性文件，还常需要制定其他文件。如何判断某一份文件是否应作为行政规范性文件制发，是律师需要关注的问题。《审核机制意见》第三条指出：“……凡涉及公民、法人和其他组织权利义务的规范性文件，均要纳入合法性审核范围，确保实现全覆盖，做到应审必审。行政机关内部执行的管理规范、工作制度、机构编制、会议纪要、工作方案、请示报告及表彰奖惩、人事任免等文件，不纳入规范性文件合法性审核范围。”再结合行政规范性文件的定义，可以得出结论，是否涉及公民、法人和其他组织的权利义务，且具有普遍约束力并在一定时期内能够反复适用，成为判断行政机关制定的公文是否属于行政规范性文件的实体认定标准。

现实中涉及公民、法人和其他组织权利义务之情形的表现形式多种多样，常见的内容审查包括涉及公平竞争的审查、涉及公共信用信息管理的审查、涉及优化营商环境的审查、涉及行政职责的审查等。律师须对诸多情形严加甄别，如行政机关制定的文件里若出现“降低其信用等级”“限制其参与……”等表述，便会被认定涉及公民、法人和其他组织权利义务的情形。根据笔者的经验，若将以上表述调整为“按有关规定管理”，便可视为引出其他规定的一种指引条文，能够避免被认定为直接涉及公民、法人和其他组织权利义务的情形，进而使该文件不会被定性为行政规范性文件。

关于是否具有普遍约束力并在一定时期内能够反复适用的认定，

律师可用反向判断的方法，判断文件是否针对特定主体作出，是否针对某事项作出。例如行政机关对某一事件作出的行政处理决定（如奖惩文件、信访答复）就不具有普遍约束力，而且只能一次性适用于该事件，故此类决定就不能被认定为行政规范性文件。

（二）行政规范性文件合法性审查的要点

1. 审查是否超越职权或违反上位法

《行政规范性文件办法》第五条规定："行政规范性文件应当符合法律、法规、规章的规定，依照法定权限、程序制定。行政规范性文件不得设定行政许可、行政处罚、行政强制等事项；不得违法制定含有排除或者限制公平竞争内容的措施；没有法律、法规依据，不得减损公民、法人和其他组织的合法权益或者增加其义务。"《审核机制意见》和《行政规范性文件的通知》亦对行政规范性文件的制定作出了严禁越权发文和明确审核职责的规定。据此，是否超越职权或违反上位法是律师审查行政规范性文件合法性的重中之重。

超越职权或违反上位法分为两类情形：第一类情形系主体违法，即行政规范性文件本身系制定主体超越其职权范围或违反上位法规定所制定。第二类情形系行为违法，即行政规范性文件本身系有权主体制定，但其具体条文存在超越制定主体职权范围或违反上位法规定的情形。

针对第一类情形，通常而言，行政主体的行政规范性文件制定权与其事务管辖权相同，由法律、法规和规章予以明确。例如《浙江省公路条例》第四条第一款规定："县级以上人民政府交通运输主管部门主管本行政区域内的公路工作；高速公路的监督管理职责由省、设区的市交通运输主管部门承担。"由此至少可以得出两个结论：一是交通运输主管部门以外的政府职能部门不能就本行政区域内的公路工作制定相关行政规范性文件；二是县级人民政府交通运输主管部门不能就高速公路的监督管理制定行政规范性文件。

针对第二类情形，即行政性规范文件中的部分条款系制定主体超越其职权范围或违反上位法的规定而制定。例如《国务院关于清理规范税收等优惠政策的通知》（国发〔2014〕62号）第三条第三项规定，“未经国务院批准，各地区、各部门不得对企业规定财政优惠政策”。据此，行政规范性文件若违反该通知的内容对企业的财政优惠政策作出规定，便属于超越职权范围。

实践中，律师在审查行政规范性文件是否超越职权或违反上位法时，常会先将该行政规范性文件所涉垂直事务管理领域内的上位法与该行政规范性文件进行比对。例如在对《关于进一步加强某省交通建设工程安全生产管理工作的若干规定（草案）》进行合法性审查时，律师往往会先将其与《安全生产法》《公路水运工程安全生产监督管理办法》《某省交通建设工程质量和安全生产管理条例》进行比对。虽然与垂直事务管理领域内的上位法进行比对是合法性审查的关键步骤，但完成此种审查还不足以对行政规范性文件的合法性作出判定。比较容易忽视或遗漏的是将规范性文件和一些综合性的上位法（尤其是看似其他领域的上位法）进行比对的工作。须知，行政规范性文件中的任何一个条文若违反了上位法的任何一项规定，都会遭致该文件的合法性被否定的法律后果。因此，律师应当精准、全面地审查行政规范性文件中具体条文的合法性。例如律师在审查上文所提规定的合法性时，除了要对垂直事务管理领域内的上位法进行全面比对外，还务必将与条文所涉其他相关领域的上位法（如《民法典》《行政处罚法》《劳动合同法》《某省公共信用信息管理条例》）作出有针对性的比对。要想做到这一点，律师需要不断夯实专业功底，不懈积累实践经验，以此提高审查的敏感性，从而准确地作出判断。

2. 审查是否违反法定制定程序

正当程序是行政法的基本原则，程序正义是实体正义的保证，行政规范性文件的制定过程亦须遵循该要求。在制定行政规范性文件的过程中，行政机关须严守法定程序。《行政规范性文件的通知》第三条规定："严格制发程序。行政规范性文件必须严格依照法定程序制发，重要的行政规范性文件要严格执行评估论证、公开征求意见、合法性审核、集体审议决定、向社会公开发布等程序。要加强制发程序管理，健全工作机制，完善工作流程，确保制发工作规范有序。"目前，行政机关在制定行政规范性文件的过程中基本上能够遵循法定程序，但尚存在薄弱环节，特指出以下两个常见的问题。

第一，起草单位在报送行政规范性文件合法性审查时，提供制定依据不全面、不完整的情况时常发生。起草单位应完整地提供规范性文件的制定依据，包括文件制定所依据的法律、法规、规章、上级规范性文件等。建议起草单位将制定依据逐条标注在条文下方，便于后续的审查者（包括律师）能更有针对性地进行逐条审查。

第二，合法性审查重形式、轻实质的现象普遍存在。尊重程序绝不等于只看形式，切忌将行政规范性文件的审查视作"走过场"。《审核机制意见》第五条规定："……除为了预防、应对和处置突发事件，或者执行上级机关的紧急命令和决定需要立即制定实施规范性文件等外，合法性审核时间一般不少于 5 个工作日，最长不超过 15 个工作日。"当前，行政机关一般能做到对拟制定的行政规范性文件启动合法性审查程序，但常忽视审查质效。有些行政机关要求审查机构于两三个工作日内对文件草案出具审核意见，导致有的审查机构不得不要求律师"夕发朝至"。《审核机制意见》对合法性审查专门作出时间规定，正是考虑到该过程所需花费的合理时间，若时间过短，审查效果可想而知。

3. 审查是否符合最新的政策导向

除了上述通行的审查要点，律师在审查行政规范性文件合法性时还应紧跟时代背景，关注政策导向。随着中国特色社会主义法治体系的不断完善，行政规范性文件有了更成体系化的上位法依据，不仅包括正式的行政法法律渊源，而且包括党和国家的政策以及地方的重要文件。后者体现国家最新的发展形势，紧贴地区实际的发展需求。律师在审核时必须领会政策精神，汲取文件要义，确保行政规范性文件与时俱进、科学合法。

（三）行政规范性文件合法性审查的拓展与深化

1. 对行政规范性文件的合法性审查不应局限于“不违法”标准

符合以上合法性审查要素的行政规范性文件虽不会被认定为“违法”，但“不违法”绝不等同于“合法”。行政规范性文件合法性审查的本质是对行政机关是否依法行政作出全面、精到的判断。《全面推进依法行政实施纲要》将依法行政的基本要求概括为合法行政、合理行政、程序正当、高效便民、诚实守信、权责统一。基于此，律师审查行政规范性文件的合理性、科学性、适当性[1]是合法性审查的题中应有之义。

2. 注重对行政规范性文件制定必要性、实用性的审查

制定行政规范性文件须遵循合理性原则。正如《行政规范性文件的通知》第（二）条所指出的：“严控发文数量。凡法律、法规、规

[1] 行政规范性文件明显不适当的主要情形有：(1) 明显违背社会主义核心价值观和公序良俗；(2) 对公民、法人或者其他组织的权利和义务的规定明显不合理，或者所规定的手段与行政管理目的明显不匹配；(3) 拟采取的措施明显脱离实际。参见《浙江省行政规范性文件合法性审查指引（试行）》。

章和上级文件已经作出明确规定的，现行文件已有部署且仍然适用的，不得重复发文；对内容相近、能归并的尽量归并，可发可不发、没有实质性内容的一律不发，严禁照抄照搬照转上级文件、以文件‘落实’文件。确需制定行政规范性文件的，要讲求实效，注重针对性和可操作性……”《行政规范性文件办法》第九条也提出了相似要求。

实践中，行政机关为了制定文件而制定文件的现象时有发生。对比各地制定的行政规范性文件和相关上位法、上级文件后不难发现，一些行政规范性文件的文字重复率较高，有些文字甚至是直接从上位法、上级文件中照搬照抄而来的，而真正需要明确、细化之处却一笔带过，未能发挥行政规范性文件的应尽之效。实际上，国家赋予行政机关制定行政规范性文件之权力的主要目的是应对复杂的现实情况，鼓励行政机关结合当地实际，在符合上位法、上级文件的前提下制定因地制宜、操作性强、便于落地的具体规定，以弥补上位法、上级文件中难以或不宜规定过细的内容。因此，如果上位法、上级文件已有明确规定的事项，且可以直接适用的，就完全不必再以行政规范性文件的形式加以重复。针对上位法、上级文件中有待进一步细化之处，才有制定行政规范性文件的必要。[1] 控制

〔1〕 习近平总书记针对党内法规的制定工作曾作出过精辟的论述：“要坚持科学立规、民主立规，确保每项党内法规都立得住、行得通、管得了。不要搞那种形式主义，写一堆套话，最后都没有用，就是凑份子，与其这样不如不立。每一部法规文件，质量要上去，一个是严谨性，包括文字的精炼、准确，于法周延、于规周详，都能体现出来。不要着急，得慢慢磨。根本你要有调查研究的基础，要对于我们的党章这些有深刻的理解，相关联的一些规则都要熟悉，知道他们相互关系。已经重复了的就不要再在这讲，别的法规该管的事情就不是这个法规再去啰嗦的，某个法规就管某一方面的问题，针对性很强。”中共中央党史和文献研究院、中央学习贯彻习近平新时代中国特色社会主义思想主题教育领导小组办公室编：《习近平关于调查研究论述摘编》，党建读物出版社、中央文献出版社 2023 年版，第 8 页。笔者认为，习近平总书记对党内法规制定工作提出的要求同样适用于行政规范性文件的制定。

数量、提高质量，是保证行政规范性文件制定合理性的关键方法，也是律师判断文件制定合理性的重要标准。

行政机关在制定行政规范性文件前可参照立法过程中的立法前评估，委托律师对行政规范性文件所涉内容进行调查研究，针对制定行政规范性文件的必要性和实施后可能带来的影响（包括正面影响和负面影响），通过定性、定量等研究方法做出事先评估，以提高文件制定的合理性。

3. 注重对行政规范性文件实施效果的科学性审查

即使一份行政规范性文件在制定时是合法、合理的，也难以保证其在实施一段时间后就一定能产生良好的社会效果。中国当前正处于社会经济高速发展的新时代，静态规范不足、滞后的现象既常见，也不可避免。为此，律师在做更深层次的合法性审查时不能仅停留在静态审查，还须通过科学的评估方法掌握其运行的动态效果，以便及时发现问题并进行纠偏，即动态的合法性审查。理论界和实务界对立法后评估已有不少有益实践，但对行政规范性文件制定后的评估尚处于探索阶段，律师应积极参与这项业务，致力于通过制定后评估持续保障行政规范性文件的科学性。

第九章　企业法律顾问业务

一、企业法律顾问业务概述

（一）企业法律顾问服务的形式

（二）企业法律顾问服务的特点

（三）企业法律顾问服务的作用

二、企业法律顾问的服务方式

（一）企业法律顾问的团队化服务

（二）企业法律顾问的标准化服务

（三）企业法律顾问的智能化服务

三、从事企业法律顾问业务的注意事项

（一）厘清法律顾问的身份定位

（二）保证法律顾问执业的独立性

（三）法律顾问与企业法务的工作协同

四、企业法律顾问的合同审查服务

（一）合同审查的作用

（二）律师审查合同的逻辑与方法

（三）律师审查合同的重难点

本章第一部分介绍企业法律顾问业务的概况。企业法律顾问业务属于律师的主要业务，是指律师事务所依法接受聘请，指定律师以其专业知识和技能为法人、其他组织、个体等企业，在约定的工作范围和工作期间提供多方面法律服务的专业性活动。律师为企业提供法律顾问服务的形式主要有常年法律顾问服务和专项法律顾问服务两类，二者并不完全相互排斥，如一些专项法律顾问业务就衍生于常年法律顾问业务之中。企业法律顾问服务具备以下三个特点：一是法律专业性和行业专属性，二是内容综合性和方式多样性，三是服务覆盖企业全生命周期。同时，企业法律顾问服务能够起到帮助企业防范法律风险、提升企业合规管理水平、促进市场交易的作用。第二部分介绍企业法律顾问的服务方式。律师须通过服务的团队化、标准化和智能化，不断探索和创新法律顾问服务方式，增强律师法律顾问服务的竞争能力。第一，团队化服务可以解决单个律师服务能力不足的问题，有利于满足企业对法律服务的多元化需求。第二，标准化服务能够厘清法律顾问服务的内容边界和评价体系，梳理业务流程和服务架构，达到信息明确对称、服务效率提高、服务质量稳定的效果。第三，科技是法律顾问服务提质增效的新动能，“法律+科技”有助于将律师从低价值、高重复的企业法律事务中解放出来，为企业提供高品质、高效率、高性能的法律服务。第三部分介绍律师从事企业法律顾问业务的注意事项。第一，厘清法律顾问的身份定位。企业常对法律顾问的身份定位存在误解，主要表现为把法律顾问当成“总裁”、“秘书”或“枪手”。有时，企业甚至会要求顾问律师提供违法违规或可能损害律师事务所和律师权益的法律服务，以谋求不当利益。事实上，律师服务企业时具有独立的身份定位，具体包括主体独立与经济独立。第二，保证法律顾问执业的独立性。法律顾问应从独立分析判断、独立出具意见、独立承担责任三个方面贯彻独立性的要求。需要指出的是，法律顾问不能滥用其执业的独立性而损害企业的利益。第三，法律顾问与企业法务的工作协同。法律顾问应与企业法务优势互补、高效协同，共同致力于管理、解决企业的法律事务。第四部分介绍企业法律顾问之合同审查服务。律师审查合同不仅有助于企业防范法律风险，而且有利于企业提升管理水平。为此，该节先阐述律师审查合同的逻辑与方法，再分析律师审查合同的重难点。

一、企业法律顾问业务概述

2019年，《中共中央、国务院关于营造更好发展环境支持民营企业改革发展的意见》提出要“推动民营企业守法合规经营”“引导民营企业深化改革”，并“鼓励有条件的民营企业加快建立治理结构合理、股东行为规范、内部约束有效、运行高效灵活的现代企业制度，重视发挥公司律师和法律顾问作用”。企业法律顾问制度是现代企业制度的重要组成部分，需要委托律师担任法律顾问成为越来越多企业的共识。企业法律顾问业务属于律师的主要业务，是指律师事务所依法接受聘请，指定律师以其专业知识和技能为法人、其他组织、个体等企业，在约定的工作范围和工作期间提供多方面法律服务的专业性活动。[1] 律师在为企业服务的过程中应始终以维护企业合法权益为核心，不懈精进业务能力，努力为企业提供高质量

〔1〕 参见《律师承办企业法律顾问业务操作指引》第1.3.1条。

的法律顾问服务。

（一）企业法律顾问服务的形式

律师为企业提供法律顾问服务的形式主要有以下两类：第一类是常年法律顾问服务，即律师在约定期间和工作范围内对企业的各类法律事务提供综合性服务，不再另计时间和工作量。服务内容通常包括提供法律咨询，草拟、审查、修改日常合同及其他法律文件，对企业日常法律风险发表意见，为高管和员工提供法律培训，出具律师函等常规性法律事务，具体服务事项由律师与企业协商确定。若企业的法律服务需求超出双方约定的服务范围，企业可委托律师另行提供专项法律顾问服务。聘请律师担任常年法律顾问有助于企业建立起长期、稳定的法律保障体系，并在生产、经营、管理等各项活动中获得全方位、专业化的法律支持。

第二类是专项法律顾问服务，是指律师根据企业的需求专注于完成某项特定的法律事务，或在约定期间内负责某项具体的法律事务，如诉讼、仲裁、企业重组、并购、上市等。当企业面临特殊且复杂的法律问题时，律师可以提供更具针对性的专项法律顾问服务，这类服务往往需要更多的人手、占用更多的工作时间。上述两种服务形式并不完全相互排斥，如一些专项法律顾问业务就衍生于常年法律顾问业务之中。针对超出《常年法律顾问聘请合同》约定的服务范围且专业性较强、处理难度较大的法律事务，企业可以专门委托律师提供更加动态化、精准化的服务。

（二）企业法律顾问服务的特点

1. 法律专业性和行业专属性

律师提供企业法律顾问服务不仅需要谙熟行业领域内的法律、

政策，而且应对本行业及相关产业的商业规则、业务实践有深入理解，如此才能从法律视角出发，为企业提供切实可行的法律建议，助力企业实现商业目标。[1] 这体现了企业法律顾问服务的法律专业性和行业专属性。

第一，企业聘请法律顾问是希望律师运用自己的法律专业知识，为企业在生产、经营、管理等方面的法律问题提供咨询和帮助，体现顾问服务的法律专业性。企业的领导者或许是优秀的管理者，但未必精通法律，他们在决策时客观上缺乏全面掌握现行法律法规的能力，主观上更偏重于经济和管理效益方面的考量，导致其往往难以预见潜在的法律风险。但业务能力出色的律师多熟练掌握民事、劳动、刑事、行政等常用法律规范，并对法律法规及政策的立改废释保持高度敏感性，能够为企业提供具有时效性、全面性的法律顾问服务。同时，律师还会根据服务内容的复杂程度和服务对象的特征差异，灵活运用与企业经营发展密切相关的法律规范和政策依据，确保法律顾问服务的有效性和针对性。借助法律顾问识别、应对法律风险的专业优势，企业能够在较大程度上保证其内部运行与外部交易均不超越法律和政策的边界。

第二，不同行业因其固有特性存在差异，导致企业面临的法律风险也不尽相同，这要求律师提供的法律建议须结合企业所处行业的实际情况，体现顾问服务的行业专属性。每个行业中的企业都遵循着特定的经营方式，故面临的法律风险和由此产生的法律服务需求也必然存在差异。即使在同一行业内，企业间业务模式和运营机制的差异也对法律顾问服务提出了个性化的要求。律师需要了解客

[1] 参见熊定中：《公司法务：定位、方法与操作》，中国民主法制出版社 2021 年版，第 46 页。

户的企业性质、内部组织结构、主营业务、运营情况等基本信息，实时关注其所在行业领域的最新动态、交易模式、商业习惯以及法律环境的变化，充分把握企业的需求，提供兼具行业化和个性化的法律服务。

2. 内容综合性和方式多样性

企业对法律顾问提出的服务需求往往多样，既有宏观层面的战略规划咨询，也有微观层面的合同起草审核。为此，律师须根据企业不同的服务需求和关注重点，适时调整服务方式。这体现了企业法律顾问服务的内容综合性和方式多样性。

第一，企业法律顾问的服务囊括企业常规、基础以及部分专门的法律事务，呈现出服务内容与范围综合性的特点。其一，法律专业内容的综合性。“律师担任企业法律顾问，尤其是担任常年法律顾问时几乎不可能像在律所内部那样强调专业化，企业法律顾问应当是通才，他们必须在所有法律事务中充当解答者和协调者的角色。”[1] 实践中，企业的法律需求会涉及民商事、劳动人事、知识产权、行政、刑事等多个专业领域。其二，顾问服务范围的综合性。企业法律顾问的业务范围几乎涵盖了从委托关系开始至终止期间内的所有日常法律服务，主要包括为企业提供法律咨询及建议，出具律师函，审查和起草合同，提供法律培训，为重大决策提供法律依据和意见，诉讼仲裁等。[2]

第二，企业通常强调法律顾问的服务效率，期望律师根据法律规定并结合经验迅速提供切实有效的解决方案，这就要求律师提供

---

〔1〕 Anette Schunder－Hartung （Hrsg.），Innovative Rechtsberatung：Strategien und Handlungsfelder für nachhaltige Kanzleientwicklung，2022，S. 26.

〔2〕 参见《律师法》第二十九条、《律师承办企业法律顾问业务操作指引》第1.6条。

服务时不受限于形式与流程，呈现出服务方式多样化的特点。法律顾问的服务方式包括但不限于线上服务和线下服务、口头答复和书面回复等，律师可以结合企业的需求安排定期或不定期的上门沟通、电话交流、邮件往来、驻点值班以及参与企业内部会议等互动形式。律师在面对繁杂的企业法律事务时，可以根据不同的工作内容和不同的响应要求选择最适宜的服务方式，以提高服务效率和客户体验。

3. 服务覆盖企业全生命周期

企业的全生命周期是指企业从办理设立登记手续开始至企业清算注销之日为止的动态过程，主要分为三个阶段：企业设立阶段、企业经营阶段、企业清算阶段。企业从设立开始的每一个环节都潜藏着各种风险，例如设立终止风险、经营管理风险、债权债务风险、投资运营风险、行政处罚风险和刑事责任风险等，律师的法律顾问服务重心会随着企业生命周期阶段性的变化及时作出调整，从而尽早识别与防范风险，妥善处理风险导致的不良后果，尽可能以最小的成本实现最大的安全保障，维护企业长效、顺利的运转。[1]

在企业设立阶段，发起人面临设立公司类型、股东出资方式、股东权益分配等诸多抉择，若不能及时予以明确，难免会给企业的后续运营留下风险隐患。律师可以通过深入评估股东结构、出资方式、经营范围、公司治理规则等，帮助发起人提前做好核查、布局和调整工作，避免产生纠纷。在企业经营阶段，高频法律风险主要出现在合同、知识产权、股东权利与义务的约束、人力资源管理、税务、企业收购和兼并等方面。律师在受托范围内采取合理措施，能够及时识别企业经营过程中潜在的法律风险，帮助企业做出积极

〔1〕 参见张思星主编：《企业法律风险防范实务操作与案例精解》，中信出版集团2021年版，前言第Ⅰ、Ⅱ页。

的应对。当企业经营不善，面临解散或破产时，法律对此规定了严格的程序要求，比如企业终止经营活动退出市场，需要经历决议解散、清算分配和注销登记三个主要过程。[1] 律师可以协助企业把控解散或破产的相关内部流程，完成法律要求的规定动作，避免清算义务人在清算阶段因未尽忠实、勤勉义务而承担相应的法律责任，同时努力推进破产和解及破产重整计划的执行，尽可能帮助企业重生。

（三）企业法律顾问服务的作用

1. 帮助企业防范法律风险，维护企业合法权益

企业法律风险是指基于法律规定、监管要求或合同约定，由于企业外部环境及其变化，或企业及其利益相关者的作为或不作为，对企业目标产生的影响。企业法律风险与企业自然风险、商业风险的不同之处在于其以承担法律责任为主要表现形式。[2] 律师担任企业法律顾问的作用不仅局限于处理现存的法律事务和纠纷，更在于帮助企业预见、识别、控制、解决法律风险，具有化解潜在法律风险的价值。

律师在防范企业法律风险方面主要发挥以下作用。第一，预见和识别法律风险。律师凭借纠纷处理经验和风险防范思维，能够在服务过程中通过关注企业过往出现的问题、同行业其他企业的经验教训、企业处理法律事务的偏好等，相对准确地预见和识别法律风险的来源、概率、程度以及可能造成的后果，并尽早采取预防措施

〔1〕 参见国家市场监督管理总局、海关总署、国家税务总局发布的《企业注销指引（2023年修订)》第一条。

〔2〕 参见徐永前主编:《企业法律风险管理基础实务》，中国人民大学出版社 2020 年版，第 3 页。

以最大限度地实现风险损失和风控成本的最小化。第二，控制和解决法律风险。律师可以推动企业加强法律风险管理，针对已经识别的法律风险，结合企业的经营模式、行业特点，协助企业采取体系梳理、制定预防措施并植入专门管理制度、管理流程等方式，系统、全面地控制和解决法律风险。第三，提升企业防范法律风险的意识和能力。律师可以通过案例分享、专题培训等方式，针对公司治理、合同管理、生产销售、知识产权、人力资源等不同业务模块的工作人员（含高管），分别开展与其职责密切相关的应对常见法律风险的培训。

2. 提升企业合规管理水平，确保依法决策

企业合规是指企业在生产、经营过程中既要遵守法律法规、监管规定、行业准则、国际公约等外部规范，又要符合企业内部的规章制度、商业伦理道德、合同或协议等自愿性承诺。[1] 若企业在经营过程中缺乏合规管理体系，可能遭受法律制裁、监管处罚以及重大财务或声誉损失。企业法律顾问能够帮助企业防范、化解各项合规风险，协助企业建立合规管理体系，并在合规机制的实施、检查及改进方面提供法律意见和专业支持，促进企业依法合规经营，从源头上降低法律风险发生的可能性。

律师在提升企业合规管理水平方面主要发挥以下作用。第一，协助企业构建合规体系。律师通过了解企业的经营模式，总结企业可能会发生的法律纠纷类型，结合企业的发展需要，可以协助企业建立有针对性的合规管理体系，包括但不限于基本管理制度、业务规范体系、行为规范体系等，促进企业生产经营和管理流程的规范

〔1〕 参见深圳市律师协会第十四期青年律师研修班编著：《企业合规律师实务指南》，法律出版社 2023 年版，第 3 页。

化，同时帮助企业培育合规文化。第二，助力企业落实合规要求。律师能够协助企业贯彻落实具体的合规管理制度，避免合规流于形式。其一，律师可以帮助企业实现决策程序化、考核定量化、权责明晰化、业务流程化，推动企业管理人员养成依规管理、依规办事的习惯。其二，作为外聘第三方的律师居于中立地位，不受企业内部利益的牵扯，可以对企业及其员工的行为作出客观评价，督促企业的各项工作在既定的标准、流程下进行，保证合规制度严格落实。第三，推动企业持续改进合规体系。由于外部监管环境的波动以及企业内部经营活动的调整，企业的合规风险呈现出动态变化的特征。法律顾问因参与企业日常法律事务的处理，故便于对合规体系开展持续性的跟进评估工作，能够精准识别合规管理中的漏洞，确保合规管理与企业内外部环境相匹配。

3. 促进市场交易，实现商业目的

作为商事主体的公司从来不以无风险经营为存续目的，公司运营的基本动力是赢利而非规避风险。[1] 企业家经常认为，处理法律问题是经济活动不可避免的副产品，其成本和时间必须保持在最低限度。[2] 由此，法律顾问工作应服务于企业的商业目标。但部分律师在提供顾问服务的过程中出现了认知偏差，一味地追求规避法律风险而忽视了企业的商业目标，甚至因过度忌惮法律风险而建议企业中止、放弃原本有利可图的交易。企业法律顾问的正确定位应当是在适当管控法律风险的同时，尽量促成交易，成为企业发展的“助攻者”，而非“绊脚石”。

---

〔1〕 参见熊定中：《公司法务：定位、方法与操作》，中国民主法制出版社2021年版，第20页。

〔2〕 Vgl. T. Lenz (Hrsg.), Die Rechtsabteilung: Syndikus und Steuerberater im Unternehmen, 2012, S. 164.

律师在实现企业商业目的方面主要发挥以下作用。第一，帮助企业识别、把控交易风险，尽可能以合法合规的方式促成交易。律师在判断出交易方案可能存在的法律风险点后，既不应直接否决正在进行的交易，也不应放任法律风险的发生，而是应当通过调整交易方案使项目合法合规。针对风险确实不可控的交易，律师可以通过研究判断法律底线、量化分析法律风险等方法，如实告知企业交易中存在的法律风险和可得利益（如有），为后者做出商业决策提供依据。第二，为企业优化交易方案。企业法律顾问不同于临时聘请的律师，前者能够深入了解企业的市场地位、交易目的以及核心利益，该优势使企业法律顾问能够在考量企业综合情况的基础上，从最有利于实现企业利益的角度提出更具适切性、前瞻性和战略性的法律建议和交易方案。第三，缓解交易双方的紧张关系，帮助企业促成交易。交易双方在商业谈判的过程中有时会出现僵局，此时律师可以从中斡旋，发挥润滑剂的作用。如在设计交易结构、拟定合同条款等环节，律师可以坚守我方根本利益为前提，统筹考虑交易的公平性，通过灵活变通交易方案来缓解谈判僵局，推动商业合作的达成。

二、企业法律顾问的服务方式

企业的法律顾问服务需求正逐步向更高的管理和战略层面发展、向更宽的行业和专业领域交叉、向更深的业务和流程角度延伸，传统的一个律师带一个律师助理的“作坊式”服务方式已经无法满足企业全方位和个性化的法律服务需求。由此，律师须不断探索和创新法律顾问服务方式，即通过服务的团队化、标准化和智能化方式，提升法律顾问工作的深度、广度和效率，达至工作质量和工作效率的平衡，以现代化的服务方式增强律师法律顾问服务的竞争能力。

（一）企业法律顾问的团队化服务

1. 企业法律顾问团队化服务的必要性

团队化服务是指律师事务所根据顾问单位的行业领域、业务类型和法律服务需求，有针对性地组建法律顾问团队以提供服务。团队化服务可以克服单个律师服务能力不足的局限，有利于满足企业对法律服务的多元化需求。

团队化服务能够弥补单个律师服务能力有限的问题。面对企业的各式法律需求，单个律师的应对能力有限，难以快速响应，有时也无法承受高负荷的工作量。而且律师不可能只为一家企业提供服务，当同一时段面对多家企业的法律需求时，律师的时间难免会出现冲突，影响企业的服务体验。团队化服务方式能够通过律师之间的分工协作提升法律顾问的整体服务能力，即根据企业不同类型、不同时段的法律服务需求，由擅长相应业务领域、符合相应时间安排的律师提供高质效的服务，从而克服单个律师为企业提供法律顾问服务可能会出现的质量偏低或效率滞后等问题。

团队化服务能够满足企业多元化的法律需求。在法律服务日益精细的当下，律师的专业化发展模式已逐步取代传统“万金油”式的粗放型成长模式。这会不可避免地导致律师专业化发展与企业多元化法律服务需求之间存在矛盾。由此，大型、综合的法律顾问服务已难以采用单打独斗的方式来承接，而是要通过众擎易举的团队化作业方式来应对。团队内每位律师各有所长，专业方向、执业能力也存在区别，可以形成取长补短、相互支持、差异化作业的整体优势，为企业提供专业内涵区分、服务外观统一的优质法律服务。

2. 企业法律顾问服务团队的组建

法律顾问服务团队成员的有效协作是保证服务质量的关键。顾问团队可以通过合理安排团队成员的职能分工，有机整合团队成员的专业优势来提高顾问服务的质效。

第一，重视团队内部的组织结构。法律顾问服务团队在组建时，要根据与企业约定的服务内容和工作体量等因素合理配置团队成员。通常情况下，顾问团队主要由团队负责人、主办律师和协办人员组成，并根据顾问单位的工作需要增派驻点服务人员。团队负责人的主要职责是确立团队的工作目标，构建结构梯次化、专业差异化的团队人员模式，同时负责维系与企业的良好合作关系。主办律师是处理具体法律事务的主力成员，为企业提供相关专业方向的法律服务。协办人员主要由律师助理和团队秘书组成，律师助理协助主办律师处理企业日常法律事务，负责法律检索、合同初审与法律意见起草等基础性工作。团队秘书负责处理团队内部的行政事务，如登记工作时长、对接工作任务等。

第二，有针对性地配置专业人员。为应对企业全方面、多领域的法律服务需求，团队负责人在搭配法律顾问服务团队成员时就应充分考虑专业分工，让团队内每一位律师都能经办自己最擅长的业务。例如高新技术企业往往对专利保护有特殊需求，团队应配备知识产权领域的律师。又如劳动密集型企业会面临各类劳动人事方面的法律事务，团队须配备劳动法领域的律师。结合企业的需求配备团队中的专业律师，一来有助于保持法律顾问与企业职能部门的紧密联系，使律师能够与企业共同应对发展过程中面临的关键法律问题。二来有利于避免办理的事务因超出承办律师的专业范畴致使法律意见出现错误，引发执业风险。此外，顾问团队还可以与法律专业之外的相关机构保持密切合作，如会计师事务所、鉴定机构等，帮助团队拓宽服务能力，增强律师与企业之间的黏性。

第三，明确团队化服务模式的协作机制和适用范围。法律顾问服务团队应当建立健全工作机制，明确团队各成员分工，在团队内确立共同的服务标准、工作质量标准、工作接口、及时通报等流程制度要求，避免因工作质量控制和沟通上的缺陷影响企业的利益。[1]事实上，团队化意味着更高的服务成本，并非所有的企业法律顾问业务均适宜采用团队化服务模式，律师应根据企业的业务体量和企业能承受的律师费用进行综合考量。不同规模的企业对服务模式的要求不尽相同，一般来说，规模较大、管理体制较为成熟的企业，其法律需求更为庞杂，对律师的专业性要求更高，律师费的支付能力也更强，与团队化的服务方式更为适配。但一些小微企业的内部业务、组织结构和法律需求较为简单，律师费的支付能力也有限，若单个律师的专业能力和时间精力可以应对企业的日常法律服务需求，便无须采用成本较高的团队化服务模式。当遇到超出自己专业范围的问题时，律师可以向相关专业领域的律师、专家寻求帮助。

（二）企业法律顾问的标准化服务

1. 企业法律顾问标准化服务的必要性

确定服务标准能够厘清法律顾问服务的内容边界和评价体系，梳理业务流程和服务架构，达到信息明确对称、服务效率提升、服务质量稳定的效果，进而实现规范法律顾问服务、优化企业服务体验、管控客户合理期待等目的。

构建企业法律顾问标准化服务的必要性主要体现为以下四点：

---

〔1〕 参见《律师承办企业法律顾问业务操作指引》第2.7条。

第一，标准化有利于明晰法律顾问服务的边界。法律顾问服务涉及的业务种类繁多，通过标准化可以明确不同业务模块的范围，使企业对法律顾问工作的内容形成正确的预期，避免企业提出“过线”要求，同时限制部分律师为了维护与顾问单位的合作关系而无原则地主动提供“越界”服务。第二，标准化有利于提高服务效率。标准化的流程与方法经过优化和提炼，可以剔除律师服务过程中的冗余环节和重复劳动，例如制定统一的文书模板有助于免除律师耗费时间准备共性化、格式化的文本内容。第三，标准化有利于保持团队服务质量的稳定性。在企业法律顾问服务未标准化的情况下，团队内部不同的律师通常会根据自己的经验、判断和习惯来处理问题，可能导致服务质量参差不齐。建立标准化、规范化、流程化的服务模式不仅有助于团队内部实现服务理念一致、工作方法统一，而且能尽力确保每一项服务的质量达到预设的标准。第四，标准化有助于知识的管理和传承。标准化意味着将法律顾问服务的经验知识提炼为相对固定的操作流程和服务模板，供团队成员共享。即使有律师离开团队或有新律师加入团队，也能快速地传承工作经验并顺利地衔接顾问工作，避免个别垄断知识的律师退出服务导致团队相关工作陷入停滞。

2. 企业法律顾问标准化服务的实现路径

构建标准化的顾问服务需要从服务流程、服务内容、服务成果等方面入手，通过定期与企业沟通了解企业需求，及时调整标准化服务的内容和流程，使标准化服务因时、因地、因企制宜。

（1）制定标准化的服务流程

法律顾问服务应有一套标准的服务流程，包括客户接洽、问题处理、结果反馈等环节，每个步骤都需要有明确的操作标准。以日常法律咨询为例（见图9－1）。

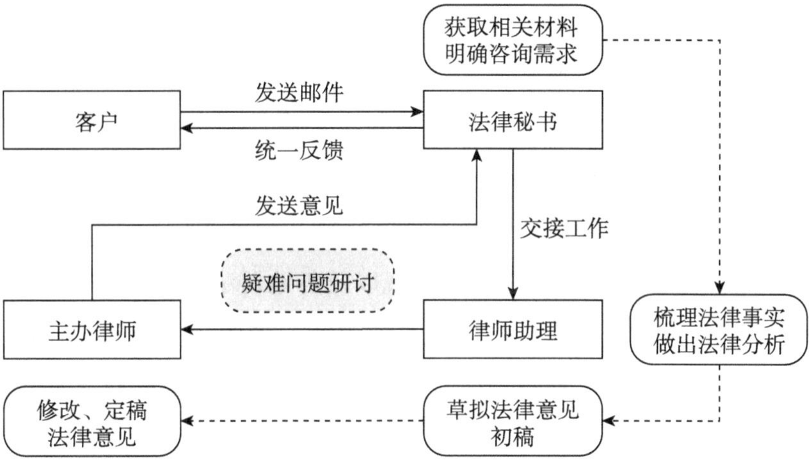

图9-1　日常法律咨询标准化服务流程

第一步，法律顾问服务团队与企业采用邮件的方式沟通工作，企业将需要咨询的法律问题统一发送给顾问团队的法律秘书，法律秘书在收到邮件后第一时间响应，获取相关材料，明确企业的咨询需求，并与相应专业方向的律师助理交接工作。第二步，律师助理依次完成以下两个步骤的工作：一是梳理法律事实，做出法律分析或协调团队相关律师组织疑难问题研讨；二是根据主办律师的意见草拟法律意见初稿。第三步，主办律师将法律意见修改、定稿后，发送给法律秘书，由后者统一向客户反馈，形成一个分工合理、权责清晰的工作闭环。

（2）制定标准化的服务内容

针对企业的不同需求，顾问团队可以将法律顾问服务划分成不同模块，如公司治理模块、劳动人事模块、合同审查模块、财务税收风险管理模块、知识产权和商业秘密管理模块等。每个模块的法律顾问服务都存在一些共性问题和要求，律师可以通过总结服务经验形成标准化的法律服务产品，提供给有需求的企业。

以实务中常见的劳动人事模块为例。律师通过总结服务企业的经验，系统罗列出企业在劳动人事方面常见的需求，如全套劳动合同、岗位职责说明书、员工手册的制定及修订，入职、离职流程的梳理及规范，劳动行政事务和日常用工问题的咨询，劳动用工突发事件的处理，劳动争议的解决等。再根据《劳动法》《劳动合同法》《劳动合同法实施条例》等法律法规以及各地司法实践中的类案裁判情况，对每一项服务内容作进一步的细化，形成标准化的法律服务产品，企业可以从中选择所需要的法律服务，从而提高双方的沟通质效。

需要特别提醒，服务内容标准化并不代表律师提供的服务可以千篇一律、一成不变。即便是成熟的标准化法律服务产品，也不能不加区分地适用于每一个企业。律师应针对不同类型、不同阶段、不同行业的企业有侧重地精心设计、持续优化服务内容，如此才能避免落入机械教条主义的窠臼，在提高服务效率的同时兼顾不同企业的个性需求。

（3）制定标准化的服务成果反馈机制

法律顾问服务成果凝聚了律师的智慧与心血，体现了律师的服务价值，为了有效地展现服务成果，律师需要建立起一套标准化的反馈机制。比如简单的法律咨询，以口头形式答复；重大、疑难、复杂的法律事项，以法律意见书、法律风险分析报告等书面形式回复；在服务的重要节点，编制法律服务报告，以展示法律服务数据、服务进度与后续法律建议等。

（三）企业法律顾问的智能化服务

1. 企业法律顾问服务智能化的必要性

科技是法律顾问服务提质增效的新动能，“法律+科技”有助于将律师从低价值、高重复的企业法律事务中解放出来，为企业提供更高品质、更高效率、更高性能的法律服务。

第一，智能化有助于提高律师的服务质效。智能化技术包括人工智能、自动化办公和协同办公等技术，为律师的专业赋能、服务赋能。其一，运用人工智能技术能够显著降低律师的人力成本和时间成本，大量简单的合同审查、法律检索、法律咨询、法律研究等例行性和数据密集型的工作已经可以通过 AI 工具来完成，极大地解放了律师的生产力。其二，运用协同办公技术能够加强法律顾问服务团队内部的合作与管理，有助于在团队成员间实现任务分配、工作计时、进度提醒、文件分享、服务协同等功能，保证团队的有序运行。

第二，智能化有利于律师的知识管理。智能化的知识管理系统可以使律师在服务企业过程中形成的知识资产得到更为有效的存储和应用。其一，法律顾问服务知识库的智能化搭建和管理工具能够对律师个人的业务知识与经验进行系统化搜集、整理、分析、优化，通过“自动＋人工编辑标签”的功能帮助律师建立个人案例库、法律观点库等，方便随时查阅和更新。其二，律师事务所内部知识库的智能化搭建和管理工具能够将所内律师办案和团队化作业过程中持续产生的法律检索、专题研究、办案经验等内部知识成果梳理汇总，形成纲举目张的知识系统。得益于知识管理系统的效用，不同时间、不同顾问团队在办理同类法律事务时可以快速调用相关的知识成果，避免律师做大量重复性的检索、研判工作，必将大幅提高顾问团队的作业效率。同时，加强律师事务所内部的知识管理也有助于形成更多标准化的法律服务产品，进一步推动顾问团队实现法律顾问服务的标准化。

2. 企业法律顾问服务智能化的具体运用

第一，智能化办公软件的使用。其一，律师需要熟练掌握以

WPS、Office为代表的文本编辑工具。以WPS文档工具为例，该文档工具嵌入了搭载自然语言处理技术的文字校对功能，能够快速校对错别字和语病，避免律师出现低级错误遭受专业性上的质疑。[1]当企业需要律师审核外文合同、文件时，该文档工具能将外文翻译成中文，使律师不会因为语言不通的问题而影响工作。当律师和企业召开重要工作会议时，该文档工具可以提供语音速记功能，实现语音、文字的实时转换，避免遗漏会议中的关键信息。其二，顾问团队需要熟练运用以金助理、Alpha系统为代表的团队办案协作系统。以金助理律师工作协同平台为例，顾问团队负责人可以在该系统上向团队成员发布任务。团队成员可以通过工作日志的形式，及时记录担任某企业法律顾问期间的服务内容和工作时长，便于定期形成法律顾问服务报告。律师还可以将服务企业过程中产生的重要文档上传至该平台实现云端留存，保证工作底稿和重要文件不遗失。云端留存的内容也可供团队内其他律师随时调取、使用，做到知识的管理与共享。

第二，智能化数据库的使用。其一，律师可以使用以威科先行、法信为代表的法律信息数据库进行相关的检索工作。以威科先行为例，律师可将其用于法律法规、国家标准的检索，而且该平台会标明法律法规是否现行有效，避免律师错误适用已经失效或尚未生效的法律规范。律师还可以通过该平台检索类案，该平台已实现了AI

[1] 例如某知名律师事务所出具的法律意见书出现严重的文字错误，深圳证监局将其作为处罚事由之一，对该律师事务所采取了责令改正的监管措施，并对经办律师和负责人采取出具警示函的监管措施。参见《深圳证监局关于对北京市中伦（深圳）律师事务所采取责令改正监管措施的决定》［行政监管措施决定书（2022）79号］，《深圳证监局关于对赖继红、刘方誉、庄颖采取出具警示函监管措施的决定》［行政监管措施决定书（2022）80号］。

技术与类案检索相结合的功能，即只要输入关键问题，系统就会即刻生成类案检索报告，律师无须在案例的初始筛选、整理工作上耗费大量时间，只需要对系统生成的报告进行二次加工，便能更高效地为企业提供全面、准确的法律意见。其二，律师可以使用以法天使－中国合同库、企查查为代表的专业数据库。以法天使—中国合同库为例，该平台是对中国境内的合同范本和法律文书作出体系化分类、结构化整理、工具化应用的专业数据库，律师可以将该平台上的合同模板作为基础，结合商业交易的实际情况为企业高效地草拟合同。该平台还推出了AI搜审查点的功能，律师只需要输入想要了解的合同类型，平台便能迅速推送此类合同的起草审查要点和其他相关知识，辅助律师为企业提供精准的合同草拟、审查服务。

第三，人工智能技术的使用。其一，AI工具可以为法律咨询和法律研究提供支持。律师在服务企业的过程中可能会遇到并非自己专业领域的法律问题，此时可以借助AI工具快速了解相关内容，进而初步解决该问题。例如以Kimi智能助手、ChatGPT为代表的AI工具，已经能够基于大数据针对具体的法律问题生成相应的法律意见，包括法律条款、案例分析以及行动建议。律师只需要审核、完善AI工具生成的意见后便可回复企业。其二，AI工具有助于提高法律文件的撰写效率和准确性。比如律师在AI工具中输入关键信息，后者就能生成合同、起诉状等法律文本的初稿。同时，AI工具可以协助律师完成法律顾问服务中常见的合同审查工作。例如律师将待审核的合同上传至法智系统，后者能即刻反馈风险提示和修改建议。但要注意，律师应避免过度依赖AI工具。人工智能对法律知识的掌握和理解仅仅是基于训练数据的模拟，这意味着AI工具的法律知识可能无法考虑到法律法规的最新动态，有可能遗漏关键信息甚至出现错误或误导信息。“在司法场景中ChatGPT仍存在无法获取足够数据的情况下编造事实和来源的问题，这些存在偏差的答案行文流畅与真实答案别无二致，这对于缺乏专业法律知识的人来说极具欺骗性。"[1] 由此，律师必须严格复核 AI 工具得出的结论以及该结论所基于的大数据信息，确保对外反馈意见的精确性、严谨性。

三、从事企业法律顾问业务的注意事项

（一）厘清法律顾问的身份定位

企业常对法律顾问的身份定位存在误解，主要表现为：第一，把法律顾问当成"职业经理人"。一些企业除了会咨询律师法律问题外，还会就企业的人事安排、团队构建、经营模式、投标报价等决策事项咨询律师的意见。顾名思义，法律顾问的职责在于提供法律层面的建议，难以针对企业的经营管理和商业判断提供建设性意见。有时公司会面临多条法律路径的选择，这时法律顾问要做的是为公司分析清楚每条路径在法律层面的优劣，并提供律师个人意见，但最终仍应由公司在权衡每条路径背后涉及的商业利益、经营策略后做出审慎的决定。[2] 第二，把法律顾问当成"秘书"。部分企业的业务部门会把在日常经营活动中遇到的问题都抛给法律顾问，甚至要求法律顾问代为撰写非法律范畴的办公文书以及参与非法律顾问

---

〔1〕 邱才明、凌泽南、冯湛搏、杨昊编著：《ChatGPT 漫谈》，清华大学出版社 2024 年版，第 196－197 页。

〔2〕《律师承办企业法律顾问业务操作指引》第 5.4 条第二款指出："顾问律师在处理合同事务，包括参与合同谈判过程中，应以其中的法律条款为主，并对可能产生法律风险的商务条款、技术条款加以关注，但相关内容应以相关专业人员的意见、是否交易及具体条款的确定以聘请方意见为准，律师仅提供参考意见或建议。"

职责范围内的行政事务，导致法律顾问在同一时段内无法将更多精力投入到对公司更为重要、更具效益的核心法律事务上，也会明显降低法律顾问的服务体验。第三，把法律顾问当作“枪手”。有时，企业会要求顾问律师提供违法违规或可能损害律师事务所和律师权益的法律服务，以谋求不当利益。有些律师或过于自信，无视执业纪律，对企业的服务需求大包大揽；或怀有“乙方心态”，过于渴望维护合作关系，不敢拒绝企业不合理的要求。上述情况均会导致法律顾问服务的边界模糊不清，影响服务效果甚至引发律师的执业风险。

律师在服务企业的过程中应厘清自身的身份定位，既使企业了解律师的服务边界，也使服务内容与企业预期相匹配。律师服务企业时具有独立的身份定位，主要体现在两个方面：一是主体独立，即法律顾问在主体身份上与企业不存在依附性。作为法律顾问的律师是受企业聘请，由律师事务所指派，为企业提供法律顾问服务的执业人员，而非企业的员工。二是经济独立，即法律顾问在经济收入上对企业没有完全的依赖性，一家企业支付的顾问律师费仅是律师获得经济收入的来源之一。由此，法律顾问在身份上不隶属于企业，双方不存在命令和服从关系，法律顾问应当在企业委托的法律事项范围内依法独立开展法律服务工作、独立发表专业法律意见。〔1〕对于非法律事项，律师不宜越俎代庖，随性表达意见，避免因专业越界出现错误，不仅使企业遭受损失，还使自己身陷执业风险之中。

〔1〕《律师承办企业法律顾问业务操作指引》第3.13条指出：“律师事务所及其指派的顾问律师，仅在授权委托范围内依法独立提供法律服务，有权拒绝为实施违法行为及违背事实、违背律师职业道德等行为提供服务。”

（二）保证法律顾问执业的独立性

上文已明确法律顾问在身份上具有独立地位，法律顾问还应从以下三个方面贯彻独立性的要求：第一，独立分析判断。独立性要求“律师在评估客户行为的合法性时，不能过分受到客户对肯定性结果期望的影响”。[1] 法律顾问系独立于企业之外的第三方主体，其在服务时不应受企业内某一领导或群体的意志操控，须从维护企业整体利益的角度独立地作出法律分析和判断。第二，独立出具意见。法律顾问应避免其个人利益、家庭利益、经济利益或其他利益与企业的利益产生冲突。否则，“即使律师最终采取了对企业最有利的行动方案，但只要这种紧张关系存在，冲突就会存在”。[2] 这势必影响法律顾问服务的公正性与客观性。同时，《律师承办企业法律顾问业务操作指引》第2.6条提示法律顾问应避免涉及企业客户内部的冲突，即“律师在为客户提供法律顾问服务过程中，应当关注客户内部的部门之间、个人之间是否存在利益冲突，并在实际工作中尽最大可能避免因卷入相关冲突而影响判断的独立性和解决方案的客观性。当面临客户内部不同意见时，应当理解并向冲突各方解释，顾问律师为企业服务，只能以依法代表企业或依授权代表企业的一方的意见为准”。第三，独立承担责任。一方面，法律顾问应确保出具的法律意见和提供的法律建议具有合法性、可行性，避免因不尽职或工作过失承担责任。另一方面，对于企业向法律顾问提出的违法或明显不合理的诉求，法律顾问应坚决予以拒绝，不得无原

〔1〕 Kevin H. Michels, *Lawyer Independence: From Ideal to Viable Legal Standard*, Case Western Reserve Law Review, Vol. 61: 85 (2010).

〔2〕 Robert H. Aronson, *Conflict of Interest*, Washington Law Review, Vol. 52: 807 (1977).

则地迁就企业获取非法利益，或者故意曲解法律以迎合企业的不正当要求，以免因不当执业而受到惩处。

需要指出的是，法律顾问不能滥用其执业的独立性而损害企业的利益。一来，除了违反法律法规的情形，法律顾问应充分尊重企业的经营自主权和决策权。法律顾问不能动辄发号施令，把自己的法律意见和建议强加于企业，甚至干涉企业的内部事务。二来，法律顾问不得利用独有的专业优势谋取私利。在为企业服务的过程中，法律顾问应主动花费更多时间倾听企业的担忧，讨论法律问题可能会给企业经营管理造成的影响，考虑不同法律选择所对应的后果，坚持以关怀的伦理对待企业。[1] 这是律师做出独立、专业判断的前提要求。但有些法律顾问会利用自身的专业优势和企业的欣赏信任，向企业提供不真实或有偏见的法律意见以谋取私利，这显然有违律师执业规范的要求。

（三）法律顾问与企业法务的工作协同

目前，已有相当数量的企业采取多元化的企业法律事务管理模式，即企业内部法务人员与外部法律顾问相结合的双轨制。但由于法律顾问和企业法务的工作内容具有一定的同质性，导致两者可能出现“抢功”或推诿的非正常工作状态。法律顾问应避免与企业法务发生这种对立情况，双方只有做到合理分工、各展其长，才能高质效地协同处理企业的法律事务。

作为法律顾问的律师通常具有丰富的执业经验和独立的身份定位，作为“法律管家”的企业法务则对企业更亲密、更熟悉。基于

---

〔1〕 See Christine Parker & Adrian Evans, *Inside Lawyers' Ethics*, Cambridge University Press, 2007, p. 33.

此，法律顾问应与企业法务优势互补、高效协同，共同致力于管理、解决企业的法律事务。第一，法律顾问可以通过企业法务熟悉企业的各方面情况。法律顾问在了解企业内部重要信息方面极易产生遗漏、迟延的情形，由此造成的信息不对称会限制法律顾问为企业及时提供有效法律服务的能力。为此，顾问律师可以与企业法务开展全对称、无隐藏的沟通合作，实现企业重要信息无盲点，竭力确保法律顾问服务真正契合企业的现实需求。第二，法律顾问可以通过企业法务实现其与企业之间业务信息的高效流转。由企业法务与律师对接工作，可以保证信息来源和归口的统一性，避免因多人对接造成信息内容混乱、沟通效率低下。[1] 由同样作为法律工作者的企业法务帮助法律顾问完成基础性的信息收集和沟通对接工作，可以确保后者准确理解企业的具体需求，避免出现偏差。鉴于企业法务更了解企业管理层的风格和意图，更熟悉企业的内部运作和业务模式，法律顾问可以请企业法务积极协助相关部门和人员落实其提出的法律意见和建议，并请企业法务及时反馈落实情况，必要时共同调整、优化服务内容。

四、企业法律顾问的合同审查服务

合同在商业活动中扮演着至关重要的角色，其贯穿于企业生产经营的各个环节，是保障交易各方权益、管理经营风险和促成商业合作的常规性工具。审查合同几乎是企业法律顾问最常见且重要的

〔1〕 参见熊定中：《公司法务定位、方法与操作》，中国民主法制出版社2021年版，第496页。

法律服务。本节将阐释律师审查合同的逻辑、方法和重难点问题，以期提升律师审查合同的质效。

（一）合同审查的作用

随着市场交易及法律环境的日益复杂，合同法律事务逐渐成为一门独立、基础又非常重要的专业事务。律师在为企业提供法律服务时应利用好法律专业知识，充分发挥法律服务技能，凭借其在法律实践中积累的经验协助企业把好合同审查关。

1. 合同审查有助于企业防范法律风险

最高人民法院发布的司法统计数据显示，2023 年全国收案的合同、准合同纠纷一审案件数量占全国收案的全部民事一审案件数量的比例达到 68.09%，[1] 合同已成为企业最主要的法律风险来源之一。在合同洽谈与签订的过程中，企业追求自身利益最大化的期望与其他各方的立场常存在直接的冲突，致使合同风险高发。由此引发的法律风险不仅会给企业造成经济损失，还可能损害企业声誉、降低企业效率、削弱企业竞争力等。合同审查是识别合同陷阱、弥补合同漏洞进而降低企业法律风险、促进交易有序进行的重要环节，其对于营造稳定、公平、透明、可预期的营商环境大有裨益。

2. 合同审查有助于企业提升管理水平

律师识别并把控合同文本中的法律风险并不能体现合同审查的全部效能。因为合同审查还有助于在企业内部构建出一套科学、合理的合同体系，该体系的完善可以在很大程度上提高企业内部管理

[1] 《2023 年全国法院司法统计公报》显示，2023 年合同、准合同纠纷一审案件全年收案 11936754 件，一审民事案件全年收案 17530542 件，载最高人民法院公报网，http://gongbao.court.gov.cn/Details/a3e86176b272dc94a05d9cb012c2d5.html。

的质效。"公司实质上可以解构为一组契约关系，当事人包括股东、经理、其他雇员、债权人、供应商和其他公司参与人等。换言之，公司机制与通常的当事人之间的市场契约关系并无任何不同，公司只不过是一个'高度专业化的替代市场'而已。"[1] 可见，企业内部控制体系的高效运行离不开合同体系的支撑。律师参与企业客户的合同审查，首先有利于协助企业建立健全合同管理体系，包括制定完善的合同管理制度、细化合同管理流程和责任分工。其次，合同审查有利于企业形成规范的运作流程、经营模式和交易习惯。例如律师在协助企业审查劳动合同的同时，其实也是在完善企业的用工模式，能够帮助后者统筹标准劳动用工、非标准劳动用工、非劳动用工等多元化用工模式，选择最有利、最合适的用工模式，进而选择相应的合同文本。[2] 最后，合同审查有助于企业提升风险管理意识，发现、弥补管理上的不足。律师总结合同中法律漏洞、出具合同审查意见的过程就是帮助企业提炼交易法律风险的过程，企业可以通过采纳律师的正确建议提升其依法办事、依法解决问题的能力。通过律师的合同审查服务，企业能够更好地理解和处理交易中的复杂问题，优化资源配置，提高运营效率，实现管理水平的提升。

（二）律师审查合同的逻辑与方法

随着国家法治建设的深入推进以及社会法治水平的稳步提升，企业对合同数量的需求、质量的要求有了质的飞跃。虽然《中华全国律师协会律师办理合同审查业务操作指引》对合同审查的一般原

---

〔1〕 黄辉：《对公司法合同进路的反思》，载《法学》2017年第4期。

〔2〕 参见何力、刘丹阳等：《合同起草审查指南：常用合同卷、劳动用工卷》，法律出版社2021年版，第433、437页。

则、流程以及注意要点作出规范，但由于各地经济、社会、文化发展不均衡，律师合同业务的工作内容、质量水平等仍存在巨大差异。[1] 为了更好地保障合同的审查质量，律师掌握以下正确的审查逻辑与方法尤为重要。

1. 以合同目的为导向

合同目的即企业希望通过合同实现的目标，这种目标往往表现为企业的经济利益，或是涉及商誉、形象等方面的利益。“‘以客户为中心’意味着，要将精力集中在客户希望实现的东西上（而非我们认为客户需要的东西），将客户视为有效率的合作者（而非我们将拯救的无助的人）。”[2] 律师应耐心、认真地与企业接洽合同事务，重点考虑交易各方的合同认知水平、交易地位，以及交易的紧迫程度和复杂程度，充分探知企业签订合同的真实目标。

律师应从以下几个方面确保合同内容与企业交易目的相契合。首先，律师应全面、审慎地识别和评估既有条款中潜在的法律风险。须注意，“律师审查合同的工作范围包括但并不仅限于合同条款本身，除既有条款外，还应充分注意根据合同性质或交易目的应予约定而未予约定的内容，或足以影响双方重大权益的其他条款约定不明、冲突等情况”[3]。其次，律师审查合同的重要目的是促进交易，故审查时不能只考虑企业客户的利益，还须适当兼顾合同相对方的利益。毕竟只有当各方都认为能够通过既有方案实现其目标时，合

---

〔1〕 参见中华全国律师协会编：《律师执业基本技能》（第4版·下），北京大学出版社2019年版，第77页。

〔2〕 [美] 斯蒂芬·克里格、[美] 理查德·诺伊曼：《律师执业基本技能：会见、咨询服务、谈判、有说服力的事实分析》，中伦金通律师事务所译，法律出版社2006年版，第18页。

〔3〕《中华全国律师协会律师办理合同审查业务操作指引》第2.4条。

同才有可能成功订立。最后，律师不应只抛出审查合同时发现的问题，还须尽可能地提供一套甚至几套有针对性的解决方案。律师应努力创造条件让企业多做选择题或判断题，而非问答题，这是律师应尽的服务之道。

2. 以审查方法为遵循

合同审查对于方法论有着较高的要求，律师在保证审查步骤完整、全面的同时，还应追求审查标准的合理与严谨。

（1）合同审查的步骤

合同审查可以归纳为如下环环相扣、层层递进的四个步骤：第一步，明确审查方向。律师只有在充分了解合同签订背景和审查意图的前提下，才能更好地开展下一步的审查工作，否则容易出现审查结果与企业目标南辕北辙的情况。第二步，作出法律评估。法律评估的核心在于审查合同的有效性，其要求律师为企业提供法律上相对安全且风险最小的方案。第三步，构建合同框架。良好的框架可以使合同的结构更清晰、逻辑更严谨，并为后续条款的增、改、删提供充足的空间。第四步，复核合同条款。律师复审合同文本并与企业确认合同内容的完整性、准确性，有助于前者妥善履行告知义务，确保最终版的合同条款能够反映企业的商业意愿，这是律师坚持规范执业、保障执业安全的基本要求。

（2）合同审查的标准

律师审查合同须同时兼顾合同的合法性、合目的性、必要性和明确性。第一，合法性审查主要包括审查缔约主体的合法性、内容的合法性、形式的合法性。合法性是一切合同工作的基础，律师须确保合同及其涉及的交易行为符合法律法规的要求，以免影响合同的有效性和可执行性。第二，合目的性审查要求合同条款的设置应有利于交易目的的最终达成。律师在审查合同时既应照顾企业客户一方的需求，也需要兼顾其他各方和整体的交易目的。第三，必要性审查的目的是彰显合同中每一个条款的价值。据此，律师既不得遗漏关键条款，也不宜将合同条款设计得过于复杂。忽视前者将导致企业的真实意志无法在合同中得以完整体现，忽略后者将极大地增加各方磋商所耗费的成本。第四，明确性审查旨在避免合同理解上的歧义。实践中不少合同争议，尤其是疑难复杂案件中的争议大多涉及对合同条款、体系的理解。由此，合同的表述越清晰，越有利于减少各方因合同解释问题而发生争执的情况。

（三）律师审查合同的重难点

尽管合同的种类各异，但律师在审查合同时应注意的要点、难点相对集中，主要包括合同主体资格、交易关键内容、合同解除条款以及责任承担方式等四个方面。

1. 判断合同主体资格

（1）审查合同主体是否适格

具有明确的主体是合同成立的基本要求。律师在审查自然人的主体资格时，须关注其身份信息是否正确，是否具有相应的民事行为能力、是否具有相应的授权等事项。律师在审查法人、非法人组织的主体资格时，可重点关注其是否备案登记、是否取得营业执照以及是否获得特殊领域相应许可或资质等。倘若存在合同主体不完全适格的情形，律师应剖析症结所在以及可能产生的法律后果，并及时向企业提示风险、阐明利弊，最终由企业决定是否与合同相对方继续签订合同或者采取调整合同主体、增加资格承诺条款等其他措施。

（2）审查合同主体的资信情况

合同主体的资信情况直接影响到合同能否顺利履行，进而影响企业的交易目的能否实现。基于此，律师应将合同主体的资产和信用状况作为合同重点审查的对象。

关于合同主体的资产状况。合同主体持有的资产常较为分散，且不会向外部过多披露其资产及线索，若让律师对合同主体的全部资产做出精准判断恐不现实，但律师可以根据已收集到的信息大致预测、评估合同主体的资产情况，并将其提示给企业。律师除了可以向市场监督管理部门查询合同相对方的注册资本、股东情况、登记资产等信息，还可以通过合同相对方的对外投资情况、持股企业财务报表等材料间接分析出其真实的资产状况。但这对律师搜集、分析、处理财务数据的能力提出了较高的要求，因此律师适时与会计师事务所合作不失为一种合适的选择。

关于合同主体的信用情况。信用在优化营商环境、促进金融服务实体经济等方面发挥了重要作用，其逐渐成为维系市场经济中各个主体之间经济关系的重要纽带。[1] 但合同主体的信用审查机制通常复杂且多维，社会信用体系的制度规则不够统一、信用信息共享开放不足等问题也进一步增加了律师审查合同相对方信用状况的难度。律师可以尝试通过以下路径查询并判断合同相对方的信用状况：第一，通过中国裁判文书网、中国执行信息公开网查询合同相对方的涉诉和执行情况。第二，通过互联网查询合同相对方的资质情况。例如通过国家和各地行业主管行政部门的官网查询其资质信息，通过企查查、爱企查等 App 了解其经营状况和法律风险等信息。第三，通过实地考察和调查，对合同相对方的经营环境以及与合同相对方

[1] 参见《学习〈决定〉每日问答丨为什么要健全社会信用体系和监管制度》，载中华人民共和国中央人民政府官网 2024 年 8 月 14 日，https：//www.gov.cn/zhengce/202408/content_6968279.htm。

有往来的第三方主体进行调查，了解其资产、负债、履约情况等信息。

2. 确定交易关键内容

合同中交易内容的核心条款，如涉及标的、履行质量、各方权利义务的条款对于合同目的的实现具有重要影响，律师需要重点关注。具体而言，合同标的是合同最基本的内容，标的缺失会导致合同无法成立。律师在审查合同标的时应当关注标的的合法性和确定性。前者是指合同标的不得超出法律允许交易的范围。后者要求律师提示企业确定合同标的的数量和特性，包括列明标的的数额、计量单位、规格、产地、品牌等。质量条款主要涉及合同标的所应具备的质量和品质，或者服务应当达到的标准。其有多种约定方式，律师可以根据实际情况和交易特点选择采用可量化判断的客观标准或以主观判断为基准的主观标准。目前，客观标准已形成较为成熟的标准体系，包括国家标准、行业标准、地方标准、团体标准和企业标准等，企业可以根据实际需求作出选择，也可约定“采用国家标准、行业标准、地方标准、团体标准和企业标准等标准中的较高标准”。采用主观标准时，律师应尽可能通过约定检测标准、检测方式、检测流程，甚至共同约定第三方检测机构的方法，尽量避免发生争议时由于标准不明带来相互推诿、举证困难等情况。同时，律师还须审查检验方式及异议期是否明确、合理，并进一步确定企业在合同标的质量不符合约定时的救济途径。例如标的为物品的，可选择适用退货、换货、折价等救济方式；标的为服务的，可约定限期改正、委托第三方代替履行等。

权利义务条款是律师审查合同的重中之重。律师在审查合同时须理解权利义务条款的两大特征。第一，权利义务条款服务于特定交易事项，具体内容应根据交易事项自身的特点、流程、交易逻辑而调整。以买卖合同为例，律师在审查国际货物买卖合同中的运输条款、保险条款、支付条款等具体内容时，需要考虑国际公约、国际惯例和各国法律间的差异，但在审查国内货物买卖合同时则不必考虑以上内容。第二，权利义务条款常分散在合同的不同条款之中。例如买卖各方主体的权利义务可能分散约定在合同内的标的条款、质量条款、价格条款等部分中。由此，律师在审查权利义务条款时应特别注意合同的整体布局，不可拘泥于单个条款。为避免遗漏权利义务条款，保障企业权利义务的合法性、周延性、可行性，律师应率先从合同目的出发，梳理出企业的权利义务体系、列明权利义务清单，审查时比照该清单查漏补缺。合格的权利义务条款应当符合以下三个要求：一是权利义务明晰且平衡，在保障企业利益的前提下合理分配合同主体享有的权利、承担的义务，并对需要各方共同参与的事项作出明确约定。二是符合交易的客观情况和一般规律，这有助于保障合同的合法性和可执行性，促进交易的顺利进行。三是表述准确无误，合同条款中语句和标点的运用都应规范、精确，能够清楚地反映各方的权责和真实意思表示，避免出现文义理解上的歧义。

3. 善用合同解除条款

“合同解除是对当事人进行救济的方式之一。通过合同解除，能够使当事人在其合同目的不能实现的情形中摆脱现有合同权利义务关系的约束，重新获得交易的自由。”[1] 合同解除可以分为法定解除和意定解除，其中，合同各方对可以解除合同的情形作出约定属于意定解除的范畴。律师在审查合同解除条款时应着重关注以下几个方面：第一，律师应框定合同可解除的范围，例如违反何种合同

〔1〕 黄薇主编：《中华人民共和国民法典合同编释义》，法律出版社2020年版，第220页。

义务、迟延履行达到何种程度可以解除合同。需要说明的是，约定的解除条件应当起到督促合同主体积极履行合同、提升合同稳定性的作用。第二，律师须审查合同解除的程序和具体操作步骤，约定合同解除权的行使方式和期限。例如合同可以约定当合同相对方未在一定期限内主张解除合同的，该解除权消灭。[1] 第三，律师还应对合同解除后的相关事项做出妥善安排。例如需要返还原物的，应在合同中约定返还的期限、途径以及逾期返还的后果等。

4. 明确责任承担方式

律师应重视违约责任条款的两项主要功能：一是纠正偏差。合同多是面向未来的约定，在履行过程中容易因市场环境、经营状况等发生变化而产生订立时难以预见的偏差。约定违约责任能够起到一定的威慑作用，在一定程度上可以促使合同主体如约履行合同。二是权利救济。合同相对方违约给企业客户造成损失的现象屡见不鲜，律师需要借助违约责任弥补企业遭受的损失，维护企业的合法权益。

常见的违约责任承担方式主要有继续履行、采取补救措施、赔偿损失、支付违约金、承担定金。律师审查违约责任条款时应遵循针对性原则、我方立场原则、可接受性原则。首先，律师应根据合同的具体需要有针对性地设置违约责任，须做到以下两点：一是违约责任与合同义务相匹配。违约责任能够在一定程度上促进合同相对方履行义务，保障企业的合同利益，故有必要为每一项合同义务

〔1〕《民法典》第五百六十四条　法律规定或者当事人约定解除权行使期限，期限届满当事人不行使的，该权利消灭。

法律没有规定或者当事人没有约定解除权行使期限，自解除权人知道或者应当知道解除事由之日起一年内不行使，或者经对方催告后在合理期限内不行使的，该权利消灭。

约定合适的违约责任。二是违约责任承担方式与可能出现的具体违约行为相匹配。不同性质的违约行为适合的责任承担方式有所不同，律师需要根据行为性质设置适宜的责任承担方式。其次，律师在违约责任的设置上须以企业客户的核心利益为出发点。律师在审查时应分析并识别具体责任的承担者，避免加重企业的负担。对于涉及企业核心利益的条款，律师应对合同相对方设置更为细致、严格的违约责任，对非核心利益条款的责任设置可适当简化。最后，违约条款的设计不宜表现出过于明显的偏向性。在合同主体的交易地位没有较大差距的情况下，若合同相对方不接受对其过于严苛的违约责任条款，那么条款设计得再完美也无济于事。

第十章　非诉讼法律业务

一、非诉讼法律服务要义

（一）精耕细作、了解行业是非诉讼律师专业化的必然要求

（二）跨团队合作为承办大型非诉讼项目提供保障

（三）诉讼思维助力非诉讼法律服务

（四）可视化技术在非诉讼法律项目中的应用

（五）让客户感受到“有形”的法律服务

二、非诉讼法律服务技能

（一）非诉讼法律服务技能概述

（二）何谓谈判

（三）律师参与谈判的策略

（四）律师参与谈判的若干技巧

三、非诉讼法律服务项目的承办

（一）创业投资法律服务项目概述

（二）律师在创业投资机构筛选阶段的作用

（三）律师在创业投资机构投后管理阶段的作用

（四）律师在创业投资机构退出阶段的作用

本章第一部分介绍非诉讼法律服务要义。中国律师事务所提供法律服务的范围早已不仅局限于传统的争议解决，还包括资本市场、投资并购、银行金融、房地产与建设工程、知识产权、跨境投资等各类非诉讼法律服务。非诉讼法律服务与诉讼法律服务在价值导向、法律适用、服务方式、服务要求等方面存在较大差异。在提供非诉讼法律服务时，律师应了解并遵守以下五个要义：一是精耕细作、了解行业是非诉讼律师专业化的必然要求，二是跨团队合作为承办大型非诉讼项目提供保障，三是利用诉讼思维助力非诉讼法律服务，四是将可视化技术应用于非诉讼法律项目，五是让客户感受到“有形”的法律服务。第二部分介绍非诉讼法律服务技能。非诉讼法律服务技能包括咨询、检索、文书起草、谈判。其中，谈判常被视为难度最高的非诉讼法律服务技能之一，且鲜有律师关注法律谈判策略和技巧的学习。实际上，法律谈判的策略和技巧有章可循，是可以通过提炼、总结获得的。选择合适的谈判策略是决定法律谈判成败的关键，这要求律师对谈判对象有充分的认识，并能够对具体需求背后暗含的局势做出准确的判断。此外，律师还应熟知并掌握谈判的诸多技巧，例如提升项目服务能力、坚持使用客观标准、准备更多谈判筹码、穷尽问题解决方案、及时固化谈判成果、善用法理之外的情理。第三部分介绍非诉讼法律服务项目的承办。律师在承办非诉讼法律服务项目时的价值在于降低交易成本、搭建互信通道、把控合规风险。以创业投资法律服务项目为例，律师在创业投资项目的各个阶段都能为中小企业提供优质的法律服务。在创业投资机构筛选阶段，律师的参与有助于协助中小企业审查投资主体资质、评估中小企业融资需求、设计中小企业的募资结构。在创业投资机构投后管理阶段，律师可以助力中小企业合理利用投后管理资源、协助中小企业防范创业投资机构的过度干涉。在创业投资机构退出阶段，律师能够引导中小企业规划创投资金的退出路径、指导中小企业安排创投资金的退出时点。

一、非诉讼法律服务要义〔1〕

非诉讼律师（或称商务律师）的兴起是全球律师职业从 20 世纪开始并仍在 21 世纪延续的最重要变革之一。〔2〕甚至早在 19 世纪末的美国就存在这样的现象，“大律师事务所的兴起和大企业的崛起必然会改变法律职业的神话和前景。一位大律师事务所的律师，很少踏进法庭，为大企业客户做预防性法律工作，他的工作和对职业的看法可能与单独工作的法庭诉讼专家并不相同”〔3〕。商务律师事务所的迅猛扩张也是过去二十多年里中国法律职业领域内最显著的现象之一。中国律师事务所提供法律服务的范围早已不仅仅局限于传统的争议解决，而是包括资本市场、投资并购、银行金融、房地产与建设工程、知识产权、跨境投资等各类非诉讼法律服务。《律师法》第二十八条第六项规定，律师可以接受委托，提供非诉讼法律服务。事实上，在中国不少大型律师事务所里，无论是律师人数，还是业绩收入，诉讼业务都未必是主流。一方面是因为与企业日常

〔1〕本节的相关内容主要参见何伟：《非诉讼项目办理之道》，载崔海燕主编：《诉之有道：金道典型案件和项目承办策略与技艺（2020）》，法律出版社 2020 年版，第 52－61 页。

〔2〕参见许可：《中国律师职业的兴起（上）——以商务律师为中心》，载《交大法学》2016 年第 4 期。

〔3〕［美］劳伦斯·弗里德曼：《美国法律史》，周大伟译，北京大学出版社 2020 年版，第 785 页。

运作密切联系的非诉讼业务相比，诉讼是企业经营过程中的非常规结果，甚至在某种意义上，避免讼争是非诉讼律师的主要任务之一。另一方面是在律师事务所规模不断扩大的今天，律师人数和客户数量的增长使以诉讼为主业的律师将不得不陷入更多的利益冲突[1]之中，这客观上限制了诉讼业务在大型律师事务所内的发展。[2]

诉讼法律服务主要是维护个案中当事人的合法权益，而律师提供非诉讼法律服务更多的是帮助客户实现商业上的目的，为客户的合法合规运营提供法律保障。[3] 总体而言，非诉讼法律服务与诉讼法律服务在价值导向、法律适用、服务方式、服务要求等方面存在较大差异（见表10－1）。

表10－1　非诉讼法律服务与诉讼法律服务的区别

	非诉讼法律服务	诉讼法律服务
价值导向	合法性与合规性	合法性
法律适用	除了法律、行政法规，还须适用部门规章、地方性法规、政策文件、行业自律规则、窗口指导意见等	主要依据法律、行政法规

〔1〕关于利益冲突的相关内容，可参见《上海市律师协会律师执业利益冲突认定和处理规则》（2023年8月16日上海市律师协会第十一届理事会第十九次会议第四次修订）。

〔2〕参见许可：《中国商务律师究竟做了什么》，载苏力主编：《法律和社会科学》（第13卷第1辑），法律出版社2014年版，第64页。还有学者分析了中国诉讼律师与非诉讼律师的分化以及律师界的两极化等现象，参见李国庆：《中国律师产业实证研究——从进入壁垒切入》，载苏力主编：《法律和社会科学》（第4卷），法律出版社2009年版，第162－165页。

〔3〕有学者指出："作为交易设计者、管理者与执行者，中国商务律师通过降低交易对手和政府行为的不确定性，降低了市场交易成本；通过识别与评估合规成本以及创新交易架构，降低了因无效率管制引致的管制交易成本；通过为企业提供差异化的'企业设计'（enterprise design）服务，保护了企业最核心的'专用性资产'，从而降低了管理交易成本。"许可：《中国商务律师究竟做了什么》，载苏力主编：《法律和社会科学》（第13卷第1辑），法律出版社2014年版，第78页。

续表

	非诉讼法律服务	诉讼法律服务
服务方式	法律咨询、法律尽职调查、起草交易文件、出具法律意见、律师见证等	代理委托人参加诉讼活动（一审、二审、执行、再审、申请检察监督等）
服务要求	为客户实现投资、融资、合规运营等商业目的	维护委托人在个案中的合法权益

基于上述区别，律师承办非诉讼法律服务项目与代理诉讼案件在方式方法上存在明显的区别，本节介绍以下五个非诉讼法律服务要义。

（一）精耕细作、了解行业是非诉讼律师专业化的必然要求

在一定程度上，非诉讼法律服务比诉讼法律服务的专业性更强。但这并不意味着诉讼法律服务不需要专业，而是要表明非诉讼法律服务会更“专”，有时甚至颇为精细。以代理民商事诉讼案件为例，由于有民事诉讼程序的要求，具备多年执业经验的诉讼律师对于常见的民商事案件大体能够做到融会贯通、从容应对。但非诉讼法律服务则不同，一名反垄断法专业方向的非诉讼律师即使有着多年的执业经历，也很难独立承办首次公开发行股票（IPO）法律服务项目。这是经济不断发展、行业逐渐细分、商业模式日趋复杂对律师行业和律师业务产生的影响，即要求非诉讼律师不懈地精耕细作。只有对某一细分领域的非诉讼法律服务积累了足够丰富的经验，非诉讼律师才能在相应的专业领域获得市场的高度认可。

专业的另一层含义是要了解行业。非诉讼律师不仅要精通法律，而且要了解某一行业客户具体的商业运作模式，这样才能更有针对性地为客户提供高质效的法律服务。这便是由客户的专业化推动法律服务的专业化。例如私募股权投资法律服务不仅要求律师了解与私募基金、股权投资相关的法律法规，而且投资领域的细分对律师

的专业能力提出了更高要求，如专门投资医药领域的私募股权投资需要律师具备与医药行业相关的法律服务经验，又如专注于投资教育领域的私募股权投资需要律师对教育法律服务有相当程度的了解。唯有具备如此素养的律师，在代表私募股权投资公司对被投项目公司进行法律尽职调查时，才能更加精准地研判被投项目公司的商业模式是否合法合规、资质是否齐全以及存在哪些法律风险等。另外，某一领域或行业的法律法规、监管政策是不断变化发展的，非诉讼律师必须实时跟进了解相应专业领域内最新的法律法规与监管动态，这也推动了非诉讼律师的专业化进程，毕竟任何一位律师的精力都是有限的，其无法同时在多个领域精耕细作并产出优质的实务成果。

很多时候，商务思维不仅是非诉讼律师与客户交流和对话的基础，也是律师帮助客户实现其商业目标的前提。基于此，一名优秀的非诉讼律师的知识储备往往要超乎法律与行业，从财务报表到融资成本，从盈利模式到监管政策，从经营策略到行业前景，概莫能外。〔1〕甚至从某种意义上讲，以商业为重点的思维是非诉讼律师的核心竞争力，亦是对客户的专业关怀。

（二）跨团队合作为承办大型非诉讼项目提供保障

非诉讼法律服务涉及大量的事务性工作，而且往往在提供法律服务的时效上有着很高的要求，经常得满足客户对时间的苛刻要求。因此律师在提供非诉讼法律服务时，团队内的协同合作必不可少。特别是在承办一些较大型的非诉讼法律服务项目（如IPO、并购等）时，律师仅凭一己之力几乎不可能保质保量完成。在当前的法律服

〔1〕参见许可：《中国律师职业的兴起（下）——以商务律师为中心》，载《交大法学》2017年第1期。

务职场里，团队合作的重要性不言而喻，具备团队合作精神已被视为专业律师的必备品质之一。

当承办某些重大、疑难、复杂的非诉讼法律服务项目时，可能会涉及多个专业领域，单纯依靠某一专业领域的律师团队恐无法完成。以H公司某重大疑难项目处置专项法律服务为例，H公司在X县开发旅游综合体项目十余年，累计投入近30亿元。2018年，X县政府突然以环保整治为由要求H公司在2019年6月底前全面退出在X县的项目开发，并拆除核心区域内的五星级酒店建筑。H公司则要求X县政府对其作出全面补偿。

该项目的相关主体方较多、法律关系复杂，涉及多个法律专业领域。例如项目十余年的建设开发历程，涉及房地产与建设工程法律领域；X县政府的拆除行为，涉及行政法专业领域；十余年间各方签订的投资合作协议等交易文件，属于民商法领域的内容。故须采用跨团队合作的方式为H公司提供法律服务，由来自律所内建筑房地产法律服务团队、行政法律服务团队、民商事争议解决服务团队的七名律师组成律师团队，在专业上互相配合，在时间上互相补充，共同提供法律服务。实践证明，跨团队合作的服务方式在该项目前期的法律尽职调查、赔偿路径分析、预防非法拆除、补偿协议谈判等方面凸显了优势。

（三）诉讼思维助力非诉讼法律服务

虽然客观上非诉讼法律服务与诉讼法律服务存在巨大差异，但两者并非完全割裂，而是具有一定的关联性。律师在提供非诉讼法律服务的过程中，诉讼思维仍不可缺。第一，诉讼思维能够帮助非诉讼律师判断项目交易结构能否得到司法上的认可。例如金融法律服务领域，律师在论证资产管理产品的交易结构时，首先要使其满足合规要求，否则该资产管理产品将无法在相应的监管部门完成备案，进而无法发行。针对一些监管尚不明确或缺位的金融创新产品，律师须重点分析其交易结构的合法性，即判断一旦产生争议则该产品的交易结构能否被法院认可，以及会被法院认定为何种法律关系等，这直接关系到产品发行的目的能否实现。

第二，诉讼思维与诉讼能力在商业谈判中十分重要。在上例中，律师团队不仅基于法律尽职调查情况提出三个有关补偿（或赔偿）的路径建议，为H公司与X县政府的谈判提供了有力的筹码，而且基于现有交易文件做出诉讼方面的分析，认为谈判一旦破裂，双方将进入复杂、漫长的诉讼程序，并预判了裁判结果，这有效地增强了H公司坚持谈判的意愿，为H公司的谈判提供了底线思维。另外，无论双方是否达成补偿协议，X县政府均有可能在2019年6月底前强制拆除位于核心区域内的五星级酒店。由此，律师团队为H公司准备了全面的行政诉讼方案，一旦X县政府启动非法拆除，我方将第一时间通过起诉的方式震慑X县政府的拆除行为。这些诉讼思维与方法会使律师团队提供的非诉讼法律服务更加精准。

（四）可视化技术在非诉讼法律项目中的应用

可视化技术在法律服务中的运用已日渐普及，其在展示复杂的法律关系、理顺项目发展脉络、说明商业交易模式时常能发挥事半功倍的效果。在上例中，团队律师在出具文字版法律尽职调查报告的基础上，针对项目土地流转、相关合同更迭、法律法规演变、在建项目建设历程以及所受行政处罚情况等制作了两张A3纸大小的可视化图（见图10－1和图10－2）。两张图均以时间轴为基准，将具体时间与各项事实一一对应，使十余年来该项目开发过程中的重要事实与争议始末一目了然，极大地方便了报告使用者，提高了阅读效率。

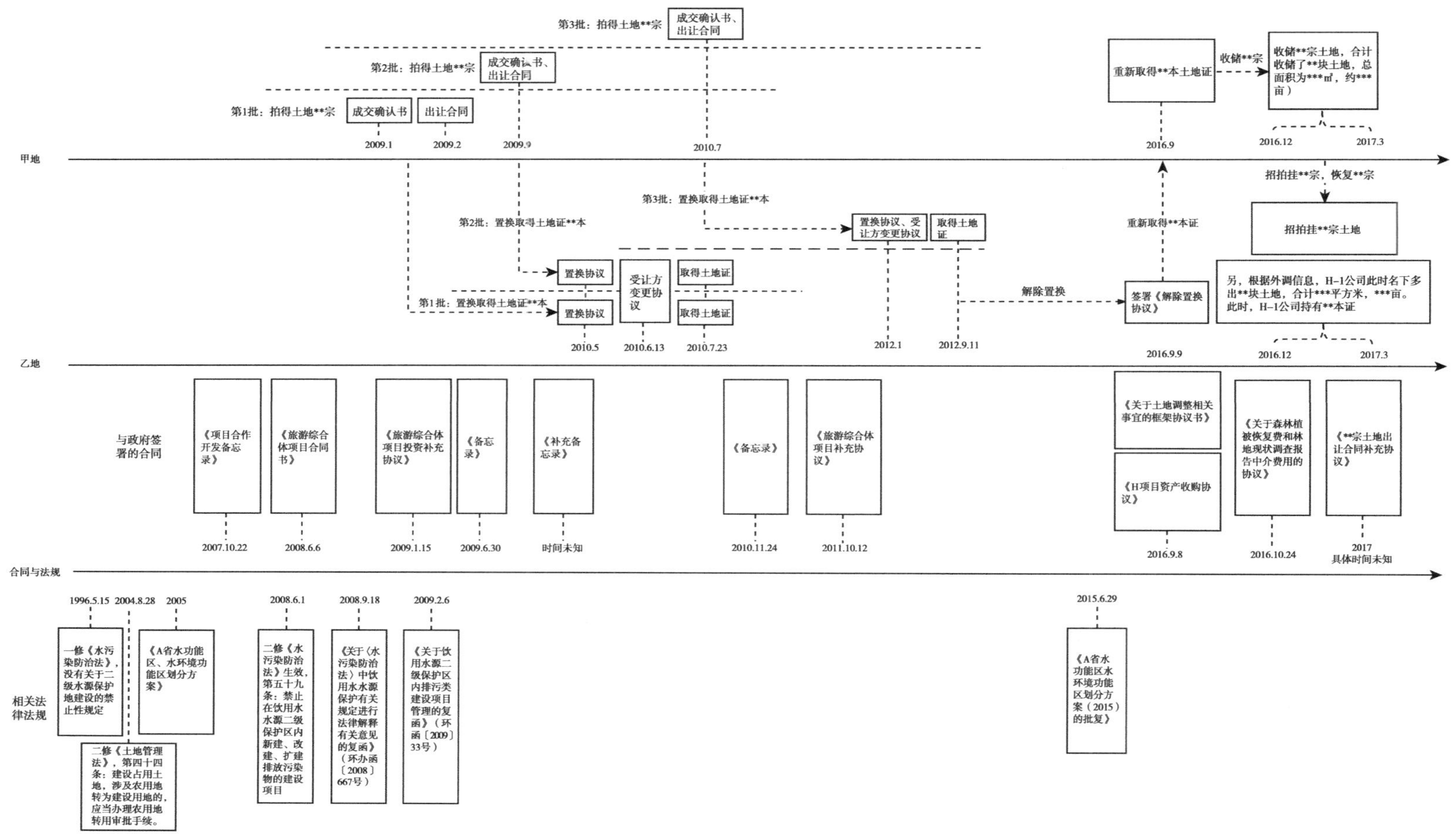

图10-1　土地流转、合同与法规示意

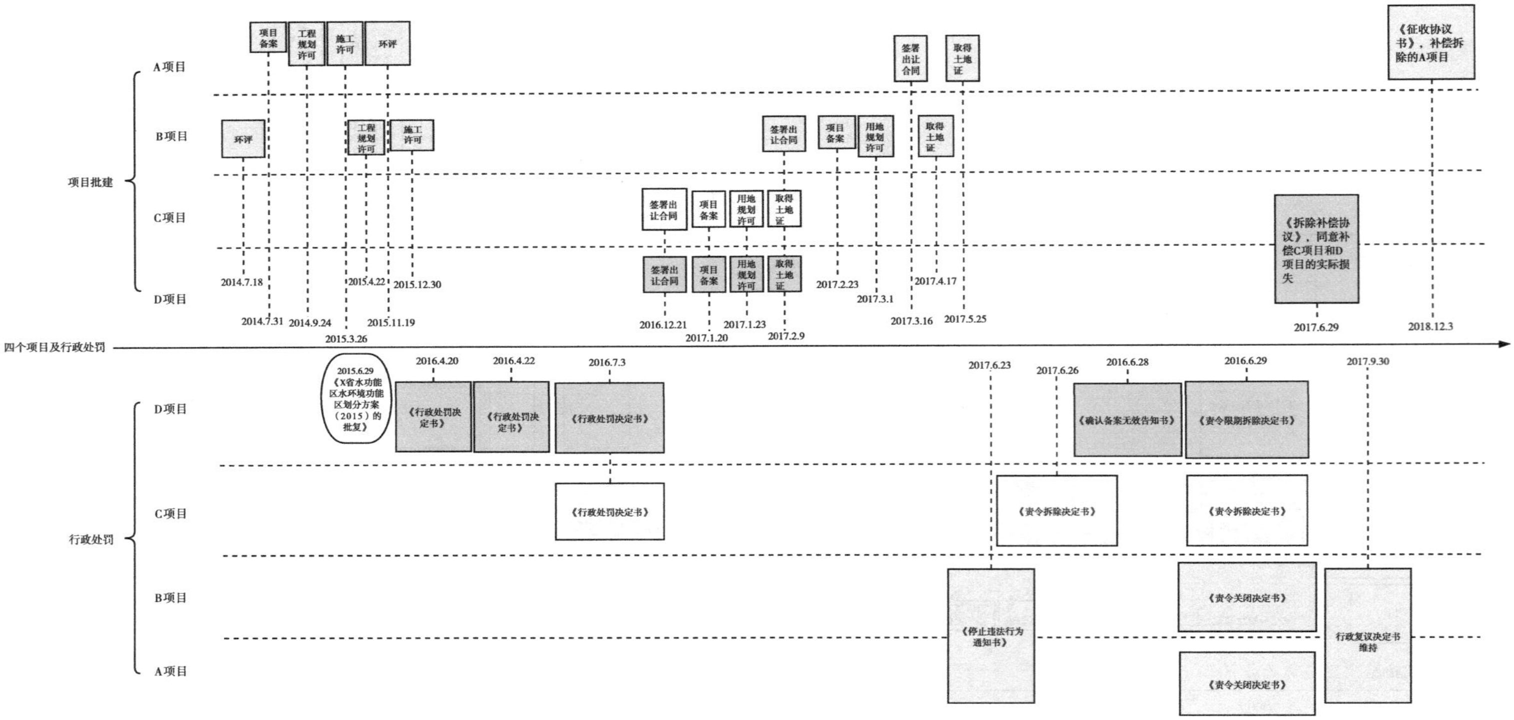

图10–2　在建项目与行政处罚示意

（五）让客户感受到“有形”的法律服务

律师行业是服务行业，法律服务是一种无形的服务。如何让客户真切地感受到实实在在的法律服务并愿意为此支付费用，是每位律师都应思考的关键命题。在一些高端、复杂的非诉讼法律服务中，律师不妨通过以下方式化无形为有形。

在X集团与Y国某全球知名马戏表演团合作项目的专项法律服务中，律师团队共审核了10万余字的英文协议，起草了近300页的咨询意见，拟定了近百页的补充协议。律师团队始终秉持公平合理原则，尽力为X集团争取最大的合法权益，扭转了X集团在与Y国某全球知名马戏团谈判中的严重不利地位，尽可能地降低了其面临的法律风险。在本项目服务基本结束后，律师团队向X集团出具了近700页的专项法律服务工作报告。这份沉甸甸的法律服务工作报告非常直观地展示了律师团队在该项目中提供的全部法律服务，律师为此付出的时间与精力跃然纸上。对于X集团来说，该报告既是一份工作记录，也是一份合作纪念。

二、非诉讼法律服务技能

（一）非诉讼法律服务技能概述

通常而言，非诉讼法律服务技能包括咨询、检索、文书起草、谈判。[1] 法律咨询是指律师针对客户提出的法律事务问题作出解释

〔1〕参见李政辉：《论非诉法律职业技能》，载《中国大学教育》2015年第1期。

或说明，提出建议和提供解决方案的一种业务活动。[1] 它既是非诉讼法律服务的重要一环，也常是律师拓展业务的起点，因为客户关系的培养和建立大多始于法律咨询。故律师绝不能把法律咨询当作是和客户的简单对话，而是将其视作与客户深入交流、展现律师水平、增加彼此信任的机会。但要做好法律咨询工作并非易事，解答客户咨询的问题不仅考验律师对法律知识和政策动向的掌握程度，而且考验其换位思考、耐心沟通、归纳信息、解决问题等能力，是综合展现律师业务实力的一项服务技能。

法律检索是与律师工作紧密相关的各类信息检索的总称，包括法律规定检索、政策检索、案例检索、资讯检索、法律文献检索、法律观点检索等。法律检索要求律师具有扎实的法律基本功和清晰的逻辑思维能力，当面对一个不熟悉或不确定的法律问题时，律师需要迅速识别出问题的本质及其涉及的法律领域，通过检索找出对应的信息，解决相关问题。法律检索能力是在理论与实践的互动中获得的，律师通过法律检索获取有效信息，有效信息又能提升法律检索的广度和深度，不断往复，使法律知识的实践价值得以充分实现。

文书起草的质量直接体现了律师的法律功底、逻辑思维和文字表达能力。非诉法律文书这一概念是相对于诉讼法律文书而言的，是指律师为承办非诉业务而制作的各类文件，包括电子邮件、传真、合同、备忘录、法律意见书、法律尽职调查报告、律师见证书、律师函、授权委托书、声明等。[2] 与诉讼法律文书相比，非诉讼法律

[1] 参见中华全国律师协会编：《律师执业基本技能》（第4版·下），北京大学出版社2019年版，第3页。

[2] 参见李大进主编：《非诉讼业务律师基础实务》，中国人民大学出版社2014年版，第267页。

文书的类型和内容更多元，格式和结构相对灵活，律师在撰写时不仅要确保文字精确、于法有据，而且要重视形式上的美观。

对于非诉讼法律业务，律师既要理解并掌握专业、细致的法律知识，也应具备将这些知识应用于实际情境的能力。法律谈判正是一种能将专业知识付诸实践的关键技能。但与法律咨询、法律检索以及文书起草这几种技能不同的是，找法、释法、用法绝不是法律谈判的全部，甚至在谈判中仅占很小的比例。正如一位美国学者所言："在谈判中，由于选择范围更广，熟练的律师会专注于各方的需求和利益，并评估哪里还留有余地。一方是否比另一方承受着更大的时间压力？是否有更多的资金用于解决问题？是否对某个特定结果有更深的情感投入？是否有更大的风险承受能力？所有这些因素都可以被用来创造谈判优势。"[1] 正因如此，谈判常被视为难度最高的非诉讼法律服务技能之一，且鲜有律师关注法律谈判策略和技巧的学习。一方面，惯性的工作思维会让很多律师以为，只要收集好基础材料，而后便可凭经验从容地应对法律谈判。另一方面，大多数客户都刻板地认为，律师似乎都善于辩论，如果其在谈判场上的言语和气势能压倒对方，就很大程度地满足了他们对优秀谈判者的职业期待。其实，一场好的法律谈判融合了律师的专业能力、共情能力、表达能力以及形象展示等众多个性化元素。律师并非天生的谈判高手，但法律谈判的策略和技巧却有章可循，是可以通过提炼、总结获得的。下文将结合政府和社会资本合作项目中律师代表社会资本方与政府方的谈判实践，介绍法律谈判的若干策略和技巧。

---

〔1〕 Nancy L. Schultz, *Law and Negotiation*: *Necessary Partners or Strange Bedfellows*? Cardozo Journal of Conflict Resolution, Vol. 15: 105 (2013).

（二）何谓谈判

要给谈判下一个定义很难，因为谈判在日常生活中无处不在，很难有高度精练的语言可以将所有的谈判情形囊括其中，但有两个概念必不可少：一是利益。谈判就是各方不断明晰彼此利益和试探对方底线的过程，谈判的最终目的是在对方可接受的范围内最大限度地争取己方的利益。二是沟通。谈判的核心是尽管双方存在真实的分歧，但仍然基于相互需要而沟通。有些需要是未被言明的，但与表象的利益一样，它们是真实存在的，即便是经验丰富的谈判者也未必能在交易之初就能全面了解这些需要。由此，谈判就是一个通过相互协商并共同做出决定的沟通过程。

为了对谈判有更深一步的认识，还要区分以下几个概念。第一，谈判不同于辩论。辩论双方的观点往往是相左的，是针锋相对的，而谈判双方未必是非此即彼的敌对关系。比起输赢，谈判双方更在意交易的达成、合作的实现。第二，谈判也不同于说服。[1] 谈判和说服都侧重于“谈”，也都指向利益，二者的许多技巧是相似的，但说服更侧重于希望对方成全己方利益，给予己方资源，因为己方并无砝码和对方讨价还价。谈判重在与对方交换利益和资源，因为彼此相互需要，乃至相互珍惜，所以谈判是在双方存在可交换利益和弹性让步空间时发生的。由此，律师需要甄别各种交涉情形，只有这样才能更好地把握谈判的运作机制和适用场域，为进一步的准备和决策提供方向。

法律谈判除了具备一般谈判的属性和法律的专业性外，其特殊之处还在于法律谈判是一类代理谈判。未经客户的授权，律师无权

---

〔1〕 参见熊浩：《熊浩的冲突解决课：谈判》，法律出版社2017年版，第25页。

处分客户的实体权利，即便律师事先与客户充分沟通过，但考虑到谈判过程仍存在诸多变数，律师在做出重大决定前必须再次征求客户的明确意见。[1] 虽然律师维护客户的利益心切是一种尽职的表现，但切忌越权代理，忽视执业风险。律师一时的自作主张很可能会造成无法挽回的不利局面。[2]

（三）律师参与谈判的策略

谈判策略是律师在谈判过程中确定的能够为客户争取利益的基本指导思路，所有具体的谈判技巧都是围绕该指导思路展开的。选择合适的谈判策略是决定法律谈判成败的关键，这要求律师对谈判对象有充分的认识，并能够对具体需求背后暗含的局势做出准确的预判。当然，谈判策略并非一成不变，在不同的谈判阶段需要根据实际情况适时调整，以期达到最佳的谈判状态。

以政府和社会资本合作项目为例。虽然国家政策鼓励社会资本参与政府项目投资，但不可忽视的现状是，在与政府方的合作中，因多数项目与公共利益相关，社会资本方在交易活动中很难实现真正意义上的自主权。尤其在涉及国计民生的关键领域，政府方作为合作主体的行政优益属性就会显现。为此，社会资本方的律师应首先对己方潜在不对等的合作地位有一个清楚的认知，再以解决问题的态度深入挖掘合作双方共赢的路径，在可控的范围内有计划地落实己方在交易活动中的自主权。在谈判实践中，能够从与政府方的谈判中真正获利的律师几乎都擅于搭建合作的基础，即在提出己方

〔1〕《律师法》第三十条 律师担任诉讼法律事务代理人或者非诉讼法律事务代理人的，应当在受委托的权限内，维护委托人的合法权益。

〔2〕参见韩德云、袁飞主编：《法律谈判》，法律出版社2018年版，第10页。

利益主张的同时，协助政府方梳理政策脉络、识别审计风险，并提出切实可行的操作方案和应对策略。

根据笔者的服务经验，政府方在与社会资本的合作中往往更在意的是项目的合规落地、高效运转，这与社会资本方想要获取更多利润其实不存在根本上的立场对立，律师应凭借专业素养去分析、挖掘双方共赢的机会。并且，社会资本方不能将眼光仅局限于眼前的某一笔交易，帮助政府解决问题的过程其实蕴藏着更多的合作机会。基于谈判内含双方相互需要的原理，可将协同合作、解决问题的策略贯穿于社会资本方与政府方谈判的始终。

（四）律师参与谈判的若干技巧

1. 提升项目服务能力

扎实的专业功底和丰富的执业经验是律师代表社会资本方与政府方谈判的业务素质基础。律师应将提升项目服务能力作为谈判技巧之首，具体包含以下三个方面。

（1）深研法律规则

政府与社会资本合作项目在实施过程中涉及的法律依据主要包括国际规则（如国际商会《见索即付保函统一规则（URDG758）》）、法律法规（如《招标投标法》《政府投资条例》）、国家部委的政策性文件（如《关于规范实施政府和社会资本合作新机制的指导意见》）、各地方政策性文件（如《浙江省政府投资项目管理办法》）。面对这些纷繁复杂的法律依据和政策新规，律师不仅要保持高强度的学习状态，而且要着重研究新旧政策、不同主体制定的政策之间的关系，要注意分辨区别。此外，律师须时刻关注国家发展和改革委员会、财政部、地方政府等官网上关于政府与社会资本合作新机制推进过程中的政策解读和问题解答。如此才能在谈判时更全面、精准地把握关键问题，输出有效观点，以最大限度地实现己方利益。

例如在采用政府和社会资本合作模式的某水利项目中，项目公司因无法获得高额的授信，需由社会资本方分期提供保函。首期保函到期后，受市场环境影响，社会资本方短期内增信额度受限，保函无法正常展期。对此，根据项目合同约定，政府方可提取保函项下全部金额。此时，若政府方提取保函，对项目公司而言无疑是雪上加霜，后续项目存在无法继续实施的风险。但若政府方不提取保函，将导致该保函失效，政府方存在不作为被追责的风险。

针对上述两难问题的处理，国内尚无具体的法律依据。如果律师不扩大法律规则的检索视野，政府方就只存在“提取”或“不提取”两种均不利的选择。事实上，根据国际商会《见索即付保函统一规则（URDG758）》第 23 条 d 款的规定，在索赔请求提出后、付款前，展期获得满足，该索赔视为已被撤回；若展期无法实现，则予以付款，无须再次索赔。基于该规则，笔者与银行沟通后达成一致意见，明确可以按此模式操作。随后，笔者向政府方充分解释提取保函会对企业造成危害，对项目亦不利，同时深入说明此操作方法的合法性、合规性，且相关人员不存在失职风险。

最终，双方经协商一致，由政府方在其向银行提交的索赔函中明确：“……要求贵行在 180 个工作日内向我方支付 6000 万元……如我方在收到贵行支付的索赔款之前，社会资本方向我方提交了新的保函或进行保函展期，我方将书面通知贵行撤回本索赔函。”由此，笔者为社会资本方成功争取到了 180 个工作日。实际上，仅在 60 日后，社会资本方的展期即获批准，此次保函违约事件得以圆满解决。

（2）熟悉项目本身

政府和社会资本合作项目的交易结构往往比较复杂，涉及的主体不仅包括政府方和社会资本方，还包括施工单位、设备供应商、金融机构等，内容涵盖项目投融资、履约担保、付费机制、项目建设、项目运营、项目移交等多个方面。律师只有对项目中的每一个细节烂熟于心，才可能在谈判时沉稳应对、有的放矢。熟悉项目的方法有很多，笔者一直提倡使用可视化的思维导图（见图10－3），简洁直观，便于查阅。

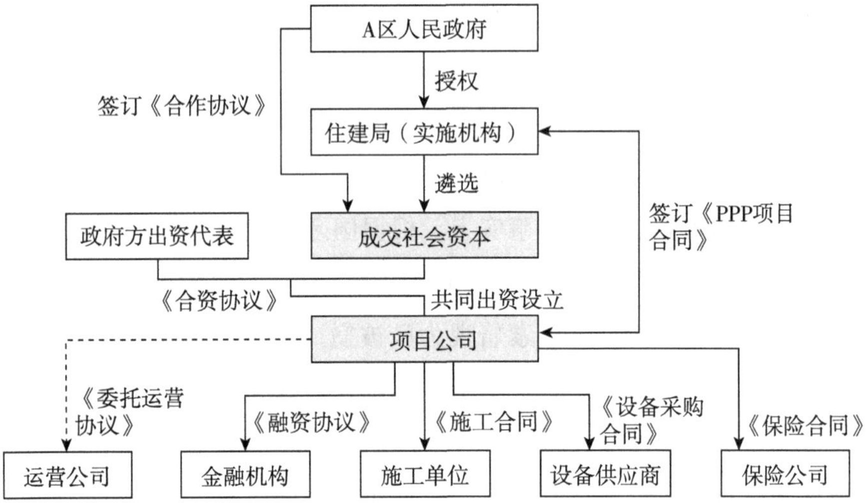

图10－3　某PPP项目交易结构

（3）扩大知识储备

鉴于政府和社会资本合作项目交易的复杂性和需求的多样性，律师在与政府方谈判时不仅要面对法律问题，而且还要面对诸多涉及工程、金融、财税等多领域的交叉问题。如何更从容地应对这些超出法律范畴的难题？一方面律师要通过多条渠道丰富自身的知识储备，另一方面也建议律师与其他领域的专业人士协力合作，以期实现谈判的最佳效果。

很多政府和社会资本合作项目的合同中与税务相关的条款寥寥

无几，往往只是明确了税费的承担主体。实际上，项目涉税问题异常复杂，直接影响到社会资本方的实际收益和投资回报。之所以项目合同的谈判双方常无法就税务条款做出深入、有效的沟通，最主要的原因还是大家对税务知识的储备不足。为此，笔者一方面同专业的税务律师合作，另一方面定期组织团队律师学习政府和社会资本合作项目涉税政策。之后再面对税务问题时，团队律师优势互补、协力作战，凭借更全面、专业的税务知识储备，切实维护社会资本方的合法利益。

2. 坚持使用客观的标准

政府方与社会资本方合作，最关注的是实体和程序的合法性、合规性。因此，律师在与政府方谈判时不能仅为了社会资本方的利益而忽视法律、法规和政策确立的实体、程序规则，律师提出的每一项建议都要有客观依据作为支撑。

当面对无“法”可依的情形时，律师可以从先例入手，从公平原则和科学性原则出发，在考虑客户利益的同时兼顾项目运行的可行性，据此提出的建议才更容易获得政府方的接受和认同。例如在采用政府和社会资本合作模式的某特色小镇开发项目实施过程中，政府方先行委托了一家勘察设计单位负责其中一个子项目的前期勘察设计工作。项目公司成立后，通过签署三方协议的方式，由项目公司承继原勘察设计委托协议中政府方的权利义务。随后，因外部政策发生变化，该子项目的实施难以为继，政府方通过调整实施方案将其移出了该项目的实施范围，导致该笔勘察设计费一直未能支付，最终勘察设计单位将项目公司起诉至法院，遂引发其与政府方之间关于付费责任主体的争议。政府方认为根据三方协议，项目公司系付费责任主体，但项目公司主张该子项目已被移出实施范围，对应的前期费用缺乏列支名目，故政府方作为勘察设计服务成果的直接受益方，应当承担该笔费用。

实践中，勘察设计费用一般作为项目前期费用，由政府方先行支付，项目公司成立后再将该笔费用支付给政府方，并纳入项目总投。因该子项目被移出项目实施范围，确实存在前期费用无从列支的现实问题，但是考虑到勘察设计单位已经按照合同约定交付了服务成果，要求勘察设计单位自担风险或项目公司承担损失确实有失公平。面对上述困境，在尚没有可适用的法律依据的情况下，笔者从公平合理的原则出发，结合勘察服务成果交付情况、该子项目提前终止的原因以及潜在的审计风险，提出了解决路径，即由项目公司按照三方协议约定支付相应勘察设计费，项目实施机构积极与财政部门沟通，出具将该笔费用纳入项目总投的书面确认书。经过十多轮谈判，双方按此方案达成一致意见。

3. 准备更多谈判的筹码

与政府方谈判，很多律师“不战而败”的主要原因在于误认为己方没有筹码，实际上并非如此。在一场复杂的交易中，双方的需求是多样的，每一项需求的背后都暗藏不同的局势。律师不能受困于基本面上的力量悬殊，而要善于从具体需求入手，先留心发现对己方有利的局势，再有效运用。这既是律师参与谈判的重要筹码，也是把控谈判形势、达成谈判效果的关键所在。

例如在采用政府和社会资本合作模式的某文教类项目中，政府方在一些合同条款的设置上比较苛刻，并表态合同内容无须再谈。社会资本方考虑到项目实施过程中有较多不确定因素，面临的履约风险很大，便想与政府方做进一步洽谈，于是寻求律师的帮助。

笔者介入该项目后，首先，从项目本身出发，了解到政府对社会资本方履约要求高的原因是该项目包含的两所学校必须满足次年九月开学的要求，项目须尽快开工。其次，关于社会资本方关心的利润问题，基于政府方对工期和质量的高要求，笔者发现项目融资、专项资金到位时间、施工图预算编制等方面都存在可谈空间。正是通过对局势的把握和对具体需求的分析，在看似没有筹码的情况下，笔者对政府方提供的七十余条合同条款提出了近八十条意见，很快引领了谈判的节奏，最大限度地维护了社会资本方的合法利益。

4. 穷尽问题解决的方案

社会资本方若在谈判过程中只擅长“提问题”却不懂得“给方案”，其提议多半会被政府方拒绝。因为通常来讲，作为决策者的政府方可能未必适应或适合直接解问答题，但大多不会抗拒做选择题。因此，在恰当的时间点提出切实可行的替代性方案，是社会资本方与政府方合作过程中扩大交易自主权的重中之重。

社会资本方的律师要结合项目的实际情况，围绕其关心的问题，对政府方可让步的余地做出一定的预判，并邀请隐性的利益相关方提出建议，穷尽所有可行的方案，挖掘实现各方共赢的各种可能。[1]在此提醒，若对同一问题有多个方案，律师在提出这些方案的顺序上也要做出合理的安排，比如在我方占主导的谈判局势中，首先提出的应是对我方最有利的方案。

例如在采用政府和社会资本合作模式的某污水处理项目中，社会资本方想要政府方对保底量不足部分做出补偿。由于事先缺乏沟通，第一次谈判时，社会资本方在没有任何方案的情况下草率地提出了补偿要求，结果被政府方当场拒绝。为了帮助社会资本方扭转被动的局势，笔者在为第二次谈判做准备时，详细分析了项目运转饱和度与设计处理量存在的现实差距，以及该差距可能对项目本身

〔1〕 参见［美］罗杰·费希尔、［美］丹尼尔·夏皮罗：《高情商谈判》，熊浩、许占功译，中信出版社2018年版，第94－116页。

造成的不利影响，并结合项目实际情况和其他项目经验，提前充分考虑了政府方可能拒绝的理由，在补偿方案上穷尽了所有的可行路径，供政府方做选择。最终，得益于我方周全的考虑，政府方同意作出补偿，并采纳了笔者提供的补偿方案。

5. 及时固化谈判的成果

律师在每一阶段的谈判结束后都应及时通过备忘录的方式确认、固定双方已经达成的合意，这不仅可以量化已经达成一致的内容，也是对谈判双方权益的重要保障。

例如在采用政府和社会资本合作模式的某公路项目中，双方对项目范围调整的意见存在重大分歧，而范围调整涉及对项目总投的调整，进而会影响社会资本方的项目整体收益。双方对具体的细节争论不休，补充协议迟迟不能定稿，严重影响项目进度。笔者介入该项目后发现列席每次谈判会议的政府相关主管部门和参会人员是不固定的，导致上次会议已经确定的内容，因参会人员的变化又需要重新讨论，根本无法有效开展下一步的谈判。鉴于此，笔者会在之后每次谈判结束后的第一时间将本次谈判形成的成果和下一阶段需要讨论的事项以备忘录的形式固定下来，并发给与会各方确认。一份份的备忘录成为了补充协议最终定稿的重要依据，有效推进了谈判进程，并最大限度地保障了社会资本方的权益。

6. 善用法理之外的情理

很多律师在参与谈判时会有这样的体验，对方还没有认真听清自己的观点，就条件反射式地表示反对。这便提醒广大律师们，在谈判桌上，除了不可或缺的规则筹码和利益博弈，有时还需要将情理作为双方交流的润滑剂。

善用情理的方法有很多，善于倾听可获得尊重，换位思考易寻得理解，大局出发能找到共鸣，放手小利会收获回应。谈判者都是有情感的人，在纷争面前多一份克制并保有一定的温情，有助于使自己赢得对方的认可，促使谈判有条不紊地推进。

以谈判中的一段对话为例。社会资本方律师说："以上就是我们对这个条款的修订意见和相关依据。"政府方答："这个条款没什么好谈的，你也不要跟我说你们其他项目是怎么做的，这就是我们当地的处理方式，我们一直都这么做的。"

情急之下，有些社会资本方律师可能会回复："你要是这么说，就真没办法谈了。相关规则我们都罗列得很清楚了，按照你们的这种方式，实在没法做了。"但笔者提倡的回答是："你方的意见我们都理解，但这个项目毕竟事关公共利益，大家的初衷都是促成项目尽快落地。不妨先按你方提出的意见推演一下，会发现项目在后期的落地过程中依然会存在很多问题，这不仅对我方不利，对政府的公信力和项目的推进都会产生不利的影响，所以还请你方能充分考虑我方的意见。"

三、非诉讼法律服务项目的承办

律师应当时常考虑承办非诉讼法律服务项目能为客户提供什么价值。有学者认为，非诉律师扮演着交易成本工程师的角色，即"非诉律师通过设计有效的机制，弥合资本资产定价理论假设的完美市场世界与现实中影响交易的不完美现实之间的差距"。[1] 也有学者将非诉律师类比于信誉中介，"他们通过向交易的另一方提供各种

〔1〕 Ronald J. Gilson, *Value creation by business lawyers: Legal skills and asset pricing*, The Yale Law Journal, Vol. 94: 239 (1984).

形式的第三方证明，将自己的信誉租给客户”。[1] 当然，非诉律师在承办过程中还会起到合规监管的作用，即“通过理解客户的监管关切来增加价值，从而能够在符合法规的情况下谈判交易”。[2] 本节将以创业投资法律服务项目为例，介绍律师在承办非诉讼法律服务项目过程中的作用和价值。

（一）创业投资法律服务项目概述

中小企业作为重要的市场主体，在社会经济发展中发挥着不可替代的作用。2021 年，工业和信息化部会同国家发展和改革委员会等多部门联合印发的《“十四五”促进中小企业发展规划》明确：“中小企业是国民经济和社会发展的生力军，是建设现代化经济体系、推动经济实现高质量发展的重要基础，是扩大就业、改善民生的重要支撑。”同时，该规划也指出，“融资难融资贵问题尚未有效缓解，融资促进措施有待进一步创新和落实”。资金短缺是导致各地区中小企业发展受限的普遍问题。近年来，受经济下行、市场竞争加剧等外部因素影响，中小企业的经营压力不断上升。考虑到中小企业相对较高的经营风险，银行等金融机构在为其办理贷款时往往采取提高利率、增设担保等应对措施，导致中小企业的融资压力与日俱增。在此情况下，股权融资基于其融资成本较低、资金来源较为稳定等优势，日益受到中小企业的青睐。在中小企业股权融资的资金来源中，创投资金居于重要地位。《中小企业促进法》第二十六条规定：“国家采取措施支持社会资金参与投资中小企业。创业投资

〔1〕 Karl S. Okamoto, *Reputation and the Value of Lawyers*, Oregon Law Review, Vol. 74: 15 (1995).

〔2〕 Steven L. Schwarcz, *Explaining the Value of Transactional Lawyering*, Stanford Journal of Law, Vol. 12: 486 (2007).

企业和个人投资者投资初创期科技创新企业的，按照国家规定享受税收优惠。”创业投资是指“向处于创建或重建过程中的未上市成长性创业企业进行股权投资，以期所投资创业企业发育成熟或相对成熟后，主要通过股权转让获取资本增值收益的投资方式”[1]。这种投资方式能够有效降低中小企业的融资门槛，促进中小企业迅速成长，提高其市场竞争力，进而推动国家科学技术创新和经济多元发展。

在2023年12月召开的中央经济工作会议上，习近平总书记强调要“鼓励发展创业投资、股权投资”[2]。李强总理在2024年政府工作报告中指出要“鼓励发展创业投资、股权投资，优化产业投资基金功能”。[3] 为贯彻落实党中央、国务院决策部署，国务院办公厅于2024年6月印发《促进创业投资高质量发展的若干政策措施》，以期促进中国创业投资的高质量发展。一个健康、稳定的创业投资市场对于缓解中小企业的融资压力具有关键意义。律师作为推动经济社会高质量发展的一支重要力量，应积极为中小企业的股权融资提供优质的法律服务。

（二）律师在创业投资机构筛选阶段的作用

1. 审查投资主体的资质

作为中小企业融资过程中的首要环节，选择合适的创业投资机

〔1〕 该定义源自《国务院关于促进创业投资持续健康发展的若干意见》（国发〔2016〕53号）。

〔2〕《中央经济工作会议在北京举行 习近平发表重要讲话》，载中华人民共和国中央人民政府官网2023年12月12日，https：//www. gov. cn/yaowen/liebiao/202312/content_ 6919834. htm？ ddtab = true。

〔3〕《政府工作报告——2024年3月5日在第十四届全国人民代表大会第二次会议上》，载中华人民共和国中央人民政府官网2024年3月5日，https：//www. gov. cn/gongbao/2024/issue_ 11246/202403/content_ 6941846. html。

构对于中小企业后续的资金使用和日常经营等方面有着深远影响。目前，创业投资机构的资格认定标准较为复杂，中小企业往往难以辨别创业投资机构是否满足资格要求，通常有赖于律师提出的专业意见。

中国对不同类型的创业投资机构的备案要求不尽一致。[1] 具体而言，根据《证券投资基金法》和《关于加强私募投资基金监管的若干规定》的要求，[2] 基金类创业投资机构在进行投资活动前应当向基金行业协会备案，未备案的，不得从事投资活动。与此对应，《创业投资企业管理暂行办法》的要求则相对宽松，[3] 非基金类创业投资机构在备案过程中以自愿备案为原则，即使未经备案，亦可从事投资业务。

据此，律师在审查创业投资机构的资质时，尤其要关注非基金

---

〔1〕《创业投资主体划型办法》（征求意见稿）第二条指出："……基金类创业投资企业，是指以非公开方式向特定合格投资者募集资金，委托其他创业投资企业或创业投资管理企业管理，或通过投资于其他创业投资企业，主要从事创业投资活动的企业……

非基金类创业投资企业，是指以其合法自有资金，采用自我管理的方式，主要从事创业投资活动的企业……"

〔2〕《证券投资基金法》第九十四条第一款规定："非公开募集基金募集完毕，基金管理人应当向基金行业协会备案。对募集的资金总额或者基金份额持有人的人数达到规定标准的基金，基金行业协会应当向国务院证券监督管理机构报告。"

《证券投资基金法》第一百三十四条　违反本法规定，非公开募集基金募集完毕，基金管理人未备案的，处十万元以上三十万元以下罚款。对直接负责的主管人员和其他直接责任人员给予警告，并处三万元以上十万元以下罚款。

《关于加强私募投资基金监管的若干规定》第六条第三款规定："私募基金募集完毕，私募基金管理人应当按照规定到基金业协会履行备案手续。私募基金管理人不得管理未备案的私募基金。"

〔3〕《创业投资企业管理暂行办法》第三条　国家对创业投资企业实行备案管理。凡遵照本办法规定完成备案程序的创业投资企业，应当接受创业投资企业管理部门的监管，投资运作符合有关规定的可享受政策扶持。未遵照本办法规定完成备案程序的创业投资企业，不受创业投资企业管理部门的监管，不享受政策扶持。

类创业投资机构的备案情况。正如上文所述，相关法律并未强制要求非基金类创业投资机构在实施投资行为前必须向管理部门备案，导致国家对于该类创业投资机构的监管力度相对较弱。实践中，有些投资者为了骗取国家的优惠政策而假冒创业投资机构，甚至以创业投资的名义去开展非法集资活动，引进该类投资者会对中小企业后续的经营活动产生不利影响。故律师在对非基金类创业投资机构进行考察时，应当重点关注其过往的投资经历，判断其是否真正从事创业投资活动，并具有相应的投资能力。

2. 评估中小企业的融资需求

国务院办公厅在《促进创业投资高质量发展的若干政策措施》中提出要“引导创业投资充分发挥投早、投小、投硬科技的作用”，[1] 即强调创业投资机构应当更关注具有突破性创新和发展潜力的中小企业。因此，中小企业不仅需要激发自身创新性，迎合市场投资方向，而且有必要考察创业投资机构与其是否适配。

律师在协助中小企业选择合适的创业投资机构时应围绕中小企业的核心需求。中小企业在不同发展阶段的需求不尽相同，具体而言，为确保企业能够平稳度过资金紧张的初创期，彼时获得长期、稳定资金的需求较为迫切。企业在发展稳定之后则会更加注重创业投资机构能否为其带来市场、人才等资源，以助力企业实现更为长远和稳健的发展。

此外，律师还应深入评估中小企业，尤其是发展过程中需要较大自主性的创新驱动型企业与创业投资机构之间的契合度。有学者

〔1〕《促进创业投资高质量发展的若干政策措施》指出：“……聚焦新领域新赛道，对投资原创性引领性科技创新的创业投资机构，加大政策支持力度，引导创业投资充分发挥投早、投小、投硬科技的作用。”

研究指出，创业投资机构股权投资比重越高，新创企业技术创新绩效越低。[1] 故律师须留心考察创业投资机构过往的投资习惯，包括关注其投资股权占比以及对中小企业日常经营的干涉程度，力求其投资策略与中小企业发展方向相匹配，实现“1+1>2”的效果。

3. 设计中小企业的募资结构

许多中小企业在开展股权融资、拓展企业经营规模的过程中高度关注创始人的控制权问题。优秀的创始人是多数中小企业在发展初期形成战略决策和创新文化的核心驱动力，往往能够引领企业在竞争激烈的市场中稳健成长。若企业获得融资后创始人丧失对企业的控制权，甚至被边缘化，则企业的创新力、决策力、凝聚力、战斗力就有可能被严重削弱，以至于出现融资前所无法预料的经营困难。

由此，律师应为融资过程中的中小企业设计合理的股权架构。针对一些重视创始人控制权的中小企业，合理确定创始团队释放的股权比例、将部分股东的分红权与经营管理权相分离是律师实务中常见的做法。此外，律师还须谨慎审查投资协议中可能导致创始人丧失控制权的条款，如风险较大的对赌条款。实践中不乏对赌条款过于严苛而使创始人最终丧失企业控制权的案例。[2] 究其原因，可能是创始人对对赌条款不甚了解，没有精准识别其中的风险，或是过于自信，未能准确评估企业的经营能力。总之，律师应敏锐地识

[1] 参见张运生、肖锦肇：《创业投资机构股权投资对新创企业技术创新绩效的影响机制》，载《科技管理研究》2022年第8期。

[2] 2008年12月，太子奶集团因触发与英联、摩根士丹利、高盛等风险投资机构签订的对赌条款，集团董事长李途纯出让所持全部股权，最终导致太子奶集团破产重整，被政府接管。参见《对赌协议 一场危险的游戏》，载中国广播网2011年8月31日，https://finance.cnr.cn/gs/201108/t20110831_508442844.shtml。

别投资协议中存在的法律风险，并向创始人和企业揭示相应的后果。同时，律师有必要兼顾创业投资机构的核心需求，与其充分沟通、协商，争取实现创业投资机构与被投企业双方的利益平衡。

（三）律师在创业投资机构投后管理阶段的作用

1. 助力中小企业合理利用投后管理资源

投后管理是指创业投资机构在完成投资之后，对投资项目实施的一系列监督、管理、服务等行为，旨在实现对中小企业的风险控制和价值提升。其中，风险控制有赖于创业投资机构参与中小企业的经营管理，通过定期查阅中小企业的财务报表和经营数据，及时发现潜在的法律风险甚至经营风险。价值提升聚焦于创业投资机构为中小企业提供的增值服务。创业投资机构不仅能配合中小企业制定战略规划，还能够协助其优化人才储备、开拓融资渠道、对接产业资源。律师助力中小企业充分挖掘创业投资机构的投后管理资源，是促进中小企业高质量发展的重要方法。

律师可以帮助中小企业有针对性地借鉴创业投资机构的风险防控经验，提升其规范运营水平。例如在公司治理结构设计方面，律师能够按照中小企业的管理需求，为后者合理调整、优化治理结构出具专业的意见，将创业投资机构的管理资源注入中小企业。又例如在合规信息共享方面，在确保信息安全的前提下，律师可以与创业投资机构同步合规信息，共同协助中小企业发现和解决合规问题，有效控制法律风险。

在投后管理过程中，律师还能够帮助中小企业更好地运用创业投资机构提供的增值服务。多数成熟的创业投资机构有着丰富的投资经验和资源网络，不仅可以为中小企业在产业对接、后续融资等方面提供支持，还能够根据中小企业的发展阶段为其提供恰当的战略规划建议。深耕投融资法律领域多年的资深律师介入中小企业相关资本运作时，可以凭借其丰富的实践经验，通过提供法律咨询服务、审核重要交易文件等方式，帮助中小企业理解并遵守与资本市场相关的法律规则，确保资本运作的合规性。

2. 协助中小企业防范创业投资机构的过度干涉

中小企业在利用投后管理资源时，通常需要创业投资机构的参与。这种参与不仅有助于优化中小企业的运营流程，而且能提升其治理效能。但需要注意的是，中小企业亦有必要规范创业投资机构介入其日常经营管理的行为边界，谨防创业投资机构过度介入所带来的风险，确保中小企业的合法权益不受侵犯。

为此，律师应注意以下两点。第一，律师应防止创业投资机构过度干预中小企业的经营管理。部分创业投资机构为了在投后管理阶段对中小企业形成有效的制约和监督，可能会在投资协议中约定若干影响公司正常治理的条款，诸如竞业禁止条款、一票否决权条款等。为此，律师须协助中小企业审查投资条款是否存在法律风险，并在投资协议中限制创业投资机构于投后管理阶段可介入的工作范围，以保障中小企业在经营过程中必要的自主权。

第二，律师应防止创业投资机构侵害中小企业的合法权益。《公司法》第二十一条第一款规定，公司股东不得滥用股东权利，损害公司利益。常见的损害公司利益的行为包括关联交易、挪用公司资金、侵犯公司智力成果等。律师应协助中小企业提前制定对创业投资机构的约束机制，以防中小企业的权益受损。以商业秘密保护为例，创业投资机构在成为中小企业的股东并参与后者的经营管理后，通常有机会接触到后者的商业秘密，而商业秘密是企业在市场竞争中欲取得优势地位的重要资产。若创业投资机构非法获取、披露、使用或者允许他人使用该商业秘密，将会严重削弱中小企业的竞争优势，造成不可估量的损失。由此，律师在审查投融资协议时必须明确约定创业投资机构具有保密义务，并严格约定创业投资机构违反保密义务导致商业秘密泄露的违约责任。

（四）律师在创业投资机构退出阶段的作用

1. 引导中小企业规划创投资金的退出路径

待中小企业发展相对成熟后，创业投资机构通常会将其持有的股权在市场上出售以实现投资收益。目前，创投资金退出的方式主要包括 IPO、并购、企业回购等。

在诸多退出路径中，通过 IPO 退出对创业投资机构和中小企业来说是较为理想的方式，这种方式在给创业投资机构带来丰厚回报的同时，可以极大地提高企业的知名度和影响力。企业上市过程复杂、程序琐碎，通常需要律师的指导与协助。与美国证券律师协助起草企业招股书不同，中国律师目前在企业上市过程中主要还是从事法律事项的尽职调查和出具法律意见书的工作。但是专业的律师在企业上市过程中发挥的作用往往会超出企业的预期，前者对于市场规则更加熟悉，对于法律问题判断更加精准，对于风险防控更加谨慎。[1]

随着近年来中国境内 IPO 节奏放缓，企业并购作为创投资金退出的另一重要途径得到了更多关注。[2] 相比于其他退出路径，并购退出更有利于企业借助收购方的业务渠道、人才团队等优势，迅速扩大市场份额、提高盈利水平。并购过程中律师可以分别从宏观、

[1] 参见高晓东编著：《企业上市注册制审核指引：要点解析与典型案例》，中国民主法制出版社 2022 年版，第 19 页。

[2] 参见李明珠、罗曼：《“退出难”致创投业循环梗阻　业内呼吁多措并举打通“堵点”》，载《证券时报》2024 年 4 月 18 日，第 2 版。

中观、微观层面为企业把控法律风险。从宏观市场层面来看，企业并购受到国家的严格监管，交易过程中可能涉及经营者集中反垄断申报、外商投资准入负面清单等法律问题，[1] 律师须深谙相关法律规定，识别和评估并购过程中可能出现的法律风险，保证交易合法有效。从中观行业层面来看，企业若涉及跨界并购，极易出现治理机制不兼容、掌握信息不对称、战略规划不契合等方面的问题，此时律师可以通过尽职调查了解收购方的基本情况，研判并购方案的实现可能性。从微观实操层面来看，并购过程涉及大量的起草、修改复杂且重要的交易文件的工作，包括但不限于草拟合作框架协议、股权转让协议等文件，这便对律师的合同审查能力提出了较高的要求。

2. 指导中小企业安排创投资金的退出时点

《促进创业投资高质量发展的若干政策措施》提出要“鼓励长期资金投向创业投资”。耐心资本的长期支持和资金投入，更加契合中小企业盈利周期长、失败风险大的特点，其长期性投资策略有助于减少市场的波动性。[2]

较长的投资期限可以为中小企业提供持续稳定的资金支持，从而缓解市场波动带来的各种不利影响。故多数情况下，中小企业期望创业投资机构退出的时间点能够相对延后，以防资金撤出对中小企业的现金流、运营策略以及长期发展计划等方面造成不利影响。所以，律师在投资协议起草阶段就应协助中小企业设定清晰、可行的退出计划，包括创业投资机构的退出条件、价格、时间和程序等，

---

〔1〕 参见张锋：《公司并购：法律问题及协议安排》，法律出版社 2023 年版，第 2 页。

〔2〕 参见杨皖玉：《风险投资与耐心资本期待“比翼双飞”》，载《中国证券报》2024 年 5 月 13 日，第 5 版。

为资金的平稳退出提供法律保障。在合作阶段，律师应当与创业投资机构保持良好的沟通，了解其退出的意向和计划，减少中小企业因预期以外的资金退出受到不必要的冲击。

创业投资使中小企业融资难、融资贵的问题得到了一定程度的缓解，但随之而来的是上述创业投资实践中投资机构筛选、投后管理、投资机构退出等环节中的问题。面对这些问题，律师的有效参与有助于中小企业在股权融资过程中及时规避法律风险，促进交易顺利进行，并在此基础上努力创造中小企业与创业投资机构双赢的局面。

第十一章　其他律师业务

本章第一部分介绍律师调解业务。2017 年颁布的《最高人民法院、司法部关于开展律师调解试点工作的意见》确立了律师调解的四种模式，即律师在法院设立的律师调解工作室提供律师调解服务、律师在公共法律服务中心（站）设立的律师调解工作室提供律师调解服务、律师在律师协会设立的律师调解中心提供律师调解服务和律师在律师事务所设立的调解工作室提供律师调解服务。在律师调解的专业优势方面，律师调解员的专业素质较高，其调解结果较接近实体法律规范，具有一定的专业性，并赋予了当事人最大限度的自主性。在具体办理律师调解业务时，律师调解员可以参考一些成熟的方法，依法止纷，兼顾情理，体现合意。第二部分介绍地方立法业务。律师直接或间接地参与地方立法不仅具有合法性，而且能在提高地方立法质量方面发挥专业作用。同时，律师参与有助于提升地方立法的科学性、民主性、特色性与可操作性。在律师提升地方立法质量的实现路径上，一是贯彻地方立法精细化的立法理念；二是根植地方特色，广泛组织公众参与立法；三是健全科学合理的立法评估机制。第三部分介绍法律研究业务。律师的法律研究业务通常由行政机关、事业单位、企业等通过公开招标、委托研究等方式产生。律师具有显著的法律研究优势，包括律师拥有跨学科的思维方式，律师的社会关系网络在研究过程中能够发挥独特优势，律师工作具有紧密联系实践的特质，律师的办案思维能够强化法律研究结论的实证基础。在律师开展法律研究业务的调研方法论方面，第一，律师调研的基本态度与要求包括尽量掌握第一手资料，注重实效；坚持问题导向；坚持细致钻研，拒绝表面研究；坚持系统观念，全面调查，真正把情况摸实摸透；注重内外合作，发挥多方优势。第二，律师在着手调研之前应遵从实用性、时效性、经济性、弹性等有关调研设计的基本原则，制定一份详尽的调研方案。第三，在调研的具体方法上，在调研前律师须做好文献检索和法律检索工作，为之后的调研确定方向。在调研中，律师须妥善运用问卷法、深入访谈法、座谈法、大数据法等调研方法，以期全面、深入地开展调研工作。律师撰写法律研究报告时应从理念层面、内容层面和语言层面体现专业性。

一、律师调解业务

习近平总书记指出："……要充分发挥律师事务所和律师等法律专业机构、专业人员的作用，帮助群众实现和维护自身合法权益，同时要发挥人民调解、商事仲裁等多元化纠纷解决机制的作用，加强法律援助、司法救助等工作，通过社会力量和基层组织务实解决民事纠纷……"[1] 在民商事诉讼案件急剧增长的当下，律师可以充分发挥专业优势、职业优势和实践优势，参与人民调解、行政调解、行业调解、商事调解、诉讼调解、律师调解等各种多元化纠纷解决机制，这将有助于矛盾纠纷及时在基层化解，维护社会的和谐稳定。

（一）不同于律师参与诉讼调解的律师调解

在目前的民事诉讼司法实践中，律师参与调解共有两条途径：一条是传统途径，律师以一方代理人的身份参与诉讼调解，既包括

〔1〕《充分认识颁布实施民法典重大意义，依法更好保障人民合法权益》（二〇二〇年五月二十九日），载习近平：《论坚持全面依法治国》，中央文献出版社2020年版，第282页。

参与诉前调解，[1] 也包括参与诉中调解。[2] 《律师法》第二十八条将接受委托参加调解活动列入律师可以从事的七大类业务之中，这是律师的一项常规业务。律师在个案调解中扮演的是典型的私益角色，是为己方当事人尽力争取到比法院裁判更符合其预期利益的纠纷解决方案。

另一条途径则是近几年才在中国确立的由律师作为中立第三方主持的调解，即律师调解。2012 年，《最高人民法院关于扩大诉讼与非诉讼相衔接的矛盾纠纷解决机制改革试点总体方案》提出推动建立律师调解员制度。[3] 2016 年，《最高人民法院关于人民法院进一步深化多元化纠纷解决机制改革的意见》（法发〔2016〕14 号）提出要推动律师调解制度建设。[4] 上述文件不仅为中国律师参与调解提供了政策支持，也为律师调解制度的实践注入了强心剂。目前，对律师调解制度规定得最为深入的一份文件是 2017 年颁布的《最高

〔1〕《民事诉讼法》第一百二十五条 当事人起诉到人民法院的民事纠纷，适宜调解的，先行调解，但当事人拒绝调解的除外。

《民事诉讼法》第一百三十六条规定："人民法院对受理的案件，分别情形，予以处理：……（二）开庭前可以调解的，采取调解方式及时解决纠纷；……"

〔2〕《民事诉讼法》第一百四十五条 法庭辩论终结，应当依法作出判决。判决前能够调解的，还可以进行调解，调解不成的，应当及时判决。

〔3〕《最高人民法院关于扩大诉讼与非诉讼相衔接的矛盾纠纷解决机制改革试点总体方案》8. 推动建立律师调解员制度。试点法院应当支持律师协会、律师事务所建立专职或者兼职的律师调解员队伍，由律师调解员独立主持调解纠纷，并协助其建立和完善相关制度。

〔4〕《最高人民法院关于人民法院进一步深化多元化纠纷解决机制改革的意见》19. 推动律师调解制度建设。人民法院加强与司法行政部门、律师协会、律师事务所以及法律援助中心的沟通联系，吸纳律师加入人民法院特邀调解员名册，探索建立律师调解工作室，鼓励律师参与纠纷解决。支持律师加入各类调解组织担任调解员，或者在律师事务所设置律师调解员，充分发挥律师专业化、职业化优势。建立律师担任调解员的回避制度，担任调解员的律师不得担任同一案件的代理人。推动建立律师接受委托代理时告知当事人选择非诉讼方式解决纠纷的机制。

人民法院、司法部关于开展律师调解试点工作的意见》（司发通〔2017〕105号，以下简称《律师调解意见》）。《律师调解意见》首次对律师调解的概念作出界定，即律师、依法成立的律师调解工作室或者律师调解中心作为中立第三方主持调解，协助纠纷各方当事人通过自愿协商达成协议解决争议的活动。根据《律师调解意见》，律师可以以调解员身份主持双方当事人的各类民商事纠纷，包括刑事附带民事纠纷的民事部分，但是婚姻关系、身份关系确认案件以及其他依案件性质不能进行调解的除外。此外，表11－1所列的文件均涉及律师调解制度，值得重视。

表11－1　涉及律师调解制度的主要文件及相关内容

发布时间	文件名称	相关内容
2018年3月	《最高人民法院、中华全国归国华侨联合会关于在部分地区开展涉侨纠纷多元化解试点工作的意见》	4. 吸纳律师参与……可以在涉侨调解组织派驻律师或者设立律师工作室，在律师调解工作室和律师调解中心派驻调解员。充分调动律师参与涉侨纠纷解决的积极性，发挥律师的专业化、职业化优势，为归侨侨眷和海外侨胞提供多样化、全方位的法律服务。
2018年3月	《全国工商联、司法部关于推进商会人民调解工作的意见》	6. 加强调解员队伍建设……司法行政机关、律师协会要建立律师调解员名册，向商会人民调解委员会推荐，也可以由商会人民调解委员会根据需要自行选择……
2019年2月	《最高人民法院关于深化人民法院司法体制综合配套改革的意见——人民法院第五个五年改革纲要（2019—2023）》	13. 深化多元化纠纷解决机制改革……加大对行业专业调解工作的指导力度，完善多方参与的调解机制，健全完善律师调解机制，进一步发挥专业调解作用……
2019年3月	《最高人民法院关于为深化两岸融合发展提供司法服务的若干措施》	31. 依法保障获得大陆律师执业证书的台湾居民的执业权利，鼓励其在人民法院参与律师调解等工作。

续表

发布时间	文件名称	相关内容
2019年6月	《司法部、中华全国工商业联合会关于深入开展民营企业“法治体检”活动的意见》	（三）妥善化解矛盾纠纷。充分发挥律师在矛盾纠纷调处方面的专业优势、实践优势，通过为民营企业提供律师调解服务、代理诉讼仲裁案件、提出法律意见等方式，帮助解决法律问题，化解矛盾纠纷。引导商会组织与律师协会开展合作，鼓励优秀律师调解员进驻民营企业和商会提供律师调解服务或建立律师调解工作点，鼓励符合条件的优秀律师担任商会调解组织的调解员。
2019年7月	《中共中央办公厅、国务院办公厅关于加快推进公共法律服务体系建设的意见》	（九）……加强行业性专业性人民调解工作，完善律师调解和商事调解制度，发挥公证、调解、仲裁、行政裁决、行政复议、信访等非诉讼方式积极作用，促进社会公平正义。
2019年7月	《最高人民法院关于建设一站式多元解纷机制　一站式诉讼服务中心的意见》	8. 完善诉前多元解纷联动衔接机制……促进建立调解前置机制，发挥人民调解、行政调解、律师调解、行业调解、专业调解、商会调解等诉前解纷作用…… 9. 建设类型化专业化调解平台……推广建立律师调解工作室……
2019年12月	《最高人民法院、司法部、中华全国律师协会关于深入推进律师参与人民法院执行工作的意见》	3. ……各级人民法院要建立健全执行案件多元化纠纷解决机制，鼓励通过律师调解等方式化解执行争议，探索推动设立“律师志愿服务岗”“律师调解工作室”等，做好执调对接工作，为律师以中立第三方身份参与矛盾化解创造条件和便利。
2020年1月	《民事诉讼程序繁简分流改革试点方案》	（一）优化司法确认程序。健全特邀调解制度，加强特邀调解名册管理，完善诉前委派调解与司法确认程序的衔接机制。合理拓宽司法确认程序适用范围，经律师调解工作室（中心）等特邀调解组织、特邀调解员，或者人民调解委员会依法调解达成民事调解协议的，当事人可以按照程序要求，向人民法院申请司法确认……
2020年12月	《法治社会建设实施纲要（2020—2025年）》	（二十一）依法有效化解社会矛盾纠纷……充分发挥律师在调解中的作用，建立健全律师调解经费保障机制……

续表

发布时间	文件名称	相关内容
2020 年 12 月	《最高人民法院、司法部关于为律师提供一站式诉讼服务的意见》	第九条　充分发挥律师在预防化解矛盾纠纷中的专业优势、职业优势和实践优势，依托人民法院调解平台加大律师在线调解工作力度，打造党员律师、骨干律师调解品牌。纳入特邀调解员名册的律师，可以接受人民法院委派或者委托，在调解平台上调解案件。律师依法按程序出具的调解协议，当事人可以在线申请司法确认。
2021 年 9 月	《最高人民法院关于深化人民法院一站式多元解纷机制建设推动矛盾纠纷源头化解的实施意见》	(九) 发挥社会各方力量协同作用。拓宽与政府部门对接途径，加大与人民调解、行业专业调解、行政调解、律师调解、仲裁、公证等衔接，邀请人大代表、政协委员、专家学者等社会第三方参与调解、化解，并将符合条件的组织和人员纳入人民法院特邀调解名册……
2021 年 10 月	《国家知识产权局、司法部关于印发〈关于加强知识产权纠纷调解工作的意见〉的通知》	(六) 拓展知识产权纠纷行业性、专业性调解……充分发挥律师在预防和化解矛盾纠纷中的优势作用，推动设立律师调解工作室，为当事人提供知识产权纠纷调解服务并可适当收取费用。
2021 年 12 月	《全国公共法律服务体系建设规划(2021—2025 年)》	(二十) 推进矛盾纠纷多元化解。深入推进律师调解工作，加强律师调解室建设，健全诉调衔接机制，利用信息平台强化在线调解，完善司法确认程序，不断拓展业务领域……
2023 年 6 月	《司法部、工业和信息化部关于印发〈“服务实体经济 律企携手同行”专项行动方案〉的通知》	(八) 帮助化解矛盾纠纷。各地要结合深化律师调解工作，鼓励律师协会、律师事务所与工业和信息化领域相关产业协会、商会合作建立律师调解组织，选聘优秀律师担任调解员，发挥律师作为中立第三方主持调解的专业优势、实践优势，通过调解渠道促进企业商事纠纷快速解决……
2023 年 8 月	《司法部办公厅、农业农村部办公厅关于常态化开展“乡村振兴 法治同行”活动的通知》	(三) 持续推进乡村法律服务多元化发展……配合有关部门强化诉源治理，深化律师调解工作，发挥律师客观、中立、容易取得当事人信任等优势，引导村民运用法治思维和法治手段维护自身合法权益……

续表

发布时间	文件名称	相关内容
2023 年 9 月	《最高人民法院、司法部关于印发〈关于充分发挥人民调解基础性作用　推进诉源治理的意见〉的通知》	（四）加强重大疑难复杂矛盾纠纷化解。依托现有的公共法律服务中心，整合人民调解、律师调解、商事调解、行业调解、行政调解等力量，设立市、县两级“一站式”非诉讼纠纷化解中心（或矛盾纠纷调解中心），统筹律师、基层法律服务、公证、法律援助、司法鉴定等法律服务资源，联动仲裁、行政复议等非诉讼纠纷化解方式，合力化解市、县域范围内重大疑难复杂矛盾纠纷。

律师参与诉讼调解与律师调解之间最根本的区别是，律师在两种调解活动中的地位和作用是不同的。诉讼调解的主持者是法院。具体而言，诉前调解主要由法院特邀的人民调解员来主持，诉中调解由法官来主持，人民调解员和法官在调解过程中始终居于主导地位，控制着整个调解活动。律师则作为己方当事人的代理人参与诉讼调解，为当事人提供调解法律服务。与诉讼调解不同的是，律师调解的核心特质在于律师居于中立第三方的地位，而非诉讼代理人，故不发挥代理人的作用。律师调解员作为调解主持者从总体上把握、控制着调解过程，在调解过程中严格保持中立立场，不得有偏向任何一方当事人的心态与言行，致力于居中引导当事人在平等协商的基础上达成调解协议，促进矛盾纠纷的实质化解。

（二）律师调解的四种模式

《律师调解意见》确立了律师调解的四种模式。第一种模式是律师在法院设立的律师调解工作室提供律师调解服务。诉讼调解是司法活动的重要组成部分，关涉司法权的行使，故法院委托律师主持调解必须要有法律的明确授权。2007 年修订的《律师法》第二十八条修改了律师参与诉讼调解的法律规定，将之前“接受当事人的委托，参加调解、仲裁活动”的表述调整为“接受委托，参加调解、仲裁活动”，即删除了“当事人的”这四个字。从文义上解释，自此律师参加调解活动的委托人不再限于当事人，法院也可以成为律师调解的委托主体。同时，《最高人民法院关于人民法院特邀调解的规定》（法释〔2016〕14 号）为律师及律师调解组织以特邀调解的方式参与诉讼调解奠定了制度基础。[1] 此外，《律师调解意见》第三条要求“试点地区的各级人民法院要将律师调解与诉讼服务中心建设结合起来，在人民法院诉讼服务中心、诉调对接中心或具备条件的人民法庭设立律师调解工作室，配备必要的工作设施和工作场所”。杭州市还采取了一种创新做法，将一些律师事务所的律师调解工作室直接派驻法院，以便开展案件集中调解工作。[2]

第二种模式是律师在公共法律服务中心（站）设立的律师调解工作室提供律师调解服务。党的十八届四中全会提出要“推进覆盖城乡居民的公共法律服务体系建设”，《司法部关于推进公共法律服务平台建设的意见》要求以县（市、区）、乡镇（街道）为重点，分别建立公共法律服务中心和公共法律服务工作站。《律师调解意见》第四条要求“试点地区的县级公共法律服务中心、乡镇公共法律服务站应当设立专门的律师调解工作室，由公共法律服务中心（站）指派律师调解员提供公益性调解服务”。截至 2020 年 5 月，杭

〔1〕《最高人民法院关于人民法院特邀调解的规定》第六条第二款规定：“人民法院可以邀请符合条件的调解组织加入特邀调解组织名册，可以邀请人大代表、政协委员、人民陪审员、专家学者、律师、仲裁员、退休法律工作者等符合条件的个人加入特邀调解员名册。”

〔2〕参见《区法院打造律师市场化调解钱塘样本》，载杭州钱塘新区管理委员会官网 2023 年 8 月 14 日，https：//www. qiantang. gov. cn/art/2023/8/14/art_ 1657686_ 58956073. html。

州市已有 15 家公共法律服务中心设立了律师调解工作室。[1]

第三种模式是律师在律师协会设立的律师调解中心提供律师调解服务。《律师调解意见》第五条提出，“律师调解中心在律师协会的指导下，组织律师作为调解员，接受当事人申请或人民法院移送，参与矛盾化解和纠纷调解”。其实在此之前就有一些省、市走在相关实践的前列，率先提出由律师协会作为提供律师调解服务的主体。例如 2015 年公布的《厦门经济特区多元化纠纷解决机制促进条例》第五十五条就鼓励律师协会建立律师调解员队伍，提供调解服务。2016 年，杭州市律师协会成立了全国第一家由律师协会设立的律师调解中心，即杭州律谐调解中心，这也是全国首家以律师为主体的专业社会化调解组织。[2] 截至 2023 年年底，该调解中心共有专（兼）职律师调解员 1500 多名，其中专职调解律师经过遴选后，与调解中心直接签约，在一年的服务期内被派往调解中心设立的律师调解工作室从事律师调解工作。

第四种模式是律师在律师事务所设立的调解工作室提供律师调解服务。《律师调解意见》第六条提出，“鼓励和支持有条件的律师事务所设立调解工作室，组成调解团队，可以将接受当事人申请调解作为一项律师业务开展，同时可以承接人民法院、行政机关移送的调解案件”。这是律师调解四种模式中最贴近市场的一种。目前杭州市共设有 110 家律师调解工作室，建立起 1425 名的兼职律师调解

〔1〕 参见《杭州市第二批律师事务所调解工作室“挂牌接单”了》，载微信公众号“杭州法治”2020 年 5 月 29 日，https：//mp. weixin. qq. com/s/rAPooPMTIAK5gYG44RODHg。

〔2〕 参见《“律调”钱塘，彰显律师调解员的风采风貌——杭州律师调解工作面面观》，载中国律师网 2024 年 2 月 21 日，https：//www. acla. org. cn/info/5f898c9a64a84df1ab8f26557c146db6。

员队伍。[1]

（三）律师调解的专业优势与承办方法

律师调解是律师运用专业的法律知识和调解技能提供的专业法律服务，以期使调解方案更易接近专业判断。同时，当事人在律师调解中被赋予最大限度的自主性。

第一，律师调解具有专业性。拥有丰富实务经验的律师主持调解，不仅能使纠纷的解决更快捷、更高效，还会使调解结果具有更佳的法律效果和社会效果。[2] 一方面，律师调解员的专业素质较高。从学历和文化水平方面来看，截至2022年年底，全国共有执业律师65.16万多人。其中，本科学历的律师有46.69万多人（占71.66%），硕士研究生学历的律师有13.04万多人（占20.01%），博士研究生学历的律师有7800多人（占1.21%），本科学历以下的律师有4.64万多人（占7.12%）。[3] 从执业年数和办案经验方面来看，目前全国大部分省份制定的律师调解工作实施意见都对律师调解员的执业年数和办案经验有较高要求（见表11－2）。另一方面，律师调解的结果较接近实体法律规范。律师调解员的调解思维一般是先分析法理，后考虑情理，重法理，轻情理，以期在合法、自愿、公平、效率的价值观指引下寻找到矛盾纠纷的最佳解决之道。

---

〔1〕参见杭州市中级人民法院市场化解纷课题组：《商事调解市场化路径研究——以杭州市场化解纷机制为研究视角》，载《法治时代》2024年第9期。

〔2〕参见丁洁、詹昀刚：《律师调解的现实困境与解决路径探讨——以浙江省杭州市试点实践为视角》，载《中国司法》2018年第12期。

〔3〕参见《2022年度律师、基层法律服务工作统计分析》，载司法部官网2023年6月14日，http：//www.moj.gov.cn/pub/sfbgw/zwxxgk/fdzdgknr/fdzdgknrtjxx/202306/t20230614_480740.html。

表 11－2　部分省（直辖市）对律师调解员执业年数和办案经验的要求汇总

	上海市	浙江省	辽宁省	山东省
文件依据	《关于在本市开展律师调解试点工作的实施方案（试行）》	《关于开展律师调解试点工作的实施意见》	《关于开展律师调解工作的实施方案》	《关于开展律师调解试点工作的实施意见》
执业年限要求	执业经历满10年；已获批设立律师调解工作室的律师事务所的律师，执业经历满5年	执业3年以上	执业5年以上	执业年限5年以上（市辖县律师执业年限可放宽至3年以上）
办案经验要求	具有一定的调解工作经验	具有较丰富的执业经验以及群众工作能力	从事民商事诉讼业务3年以上，近3年年均办理民商事诉讼案件不低于5件	具有一定的法律知识、专业知识和调解经验

在传统的熟人社会，调解之所以常能获得当事人的青睐，一个重要原因是调解可以不依法展开，而更多地依靠双方当事人的合意与人情，即“熟人社会不仅仅是‘熟悉’，更是‘亲密’，其基础是‘人情’”〔1〕，故调解结果常表现为合情不合法。在现代社会，陌生主体间的民商事纠纷（除了部分包含情绪对抗激烈的案件）基本上都是比较纯粹的金钱利益之争，这类纠纷常能够在既有的法律规范中找到比较明确的规定。一旦当事人基本知晓自己在法律上的处境，愿意接受的调解方案和法院裁判在实体上就不会存在较大差异。正如有学者指出：“如果一方当事人或者双方当事人能够事前对现行法律规则和司法适用场景、效果有更为明确的了解，就对争端解决的后果有更理性的预期……”〔2〕 律师调解达成的结果一般不会过度偏

〔1〕 陈柏峰：《乡村江湖：两湖平原“混混”研究》，中国政法大学出版社2019年版，第9页。

〔2〕 熊丙万：《迈向合作主义的中国私法学》，中国法制出版社2021年版，第243页。

离法律规范，仅有的偏离基本等于当事人对律师调解程序优势的赋值，即律师调解的高效、灵活和低成本在当事人心中的价格。[1] 当然，这也就相应地要求律师调解员要具有一定的裁判能力，由其主持的律师调解要尽量靠近实体法律规范，依法止纷，兼顾情理，体现合意。

第二，律师调解赋予当事人自主性。《律师调解意见》将坚持平等自愿作为律师调解的重要原则，即“律师开展调解工作，应当充分尊重各方当事人的意愿，尊重当事人对解决纠纷程序的选择权，保障其诉讼权利”。平等自愿原则的核心要义是赋予当事人在调解中的自主性，具体包含两层含义：第一层含义是双方达成调解系完全出于自愿，不含任何强迫的意味；第二层含义是当事人在对裁判结果有正确预期的基础上选择是否接受调解结果，而非在对己方所处诉讼形势一知半解的情况下贸然地做出决定。相比于法官主持的诉讼调解，律师调解有利于双方当事人更理性地看待各自诉求的合法性。因为律师调解员善于运用法律专业知识和经验促使当事人尝试理解己方的主张是否具有法律依据，再设法帮助双方形成法律框架内利益相互兼容的解决方案。

在具体办理律师调解业务时，律师调解员可以参考以下方法：[2] （1）律师调解员应认真阅卷，向各方当事人询问纠纷的事实和情节，充分了解各方的要求及其理由，保证各方充分、自由、完整陈述意见的权利；（2）律师调解员可以根据调解活动的需要要求各方当事人提供相关证据，并组织当事人相互展示证据，由当事人围绕关键证据的真实性、关联性、合法性，针对证据有无证明力以及证明力

〔1〕 参见兰荣杰：《人民调解：复兴还是转型?》，载《清华法学》2018 年第 4 期。

〔2〕 参见《律师从事调解业务操作指引（试行）（2021）》。

大小，进行质疑、说明与辩驳；（3）律师调解员可以根据调解的实际需要建议当事人通知与调解活动有利害关系的第三人参加调解，律师调解员也可以协助当事人通知第三人参加调解，但该第三人参与民商事纠纷调解活动应取得另一方当事人的同意；（4）律师调解员应当归纳纠纷争议的关键问题，拟定具体的调解方案，但律师调解员在提出自己的调解意见之前应详细了解当事人的调解意愿；（5）律师调解员可以根据司法实践与自身经验，视具体情况向当事人普及诉讼、仲裁等其他纠纷解决程序及证据规则等相关法律知识，提示该民商事纠纷的诉讼、仲裁等其他纠纷解决程序风险和成本，介绍类案裁判并提示相关风险，但不得对诉讼、仲裁或其他纠纷解决程序的结果作出主观臆测的判断；（6）若律师调解员认为存在不适宜调解的情形或调解无成功可能性时，应及时将情况告知调解机构、各方当事人，并建议调解机构终结调解程序。

二、地方立法业务

（一）律师参与地方立法的依据与途径

改革开放以来，中国的法治水平在逐步提高，社会各界对良法善治的期望与要求也在同步提高。党的二十大报告对“坚持全面依法治国，推进法治中国建设”作出重要部署，要实现法治化，首先是有法可依、有法能依。[1] 地方立法是中国特色社会主义立法体制

〔1〕 参见许安标：《以高质量立法保障　全面推进国家各方面工作法治化》，载《民主与法制》2024 年第 2 期。

的组成部分，是对中央立法的重要补充，在贯彻国家法律、凸显地方特色、聚焦重点领域、引领全国性立法等方面发挥着关键作用。《立法法》第八十一条第一款对地方立法主体范围作出扩张性规定，即享有地方立法权的主体由较大的市扩展到设区的市。[1] 伴随地方立法权的大幅下放，如何提高立法质量已成为地方立法理论和实践的核心主题。

地方性法规是地方人大行使立法权的重要体现，地方性法规质量的高低能够反映地方立法权行使效能的高低。[2] 地方立法的价值不仅体现在立法的数量多少、条文的篇幅长短，更在于能否充分反映地方特色，是否具有较强的可操作性。为此有必要构建更为科学、民主的立法机制。为解决地方人大立法资源不足、部门利益和地方保护主义法律化、公众参与力度不够等问题，《立法法》第五十七条第二款设置了第三方参与地方立法的制度，即“专业性较强的法律草案，可以吸收相关领域的专家参与起草工作，或者委托有关专家、教学科研单位、社会组织起草”。律师作为提供法律服务的专业人士，其参与地方立法不仅具有合法性，而且在提高地方立法质量方面能发挥专业作用。

当前，中国律师参与地方立法的途径主要分为直接参与和间接参与。直接参与方式包括律师作为人大代表、政协委员参与地方立法，担任党委、政府法律顾问提供地方立法建议，接受委托作为第

[1] 《立法法》第八十一条第一款规定：“设区的市的人民代表大会及其常务委员会根据本市的具体情况和实际需要，在不同宪法、法律、行政法规和本省、自治区的地方性法规相抵触的前提下，可以对城乡建设与管理、生态文明建设、历史文化保护、基层治理等方面的事项制定地方性法规，法律对设区的市制定地方性法规的事项另有规定的，从其规定……”

[2] 参见吕庆明：《地方立法技术与规范》，法律出版社2023年版，第3页。

三方起草法律法规草案,[1] 通过参与第三方评估的方式参与地方立法。[2] 间接参与方式包括律师通过诉讼活动影响并推动立法，参与立法听证会，通过公开征求意见提出立法意见等。

（二）律师参与地方立法的优势及作用

1. 提升地方立法科学性

地方立法的科学性是指立法从实际出发，把握客观规律，具体包括立法理念、立法内容、立法程序、立法技术等方面的科学合理。“立法是一种以精确的方法和技巧来准确表述客观规律的科学活动和技术活动。”[3] 在宏观层面，地方立法在必须符合社会主义法治精神的同时，保持地方性法规体系内部的稳定和谐，发挥良法善治的指引作用。在微观层面，在不与上位法抵触的前提下，地方立法在相应权限范围内根据当地的具体情况和实际需要设计每一具体制度、每一章节条款，必须顺应当地经济社会发展大势，妥善处理权力与责任、权利与义务之间的关系。应当认识到，律师不仅具备扎实的法学理论功底，而且在法律实务工作中积累了大量的实践经验，可以在地方立法的制定过程中提供有力的理论支持与经验加持。同时，律师职业具有独立性，其在地方立法实践中更有可能秉持中立、客观、理性的立场，以此提升地方立法的科学性。

〔1〕《中共中央关于全面推进依法治国若干重大问题的决定》提出“探索委托第三方起草法律法规草案”。

〔2〕《中共中央关于全面推进依法治国若干重大问题的决定》提出“对部门间争议较大的重要立法事项，由决策机关引入第三方评估，充分听取各方意见，协调决定，不能久拖不决”。

〔3〕崔卓兰、孙波：《地方立法质量提高的分析和探讨》，载《行政法学研究》2006年第3期。

2. 提升地方立法民主性

《立法法》第六条是对民主立法内涵最直接的表述。[1] 地方立法的民主性是指立法体现人民意志，在立法决策、立法活动中始终贯彻全过程人民民主原则，聚焦民生领域，广泛听取人民群众有关意见，不断扩大人民群众参与立法的范围与途径。“公民参与立法是公民政治参与的重要组成部分，对健全民主政治、提高立法质量、推进法律实施有重要作用。”[2] 首先，律师并非公职人员，其作为社会民众的一员参与地方立法，能传递民众关心的问题、凝聚社会立法智慧，增强立法的民主性与合法性。其次，律师的参与过程本身也是程序正义的具体体现，代表了一种民主化倾向，能够有效防止地方立法异化成为某些部门谋求私利的手段。最后，律师的参与有助于引导广大民众用法治思维参与立法、用法治方式表达诉求，推动形成良好的社会法治氛围。

3. 提升地方立法特色性与可操作性

“地方特色是地方立法存在的基础，是地方立法的生命与灵魂。没有地方特色，千篇一律，地方立法就会失去存在的意义和价值。”[3] 制定地方性法规的主要任务可分为两类：一是在已有上位法规定的前提下，结合当地的实际情况作出具体的实施性规定，使中央的法律法规、政策文件得以更好地在地方贯彻落实。二是在中央尚未立法的前提下，严格遵循法律保留原则，紧扣地方特色对地

---

〔1〕《立法法》第六条　立法应当坚持和发展全过程人民民主，尊重和保障人权，保障和促进社会公平正义。

立法应当体现人民的意志，发扬社会主义民主，坚持立法公开，保障人民通过多种途径参与立法活动。

〔2〕任才峰：《科学立法、民主立法、依法立法的理论与实践》，载《人大研究》2019 年第 1 期。

〔3〕董皞主编：《地方立法教程》，中国政法大学出版社 2020 年版，第 41 页。

方性事项进行立法，以此探索全国性立法的实现路径。二者均须在立法权限内进行，并紧密结合当地实际，凸显地方特色亮点。可操作性是指在制定地方性法规时应重点关注如何解决区域性范围内存在的实际问题，并提供逻辑严谨、准确简洁的立法操作方案。律师在实务工作中可以广泛接触不同的社会群体，有能力收集、归纳特定的热点议题，并具有良好的团队协作优势，在知识架构、能力专长等方面可以实现配合互补，契合提升地方立法质量的实际需要。

（三）律师提升地方立法质量的实现路径

1. 贯彻地方立法精细化的立法理念

自党的十八届四中全会提出“推进立法精细化”的要求以来，中国的立法工作逐渐由“粗放型”向“精细化”的立法方向转变。所谓精细化立法，是指体例灵活精简、内容充实细致的立法模式。精细化不仅是立法技术成熟的标志之一，而且是发挥法律实效的重要保障。长期以来，一些地方的立法工作受到立法形式主义的制约，具体表现在以下三个方面，一是立法结构片面追求“大而全”，主张立法“宜粗不宜细”，不顾实际需要进行“法典式”立法，力求全面设置各章节条款，欲调整的社会关系范围虽广，却缺乏保障制度落实的可行性手段。二是立法内容与已有的法律法规存在大量重复，在纵向上表现为对中央立法及其他上位法的内容仅作细微改动后就直接照搬，在横向上表现为不同地域间的地方性法规互相借鉴后形成高度相似的立法文本。三是立法态度较为保守，缺乏必要的创新性。为克服立法形式主义之弊端，必须始终秉持精细化的立法理念，明确地方立法的核心任务是为既存的现实问题提供切实可行的解决方案。律师参与地方立法并在提升地方立法质量的过程中应做到以下几点。

第一，律师须注重地方立法体例框架上的精细化。“随着国家法律体系的不断健全和完善，地方立法权限空间的有限性与分散性特征将更加明显，其形式将不再以‘面’的形式呈现，很少以‘线’的形式呈现，越来越多的是以‘点’的形式出现。”[1] 具体到地方性法规的架构设计中，立法机关和参与立法的律师应改变盲目追求体系化的立法倾向，而要以拟解决的实际问题为导向，需要几条就制定几条，成熟几条就采用几条，舍弃没有实际意义的“口号式”条款，减少空泛性的规定。[2]

第二，律师须注重地方立法内容上的精细化。根据地方性法规的调整事项范围，可将其分为实施型地方立法、补充型地方立法和探索型地方立法三大类。立法机关和参与立法的律师应围绕不同功能的地方性法规设计不同类型的文本，或是有偏向性地对上位法作出细化、补充，或是在权限范围内进行创制。须知，地方立法应集中体现地方的个性、差异性和特殊性，不宜一味生硬地挪用上位法或其他省市的法规规定。同时，有学者曾通过实证研究方法得出地方性法规的细化和具体化程度将直接影响其对行政或司法的实际规范效力的结论。[3] 笔者对该观点深以为然。若地方性法规仅停留在原则性规范的层面，缺乏具体、细化的规范内容，行政或司法机关在实践中将不得不援引、参照上位法或效力级别更低的规章等来解决现实问题，地方性法规实际上就处于被虚置的状态。法规的生命在于实施，律师在参与地方立法时应注重对文本内容的雕琢，设置

---

〔1〕 吴天昊：《社会主义法律体系形成后的地方立法创新》，载《政治与法律》2012 年第 3 期。

〔2〕 参见吕庆明：《地方立法技术与规范》，法律出版社 2023 年版，第 31 页。

〔3〕 参见丁祖年、郑春燕：《中国地方立法的现实与转型》，载《地方立法研究》2016 年第 1 期。

更多有实质性意义的条款，并对程序性事项中的步骤、方式等作出具体规定，使地方立法的规范对象明确具体，规范方式合法可行，执法主体的权责明确统一。

第三，律师须注重地方立法程序上的精细化。制定地方性法规的步骤包括立项、草拟、审议、表决、批准（备案）、公布等阶段。具体要求如下，一是选题的精细化。在确定立法选题时应开拓覆盖范围更广的项目征集渠道，在广泛调研的基础上注重回应该地区的重点问题，从“小切口”入手，实现精准选题。二是创新起草技术模式，引入现代科学决策的技术方法与相关工具，以数字技术赋能地方立法，将该地区的优质实践成果与法规草案内容紧密结合，力争“人无我有、人有我优”。三是在审议环节中应克服审议虚化的倾向，须围绕法案拟解决的主要问题、立法依据、制度设计等内容进行深入探讨，并重点审议关键条文。四是进一步简化公布环节，按照立法审批工作重心下移的总体要求，做好关口前移、简化程序和及时公布工作。[1]

2. 根植地方特色，广泛组织公众参与立法

“地方立法的特色，根本上源于当地地方治理的实践以及本地民众的差异化利益偏好与需求。”[2] 社情民意是地方立法的重要立足点。一方面，相较于中央，地方立法机关距离基层更近，具有更接近群众的天然优势。另一方面，地方立法的适用范围更窄，有利于直接、具体地反映地方真实的社会样貌，易于探索适用于重点领域、关键领域的操作方案。[3] 为真正发挥地方立法的作用，律师应协助

---

〔1〕 参见宋才发：《地方立法的基本程序及功能研究》，载《河北法学》2021 年第 3 期。

〔2〕 封丽霞：《地方立法的形式主义困境与出路》，载《地方立法研究》2021 年第 6 期。

〔3〕 参见丁祖年、粟丹：《地方立法精细化的内涵与路径》，载《地方立法研究》2020 年第 4 期。

立法者在深入开展调研、广泛征集民意的基础上充分发挥法治思维与创新思维，将地方特有的优势及时转化为立法资源，奋力打造地方特色立法品牌。具体应符合以下几点要求。

第一，鼓励地方立法特色化须在明确地方特色边界的前提下进行。有学者将这种“边界”划分为正边界与负边界两个维度，其中正边界是指地方立法不得超越相应权限，不得与上位法及其立法原则、立法精神相抵触，负边界是指在地方立法活动中应正确行使权力，排除地方保护主义色彩。[1] 律师在参与地方立法时应恪守上述两个边界，使地方立法严格遵守法律保留原则，将保障既有权利的实现作为条文设置的重点，灵活应用倡导性规范，慎重设置义务性规范或禁止性规范。同时律师应发挥其职业中立性，杜绝地方保护主义、部门保护主义对立法过程的渗透，从维护社会整体利益的角度出发扎实地开展立法工作。此外，地方立法要做到有特色，律师不仅需要在选题立项上尊重地方特有的文化传统与风俗习惯，坚持问题导向、体现地方意识，还需要突出立法的必要性与可行性，从法规整体架构和运行机制入手，围绕法规的价值取向和现实需要设计立法方案。

第二，提高地方立法特色化程度须积极推进立法中的公众参与。“公众参与是现代立法制度所追求的合法性、民主性与科学性的集中体现，也是推动善治和社会发展的理性选择。”[2] 律师在参与地方立法的过程中，应深入群众、广泛组织公众参与立法，并满足以下具体要求：一是要将公平正义的法价值作为贯穿地方立法工作的主线，从而提升公众对地方立法的认可度。二是要将全过程人民民主

[1] 参见石佑启：《论地方特色：地方立法的永恒主题》，载《学术研究》2017年第9期。

[2] 宋方青：《地方立法中公众参与的困境与出路》，载《法学》2009年第12期。

原则的内涵予以具体化，使地方立法程序充分发挥汲取与整合民意的功能。[1] 知情是深度参与的前提，在立法前，应利用当下高速发展的互联网技术完善相关立法信息的公开制度，确保公众完整、全面地获取信息，并不断拓宽公众参与地方立法的渠道。在立法中，应综合运用听证会、论证会、座谈会以及公开征求意见等方式，受理公众提出的各种意见和建议，并及时反馈，使公众对立法内容产生合理预期，扩大立法的民意基础。在立法后，要主动组织公众参与立法后评估、法规实施情况报告、执法检查等环节，将地方性法规建设成为汇聚民众智识、共识的载体，并不断予以完善。

3. 健全科学合理的立法评估机制

地方立法评估是指通过一系列技术性较强的评估标准，经过公开、公平、公正的评估程序，对拟制定出台的或者已经颁行了一段时间的地方性法规进行全面分析、判断和评价的专业性活动。[2] 立法评估作为评价立法草案的重要标准、检验立法质量的有效手段，越来越受到理论和实务部门的重视。[3] 以地方性法规制定实施的关键时间节点为划分，可将立法评估分为立法前评估、立法中评估和立法后评估，且三者的侧重点各有不同。律师在参与立法评估时须注意以下方法。

第一，立法前评估主要发生在地方性法规制定前的阶段，其评估对象主要是拟开展的立法项目本身，而非具体的法规文本。在立法前评估工作中，律师应综合考量拟开展立法项目的必要性、合法性、可行性、特色性以及立法的预期效果与影响，最终得出该地方

---

〔1〕 参见陈玉山：《规范立法学论纲》，厦门大学出版社2023年版，第118页。

〔2〕 参见陈伟斌：《地方立法评估的立法模式与制度构建》，载《法学杂志》2016年第6期。

〔3〕 参见冯玉军：《高质量立法为良法善治奠基——兼论〈立法法〉再次修改的理由和要点》，载《法学杂志》2022年第6期。

性法规是否需要纳入立法规划的结论。

第二，立法中评估主要发生在制定地方性法规的过程中，其评估对象是尚未发生法律效力的立法草案。律师在立法中评估时须围绕草案内容的合宪性、政治性、合法性、周密性等进行审查，并着重判断草案拟确立的主要制度是否具有可操作性。

第三，立法后评估主要发生在地方性法规生效后的实施阶段。律师参与立法后评估的主要目的是通过客观的评价发现可能存在的问题，为地方性法规后续的立改废释提供科学、合理的依据，从而达到提高地方立法质量、增强立法效益、降低立法成本的效果。

三、法律研究业务

（一）律师参与法律研究业务的优势

律师的法律研究业务通常由行政机关、事业单位、企业等通过公开招标、委托研究等方式产生。由上述主体委托符合条件的律师事务所开展研究，后者根据要求和约定提供相应的法律研究成果，这类业务被称为法律研究业务。律师在与委托人管理领域、所在行业、产业相关的具有涉法因素的领域中具有以下显著的法律研究优势。

第一，律师具有跨学科的思维方式。跨学科思维使律师能够将法律知识与行业知识相结合，从而有效地解决法律研究业务中的难题。例如法律研究业务的内容复杂性与对象差异性，要求律师在提供相应的研究成果时，除了需要熟练掌握民事、商事、刑事、劳动等法律规定，还应根据委托者的行业属性、经营范围和权责范围等掌握相关的法律规范、政策依据、行业惯例和交易习惯。这种跨学科的知识积累和思维方式赋予律师跨越单一法律领域的能力，并使其能够整合来自金融、科技、工程等多领域的信息和见解，为委托人提供全面、新颖的法律分析和解决方案。

第二，律师的社会关系网络在研究过程中能够发挥独特优势。一是知识广度方面的优势。由于律师的服务对象涉及各地的多种职业、行业，他们不仅有条件谙熟特定地区、特定群体的地方性知识，而且有机会了解多个区域、多个群体的相关情况。这使律师在调研时能跳出狭隘的单一视角，洞察调研对象的核心问题，进而提出独到的研究观点。二是社会资源方面的优势。律师的社会关系网络涵盖了律师群体、媒体以及长期支持他们的社会各界人士。这为律师的法律研究业务提供了多渠道、多方位的支持。例如律师可以组建具有共同研究兴趣的专业团队，收集来自社会的多方意见，向有关支持者争取研究资源。律师广泛的社会交往使其在调研中具有一定的不可替代性。

第三，律师工作具有紧密联系实践的特质。在法学界的学术研究中，研究者们有时会忽视理论与现实生产生活的紧密联系。“如果问题本身没有什么意义，甚至是一个伪命题，那么，而后的全部研究都会变得没有什么价值，甚至是毫无价值。”[1] “一个好的社会调查研究者必须善于观察问题和发现问题，保证调查研究的前沿性和现实性。”[2] 律师在日常服务委托人的过程中具有紧密结合实际的优势，具备个体经验的支撑，有机会深入了解、剖析委托人所在行

〔1〕《马克思主义与社会科学方法论》编写组编：《马克思主义与社会科学方法论》，高等教育出版社2018年版，第19页。

〔2〕邢占军、衣芳主编：《社会调查研究方法》，人民出版社2010年版，第5页。

业的状况，能发现实际存在的问题。这些问题往往能够折射出社会发展中的深层次矛盾，对其进行研究既能够为社会治理提供有益参考，也可以实现理论研究与实践应用的有效衔接。而且不乏新颖的问题能够反映社会上的一些现象，解释社会中存在的部分难题，具有实际的应用价值，能够助推个体、组织和社会的高质量发展。

第四，律师的办案思维能够强化法律研究结论的实证基础。尽管法律研究业务与传统的律师业务（尤其是诉讼业务）存在显著的差异，但二者并非完全割裂，而是具有天然的关联性。律师在开展法律研究业务时，办案思维不可或缺。办案思维强调精确理解法律条文和灵活运用法律规则，遵循这种思维所做的法律研究业务往往更具专业性。律师可以通过法律解释学、司法判例分析等方法，研判法律研究的结论能否获得行政机关、司法部门的认可。这为律师产出扎实的应用法学研究成果提供有力的支撑，从而确保研究成果的有效性和实用性。

（二）律师开展法律研究业务的调研方法论

1. 调研的基本态度与要求

“调查研究是谋事之基、成事之道。没有调查，就没有发言权，更没有决策权。”[1] 律师在做法律研究业务时，应深入调研，得出既切合实际又精准细致的研究成果。律师若一味地闭门造车，与一线工作相脱节，最终提供的法律研究成果必会脱离实际。因此，律师在调研时应保持以下的基本态度与要求。

〔1〕 中共中央党史和文献研究院、中央学习贯彻习近平新时代中国特色社会主义思想主题教育领导小组办公室编：《习近平关于调查研究论述摘编》，党建读物出版社、中央文献出版社2023年版，第4页。

第一，尽量掌握第一手资料，注重实效。调研常存在形式主义的风气，“面对火热的社会生活，一些同志深入实际不够，习惯于跑机关、泡会议、抄材料，或借助网络摘抄拼凑……”[1] 显然，基于这样的调研难以产出蕴含实用价值的创新成果。只有踏踏实实地深入一线，掌握第一手资料，才能得出具有实践指导意义的法律研究结论。

第二，坚持问题导向。以问题意识为导向的研究路径是引领、组织法律研究业务的基本逻辑。发现问题、分析本质、探索规律、提出方案，构成了整个研究的核心任务。其中，律师调研是完成上述任务的必经步骤。

第三，坚持细致钻研，拒绝表面研究。不深入的、蜻蜓点水式的调研，难以获取真实情况。单次调研、形式化调研催生的话题（尚不能称之为“课题”）往往只能触及表面问题，难以发现问题的症结所在。律师应把调研融入日常为行政机关、事业单位、企业等委托人提供法律服务的全过程之中，即律师既主动服务，又主动调研，将调研内化于服务过程中，推动调研活动的常态化。[2] 唯有如此，律师才能不断深化对研究重点、难点的认识，产出富有建设性的成果。

第四，坚持系统观念，全面调查，真正把情况摸实摸透。系统观念是具有基础性的思想和工作方法。系统观念要求调研者应将与调研对象相关的因素有机地联系起来，构建完整的研究体系。由此，律师须深入探索研究对象及其内部之间的联系与规律，广泛、全面

〔1〕 中共中央党史和文献研究院、中央学习贯彻习近平新时代中国特色社会主义思想主题教育领导小组办公室编：《习近平关于调查研究论述摘编》，党建读物出版社、中央文献出版社2023年版，第76页。

〔2〕 这样的做法还能提升委托人的服务体验，从而增强律师对委托人的服务黏性，增加双方深化合作的动力。

地收集材料，摸实摸透真实情况，以期实现从感性认识到理性认知的“质”的飞跃。

第五，注重内外合作，发挥多方优势。大型法律研究项目不会只涉及单一的专业领域，这就要求不同专业的律师紧密配合、分工协作。同时，律师可以与政府、高校、科研院所、智库、行业协会、企业的有关专家进行深度合作，依托大数据、人工智能、5G 等现代化技术开展调研，有效借力，凝聚合力，使法律研究业务获得人才与技术的支撑。

2. 调研设计

律师基于法律研究进行的调研，通常是解释性、应用性、专题性调研，即从解决问题的角度出发，针对某一具体现象或问题开展调查，“主要探寻研究主题现象背后的原因，揭示研究对象或者研究主题发生变化的内在规律和运行模式”[1]，并力图在此基础上提出切实可行、有针对性的意见或建议。

律师在着手调研之前须制定一份详尽的调研方案，一份精心设计的调研方案可以让调研取得事半功倍的效果。在制定调研方案时，律师应遵从实用性、时效性、经济性、弹性等有关调研设计的基本原则。调研方案应涵盖从调研题目的选定与研究启动，到资料的全面搜集与深入分析，直至调研报告最终撰写完成的全过程。调研方案具体包括确立调研的目的、界定调研对象、确定调研内容、选择调研方法、安排调研时间、经费预算和后勤保障等。

3. 调研的具体方法

（1）检索：调研前的准备工作

在调研前，律师应先做好文献检索和法律检索工作，为之后的

---

〔1〕 廉思：《如何有效开展调查研究》，人民日报出版社 2019 年版，第 38 页。

调研确定方向。文献检索在调研中起到基础性作用。首先，文献检索可以帮助律师了解某项法律研究业务在该领域已有的研究成果。其次，筛选出的优质研究成果能为律师提供可参考的研究思路和方法。最后，检索到的文献可以为律师解释、论证重要的研究结论提供必要的理论依据和学术支持。在检索文献时，律师可以交替使用检索工具查找法和参考文献查找法，[1] 力求在资料准备上达到“穷尽”的程度。

法律检索是律师在工作中获取法律规范、案例、资讯等信息的重要方法。“全面无误地检索法律规范及相关信息则是关键。如果检索的法律规范及相关信息不全面，有遗漏，甚至不准确，将直接影响调研结论及律师建议。”[2] 法律检索要求律师拥有扎实的法律基础知识和清晰的逻辑思维能力，当面对一个不熟悉或不确定的法律问题时，律师需要迅速辨析问题的本质及其所属的法律领域，通过检索收集对应的信息，解决相关的问题。法律检索能力是在理论与实践的互动中提升的，律师通过法律检索获取有效信息，这些有效信息又能拓展法律检索的广度与深度，以此不断往复。

(2) 四种调研方法

在完成前期准备工作后，律师遂深入调研。调研方法大体包括问卷法、深入访谈法、座谈法、大数据法等。问卷法是“运用统一的有问有答的资料搜集工具向各个被调查人了解情况与意见的一种方法”[3]。问卷通常分为结构化问卷和无结构问卷。结构化问卷指的是每个问题都事先预设了可能的答案，调研对象可以从中选择恰

[1] 参见吴增基、吴鹏森、苏振芳主编：《现代社会调查方法》（第5版），上海人民出版社2018年版，第137－138页。

[2] 李大进主编：《非诉讼业务律师基础实务》，中国人民大学出版社2014年版，第80页。

[3] 宋林飞：《社会调查研究方法》，上海人民出版社1990年版，第232页。

当的答案。这类问卷适用于需要量化结果的大范围的研究，便于将不同类型的调研对象进行对比分析。无结构问卷中的问题虽是统一的，但事先未列出可供选择的答案，调研对象可以根据自己的情况自由回答。这类问卷适合无须量化，且对调研对象主观反馈诉求较高的研究。律师可以根据不同的调研需求选择使用上述两种问卷，或灵活地交叉使用。

深入访谈法主要用于“搜集个人的特定经验过程及其动机所做的访问”，“被广泛用于对于个人生活史及有关个人行为、动机、态度等的深入调查中”[1]。定性研究主要依靠访谈法来完成，律师调研应主动走入田野、走到现场、走进一线，与调研对象面对面地深入交流。但该研究方法存在一定的缺陷，即“那种不开调查会，不作讨论式的调查，只凭一个人讲他的经验的方法，是容易犯错误的。那种只随便问一下子，不提出中心问题在会议席上经过辩论的方法，是不能抽出近于正确的结论的”[2]。由此需要引入座谈法。

座谈法也被称为会议调查法，是指调研者邀请若干被访者，通过座谈的方式回答问题，“围绕某一焦点，基于结构化、半结构化或非结构化的座谈提纲系统地访谈一群参与者”[3]，从而搜集资料，针对焦点作出定性的调查方法。实践中，座谈既可以是调研者与被访者以口头交流的形式进行面对面的直接调研，也可以是以书面咨询、电话会议、网络会议等形式进行的间接调研。[4] 该研究方法既可以在研究进行时使用，帮助调研者改进、完善一些定量研究方法，也可以在研究后期用于进一步有针对性地补充资料，以便更全面地

〔1〕 张彦、吴淑凤编著：《社会调查研究方法》，上海财经大学出版社2006年版，第112页。

〔2〕 毛泽东：《毛泽东选集》（第1卷），人民出版社1991年版，第116页。

〔3〕 廉思：《如何有效开展调查研究》，人民日报出版社2019年版，第199页。

〔4〕 参见张晓琼主编：《社会调查研究方法教程》，山东人民出版社2011年版，第161页。

解释定量研究结果。

大数据法也被称为定量分析法，是指“将研究对象加以定量化表述以及综合处理，以探索、揭示事物内在数量规律的过程和方法”[1]。使用该方法通常依赖于一些统计分析系统，如SPSS、SAS、BMDP、LISREL、AMOS、HLM。毕竟，若缺乏足够翔实的数据支撑调研结果，研究成果便如无源之水、无本之木，其说服力和实际效用将大打折扣。

（三）律师撰写法律研究报告的要求

法律研究业务的成果往往以研究报告的形式呈现。通常而言，这类报告围绕特定的法律问题展开，具有明确的主题；所选材料均来自实践素材，具备典型性或创新性；报告结构清晰，逻辑严密，体现出较强的整体性和系统性。律师撰写法律研究报告的基本要求如下。

第一，在理念层面。首先，坚持正确的政治方向。律师应对研究报告的主题和内容具有政治敏感度。“在社会思想观念多元多变、各种文化交流交融交锋的情况下，自觉坚持以马克思主义为指导，坚持正确的政治方向、价值取向、学术导向，尤为重要。”[2] 其次，坚持理论与实践相结合。在研究和写作时务必防止两种错误倾向：一种是“开中药铺”式的罗列现象，不作任何理论分析；另一种是用一些空洞的原理或信条来解释现象。[3] 前者缺乏独到的见解，创新性不足；后者则陷入教条主义，难以适应复杂多变的实践情形。

[1] 戎安编著：《调查研究科学方法》，中国建筑工业出版社2008年版，第155页。

[2] 王伟光：《如何繁荣中国特色哲学社会科学》，载《人民论坛》2016年第24期。

[3] 参见张性秀、常艳娥编著：《调查研究理论与方法》，国防科技大学出版社2001年版，第35－36页。

律师应充分把握好理论与实践的关系，既要发挥自身的实务优势，又要重视对应的理论学习，二者不可偏废。最后，坚持创新驱动。创新可以从两方面入手：一是从调研入手，发现新问题、新情况，提出新观点、新对策；二是从写法入手，如在多级标题、篇章结构、典型实例等方面求新。

第二，在内容层面。首先，善用简明、精美的可视化图表。一份精心设计的可视化图表在展示复杂的法律关系、理顺烦冗的业务脉络时往往能发挥事半功倍的效果，故可适时使用。其次，提出可行的解决方案。律师在写作时不能只负责抛出问题，而应提出一套甚至多套既“接地气”又有创意的解决方案。最后，注意保密。律师在做一些敏感且重要的涉密项目时要有保密的意识，对委托人承担保密责任。在涉密项目中，律师不仅要对调查收集而来的资料予以保密，而且对自己撰写的研究报告也须严格保密，否则会给各方造成被动的局面。

第三，在语言层面。律师若把研究报告写得过于学理化，恐会给委托人带来理解上的困难，故应避免将研究报告写成学究气过浓的学术论文，而应追求文字的深入浅出、言近旨远。律师若把研究报告写得过于叙述化，容易产生论述、分析不够深入的不佳效果，故“应尽量避免用新闻报道、娓娓道来讲故事的方式撰写调研报告”[1]。总之，律师使用的语言风格宜最大限度地符合委托人的阅读习惯，用委托人惯用的话语体系展现法律逻辑，体现法理深度。

---

〔1〕 刘哲：《从调查研究到调研报告：如何成为调研报告写作高手》，人民邮电出版社 2024 年版，第 213 页。

第十二章　人工智能助力律师业务

本章第一部分介绍人工智能驱动律师服务变革的行业背景。推动律师服务与人工智能深度融合，是顺应新质生产力发展态势、推动法律服务现代化的客观需要。人工智能在赋能律师业务的同时，也在深刻重塑着律师工作的范式，包括提高工作效率、保障服务质量、创新服务模式。第二部分介绍人工智能技术在律师业务中的具体应用。作为信息化时代一种高效的工具，人工智能技术在法律行业的应用是大势所趋，其正从多个维度为律师开展相关业务赋能。该部分从诉讼业务、非诉讼业务两个方面介绍人工智能技术在律师业务中的具体应用。第三部分介绍律师高质效使用人工智能的思路与方法。律师必须深入学习如何运用智慧、经验驾驭人工智能技术，充分发挥人工智能技术在法律服务工作中的独特优势，实现人机间的高效协同。律师使用人工智能工具的思路和方法主要涵盖拟定合适的提示词，输入全面、精准的参考资料，选用正确的工具，拆解工作的流程，调整输出的内容。最后需要提醒的是，律师必须充分认识人工智能工具在输出过程中可能产生的问题，并能动调整其输出的内容，始终保持独立思考的能力，力求严谨，追求精进，切忌一味地依赖技术，否则恐得不偿失。

一、人工智能驱动律师服务变革

习近平总书记在中共中央政治局第二十次集体学习时指出：“人工智能作为引领新一轮科技革命和产业变革的战略性技术，深刻改变人类生产生活方式。”[1] 人工智能与人民群众的日常生活日益融合，对中国各行业实现高质量发展的推动作用日益凸显。2025 年《政府工作报告》就持续推进“人工智能 +”行动作出重要部署，提出要将数字技术与制造优势、市场优势更好地结合起来，支持大模型广泛应用。[2] 这一部署不仅为人工智能技术在产业领域的深度融合指明了方向，也为法律服务行业的智能化发展提供了遵循。推动律师服务与人工智能深度融合，是顺应新质生产力发展态势、推动法律服务现代化的客观需要。

当前，人工智能在赋能律师业务的同时，也在深刻重塑着律师工作的范式。在提高工作效率方面，人工智能辅助律师完成部分基础性的法律事务，显著优化业务流程，工作效率实现数倍跃升。在保障服务质量方面，律师借助人工智能技术可以获取广泛的信息支持，有条件把握法律问题的全貌，提升法律意见的全面性，制定更高质量的法律服务/分析方案。在创新服务模式方面，人工智能技术助力律师研发定制化的法律服务产品，支持律所搭建在线法律服务平台。基于此，如何让人工智能技术进一步助推律师提供更高质效的法律服务，已成为备受律师行业关注的重要课题。

---

〔1〕 习近平：《坚持自立自强 突出应用导向 推动人工智能健康有序发展》，载《人民日报》2025 年 4 月 27 日，第 1 版。

〔2〕 参见《政府工作报告——2025 年 3 月 5 日在第十四届全国人民代表大会第三次会议上》，载新华网 2025 年 3 月 12 日，https：//www. news. cn/politics/20250312/a71e63d66967404e8e644f9753c65fc9/c. html。

二、人工智能在律师业务中的具体应用

囿于人脑有限的知识和记忆，法律实践不得不引入新的思维工具以弥补人类相关能力的局限。早在1983年，《法律工作的计算机化》一文中就提出了一个极富前瞻性的观点，即“计算机技术已经运用于法律方面，而且不断地发展，显示了其客观必要性和现实可能性”。[1] 作为信息化时代一种高效的工具，人工智能技术在法律行业的应用是大势所趋，其正从多个维度为律师开展相关业务赋能。笔者从诉讼业务、非诉讼业务两个方面介绍人工智能技术在律师业务中的具体应用。

（一）诉讼业务

1. 法律检索

在诉讼业务中，法律检索是案件准备阶段的关键环节，通过检索获取的法律资料和案件信息是否齐全、准确，往往关乎案件的代理效果。传统的检索需要律师在繁杂的法律规定、案件材料中投入大量精力。人工智能长期致力于从法律法规、案例文本语料库中自动提取有关信息。目前，人工智能在数据、算法、算力等技术要素上已取得重大突破，人工智能工具极大地降低了律师的检索成本。

2. 生成诉讼文书

多款人工智能工具能够迅速扫描、读取法律文档，自动甄别关

〔1〕 参见龚祥瑞、李克强：《法律工作的计算机化》，载《法学杂志》1983年第3期。

键信息，根据律师输入的内容，按照既定模板格式，将案件事实与证据材料转化成为规范的要素式诉讼文本。律师若能熟练借助人工智能工具辅助起草诉讼文书，自然可以将更多的精力投入到满足委托人个性化需求的法律服务之中。

3. 其他诉讼业务环节

人工智能技术在诉讼业务中的应用环节还包括预测案件结果、制定诉讼策略。有学者指出："机器学习技术的另一重大应用领域是预测。……计算统计学（粗略来说就是处理海量数据的算法）对法院可能行为的预测比从事传统法律研究和推理的律师的预测更加正确。"[1] "通过分析历史数据以及识别诸多模式，人工智能驱动的工具将能够预测案件结果，并为法律专业人士推荐最佳策略。"[2] 此外，人工智能技术在分析案件、调查取证等诉讼业务环节也得到了长足的应用。

（二）非诉讼业务

1. 法律咨询

法律咨询是律师最常见的法律业务之一，该业务对律师的知识储备、服务经验提出了较大的考验，而人工智能最明显的优势是可以在一定程度上补足律师于特定专业领域的知识局限。在律师业务日益专业化的趋势下，律师不得不选择将主要精力用于深耕特定的专业领域，但企业日常咨询涉及的法律问题往往涵盖多个专业领域，颇具综合性。人工智能依托海量知识储备，有条件即时向律师提供

〔1〕［英］理查德·萨斯坎德：《法律人的明天会怎样？——法律职业的未来》（第2版），何广越译，北京大学出版社2019年版，第67页。

〔2〕［美］丹尼尔·D. 李等：《法律与人工智能：用 ChatGPT 塑造法律实践的未来》，管斌、宋博文译，载《财经法学》2023年第4期。

参考信息，助其从容地应对客户提出的跨领域法律问题。具体而言，律师可以在综合把握客户提问的基础上，向人工智能工具输入协议文本、法律条文等相关信息，并辅以基本的分析框架与核心观点，指引人工智能工具生成法律咨询意见书的初稿。律师继而核对、修正初稿的观点和内容，最终形成完备的法律咨询意见。可见，人工智能技术辅助律师提供法律咨询，可以协同发挥律师的专业判断能力和人工智能的高效生成优势，客观上提升了法律咨询服务的响应速度与内容质量。

2. 合同审查

传统的合同审查方式需要律师投入大量的时间研究合同条款，凭借专业素养、实践经验作出分析，并根据法律规定、交易事实逐一作出审核。尤其在审查复杂合同时，这项工作不仅耗时费力，而且难以完全规避人为疏漏或研判失误的风险。人工智能工具在合同审查技术方面已不断成熟，其能够快速识别合同中的关键条款，依托大数据较为精准地指出潜在风险，大幅节省了律师的审查时间，并减少无谓的疏漏和错误。

3. 其他非诉讼业务

在律师的非诉讼业务中，人工智能的应用范围持续拓展，已深度融入尽职调查、企业合规管理、法律文件起草等领域。以尽职调查为例，该业务工作涉及大量文本、信息的收集与分析，传统的人工核查方式既低效，又容易遗漏重要信息，而律师借助人工智能可以高效地分析大量相关的企业文档，自动识别关键信息与潜在风险点，进而提高工作效率。

三、律师使用人工智能的思路与方法

“人工智能的本质依然为工具，即使人工智能具有自我意志也无法改变其服务人类社会发展的属性。”[1] 人工智能注定无法彻底取代法律人，前者只能作为后者的得力辅助工具，为法律人办理业务提供信息参考。有鉴于此，律师必须深入学习如何运用智慧、经验驾驭人工智能技术，充分发挥人工智能技术在法律服务工作中的独特优势，实现人机间的高效协同。具体而言，律师使用人工智能工具的思路和方法主要涵盖以下五个方面。

（一）拟定合适的提示词

人工智能若想和律师一样执行法律推理、法律论证、法律检索等任务，律师需要“将法律推理的计算模型及表示法律知识的技术直接连接到法律文本”。[2] 同时，律师与人工智能之间的交互对话是后者得出结论的基础条件，人机对话的质量将直接影响到人工智能工具输出的结果，即提示语越完备，所得的结果就越可靠。如何提供恰当的提示词，是律师在运用人工智能工具时须掌握的一项必备技能。

律师在拟定提示词时，首先应明确提示词的基本框架，如采用“背景+角色+预期结果”的架构模式。具体而言，律师通过描述背

〔1〕 袁曾：《人工智能有限法律人格审视》，载《东方法学》2017年第5期。

〔2〕 参见［美］凯文·D. 阿什利：《人工智能与法律解析——数字时代法律实践的新工具》，邱昭继译，商务印书馆2020年版，译者序言第Ⅲ页。

景的提示词，帮助人工智能理解问题所处的法律语境，进而使人工智能更准确地把握问题的来源。律师通过设置角色的提示词，使人工智能工具立足于律师所希望的立场去生成答案。律师通过标明预期结果的提示词，阐明律师期望借助人工智能工具所要达成的预期成果，可涵盖本文格式、文字风格和内容规范等要求。

在确定提示词的基本框架之后，律师可根据实际需求对提示词的具体内容予以优化，通过提供示例、运用肯定性指令、使用标点符号等方式，以期从人工智能工具处获得更准确的结果。其中，以提供示例的方法拟定提示词，可以提高生成内容与案件/项目情境的契合度。采用肯定性指令的方式，可以避免人工智能对问题产生理解上的歧义，使人工智能工具生成的答案限定在特定的方向上或范围内。需要提醒的是，律师可以总结客户特征和具体需求，将其一并纳入提示词中，使人工智能工具生成更易于被客户理解的内容。

（二）输入全面、精准的参考资料

律师使用人工智能工具时，人工智能大模型经由检索大数据提供的结果里出现“幻觉”的现象极为普遍。“AI 幻觉指的是 AI 会生成貌似合理连贯，但同输入问题意图不一致、同世界知识不一致、与现实或已知数据不符合或无法验证的内容。”[1] 常见的情形是，当律师要求人工智能工具收集相关法律规定和案例时，人工智能工具会基于全网的信息进行搜索，却不会核实所搜内容的真实性、准确性，而是将虚构、编造的信息连同正确的信息一齐提交给律师。

降低“幻觉”风险的有效路径之一是提高参考资料的质量。建

---

〔1〕 罗云鹏：《AI 为何会“一本正经地胡说八道”》，载《科技日报》2023 年 11 月 24 日，第 6 版。

议律师在输入参考资料时着重把握以下三点：一是尽量向人工智能提供法律问题所涉全部法律法规的原文，确保法律依据的准确性。二是同步输入权威的学理观点、实务操作指南等参考文献，夯实论证的基础。三是提供尽可能多的由律师本人撰写的相关法律文书，提升输出内容的可用性。为最大限度地提升参考资料的利用率，增强人工智能对参考资料的解析能力，建议律师将上述资料作为提示词的组成部分，一次性全部输入给人工智能，而非使用附件上传的功能进行输入。

试举一例。笔者借助人工智能工具梳理某市属国有企业境外投资合规要求时，预先整理了多个层级的相关法律法规、政策文件的原文作为输入的参考资料。在提示词中严格限定人工智能仅能依据上述参考资料，提取其中与境外投资直接相关的具体条款和合规要求，生成包含条款原文与出处的《某市属国有企业境外投资合规要求一览表》。以上操作可以避免人工智能经自行全网检索所引发的虚构、编造信息的风险，由此提高输出结果的可靠性，也凸显了优质的参考资料对抑制“幻觉”的关键作用。

（三）选用正确的工具

随着人工智能技术持续取得突破性进展，市场上涌现出一大批能够满足多元化需求的人工智能工具。不同的人工智能工具可能搭载不同的语言模型，且不同的语言模型在功能方面亦存在显著的差异。是故，各类人工智能工具擅长的领域有所不同，绝不存在能够解决所有问题的全能型工具，律师应根据具体问题审慎选用最适宜的工具。

建议律师在筛选工具时遵循以下三个标准：第一，是否搭载了优质的语言模型。语言模型的效能对人工智能的输出结果有着直接影响，而优质的语言模型是保障人工智能工具性能的基础要素。第二，是否具备确切、全面的数据。不完整的数据如同营养不良的养分，数据来源和质量参差会影响人工智能决策的正确性。第三，是否操作便捷。对于律师而言，人工智能工具的易用性无疑是重要的评判标准。另建议律师树立多工具协同应用的意识，在运用人工智能工具辅助处理业务时，采用多工具并行使用、交叉验证的方法，将不同人工智能工具的输出结果加以优化整合。如此，既能有效规避应用单一人工智能工具可能出现的疏漏风险，又能增强该业务环节的整体质效。

（四）拆解工作的流程

律师提供的法律服务通常由一系列流程构成，绝大多数案件的准备阶段得经历案件事实识别与梳理、证据收集与整理、法规及类案检索、诉讼策略制定、法律文书制作等多个环节。高品质的法律服务源于律师对每个环节的精耕细作，律师唯有对法律服务的各环节倾注心力、力求至臻，方能确保服务成果的卓越品质。合理拆解法律服务工作的流程，并将人工智能技术嵌入法律服务的全过程，既有助于法律服务工作各步骤的有序推进，也可以实现法律服务各环节的精细化操作。

在拆解工作流程的过程中，律师首先应宏观把控整体的任务目标，其次将复杂的案件准备工作拆解为若干子环节，再将可借助人工智能辅助完成的环节去匹配相应的工具。例如有的工具的核心功能是信息检索、文本阅读，适合辅助律师提炼案件焦点；有的工具专注于法律检索与分析，帮助律师开展类案检索和法规检索的工作；有些工具相结合可自动生成流程图和思维导图，辅助律师绘制诉讼策略的可视化图。总之，律师应科学拆解工作环节，匹配适恰的人工智能工具，促进二者的协同运作，实现法律业务的流程化作业。

（五）调整输出的内容

人工智能工具生成内容的可信度、实用性存在一定的局限。律师务必借助自身的专业知识储备和实践经验积累，细致地甄别、核验人工智能工具输出的内容，剔除其中不准确、缺乏可操作性的部分，保留并运用有价值的内容。

如前所述，语言模型的效能直接影响人工智能的输出结果。笔者认为，决定工作成果质量的关键仍在于律师人工介入调整的程度。因此，律师必须对人工智能工具生成的内容作详尽、周密的后期优化。首要之务是删除或修正与客户特定需求相脱节、与项目具体背景不匹配的内容。其次，围绕论证薄弱或信息不足的部分，可要求人工智能工具有针对性地扩写、补充，不断强化论证、优化内容。值得注意的是，要求补强的对话轮次不宜过多，否则易导致人工智能工具后续输出的内容与初始回答的内容在逻辑或风格上发生割裂，甚至产生前后矛盾之处。同时逐字逐句地润色生成文本的表述，去除“AI味”，使之符合法律文书的专业表达习惯。最后，应依据实际应用的工作场景，对文本格式作出规范的调整。

据此，律师必须充分认识人工智能工具在输出过程中可能产生的问题，并能动调整其输出的内容，始终保持独立思考的能力，力求严谨，追求精进，切忌一味地依赖技术，否则恐得不偿失。

结语　中国律师业的回顾与展望

一、中国律师四十五年之制度变革

二、中国律师四十五年之发展成就

三、中国律师四十五年之困境与展望

中国律师业四十五载（1979—2024）筚路蓝缕，律师队伍从无到有，从弱到强，在建设中国特色社会主义法治体系、建设社会主义法治国家的伟大进程中扮演着越来越重要的角色，发挥着越来越突出的作用。回顾中国律师四十五年的发展历程，分析中国律师四十五年的发展经验，研判中国律师未来的发展趋势，对于探索中国式律师制度现代化，促进中国律师事业科学发展具有十分重要的意义。在此对中国律师业做简要的回顾与展望，今后将持续积累，待中国律师制度恢复重建五十周年时，将做出更细致的提炼和总结。

一、中国律师四十五年之制度变革

1979 年 12 月 19 日，司法部发出《有关律师工作的通知》，[1] 中国律师制度恢复重建，开启了中国法治建设崭新篇章。[2] 1980 年，第五届全国人大常委会第十五次会议通过了《律师暂行条例》，该条例是新中国第一部关于律师制度的法律，标志着中国律师制度正式确立运行。[3] 该条例规定“律师是国家的法律工作者”“律师执行职务的工作机构是法律顾问处”。从此，中国律师踏上了服务国

〔1〕1979 年被称为“中国律师制度恢复重建元年”，12 月 19 日也被律师行业认定为我国律师制度恢复重建的纪念日。

〔2〕《有关律师工作的通知》指出：“当前首要的是抓紧时间，尽先把大、中城市的法律顾问处建立起来，迅速开展工作。”

〔3〕参见刘子阳：《风雨兼程 40 载 迎风远航再出发 律师制度恢复重建 40 周年综述》，载微信公众号“司法部”2019 年 5 月 6 日，https://mp.weixin.qq.com/s/tiuFyjNDyMY_CMfiKBmU2w。

家、服务人民的辉煌征程。

在1984年至1991年的律师制度探索时期，中国律师业行进在法治建设的前沿。1984年，司法部将“法律顾问处”统一改称为“律师事务所”。1986年，中国开始实行国家组织的律师资格统一考试，该举措为律师队伍的专业化、职业化奠定了基础。同年7月，中华全国律师协会成立，标志着律师管理步入司法行政机关与律师协会相结合管理的新阶段。1987年，中华全国律师协会作为团体会员加入国际律师协会，开启了中外律师交流合作的新篇章。1988年，司法部下发《合作制律师事务所试点方案》，推动律师事务所与国家编制脱钩，此举有益于增强律师行业竞争力，加速律师行业社会化、民主化的进程。[1] 1989年，《行政诉讼法》的颁布确立了律师行政诉讼代理制度，为律师参与行政诉讼提供了法律依据，进一步拓宽了律师的业务领域。1991年，《民事诉讼法》颁布实施，为律师代理民事诉讼提供了明确的规则指引。这些大事件，犹如法治天空中的璀璨星辰，照亮了中国律师业探索前行的道路。

在1992年到2000年的律师制度改革时期，中国律师业乘风破浪，开启了跨越式发展的全新篇章。1992年，中国启动外国和香港律师事务所在中国和内地设立办事处的试点工作，并逐步扩大试点范围。[2] 1993年，司法部与中国证券监督管理委员会发布《关于从事证券法律业务律师及律师事务所资格确认的暂行规定》，自此证券律师资格准入制度在中国揭开序幕，律师的服务领域得以进一步细化。同年，国务院批准司法部《关于深化律师工作改革的方案》，该

〔1〕参见中国人民大学法律职业研究所、北京市尊德律师事务所主编：《重生与繁荣：改革开放后的中国律师大事记（1978—2023）》，中国政法大学出版社2024年版，第37页。

〔2〕参见《如何有效推动涉外法律服务？经验分享在这里！》，载微信公众号“司法部”2019年12月10日，https：//mp. weixin. qq. com/s/ru4Y02k_ poN7suLWZbC2PA。

方案要求“进一步解放思想，不再使用生产资料所有制模式和行政管理模式界定律师机构的性质，大力发展经过主管机关资格认定，不占国家编制和经费的自律性律师事务所”。1995 年，司法部《关于加强律师队伍党的组织建设的意见》强调在律师队伍中加强党的组织建设的重要性和紧迫性，旨在通过加强律师队伍的党组织建设，确保党的路线、方针、政策在律师行业的贯彻落实，促进律师事业的健康稳步发展。1996 年颁布的《律师法》将律师的性质从“国家的法律工作者”修改为“为社会提供法律服务的执业人员”，从立法上实现其由国家公务性向社会性的定位转型。此后，全国各地涌现了一批新设的律师事务所，这些新设的律所也相继由国资所、合作所改制成为合伙制律所，中国律师业步入快速发展时期。2000 年，国务院清理整顿经济鉴证类社会中介机构领导小组《关于经济鉴证类社会中介机构与政府部门实行脱钩改制的意见》提出“已实现自收自支的国资律师事务所，应按本意见规定进行脱钩改制”，进一步激发中国律师行业的活力，提升行业服务质量和风险控制能力，推动行业自主规范发展。这些大事件如同中国律师行业改革发展的强劲脉搏，推动律师队伍稳步迈进。

在 2001 年至 2021 年的律师制度建设黄金时期，中国律师业迎来了历史性的飞跃。2001 年，司法部发布《关于中国加入 WTO 后加快律师业改革与发展的意见》，提出“建设一支适应加入 WTO 后我国经济发展和民主法制建设需要的高素质律师队伍”。同年，律师资格考试制度被废止，[1] 首次国家统一司法考试于次年在全国举行。法官、检察官和律师适用相同的职业准入条件，这在一定程度上提升了律师的社会地位，促进了法律职业群体内的人员流动与结构优

〔1〕 参见《司法部关于废止〈律师资格考试办法〉的决定》（司法部令第 66 号）。

化。2002年，司法部公布《关于进一步推动律师工作改革的若干意见》，要求积极开展公职律师、公司律师的试点，探索建立具有中国特色的公职律师、公司律师制度，完善律师队伍结构。2007年，修订后的《律师法》将律师定性为“为当事人提供法律服务的执业人员”。同年，《企业破产法》正式施行，该法确立了破产管理人制度，并赋予律师事务所担任管理人的资格。2015年，最高人民法院、最高人民检察院、公安部、国家安全部、司法部联合印发《关于依法保障律师执业权利的规定》，明确提出在各自职责范围内依法保障律师各项执业权利，不得侵害律师的合法权利。2016年，中共中央办公厅、国务院办公厅印发了《关于深化律师制度改革的意见》，对深化律师制度改革作出全面部署。该意见从深化律师制度改革的总体要求到完善律师执业保障机制、健全律师执业管理制度、加强律师队伍建设、充分发挥律师在全面依法治国中的重要作用、加强组织领导等方面，全面提出了深化律师制度改革的指导思想、基本原则、发展目标和任务措施。[1] 2017年，司法部印发《关于建立律师专业水平评价体系和评定机制的试点方案》，该试点工作旨在建立健全律师专业水平评价体系和评定机制，科学、客观、公正地评价律师专业水平，促进律师专业化分工，提高广大律师专业能力和服务水平，更好地满足社会法律服务需求。2019年，“一带一路”律师联盟成立，其为律师服务“一带一路”搭建了新平台，标志着律师国际交

〔1〕 参见《中共中央办公厅、国务院办公厅印发〈关于深化律师制度改革的意见〉》，载中华人民共和国中央人民政府官网2016年6月13日，https://www.gov.cn/xinwen/2016-06/13/content_5081785.htm。

流合作跨入新的阶段。[1] 2021年，习近平总书记在主持中共中央政治局第三十五次集体学习时指出，要加强对律师队伍的政治引领，教育引导广大律师自觉遵守拥护中国共产党领导、拥护我国社会主义法治等从业基本要求，努力做党和人民满意的好律师。[2] 在这一时期，中国律师业在宽松、包容、友好的环境中步入发展的“快车道”，规模化、专业化水平快速提高，基本实现了律师业务增长高于律师人数增长的良性发展，国际化程度显著提高，律师协会自律管理呈现新气象。

二、中国律师四十五年之发展成就

经过四十五年的发展，律师队伍已经成为全面依法治国一支不可或缺、充满活力的重要力量，律师制度已经成为依法治国、建设社会主义法治国家的重要标志，律师事业已经成为党和国家事业的重要部分，律师工作正处在一个全新的历史方位。[3]

中国律师制度恢复重建的四十五年，是始终坚持正确政治方向的四十五年。律师行业始终坚持和加强党的全面领导，持续推进党

[1] 参见《“一带一路”律师联盟康煜：加快建立涉外法律服务机制 为“一带一路”建设保驾护航》，载中国一带一路网2021年7月27日，https://www.yidaiyilu.gov.cn/p/181572.html。

[2] 参见《习近平主持中共中央政治局第三十五次集体学习并发表重要讲话》，载中华人民共和国中央人民政府官网2021年12月7日，https://www.gov.cn/xinwen/2021-12/07/content_5659109.htm。

[3] 参见刘子阳：《风雨兼程40载 迎风远航再出发 律师制度恢复重建40周年综述》，载微信公众号“司法部”2019年5月6日，https://mp.weixin.qq.com/s/tiuFyjNDyMY_CMfiKBmU2w。

的建设，探索符合律师职业特点的党建工作模式，坚持抓党建带队建促发展，深化律所党组织建设，推动党建工作与业务工作、律所发展、人才培养深度融合，把党的领导贯穿到律师执业全过程，落实到律师工作各领域，不断推进党的组织和党的工作从有形覆盖到有效覆盖，引导律师队伍自觉听党话跟党走，坚定拥护“两个确立”、坚决做到“两个维护”，坚定不移走中国特色社会主义法治道路，牢牢把握律师工作正确政治方向。[1]

中国律师制度恢复重建的四十五年，是律师队伍不断发展壮大的四十五年。律师人数从 1979 年的 212 人起步,[2] 到 2024 年已壮大至 75 万人的浩荡大军。[3] 社会律师、公职律师、公司律师优势互补的律师队伍结构进一步优化，知识产权、金融证券等专业领域分工不断细化，涉外律师人才培养力度持续加大，律师法律服务水平不断提升。律师事务所从起初的 70 多家发展到 4 万多家，基本解决“无律师县”问题。[4] 律师事务所规范化、专业化、品牌化、国际化发展趋势凸显，形成了一批管理规范、综合实力强、具有一定国际影响力的律师事务所。从改革开放之初多数群众不知何为律师，到今天人民群众已经习惯了遇事找律师，有疑问见律师，人民群众对律师职业的认知度、认可度不断提升。

---

〔1〕参见《中国律师》评论员：《回首来时路　郁郁满芳华》，载《中国律师》2024 年第 12 期。

〔2〕参见《【回眸】41 年追根溯源：一纸通知，开启了一个时代》，载微信公众号“上海市司法局”2021 年 1 月 21 日，https：//mp. weixin. qq. com/s/fyypowSb43JjGTGE3cy – fA。

〔3〕参见《最新数据：截至 2024 年 9 月全国律师总人数 75 万左右，13 座城市律师破万》，载微信公众号“北大法宝”2024 年 10 月 29 日，https：//mp. weixin. qq. com/s/9kCFWj0IPmF7wSQ8 – KkhnQ。

〔4〕参见《中国律师》评论员：《回首来时路　郁郁满芳华》，载《中国律师》2024 年第 12 期。

中国律师制度恢复重建的四十五年，是律师不断推动国家治理体系和治理能力现代化、实现“中国之治”的四十五年。[1] 截至2022年，全国超过14万家党政机关配备了法律顾问，全国有3.3万家党政机关开展了公职律师工作，公职律师达到9.4万名。[2] 截至2022年年底，全国律师担任“两代表一委员”的人数达12017人，其中人大代表4219人，政协委员7067人，党代会代表731人。[3] 中国律师履行国家职责，肩负行业使命，在国家的政治舞台上积极地参政议政。

中国律师制度恢复重建的四十五年，是律师积极履职、服务大局的四十五年。广大律师坚持人民律师为人民，认真履行辩护代理职责，充分发挥法律顾问作用，主动服务国家重大发展战略，认真履行社会责任，积极开展公益法律服务，在促进经济社会高质量发展、保障人民群众合法权益、维护社会公平正义、维护国家安全稳定和服务对外开放等方面作出了积极贡献。近年来，在平反、纠正聂树斌案、张玉环案等有重大社会影响的冤假错案的过程中，律师不畏艰难、勇于担当，为实现个案的公平正义不懈努力。2022年，律师共提供各类公益法律服务141.3万多件，为弱势群体提供免费法律服务130.9万多件，律师等法律从业人员为60万多个村（居）

〔1〕参见魏哲哲：《中国律师制度恢复重建40年，诠释更加生动的法治中国》，载微信公众号“人民日报评论”2019年12月12日，https://mp.weixin.qq.com/s/-xzdp81bxU0ic-ZNiQtTKg。

〔2〕参见《我国逾14万家党政机关配备法律顾问》，载中华人民共和国中央人民政府官网2023年3月22日，https://www.gov.cn/xinwen/2023-03/22/content_5747907.htm。

〔3〕参见《司法部发布〈2022年度律师、基层法律服务工作统计分析〉全国执业律师超65万人》，载中华人民共和国中央人民政府官网2023年6月14日，https://www.gov.cn/lianbo/bumen/202306/content_6886318.htm。

担任法律顾问。[1] 同时，律师积极投身普法宣传，成为普及法律知识的有机力量。

中国律师制度恢复重建的四十五年，是律师不断拓宽国际视野的四十五年。党的二十届三中全会通过的《关于进一步全面深化改革、推进中国式现代化的决定》就加强涉外法治建设，提出要“培育国际一流仲裁机构、律师事务所”。截至2023年11月，来自20个国家的158家律师事务所共设立了208家驻华代表机构。[2] 同时，中国律师正昂首阔步走向世界舞台，截至2024年9月，中国律师事务所已在37个国家和地区设立了207家分支机构，涉外律师有1.2万多人。[3] 他们凭借精湛的业务能力服务中国公民和企业“走出去”。同时，中国律师深度融入国际法律服务之中，成为全球法律服务业的重要参与者、推动者和贡献者。

中国律师制度恢复重建的四十五年，是律师事务所不懈推进规范化建设的四十五年。[4] 小型律所出于运行成本考虑，配备的行政辅助人员数量普遍极少，对律所内部管理不够重视，管理薄弱问题成为长年累积的较难解决的短板。事实上，律所规范化建设是全面提升律师行业发展现代化水平的重要环节，是一项需常抓不懈的系统工程。大型律所的管理相对而言比较规范，但对于一些内部管理较为松散的中小型律所，规范化建设的意义更为深远。律所规范化

〔1〕 参见《2022年度律师、基层法律服务工作统计分析》，载司法部官网2023年6月14日，https://www.moj.gov.cn/pub/sfbgwapp/zwgk/tjxxApp/202306/t20230614_480741.html。

〔2〕 参见《司法部答澎湃：全国涉外律师5年增长4800多人，增幅67.8%》，载澎湃网2023年11月23日，https://www.thepaper.cn/newsDetail_forward_25398493。

〔3〕 参见《司法部：为公民企业“走出去”提供优质高效法律服务》，载央广网2024年9月6日，https://news.cnr.cn/native/gd/kx/20240906/t20240906_526890732.shtml。

〔4〕 参见刘耀堂：《在改革探索中推动律师事务所高质量发展——我国律师制度恢复重建以来律师事务所发展扫描》，载《中国律师》2024年第12期。

建设的范围涵盖律所建设和管理的各个方面，包括政治建设、所务管理、能力建设、自律管理、文化建设、信息化建设和场所建设等。党的十八大以来，律师行业党的建设不断加强，特别是2017年全国律师行业党委成立以来，以律所党建工作为抓手，以党建带队建促所建，律所规范化建设取得长足进展。

三、中国律师四十五年之困境与展望

目前，中国律师业在法律服务市场端、定价端、垄断端、技术端、产业端均遇到挑战。在市场端层面，当前法律服务供需矛盾激化，律师行业正从增量扩张阶段进入存量调整期，表现为类似供大于求的结构性失衡。律师行业收入增速放缓，人均收入下降。在定价端层面，法律服务市场竞争日趋激烈，甚至出现无序的“内卷式”竞争。新型法律服务提供者如在线法律服务平台、法律咨询服务机构[1]等不断涌现，其收费普遍低于律师市场价，对律师业构成较大的竞争压力。在垄断端层面，法律服务市场头部效应显著，头部律所占据市场份额的比例较大。随着律师事务所的竞争逐渐进入白热化、多元化、全面化阶段，未来缺乏影响力、依赖区域性垄断营利的律所将逐渐处于竞争劣势。[2] 在技术端层面，人工智能将重塑法律服务的边界、提高法律服务的效率。同时，短视频平台的兴起已

〔1〕 参见《司法部：严肃查处法律咨询服务机构违法违规行为》，载微信公众号“律媒智库”2025年1月16日，https：//mp. weixin. qq. com/s/bGfly15MAWlTPd－JjPYQUg。

〔2〕 参见《2024年中国法律服务市场细分领域现状深度剖析与未来发展趋势预测报告》，载中研网2024年9月14日，https：//www. chinairn. com/news/20240914/174835697. shtml。

改变律师的宣传、展业方式。在产业端层面，目前中国律师的产业化转型尚难以充分契合专业化法律服务的深度需求。此外，中国律师行业同时承受着强监管与高风险的双重压力。

中国律师行业正在经历一次深刻的转型阵痛。这种阵痛会促使律师行业突破传统发展模式的局限，探索行业下一阶段发展的新路径。我们相信，中国律师业的未来，是与国家发展同频共振的未来。中国律师行业必会随着法治需求增长、经济发展助力、社会治理创新、数字化转型、国际规则体系重构等机遇，实现新的高质量发展。作为承上启下的新时代律师，需要持续思考如何固本强基，从盲目规模化的扩张、无序化的竞争、粗放式的经营，向职业化、规范化、专业化、精细化、多元化、国际化和数智化等全方位高质量发展的方向转变，凭借过人的智慧、勇气和担当，努力探索律师职业发展的新空间。

向下扎根，向上生长，前路浩荡，征途如虹。党的二十届三中全会擘画了进一步全面深化改革、推进中国式现代化的宏伟蓝图。面对新任务新要求，律师行业紧紧围绕推进全面依法治国总目标，继续深化改革，提升执业能力，规范执业行为，加强队伍建设，发挥职能作用，为以中国式现代化全面推进强国建设、民族复兴伟业作出新的更大贡献！

参考文献[1]

一、参考的著作

1. 陈卫东主编：《中国律师学》（第 5 版），中国人民大学出版社 2023 年版。
2. 石峰主编：《律师法学》，上海大学出版社 2007 年版。
3. 马宏俊主编：《律师法学》（第 2 版），北京大学出版社 2021 年版。
4. 张品泽、田力男主编：《律师学》，中国人民公安大学出版社 2021 年版。
5. 肖胜喜主编：《律师学》，高等教育出版社 1996 年版。
6. 中华全国律师协会编：《律师职业伦理》，北京大学出版社 2017 年版。
7. 黄美玲：《律师职业的起源》，北京大学出版社 2021 年版。
8. 徐家力、吴运浩编著：《中国律师制度史》，中国政法大学出版社 2000 年版。

---

〔1〕 按照引用顺序排列。

9. 李红海：《英国普通法导论》，北京大学出版社 2017 年版。
10. 张文显：《〈张文显法学文选〉卷九·学术评论集》，法律出版社 2011 年版。
11. 胡铭：《司法制度的中国模式与实践逻辑》，商务印书馆 2023 年版。
12. 邱志红：《现代律师的生成与境遇：以民国时期北京律师群体为中心的研究》，社会科学文献出版社 2012 年版。
13. 张晋藩：《中国古代民事诉讼制度》，中国法制出版社 2018 年版。
14. 王利明：《法为民而治》，北京大学出版社 2018 年版。
15. 陈光中：《中国古代司法制度》，北京大学出版社 2017 年版。
16. 韩秀桃：《司法独立与近代中国》，清华大学出版社 2003 年版。
17. 陈刚总主编、邓继好分册主编：《中国民事诉讼法制百年进程（民国初期·第一卷）》，中国法制出版社 2009 年版。
18. 刘玉华：《民国民事诉讼制度述论》，中国政法大学出版社 2015 年版。
19. 何帆：《积厚成势：中国司法的制度逻辑》，中国民主法制出版社 2023 年版。
20. 姜海涛主编，司法部司法研究所组编：《深化律师制度改革研究》，法律出版社 2017 年版。
21. 王胜明、赵大程主编：《中华人民共和国律师法释义》，法律出版社 2007 年版。
22. 刘思达：《失落的城邦：当代中国法律职业变迁》，北京大学出版社 2008 年版。
23. 刘思达：《割据的逻辑：中国法律服务市场的生态分析》（增订本），译林出版社 2017 年版。

24. 蒋勇：《律所的管理》，中国政法大学出版社 2019 年版。
25. 谭世贵主编：《律师法学》（第 5 版），法律出版社 2022 年版。
26. 《刑事诉讼法学》编写组编：《刑事诉讼法学》（第 4 版），高等教育出版社 2022 年版。
27. 冀祥德：《控辩平等论》（第 3 版），当代中国出版社 2022 年版。
28. 何兵：《法庭上的柳叶刀》，清华大学出版社 2024 年版。
29. 孙晓楼：《法律教育》，商务印书馆 2015 年版。
30. 易胜华：《别在异乡哭泣：一个律师的成长手记》，北京大学出版社 2013 年版。
31. 张文显主编：《法理学》（第 5 版），高等教育出版社 2018 年版。
32. 吴军：《格局——世界永远不缺聪明人》，中信出版社 2019 年版。
33. 杭州市律师协会编：《2018 年度—2021 年度杭州市律师行业违规违纪典型案例汇编》（2022 年 10 月）。
34. 《习近平法治思想概论》编写组：《习近平法治思想概论》，高等教育出版社 2021 年版。
35. 江平著，孙国栋编：《律师与法治》，北京出版社 2021 年版。
36. 马长山主编：《法律职业伦理》，人民出版社 2020 年版。
37. 谭世贵等：《法律职业良性互动研究——以法官、检察官、律师、法学教师为对象》，中国人民大学出版社 2016 年版。
38. 蒋勇：《律师的成长》，中国政法大学出版社 2019 年版。
39. 刘健主编：《中华人民共和国律师法释义》，中国法制出版社 2007 年版。
40. 杨强：《机制的力量：律师事务所管理模式与实践》，中国法制出版社 2022 年版。
41. 徐家力：《中国律所经营管理之道：迈向国际化、规模化、专业化、品牌化》，北京大学出版社 2023 年版。
42. 上海市律师协会第十届律所规范与发展委员会主编：《律师事务所管理实务与探索》，法律出版社 2019 年版。
43. 胡晓军、柳捷编著：《律师事务所管理概论》，中国政法大学出版社 2006 年版。
44. 王进喜主编：《律师与公证制度》，中国人民大学出版社 2009 年版。
45. 裘索：《日本国律师制度》，上海社会科学院出版社 1999 年版。
46. 田文昌主编：《律师制度》，中国政法大学出版社 2007 年版。
47. Astrid Steinkraus：《德国律师职业规则与民事责任》，黄耀宗译，财团法人民间司法改革基金会 2011 年版。
48. 林利芝编著：《美国最高法院经典案例：法律伦理篇》，新学林出版股份有限公司 2020 年版。
49. 文学国：《法律职业伦理导论》，上海大学出版社 2021 年版。
50. 安徽省律师协会：《律师执业警示录》（第二辑）（2020 年 12 月）。
51. 王进喜：《美国律师职业行为规则：理论与实践》，中国人民公安大学出版社 2005 年版。
52. 徐汉明、刘国媛等：《司法伦理规范研究》，经济科学出版社 2020 年版。
53. 浙江省律师协会编：《2017—2019 年度浙江省律师行业违规违纪案件汇编》（2020 年 12 月）。
54. 姜世明：《法律伦理学》，元照出版有限公司 2014 年版。
55. 左卫民：《实证研究：中国法学的范式转型》，法律出版社 2019 年版。
56. 《民事诉讼法学》编写组编：《民事诉讼法学》（第 3 版），高等教育出版社 2022 年版。
57. 陈瑞华：《刑事辩护的艺术》，北京大学出版社 2018 年版。
58. 宋智敏：《政府法律顾问制度研究》，法律出版社 2018 年版。
59. 中共中央党史和文献研究院、中央学习贯彻习近平新时代中国特色社会主义思想主题教育领导小组办公室编：《习近平关于调查研究论述摘编》，党建读物出版社、中央文献出版社 2023 年版。
60. 熊定中：《公司法务：定位、方法与操作》，中国民主法制出版社 2021 年版。
61. 张思星主编：《企业法律风险防范实务操作与案例精解》，中信出版集团 2021 年版。
62. 徐永前主编：《企业法律风险管理基础实务》，中国人民大学出版社 2020 年版。
63. 深圳市律师协会第十四期青年律师研修班编著：《企业合规律师实务指南》，法律出版社 2023 年版。
64. 邱才明、凌泽南、冯湛搏、杨昊编著：《ChatGPT 漫谈》，清华大学出版社 2024 年版。
65. 何力、刘丹阳等：《合同起草审查指南：常用合同卷、劳动用工卷》，法律出版社 2021 年版。
66. 中华全国律师协会编：《律师执业基本技能》（第 4 版 · 下），北京大学出版社 2019 年版。
67. 黄薇主编：《中华人民共和国民法典合同编释义》，法律出版社 2020 年版。
68. 李大进主编：《非诉讼业务律师基础实务》，中国人民大学出版社 2014 年版。
69. 熊浩：《熊浩的冲突解决课：谈判》，法律出版社 2017 年版。
70. 韩德云、袁飞主编：《法律谈判》，法律出版社 2018 年版。

71. 高晓东编著：《企业上市注册制审核指引：要点解析与典型案例》，中国民主法制出版社 2022 年版。
72. 张锋：《公司并购：法律问题及协议安排》，法律出版社 2023 年版。
73. 陈柏峰：《乡村江湖：两湖平原“混混”研究》，中国政法大学出版社 2019 年版。
74. 熊丙万：《迈向合作主义的中国私法学》，中国法制出版社 2021 年版。
75. 吕庆明：《地方立法技术与规范》，法律出版社 2023 年版。
76. 董皞主编：《地方立法教程》，中国政法大学出版社 2020 年版。
77. 陈玉山：《规范立法学论纲》，厦门大学出版社 2023 年版。
78. 《马克思主义与社会科学方法论》编写组编：《马克思主义与社会科学方法论》，高等教育出版社 2018 年版。
79. 邢占军、衣芳主编：《社会调查研究方法》，人民出版社 2010 年版。
80. 廉思：《如何有效开展调查研究》，人民日报出版社 2019 年版。
81. 吴增基、吴鹏森、苏振芳主编：《现代社会调查方法》（第 5 版），上海人民出版社 2018 年版。
82. 宋林飞：《社会调查研究方法》，上海人民出版社 1990 年版。
83. 张彦、吴淑凤编著：《社会调查研究方法》，上海财经大学出版社 2006 年版。
84. 毛泽东：《毛泽东选集》（第 1 卷），人民出版社 1991 年版。
85. 张晓琼主编：《社会调查研究方法教程》，山东人民出版社 2011 年版。
86. 戎安编著：《调查研究科学方法》，中国建筑工业出版社 2008 年版。

87. 张性秀、常艳娥编著：《调查研究理论与方法》，国防科技大学出版社 2001 年版。
88. 刘哲：《从调查研究到调研报告：如何成为调研报告写作高手》，人民邮电出版社 2024 年版。
89. 中国人民大学法律职业研究所、北京市尊德律师事务所主编：《重生与繁荣：改革开放后的中国律师大事记（1978—2023）》，中国政法大学出版社 2024 年版。
90. ［德］卡尔·拉伦茨：《法学方法论》（第 6 版），黄家镇译，商务印书馆 2020 年版。
91. ［英］David Marsh、Gerry Stoker 等：《政治学方法论与途径》（2009 年革新修正版），陈义彦等译，韦伯文化国际出版有限公司 2009 年版。
92. ［美］劳伦斯·弗里德曼：《美国法律史》，周大伟译，北京大学出版社 2020 年版。
93. ［美］艾伦·法恩思沃斯：《美国法律体系》（第 4 版），［美］史蒂夫·谢泼德修订，李明倩译，上海人民出版社 2018 年版。
94. ［波兰］玛格丽特·克尔主编：《法律职业伦理：原理、案例与教学》，许身健译，北京大学出版社 2021 年版。
95. ［美］詹姆士·E. 莫里特诺、［美］乔治·C. 哈瑞斯：《国际法律伦理问题》，刘晓兵译，北京大学出版社 2013 年版。
96. ［美］W. 布拉德利·温德尔：《法律人与法律忠诚》，尹超译，中国人民大学出版社 2014 年版。
97. ［日］森际康友：《法曹伦理》，刘志鹏等译，财团法人民间司法改革基金会 2011 年版。
98. ［美］门罗·弗里德曼：《对抗制下的法律职业伦理》，吴洪淇译，中国人民大学出版社 2017 年版。

99. ［日］森际康友编：《司法伦理》，于晓琪、沈军译，商务印书馆 2010 年版。

100. ［美］艾伦·德肖维茨：《致年轻律师的信：应用导读版》，单波译，法律出版社 2018 年版。

101. ［美］斯蒂芬·克里格、［美］理查德·诺伊曼：《律师执业基本技能：会见、咨询服务、谈判、有说服力的事实分析》，中伦金通律师事务所译，法律出版社 2006 年版。

102. ［美］罗杰·费希尔、［美］丹尼尔·夏皮罗：《高情商谈判》，熊浩、许占功译，中信出版社 2018 年版。

103. ［英］理查德·萨斯坎德：《法律人的明天会怎样？——法律职业的未来》（第 2 版），何广越译，北京大学出版社 2019 年版。

104. ［美］凯文·D. 阿什利：《人工智能与法律解析——数字时代法律实践的新工具》，邱昭继译，商务印书馆 2020 年版。

二、参考的文章

1. 孙毅刚、赵秀芳：《律师学若干问题之议论》，载《政治与法律》1990 年第 3 期。

2. 欧阳本祺、马杨桦：《完善以实践为导向的法学院校教育培养机制》，载《民主与法制》2025 年第 4 期。

3. 陈宜：《律师学学科建设理论研讨会在京召开》，载《中国公证》2002 年第 4 期。

4. 雷磊：《以习近平法治思想引领中国特色法学学科体系建设》，载《党建》2024 年第 11 期。

5. 徐静村：《关于律师学的几个基本问题》，载《政法论坛》1992 年第 5 期。

6. 曹建明：《论应用法学研究的几个问题》，载《人民司法》2007

年第15期。
7. 熊秋红：《新中国律师制度的发展历程及展望》，载《中国法学》1999年第5期。
8. 王利明：《从“律师被逐出法庭”谈律师的职业定位》，载《人民论坛》2015年第19期。
9. 蒋超：《通往依法自治之路——我国律师协会定位的检视与重塑》，载《法制与社会发展》2018年第3期。
10. 王申：《法律职业伦理观法理证成的价值标准》，载《法律科学》2023年第5期。
11. 姚洋、秦子忠：《中国务实主义及其儒家哲学基础》，载《文史哲》2019年第5期。
12. 景汉朝：《新时代“枫桥经验”的基本问题与法治化构建》，载《政法论坛》2024年第2期。
13. 龙飞：《律师调解制度的探索创新与完善路径》，载《中国律师》2018年第5期。
14. 胡玉鸿：《以人为逻辑起点的法学研究及其知识目标》，载《现代法学》2023年第2期。
15. 陈瑞华：《从经验到理论的法学研究方法》，载《中国法律评论》2019年第2期。
16. 胡玉鸿：《论法学研究中的历史分析方法》，载《甘肃社会科学》2023年第1期。
17. 冯玉军：《法经济学范式研究及其理论阐释》，载《法制与社会发展》2004年第1期。
18. 《加快建设社会主义法治国家》（二〇一四年十月二十三日），载习近平：《论坚持全面依法治国》，中央文献出版社2020年版。

19. 尤陈俊：《“讼师恶报”话语模式的力量及其复合功能》，载《学术月刊》2019 年第 3 期。
20. 尤陈俊：《清代讼师贪利形象的多重建构》，载《法学研究》2015 年第 5 期。
21. 《中央人民政府司法部 关于取缔黑律师及讼棍事件的通报》，载《江西政报》第十八期（1951 年 1 月）。
22. 李运昌：《关于〈中华人民共和国律师暂行条例（草案）〉的说明》，载《中华人民共和国国务院公报》1980 年第 10 期。
23. 邓君：《蛇口律所：与改革开放同频共振——全国首个“律师事务所”的发展之路》，载《法制日报》2021 年 8 月 28 日，第 4 版。
24. 祁彪：《与时俱进：律师制度四次修订历程》，载《民主与法制》2017 年第 37 期。
25. 刘子阳：《40 年中国律师砥砺前行走向世界》，载《法制日报》2019 年 12 月 3 日，第 1 版。
26. 何兵：《律师的角色定位与规模控制——与美国和日本比较》，载《安徽师范大学学报（人文社会科学版）》2023 年第 5 期。
27. 刘思达、梁丽丽、麦宜生：《中国律师的跨地域流动》，载苏力主编：《法律和社会科学》第 13 卷第 1 辑，法律出版社 2014 年版。
28. 《全面推进科学立法、严格执法、公正司法、全民守法》（二〇一三年二月二十三日），载习近平：《论坚持全面依法治国》，中央文献出版社 2020 年版。
29. 侯猛：《中国律师分布不均衡的表现与影响——从北京刑事辩护市场切入》，载《法学》2018 年第 3 期。
30. 杭州市律师协会青年工作委员会：《问题导向 技能先行——杭

州青年律师发展调研报告》，载《杭州律师》2023 年第 2 期。
31. 陈瑞华：《刑事辩护制度四十年来的回顾与展望》，载《政法论坛》2019 年第 6 期。
32. 陈卫东、亢晶晶：《我国律师辩护保障体系的完善——以审判中心主义为视角》，载《中国人民大学学报》2016 年第 3 期。
33. 顾永忠：《关于兼职律师制度存废之我见》，载《中国司法》2005 年第 4 期。
34. 吴丹红：《兼职律师制度研究——主要以〈律师法〉第 12 条为对象》，载张卫平、齐树洁主编：《司法改革论评》（第 11 辑），厦门大学出版社 2010 年版。
35. 支振锋：《“法学教授”担任兼职律师是真问题吗?》，载《民主与法制》2017 年第 27 期。
36. 刘显刚：《法学教师兼职律师，好事一桩》，载《民主与法制》2017 年第 27 期。
37. 印波：《兼职律师的辩护词》，载《民主与法制》2017 年第 27 期。
38. 高扬：《法学教授该不该兼职律师?》，载《检察日报》2017 年 8 月 2 日，第 5 版。
39. 《全面做好法治人才培养工作》（二〇一七年五月三日），载习近平：《论坚持全面依法治国》，中央文献出版社 2020 年版。
40. 郑戈：《保护律师权利，促进人权事业发展》，载《人民日报》2017 年 7 月 7 日，第 9 版。
41. 顾培东：《为什么我的眼里常含着泪水（上）——一个非典型学者的自述》，载《中国律师》2003 年第 9 期。
42. 黄文艺、宋湘琦：《法律商业主义解析》，载《法商研究》2014 年第 1 期。

43. 刘子华：《全面深化改革对律师队伍建设提出新的要求》，载《中国律师》2015 年第 9 期。
44. 习近平：《坚定不移走中国特色社会主义法治道路　为全面建设社会主义现代化国家提供有力法治保障》，载《求是》2021 年第 5 期。
45. 刘加良：《论人民调解制度的实效化》，载《法商研究》2013 年第 4 期。
46. 韩秀桃：《什么是你的贡献？朝阳律师——在北京市朝阳区律师协会“朝律青声说”青年律师发展论坛暨第六期授袍仪式上的致辞》，载《中国律师》2019 年第 6 期。
47. 江必新：《加强法官律师良性互动　探索构建协同诉讼模式》，载《中国律师》2018 年第 3 期。
48. 李群星：《法官与律师关系的回归与超越》，载《人民法院报》2015 年 5 月 15 日，第 2 版。
49. 商建刚：《完善从律师中选拔法官制度》，载上海市法学会编：《上海法学研究：数字化进程中的新法学》2022 总第 8 卷，上海人民出版社 2023 年版。
50. 曹立朝：《民国时期的司法官委任状——从民国司法官委任状看民国司法状况》，载《档案天地》2016 年第 12 期。
51. 王文秋：《律师里选法官　试水三年推广难》，载《新京报》2019 年 3 月 30 日，第 A10 版。
52. 陈卫东：《司法机关依法独立行使职权研究》，载《中国法学》2014 年第 2 期。
53. 潘剑锋：《高薪制：审判公正、廉洁和法官高素质的基本保障》，载《政法论坛》2001 年第 6 期。
54. 艾佳慧：《转型中国法官薪酬与遴选制度的微观激励基础》，载

《法制与社会发展》2021 年第 6 期。
55. 郭晓宇：《特许律师执业条件从严限制》，载《法制日报》2007 年 8 月 25 日。
56. 方立新、王勇：《与 WTO 相适应的律师事务所基本模式探讨》，载《中国法学》2001 年第 5 期。
57. 李自根、丘云卿：《关于我国构建公司化律师事务所的几点思考》，载《学术研究》2009 年第 4 期。
58. 陈宜：《个人律师事务所现状及展望》，载《中国律师》2015 年第 1 期。
59. 孙伯阳：《以政治引领推动律师事业高质量发展》，载《人民日报》2022 年 4 月 26 日，第 5 版。
60. 韩秀桃：《党建引领律师行业持续健康发展》，载《中国律师》2019 年第 1 期。
61. 金成波、张航、董国林：《律师行业党建的时代方位与优化进路》，载《中国司法》2019 年第 12 期。
62. 韩秀桃：《党对律师工作全面领导的实践要求》，载《学习时报》2019 年 1 月 2 日，第 4 版。
63. 周光：《刍议合伙制律师事务所分配机制的改革》，载《法治研究》2007 年第 8 期。
64. 刘晓红：《论中国涉外法治体系的构建》，载《上海大学学报（社会科学版）》2024 年第 5 期。
65. 赵婕：《司法部：加强法治建设　服务高质量发展和高水平对外开放》，载《法治日报》2023 年 11 月 24 日，第 2 版。
66. 郑戈：《人工智能与法律职业的未来》，载智合研究院编著：《中国法律市场观察（2019）》，法律出版社 2019 年版。
67. 熊选国：《在学习贯彻司法部〈关于进一步加强律师协会建设的

意见〉座谈会上的讲话》，载《中国律师》2017 年第 2 期。
68. 周琰：《律师事务所规模化研究》，载《中国司法》2014 年第 4 期。
69. 王骋远：《资本时代，律师事务所的“上市”之路》，载智合研究院编著：《中国法律市场观察（2018）》，法律出版社 2018 年版。
70. 蒋安杰：《就律师队伍建设、律师权益保障和违纪惩戒问题　张军要求律师协会要“挺”在前面》，载《中国律师》2017 年第 9 期。
71. 赵婕、张晨：《心怀“国之大者”建设“律师之家”在推进全面依法治国中展现更大作为——访第十届中华全国律师协会会长高子程》，载《法治日报》2021 年 11 月 23 日，第 1 版。
72. 高子程：《落实“四方会商”机制　律师协会重任在肩》，载《中国法治》2024 年第 3 期。
73. 吕红兵：《进一步修订〈律师法〉推进律师协会改革》，载《中国司法》2019 年第 4 期。
74. 冯泽华：《法律援助：既要广覆盖又要高质量》，载《学习时报》2021 年 8 月 11 日，第 2 版。
75. 马宏俊：《论我国的律师收费制度》，载《法学评论》1996 年第 2 期。
76. 杜春：《关于律师和律师事务所两管理规章的解读》，载《中国司法》2008 年第 10 期。
77. 袁钢：《国外律师管理体制的类型研究》（下），载《中国律师》2017 年第 10 期。
78. 程滔：《从自律走向自治——兼谈律师法对律师协会职责的修改》，载《政法论坛》2010 年第 4 期。

79. 章武生、韩萍：《我国律师管理体制改革的方向及其措施》，载《河北法学》1995 年第 6 期。
80. 王柳：《以深化“放管服”改革推进政府治理现代化》，载《学习时报》2019 年 12 月 23 日，第 5 版。
81. 贺荣：《深入学习践行习近平法治思想　奋力推进新征程司法行政工作高质量发展》，载《学习时报》2023 年 4 月 28 日，第 1 版。
82. 张文显：《现代性与后现代性之间的中国司法——诉讼社会的中国法院》，载《现代法学》2014 年第 1 期。
83. 程金华：《中国律师择业理性分析——以业务收费为核心的实证研究》，载《法学》2012 年第 11 期。
84. 肖扬：《中国司法：挑战与改革——在美国耶鲁大学的演讲》(2004 年 10 月 10 日)，载最高人民法院办公厅编：《最高人民法院历任院长文选》，人民法院出版社 2010 年版。
85. 熊丙万、周院生：《诉讼效益的经济分析框架——以当事人诉讼动力的调节机制为中心》，载《制度经济学研究》2015 年第 1 期。
86. 王福华：《民事诉讼的社会化》，载《中国法学》2018 年第 1 期。
87. 张军：《深入学习贯彻习近平法治思想　加快推进审判工作现代化》，载《法律适用》2024 年第 1 期。
88. 刘贵祥：《关于当前民商事审判工作的几点思考》，载《中国应用法学》2023 年第 6 期。
89. 李浩：《回归民事诉讼法——法院依职权调查取证的再改革》，载《法学家》2011 年第 3 期。
90. 曹士兵、杨小利：《以“审判中心论”鼎革与续造中国民事审判》，载《中国应用法学》2019 年第 1 期。

91. 马靖云：《司法商谈机制的构建及其功效》，载《华东政法大学学报》2018 年第 4 期。
92. 李占国：《当前司法实践中影响公平正义实现的若干问题》，载《中国应用法学》2022 年第 5 期。
93. 莫于川：《政府法律顾问的时代使命与角色期盼》，载《广东社会科学》2017 年第 1 期。
94. 黄辉：《对公司法合同进路的反思》，载《法学》2017 年第 4 期。
95. 何伟：《非诉讼项目办理之道》，载崔海燕主编：《诉之有道：金道典型案件和项目承办策略与技艺（2020）》，法律出版社 2020 年版。
96. 许可：《中国律师职业的兴起（上）——以商务律师为中心》，载《交大法学》2016 年第 4 期。
97. 许可：《中国商务律师究竟做了什么》，载苏力主编：《法律和社会科学》（第 13 卷第 1 辑），法律出版社 2014 年版。
98. 李国庆：《中国律师产业实证研究——从进入壁垒切入》，载苏力主编：《法律和社会科学》（第 4 卷），法律出版社 2009 年版。
99. 许可：《中国律师职业的兴起（下）——以商务律师为中心》，载《交大法学》2017 年第 1 期。
100. 李政辉：《论非诉法律职业技能》，载《中国大学教育》2015 年第 1 期。
101. 张运生、肖锦擘：《创业投资机构股权投资对新创企业技术创新绩效的影响机制》，载《科技管理研究》2022 年第 8 期。
102. 李明珠、罗曼：《“退出难”致创投业循环梗阻　业内呼吁多措并举打通“堵点”》，载《证券时报》2024 年 4 月 18 日，第 2 版。

103. 杨皖玉：《风险投资与耐心资本期待“比翼双飞”》，载《中国证券报》2024 年 5 月 13 日，第 5 版。
104.《充分认识颁布实施民法典重大意义，依法更好保障人民合法权益》（二〇二〇年五月二十九日），载习近平：《论坚持全面依法治国》，中央文献出版社 2020 年版。
105. 杭州市中级人民法院市场化解纷课题组：《商事调解市场化路径研究——以杭州市场化解纷机制为研究视角》，载《法治时代》2024 年第 9 期。
106. 丁洁、詹昀刚：《律师调解的现实困境与解决路径探讨——以浙江省杭州市试点实践为视角》，载《中国司法》2018 年第 12 期。
107. 兰荣杰：《人民调解：复兴还是转型?》，载《清华法学》2018 年第 4 期。
108. 许安标：《以高质量立法保障　全面推进国家各方面工作法治化》，载《民主与法制》2024 年第 2 期。
109. 崔卓兰、孙波：《地方立法质量提高的分析和探讨》，载《行政法学研究》2006 年第 3 期。
110. 任才峰：《科学立法、民主立法、依法立法的理论与实践》，载《人大研究》2019 年第 1 期。
111. 吴天昊：《社会主义法律体系形成后的地方立法创新》，载《政治与法律》2012 年第 3 期。
112. 丁祖年、郑春燕：《中国地方立法的现实与转型》，载《地方立法研究》2016 年第 1 期。
113. 宋才发：《地方立法的基本程序及功能研究》，载《河北法学》2021 年第 3 期。
114. 封丽霞：《地方立法的形式主义困境与出路》，载《地方立法研究》2021 年第 6 期。

115. 丁祖年、粟丹：《地方立法精细化的内涵与路径》，载《地方立法研究》2020 年第 4 期。

116. 石佑启：《论地方特色：地方立法的永恒主题》，载《学术研究》2017 年第 9 期。

117. 宋方青：《地方立法中公众参与的困境与出路》，载《法学》2009 年第 12 期。

118. 陈伟斌：《地方立法评估的立法模式与制度构建》，载《法学杂志》2016 年第 6 期。

119. 冯玉军：《高质量立法为良法善治奠基——兼论〈立法法〉再次修改的理由和要点》，载《法学杂志》2022 年第 6 期。

120. 王伟光：《如何繁荣中国特色哲学社会科学》，载《人民论坛》2016 年第 24 期。

121. 《中国律师》评论员：《回首来时路　郁郁满芳华》，载《中国律师》2024 年第 12 期。

122. 刘耀堂：《在改革探索中推动律师事务所高质量发展——我国律师制度恢复重建以来律师事务所发展扫描》，载《中国律师》2024 年第 12 期。

123. 习近平：《坚持自立自强　突出应用导向　推动人工智能健康有序发展》，载《人民日报》2025 年 4 月 27 日，第 1 版。

124. 龚祥瑞、李克强：《法律工作的计算机化》，载《法学杂志》1983 年第 3 期。

125. ［美］丹尼尔·D. 李等：《法律与人工智能：用 ChatGPT 塑造法律实践的未来》，管斌、宋博文译，载《财经法学》2023 年第 4 期。

126. 袁曾：《人工智能有限法律人格审视》，载《东方法学》2017

年第 5 期。

127. 罗云鹏：《AI 为何会“一本正经地胡说八道”》，载《科技日报》2023 年 11 月 24 日，第 6 版。

三、参考的外文文献

1. John P. Heinz & Edward O. Laumann, *Chicago Lawyers: The Social Structure of the Bar*, Russell Sage Foundation, 1982.

2. Martin F. Jansen, Funktionswandel der Rechtsanwaltskammern von staatlichen Zwangsverbänden zu staatlichen Dienstleistungsträgern, Diss. jur. HU Berlin 2011.

3. Mark I. Harrison, *Judicial Regulation of the Legal Profession in the United States*, Institut canadien d'administration de la justice (Oct. 14, 2004), https://ciaj-icaj.ca/wp-content/uploads/documents/import/2004/677Harrison.pdf?id=1257&1732927503.

4. D. B. Wilkins, *Who should regulate lawyers?* Harvard Law Review, Vol. 105: 799 (1992).

5. Albert Chen, *An Introduction to the Legal System of the People's Republic of China*, LexisNexis, 2011.

6. Anette Schunder-Hartung (Hrsg.), Innovative Rechtsberatung: Strategien und Handlungsfelder für nachhaltige Kanzleientwicklung, 2022.

7. T. Lenz (Hrsg.), Die Rechtsabteilung: Syndikus und Steuerberater im Unternehmen, 2012.

8. Kevin H. Michels, *Lawyer Independence: From Ideal to Viable Legal Standard*, Case Western Reserve Law Review, Vol. 61: 85(2010).

9. Robert H. Aronson, *Conflict of Interest*, Washington Law Review, Vol. 52: 807 (1977).

10. Christine Parker & Adrian Evans, *Inside Lawyers' Ethics*, Cambridge University Press, 2007.

11. Nancy L. Schultz, *Law and Negotiation: Necessary Partners or Strange Bedfellows?*, Cardozo Journal of Conflict Resolution, Vol. 15: 105 (2013).

12. Ronald J. Gilson, *Value creation by business lawyers: Legal skills and asset pricing*, The Yale Law Journal, Vol. 94: 239 (1984).

13. Karl S. Okamoto, *Reputation and the Value of Lawyers*, Oregon Law Review, Vol. 74: 15 (1995).

14. Steven L. Schwarcz, *Explaining the Value of Transactional Lawyering*, Stanford Journal of Law, Vol. 12: 486 (2007).

四、参考的网络文献

1.《从0人到36.5万人，律师业四十年之变》，载搜狐网2018年8月25日，https://www.sohu.com/a/250070799_657048。

2.《中共中央办公厅、国务院办公厅印发〈关于深化律师制度改革的意见〉》，载中华人民共和国中央人民政府官网2016年6月13日，https://www.gov.cn/xinwen/2016-06/13/content_5081785.htm。

3.《四部门印发〈关于发展涉外法律服务业的意见〉》，载中华人民共和国中央人民政府官网2017年1月9日，https://www.gov.cn/xinwen/2017-01/09/content_5158078.htm。

4.《司法部发布〈2022年度律师、基层法律服务工作统计分析〉全国执业律师超65万人》，载司法部官网2023年6月14日，http://www.moj.gov.cn/pub/sfbgwapp/bnywapp/202306/t20230614_480744.html。

5.《司法部公布全国千名涉外律师人才名单》，载司法部官网 2019 年 3 月 21 日，http：//www. moj. gov. cn/pub/sfbgwapp/zwgk/tzggApp/202105/t20210517_ 395688. html。
6.《2022 年度律师、基层法律服务工作统计分析》，载司法部官网 2023 年 6 月 14 日，http：//www. moj. gov. cn/pub/sfbgw/zwxxgk/fdzdgknr/fdzdgknrtjxx/202306/t20230614_ 480740. html。
7.《我国目前每 1 万人口平均拥有 1. 6 名律师》，载人民网 2013 年 8 月 27 日，http：//politics. people. com. cn/n/2013/0827/c70731 - 22713194. html。
8.《2022 年度全市律师、基层法律服务工作数据》，载杭州司法局官网 2023 年 3 月 1 日，http：//sf. hangzhou. gov. cn/art/2023/3/1/art_ 1229541670_ 4144163. html。
9.《踔厉奋发　赓续前行｜杭州市律师行业这十年》，载微信公众号“杭州律协”2022 年 11 月 25 日，https：//mp. weixin. qq. com/s/G9 - 4RqvH - lxsnRQ1Qsg52w。
10.《18 省市最新律师数据梳理：北上广深共占全国律师总人数 20%，西部律师行业发展迅速》，载微信公众号“新则”2022 年 7 月 5 日，https：//mp. weixin. qq. com/s/bqMcVq93mgDwfR_ JzhcVLQ。
11.《“十四五”时期浙江律师业发展规划纲要》，载神州律师网 2021 年 12 月 31 日，http：//www. zjbar. com/info/8f5ee0de60ad4718977d5655013fe25c。
12.《会长谈丨在共青团杭州市律师行业第六次代表大会闭幕式上的讲话》，载微信公众号“杭州律协”2021 年 11 月 3 日，https：//mp. weixin. qq. com/s/FevxpGp_ PvKnguH77ainzA。
13.《数据分析：女律师的职业天花板，正在被打破?》，载微信公众号“智合”2023 年 4 月 20 日，https：//mp. weixin. qq. com/s/ff_ JpF6hqucDpOFYRwRStQ。
14. 《调研报告：杭州女律师的执业困境及现实突破》，载微信公众号“杭州律协”2021 年 4 月 6 日，https：//mp. weixin. qq. com/s/XXC8frz9NrG2TqnUeaUfKA。
15. 《3855 名！南京女律师三年增长 50%》，载微信公众号“律媒智库”2022 年 6 月 20 日，https：//mp. weixin. qq. com/s/IpllX-pv5jHsf0sS2eAwOFQ。
16. 郝铁川：《高校老师兼职做律师的优劣论》，载微信公众号“法学学术前沿”2018 年 7 月 14 日，https：//mp. weixin. qq. com/s/pHEEp8QILItgZyMjDaL_ eQ。
17. 吴越：《我为什么反对大学教师做兼职律师?》，载微信公众号“日知法律社”2019 年 2 月 26 日，https：//mp. weixin. qq. com/s/3vwaq_ dNTUfVrGFr29F41w。
18. 《“死磕律师”的黯然结局——聚焦北京锋锐律所主任周世锋案庭审》，载新华网 2016 年 8 月 5 日，http：//www. xinhuanet. com/politics/2016 - 08/05/c_ 129205656. htm。
19. 《教授访谈丨田朗亮：打破唯一性，接受不确定》，载微信公众号“STL 中国法”2023 年 5 月 5 日，https：//mp. weixin. qq. com/s/peYojLbHd0NF0PiXO_ 2IxQ。
20. 《【案例警示】律师尽职调查失职被判赔 800 万》，载微信公众号“郑州中院”2015 年 11 月 24 日，https：//mp. weixin. qq. com/s/sDy10wqjf - zakaElDdNn - g。
21. 《执业警示丨刘孝彬律师私自收费未出具票据被宜宾市司法局处罚》，载微信公众号“四川省律师协会”2020 年 10 月 27 日，https：//mp. weixin. qq. com/s/u0qSNRSKANGpyUdPwGCCpg。

22. 《人民法院整治虚假诉讼典型案例》，载最高人民法院官网 2021 年 11 月 9 日，https：//www. court. gov. cn/zixun/xiangqing/330811. html。
23. 《“衡阳律师被杀案”新进展来了!!》，载微信公众号“湖南政法”2018 年 8 月 14 日，https：//mp. weixin. qq. com/s/YH29osJ2sPgP9dys9VoL6Q。
24. 《女律师被榔头袭击，行凶男子为其案件对方当事人，律协介入!》，载微信公众号“上海法治报”2023 年 11 月 3 日，https：//mp. weixin. qq. com/s/iSt6H－5UPwfMB9NItbOLkw。
25. 《全国律协“维权中心”和“投诉中心”挂牌成立》，载中华人民共和国中央人民政府官网 2017 年 3 月 27 日，https：//www. gov. cn/xinwen/2017－03/27/content_ 5181230. htm。
26. 张建伟：《虚拟的法律职业共同体》，载搜狐网 2017 年 12 月 16 日，https：//www. sohu. com/a/210916987_ 169411。
27. 《习近平主持召开中央全面深化改革领导小组第十六次会议强调 坚持以扩大开放促进深化改革 坚定不移提高开放型经济水平》，载共产党员网 2015 年 9 月 15 日，https：//news. 12371. cn/2015/09/15/VIDE1442317503750295. shtml？ isappinstalled＝0。
28. 《中国政法机关保障律师执业权利综述：尊重、透明》，载人民网 2015 年 8 月 18 日，http：//politics. people. com. cn/n/2015/0818/c70731－27481673. html。
29. 《江平先生：律师兴则国家兴》，载腾讯网 2023 年 12 月 19 日，https：//new. qq. com/rain/a/20231219A05BK300。
30. 《张家慧案一审宣判：18 名律师向其行贿，两律协副会长已被免职》，载搜狐网 2020 年 12 月 11 日，https：//www. sohu. com/a/437693158_ 410494。

31. 《孟建柱：依法保障执业权利　切实规范执业行为》，载中华人民共和国中央人民政府官网 2015 年 8 月 20 日，https：//www. gov. cn/xinwen/2015 – 08/20/content_ 2916479. htm。

32. 《“两高一部”相关负责人就两个〈意见〉答记者问》，载微信公众号“最高人民法院”2021 年 11 月 2 日，https：//mp. weixin. qq. com/s/D7EAQww9J – O_ 9mUEO8QtgQ。

33. 《最高检：构建“亲”不逾矩、“清”不远疏良性互动检律关系》，载最高人民检察院官网 2023 年 2 月 21 日，https：//www. spp. gov. cn/spp/tt/202302/t20230221_ 603246. shtml。

34. 《最高人民法院与司法部、中华全国律师协会召开座谈会　学习贯彻习近平法治思想　共同维护社会公平正义》，载中国法院网 2021 年 6 月 23 日，https：//www. chinacourt. org/article/detail/2021/06/id/6107760. shtml。

35. 周福至、王晓红：《为了心中的信仰：张雪樵，从民革队伍走出来的最高检副检察长》，载人民政协网 2017 年 4 月 28 日，https：//www. rmzxb. com. cn/c/2017 – 04 – 28/1507620. shtml。

36. 《坚守初心，为建设法治中国贡献力量——记全国政协委员、民盟安徽省委副主委、省高院副院长汪利民》，载中国民主同盟官网 2018 年 3 月 12 日，https：//www. mmzy. org. cn/mmzt/2019rdzx/dbwyfc/81764. aspx。

37. 《最高法首次公开选拔　五名高层次审判人才出炉》，载中国日报网 2014 年 3 月 26 日，http：//cnews. chinadaily. com. cn/2014 – 03/26/content_ 17381102. htm。

38. 《首位社会遴选法官上海获任命　曾为知名律师》，载搜狐网 2015 年 7 月 25 日，https：//www. sohu. com/a/24285118_ 149123。

39. 《江苏律师中选拔法官检察官遇冷　多岗未能开考》，载搜狐网

2018 年 10 月 29 日，https：//www. sohu. com/a/271869602_123877。
40.《从律师法学专家中选拔法官检察官受冷遇，陕西计划选拔 9 人，因报名人数不足取消 7 个》，载搜狐网 2019 年 10 月 2 日，https：//www. sohu. com/a/344673625_ 782349。
41.《全国政法队伍教育整顿第二次新闻发布会在京举行》，载澎湃网 2021 年 8 月 30 日，https：//m. thepaper. cn/baijiahao_ 14275581。
42.《2022 年北京市高级人民法院工作报告》，载北京市人民政府官网 2022 年 1 月 20 日，https：//www. beijing. gov. cn/gongkai/jihua/bg/202201/t20220120_ 2596128. html。
43.《商建刚：从律师到法官再到学者，侠义与热爱，是法律人生的底色》，载微信公众号“新则”2023 年 12 月 21 日，https：//mp. weixin. qq. com/s/oEy22fu4C5H0J3imlI0FkQ。
44.《最高人民法院面向社会公开选拔知识产权法庭高级法官公告》，载最高人民法院官网，https：//www. court. gov. cn/zixun/xiangqing/136421. html。
45. 王利明：《多从法律共同体中选拔法官》，载人民网 2014 年 4 月 2 日，http：//opinion. people. com. cn/n/2014/0402/c1003 – 24800537. html。
46.《市司法局　市高级法院　市律师协会召开实习律师参与诉前调解部署会》，载北京市司法局官网 2018 年 8 月 2 日，https：//sfj. beijing. gov. cn/sfj/sfdt/sfxzyw59/424209/。
47.《充分保障律师执业权利　强化律师行业管理——司法部负责人就修订后的律师法答新华社记者问》，载中华人民共和国中央人民政府官网 2007 年 10 月 30 日，https：//www. gov. cn/zwhd/2007 – 10/30/content_ 790740. htm。

48.《2021 年度律师、基层法律服务工作统计分析》，载司法部官网 2022 年 8 月 15 日，https：//www. moj. gov. cn/pub/sfbgwapp/zwgk/tjxxApp/202305/t20230509_ 478447. html。
49.《律师、公证、基层法律服务最新数据出炉》，载司法部官网 2018 年 3 月 14 日，https：//www. moj. gov. cn/pub/sfbgwapp/zwgk/tjxxApp/202105/t20210517_ 396273. html。
50.《官宣：北京暂停办理“个人律师事务所”设立业务》，载微信公众号“律媒智库”2024 年 9 月 24 日，https：//mp. weixin. qq. com/s/leDDGFIBXLuTr6UjtxUYfQ。
51.《习近平主持中共中央政治局第三十五次集体学习并发表重要讲话》，载中华人民共和国中央人民政府官网 2021 年 12 月 7 日，https：//www. gov. cn/xinwen/2021 - 12/07/content_ 5659109. htm。
52.《关于〈司法部关于修改《律师事务所管理办法》的决定（征求意见稿）〉的说明》，载司法部官网 2018 年 9 月 13 日，https：//www. moj. gov. cn/pub/sfbgw/zlk/201809/t20180913 _ 173864. html。
53. 白阳：《我国律师行业党建工作成效显著》，载新华网 2021 年 10 月 15 日，http：//www. news. cn/politics/2021 - 10/15/c_ 1127960642. htm。
54.《中国共产党第十八届中央委员会第四次全体会议公报》，载中华人民共和国中央人民政府官网 2014 年 10 月 23 日，https：//www. gov. cn/xinwen/2014 - 10/23/content_ 2769791. htm。
55.《中华人民共和国 2023 年国民经济和社会发展统计公报》，载国家统计局官网 2024 年 2 月 29 日，https：//www. stats. gov. cn/xxgk/sjfb/tjgb2020/202402/t20240229_ 1947923. html。

56. 白阳：《近年来我国律师事务所境外分支机构数量增长迅速》，载新华网2023年11月24日，http：//www.news.cn/legal/2023-11/24/c_1129991057.htm。
57. 《习近平在中共中央政治局第十次集体学习时强调：加强涉外法制建设 营造有利法治条件和外部环境》，载中华人民共和国中央人民政府官网2023年11月28日，https：//www.gov.cn/yaowen/liebiao/202311/content_6917473.htm。
58. 《最高检印发意见深化智慧检务建设》，载最高人民检察院官网2018年1月3日，https：//www.spp.gov.cn/xwfbh/wsfbh/201801/t20180103_208087.shtml。
59. 《司法部部长：加强律师协会自身建设 回应广大律师期盼》，载司法部官网2017年8月28日，https：//www.gov.cn/xinwen/2017-08/28/content_5220891.htm。
60. 《司法部出台意见要求健全律师执业权利保障和行业惩戒机构》，载中国经济网2016年12月5日，http：//www.ce.cn/xwzx/gnsz/gdxw/201612/05/t20161205_18377781.shtml。
61. 《全国律协“维权中心”和“投诉中心”挂牌成立》，载司法部官网2017年3月27日，https：//www.moj.gov.cn/pub/sfbgw/gwxw/xwyw/szywbnyw/202101/t20210122_147722.html。
62. 《凝共识、强协作、开新篇！浙江省高院、省检察院、省司法厅、省律协举行首次“四方会商”》，载微信公众号“浙江天平”2024年10月31日，https：//mp.weixin.qq.com/s/IDDe6ZZ5xyGQxOcfYJUEXw。
63. 《我国律师行业基本实现党的组织和党的工作全覆盖》，载新华网2020年6月30日，https：//www.xinhuanet.com/politics/2020-06/30/c_1126177639.htm。

64. 邓志文、孙晓颖：《对增强律师行业党组织“两个功能”的思考》，载人民论坛网2023年11月7日，http：//www. rmlt. com. cn/2023/1107/687071. shtml。
65. 冯坤：《律师法修订草案提请全国人大常委会审议》，载中国人大网 2007 年 6 月 25 日，http：//www. npc. gov. cn/c2/c189/c221/201905/t20190522_ 33735. html。
66. 《司法部党组召开律师工作座谈会　对广大律师提出“五点希望”》，载司法部官网 2023 年 6 月 30 日，https：//new. moj. gov. cn/pub/sfbgw/gwxw/tpxw/202306/t20230630_ 481795. html。
67. 《司法部负责同志就〈关于深化律师制度改革的意见〉答记者问》，载司法部官网 2016 年 6 月 15 日，https：//www. moj. gov. cn/pub/sfbgwapp/zwgk/jdhyApp/202105/t20210517_ 396029. html。
68. 东律君：《遵纪·律己｜律师执业警示案例（第三期）》，载微信公众号“东莞市律师协会”2022 年 4 月 1 日，https：//mp. weixin. qq. com/s/qCvw6DmyaF6RblRvN5Ri0w。
69. 《2020 年度律师、基层法律服务工作统计分析》，载司法部官网 2021 年 6 月 11 日，https：//www. moj. gov. cn/pub/sfbgwapp/zwgk/tjxxApp/202106/t20210611_ 427393. html。
70. 《律师 27302 名，收费 139. 38 亿｜2020 年浙江律师发展数据公布》，载微信公众号“律媒智库”2021 年 4 月 28 日，https：//mp. weixin. qq. com/s/xM6g1W5UXCHe5Nb981_ 0rg。
71. 《2002 年全国法院司法统计公报》，载最高人民法院公报网，http：//gongbao. court. gov. cn/Details/2a5153c1cd3d120fe8b64b8f86cf49. html。
72. 《2007 年全国法院司法统计公报》，载最高人民法院公报网，

http：//gongbao. court. gov. cn/Details/1fdb8e0f028681071deb95e408248b. html。
73.《2012 年全国法院司法统计公报》，载最高人民法院公报网，http：//gongbao. court. gov. cn/Details/845e61faec8aaf0fa47ac8247ab80a. html。
74.《2017 年全国法院司法统计公报》，载最高人民法院公报网，http：//gongbao. court. gov. cn/Details/c15ac3fd6bd534567eec8e047941eb. html。
75.《2022 年全国法院司法统计公报》，载最高人民法院公报网，http：//gongbao. court. gov. cn/Details/20587eaef248beb61ed6596018865c. html。
76.《每一万个杭州人拥有 9.5 个律师——2019 年杭州律师行业大数据权威发布》，载微信公众号“杭州法治”2020 年 3 月 23 日，https：//mp. weixin. qq. com/s/lv_ 9S8pGJJIcSNSOK2EpCQ。
77.《2023 年全国法院司法统计公报》，载最高人民法院公报网，http：//gongbao. court. gov. cn/Details/a3e86176b272dc94a05d9cb012c2d5. html。
78.《学习〈决定〉每日问答｜为什么要健全社会信用体系和监管制度》，载中华人民共和国中央人民政府官网 2024 年 8 月 14 日，https：//www. gov. cn/zhengce/202408/content_ 6968279. htm。
79.《中央经济工作会议在北京举行　习近平发表重要讲话》，载中华人民共和国中央人民政府官网 2023 年 12 月 12 日，https：//www. gov. cn/yaowen/liebiao/202312/content_ 6919834. htm？ddtab = true。
80.《政府工作报告——2024 年 3 月 5 日在第十四届全国人民代表大会第二次会议上》，载中华人民共和国中央人民政府官网 2024 年

3 月 12 日，https：//www.gov.cn/gongbao/2024/issue_11246/202403/content_6941846.html。
81.《对赌协议 一场危险的游戏》，载中国广播网 2011 年 8 月 31 日，https：//finance.cnr.cn/gs/201108/t20110831_508442844.shtml。
82.《区法院打造律师市场化调解钱塘样本》，载杭州钱塘新区管理委员会官网 2023 年 8 月 14 日，https：//www.qiantang.gov.cn/art/2023/8/14/art_1657686_58956073.html。
83.《杭州市第二批律师事务所调解工作室“挂牌接单”了》，载微信公众号“杭州法治”2020 年 5 月 29 日，https：//mp.weixin.qq.com/s/rAPooPMTIAK5gYG44RODHg。
84.《“律调”钱塘，彰显律师调解员的风采风貌——杭州律师调解工作面面观》，载中国律师网 2024 年 2 月 21 日，https：//www.acla.org.cn/info/5f898c9a64a84df1ab8f26557c146db6。
85.《政府工作报告——2025 年 3 月 5 日在第十四届全国人民代表大会第三次会议上》，载新华网 2025 年 3 月 12 日，https：//www.news.cn/politics/20250312/a71e63d66967404e8e644f9753c65fc9/c.html。
86.《如何有效推动涉外法律服务？经验分享在这里！》，载微信公众号“司法部”2019 年 12 月 10 日，https：//mp.weixin.qq.com/s/ru4Y02k_poN7suLWZbC2PA。
87.《“一带一路”律师联盟康煜：加快建立涉外法律服务机制 为“一带一路”建设保驾护航》，载中国一带一路网 2021 年 7 月 27 日，https：//www.yidaiyilu.gov.cn/p/181572.html。
88. 刘子阳：《风雨兼程 40 载 迎风远航再出发 律师制度恢复重建 40 周年综述》，载微信公众号“司法部”2019 年 5 月 6 日，

https：//mp. weixin. qq. com/s/tiuFyjNDyMY_ CMfiKBmU2w。
89. 《【回眸】41 年追根溯源：一纸通知，开启了一个时代》，载微信公众号“上海市司法局”2021 年 1 月 21 日，https：//mp. weixin. qq. com/s/fyypowSb43JjGTGE3cy－fA。
90. 《最新数据：截至2024 年9 月全国律师总人数75 万左右，13 座城市律师破万》，载微信公众号“北大法宝”2024 年 10 月 29 日，https：//mp. weixin. qq. com/s/9kCFWj0IPmF7wSQ8－Kkh-nQ。
91. 魏哲哲：《中国律师制度恢复重建40 年，诠释更加生动的法治中国》，载微信公众号“人民日报评论”2019 年 12 月 12 日，https：//mp. weixin. qq. com/s/－xzdp81bxU0ic－ZNiQtTKg。
92. 《我国逾 14 万家党政机关配备法律顾问》，载中华人民共和国中央人民政府官网 2023 年 3 月 22 日，https：//www. gov. cn/xin-wen/2023－03/22/content_ 5747907. htm。
93. 《司法部答澎湃：全国涉外律师 5 年增长 4800 多人，增幅67. 8%》，载澎湃网 2023 年 11 月 23 日，https：//www. thepaper. cn/newsDetail_ forward_ 25398493。
94. 《司法部：为公民企业“走出去”提供优质高效法律服务》，载央广网 2024 年 9 月 6 日，https：//news. cnr. cn/native/gd/kx/20240906/t20240906_ 526890732. shtml。
95. 《司法部：严肃查处法律咨询服务机构违法违规行为》，载微信公众号“律媒智库”2025 年 1 月 16 日，https：//mp. weixin. qq. com/s/bGfly15MAWlTPd－JjPYQUg。
96. 《2024 年中国法律服务市场细分领域现状深度剖析与未来发展趋势预测报告》，载中研网 2024 年 9 月 14 日，https：//www. chinairn. com/news/20240914/174835697. shtml。

五、参考作者前期出版、发表的文献

1.《民事诉讼代理：方法与应用》，法律出版社2024年版。

2.《律师如何做好法律研究业务》，载《中国律师》2025年第6期。

3.《论律师学的学科定位、研究对象和研究方法》，载《中国律师》2025年第3期。

4.《法治化营商环境下律师合同审查实务》，载《中国律师》2024年第12期。

5.《律师在中小企业股权融资中的作用——以创业投资实践为视角》，载《中国律师》2024年第8期。

6.《律师参与地方立法的优势与路径》，载《中国律师》2024年第6期。

7.《数字时代下协同主义诉讼模式的建构》，载《北方法学》2024年第1期。

8.《独立性规则下律师勤勉尽责义务的限度》，载《中国律师》2023年第12期。

9.《律师驻点式政府法律顾问服务之道》，载《中国律师》2022年第9期。

10.《律师参与行政规范性文件合法性审查的经验启示》，载《中国律师》2022年第7期。

11.《如何做好政府法律顾问》，载《中国律师》2021年第4期。

12.《青年律师发展五题》，载《中国律师》2019年第7期。

13.《履行国家职责　肩负行业使命》，载《中国律师》2018年第4期。

14.《远离这三种律师》，载《方圆》2018年第9期。

15.《律师也该理解法官》，载《方圆》2018年第2期。

16.《律师转任司法官制度如何落地生根?》，载《民主与法制》

2019 年第 30 期。
17.《“等腰三角形”的诉讼构造何时成为常态?》，载《民主与法制》2016 年第 1 期。

后　记

写作本书的直接动因源于自己对中国律师职业的关注。我从事律师工作十余年了，每天的学习、工作和生活都与律师有着深刻的联系，每天都会接触与律师有关的话题，包括但不限于本书的十余个主题。十多年的亲身经历与深度观察，让我有兴趣、有底气、有责任对中国律师制度和律师业务发表一些看法。有一位前辈曾言："从来没有一个职业让我如此向往，从来没有一个行业让我如此动情，从来没有一个群体让我如此牵挂。"[1] 我虽未达到如此忘我的程度，但过往十余年的研究经历也真实地反映了我的一个为学态度：从来没有一个职业让我如此持续、用心地钻研过。

写作本书最根本的目的还是教育事业。我在迈入而立之年的伊始就先后荣获杭州市和浙江省青年律师的最高荣誉，这是律师行业对我过往工作的肯定。从教后，我必须将自己围绕律师制度、

---

〔1〕《刘桂明：最热爱律师行业的媒体人，是如何炼成的?》，载微信公众号"桂客留言"2022年6月23日，https://mp.weixin.qq.com/s/i801nxiksDvL_4Vn-43guA。

律师业务和律师研究所收获的知、学、行、悟毫无保留地传授给学生们，这是教育工作者的天然使命。本书是由我在法律实践和备课、授课过程中用心记录下来的点滴心得汇聚而成的。具体而言：

第一，关于律师制度。虽然近年来中国律师事业蓬勃发展取得了令人瞩目的成绩，但律师制度在法学研究中肯定不算是“显学”。有幸的是，我经常参加杭州市、浙江省及全国性的律师行业活动（包括听课、授课，参加行业发展论坛、案件论证会等），在多个组织内担任职务，有机会参与司法部课题中“完善律师的职责定位”部分的研究，参与撰写浙江省司法厅《浙江省律师行业高质量发展调研报告》，参与起草浙江省律师协会《“十四五”时期浙江律师业发展规划纲要》，参与组稿杭州市律师协会《杭州律师行业发展报告（1979—2019）》。多年来我一直深度参与浙江金道律师事务所的管理工作，包括党务工作、青年律师发展工作，至今仍在负责事务所的品牌与文化建设工作。此外，从教前我长期担任高级合伙人，目前仍担任团队负责人，带领着一支充满正气且刻苦、专业、坚韧的律师团队深耕实践，致力于为客户寻求法律问题的最佳解决之道。通过经年累月的积累，我对律师制度的演进、律师职业、法律职业共同体、律师职业组织机构、律师职业伦理等话题形成了较为深入的认识。由此，我有条件将十多年来在律师界获得的知识和见识，系统、全面地输出给学生。更重要的是，我不仅希望学生们在学习律师制度时能学懂知识，而且希望他们能收获超越同龄人的见识。我坚持认为，对中国律师制度的理解需要建立在见识之上。见识是指“见闻和看法，是指人的识别力。它主要源于实践，具有直接性，它和学历与文凭无关，是经验的产物；它是动态的，不是固定的理论与概念，而体现为对具体事物的识别判断。见识不能从书本里、电脑中、课堂上获得，它强调的是亲历性、亲身性，是由实践获得的经验和阅历”〔1〕。为了给学生传授相关的见识，我会带学生交往一些他们原本不认识的人，参与他们本没机会参与的事情，到达他们不曾到达的地方，进而让他们思考未曾思考的这些人、这些事和这些地方带给他们的感受。在这个充实却又艰辛、艰难、艰苦的过程中，我努力让学生增长见闻，收获见解，提升识别事物的能力，让他们渐渐拥有一定的见识。在此基础上，我竭力训练他们把握法治时代大趋势的洞察力、洞穿法律事务本质的穿透力、直面纷繁复杂的法律职业选择时的判断力，尽力让他们真正懂得中国的律师行业。

第二，关于律师业务。在日常授课及与学生的交流中，我深感他们对现实的律师业务知之甚少，这虽然可以理解，但与社会对法科生的要求确实相距甚远。大学本应走在时代和社会的前列，如果反被后者赶超，这令我们高等教育工作者情何以堪。在新时代的背景下，必须认识到，法科学生（尤其是今后有志于从事律师工作的研究生）在校学习期间就应当充分地学习应用性极强的法律知识，包括从实践层面掌握律师执业的重要方法论，因为“学习者一味地学习书本的理论知识而忽视实践能力的培养，不仅将对其自身的发展产生巨大的阻碍，而且其未来所就业的单位也无法从中受益”〔2〕。据笔者观察，从学校毕业进入律师事务所工作的本科生、研究生，往往要全身心投入律师实务至少两年的时间，才能产生“上手”的感觉。一般在四至五年后，有悟性的

〔1〕 刘艳红：《法律人的谋生与谋道》，北京大学出版社2021年版，第21页。

〔2〕 王福华主编：《民事诉讼法案例百选》，高等教育出版社2022年版，前言第1页。

年轻律师才能在中等难度的业务中独当一面。若学校在坚持法律素质教育的同时能提高对职业技能教育的重视程度，授课教师在专门的课程里着重培养学生分析具体案件、项目和解决实际问题的能力，便能有效地缩短学生的职业适应期，使其更快、更好地适应社会广泛的司法实践需要。为此，笔者有必要撰写这本专著，并着重介绍民事诉讼代理业务、政府法律顾问业务、企业法律顾问业务、非诉讼法律业务等基础性业务。通过上述内容，我希望学生们能够知道现实中的中国律师事务所和律师究竟在办理什么业务，如何高质量地办理这些业务。相信这般互动可以实实在在地提高他们对中国律师职业、律师业务的认知和认同。需要说明的是，受限于个人水平，我目前尚无法对刑事辩护业务、知识产权业务、涉外业务等重要的律师业务类型进行专题介绍，相信通过持续的积累，该遗憾能够在 2029 年出版的专著《中国律师业务》中得以弥补。

在此，感谢张文显教授在我读博期间对我的指导，以及我的博士生导师胡铭教授、翁晓斌教授对我的悉心栽培。感谢王健教授支持我走上教学科研岗位，时刻给予我点拨。没有老师们和领导们的引导、鼓励与鞭策，我不会有能力围绕律师开展一系列研究，并结出成果，更无法实现研究、教学、实践的同步精进。愿我的实践经历和研究成果能够赋予后学之人一些启发。

谨以此书，献给我求真尚善的父母、岳父母，以及爱妻徐鼎鼎博士！

赵青航

2025 年 6 月于浙江理工大学临平校区